JASMIN SEIDEL

LOST PLACES

IM SCHWARZWALD

JASMIN SEIDEL

LOST PLACES

IM SCHWARZWALD

FASZINATION
DES VERLASSENEN

GMEINER

Besuchen Sie uns im Internet:
www.gmeiner-verlag.de

Im Ehnried 5, 88605 Meßkirch
Telefon 0 75 75/20 95-0
info@gmeiner-verlag.de

3. Auflage 2022

Redaktion: Anja Sandmann
Lektorat: Anja Sandmann, Silke von Fürich
Layout und Satz: Susanne Lutz
Umschlaggestaltung: Susanne Lutz unter Verwendung von Fotos © Jasmin Seidel
Druck: Westermann Druck Zwickau GmbH
Printed in Germany
ISBN 978-3-8392-2548-6

INHALT

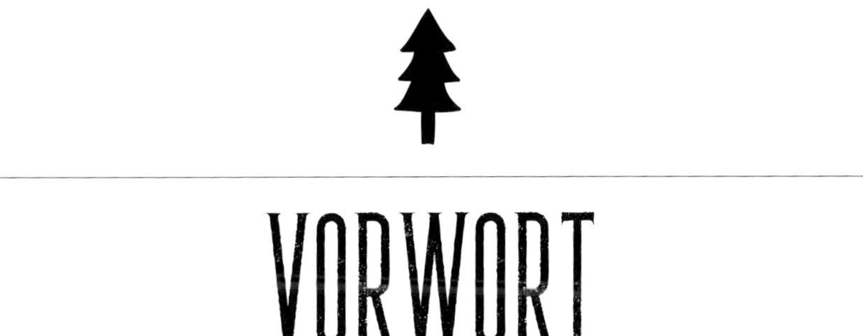

VORWORT

Verlassen und vergessen, geheimnisvoll und manchmal unheimlich: Das sind Lost Places, zu Deutsch »verlorene Orte«. Gebäude, die im Wald, an einer einsamen Landstraße oder mitten in einem Wohngebiet teilweise ein trauriges Dasein fristen. Lost Places können alte Krankenhäuser, Kurkliniken, Fabriken, Militärgebäude, aber auch Hotels sein, die oft Hals über Kopf verlassen wurden. Wäsche hängt noch im Keller an einem Wäscheständer zum Trocknen, behördliche Briefe liegen seit Jahrzehnten auf einem Schreibtisch oder in der Küche steht noch ein Kochtopf auf dem Herd. Wichtige Unterlagen wie zum Beispiel eine Sterbeurkunde oder ärztliche Untersuchungshefte der Kinder, abgeheftet in Ordnen, stehen in einem mittlerweile eingestaubten Regal. Nicht selten laufen noch Strom- und Wasserzähler im Keller und man fragt sich: »Warum wurde das hier alles zurückgelassen?«

Als ich mich zum ersten Mal mit der Lost-Place-Fotografie beschäftigte, dachte ich, solche Orte findet man nur in einer Großstadt wie Berlin oder im Ausland. Gerade in Frankreich und Belgien gibt es eine große Anzahl verlassener Gebäude wie das Château Lumière oder das Fort de la Chartreuse. Im Zeitalter von Google und Facebook konnte ich aber sehr schnell erkennen, dass es verlassene Orte nicht nur in hunderten Kilometern Entfernung gibt. Sie liegen direkt vor der Haustür. Gerade der Schwarzwald scheint ein Hotspot zu sein. Entlang der Schwarzwaldhochstraße gibt es zahlreiche Hotels, die geschlossen wurden, da die Touristen ausblieben. Aber auch viele Sanatorien oder Erholungsheime, die nicht mehr rentabel waren, wurden zu Lost Places.

Für mich geht eine Faszination von diesen Orten aus. Betritt man einen Lost Place, ist man in einer anderen Welt. Diese Orte sind wie Zeitkapseln, die sich für uns öffnen und uns in eine ferne Vergangenheit reisen lassen, das können die 80er oder 90er Jahre sein, oder sie können auch weiter zurückreichen, bis in die Zeit des Ersten und Zweiten Weltkrieges. Sie sehen von außen unscheinbar, heruntergekommen und baufällig aus, aber im Inneren finden sich oft wahre Schätze. In meinen Fotografien möchte ich die Stimmungen einfangen, die ich dort wahrgenommen habe. Nicht selten herrscht eine eher bedrückende Atmosphäre, die sich schnell unheimlich anfühlen und Gänsehaut auslösen kann.

Bevor ich einen Lost Place besuche, versuche ich, so viel wie möglich über den Ort und seine Geschichte zu recherchieren, um diese dann mit meinen Bildern erzählen zu können. Der erste Schritt besteht meist darin, einen Besitzer oder Verwalter ausfindig zu machen. Denn bei aller Abenteuer- und Entdeckerlust darf man nicht vergessen, dass das Betreten von Privatgelände oder Gebäuden ohne Erlaubnis eine Straftat darstellt, die zwar ein Antragsdelikt (das heißt, die Anzeige muss vom Eigentümer kommen), aber dennoch illegal ist. Oft lebt der Eigentümer nicht mehr oder er wohnt im Ausland. Beim Betreten und Erkunden eines Lost

Place ist es mir zudem wichtig, den Ort respektvoll zu behandeln. Wenn ich einen Lost Place besuche, sehe ich immer wieder eingeschlagene Scheiben, eingetretene Türen, bemalte Wände, Müll und Dreck. Inventar wird zerstört, Brände gelegt und die Zerstörungswut nimmt immer mehr zu. Der respektlose Umgang mit den Orten wirft ein schlechtes Bild auf die Personen, die Lost-Place-Touren mit Herz und Begeisterung unternehmen und sich respektvoll verhalten. Man sollte immer vor Augen haben, dass in den Räumen Familien gelebt haben, geweint und gelacht wurde, Menschen gearbeitet haben – es waren Räume voller Bedeutung. Deshalb gibt es unter den »Urbexern«, wie die Personen, die dieses Hobby betreiben, genannt werden, einen »Urbexer-Codex«. Seine Regeln sind zwar nicht einheitlich formuliert, aber inhaltlich ganz klar, und jeder, der einen Lost Place besucht, sollte sich ihrer bewusst sein und sie respektieren.

Urbexer-Codex

Ich respektiere das Eigentum anderer

Es wird nichts zerstört oder gewaltsam geöffnet. Verschlossene Türen bleiben verschlossen, verschlossene Fenster bleiben geschlossen. Gibt es keine Möglichkeit, das Gebäude durch ein offenes Fenster oder eine offene Tür zu betreten, so sollte man das respektieren und sich eben von außen ein Bild machen.

Ich nehme nichts mit und lasse nichts da

Alles bleibt an seinem Platz. Auch ein »kleines Andenken« ist zu viel. Das wäre Diebstahl. Mitgenommen werden darf überhaupt nichts, außer Eindrücke und die Bilder, die auf der Kamera landen. Das gleiche gilt aber auch in die andere Richtung: Ich hinterlasse nichts. Nichts außer Fußabdrücke.

Sprayen ist ein No-Go

Oft sieht man Graffiti an den Wänden der verlassenen Orte. Lost Places mit Graffiti zu besprühen, verstößt nicht nur gegen den Urbexer-Codex, sondern ist einfach illegal. Selbst kunstvollstes Graffiti ist Sachbeschädigung an fremdem Eigentum.

Geraucht wird nicht

In einer fremden Location sollte nicht geraucht werden – es sei denn, man hat einen kleinen Aschenbecher für die Hosentasche dabei. Auf keinen Fall dürfen Kippen einfach ausgetreten und liegengelassen werden. Zudem besteht vor allem im Sommer erhöhte Brandgefahr.

Ich verhalte mich zu jeder Zeit vorsichtig

Vorsicht ist besser als Nachsicht. In verlassenen Gebäuden kann viel passieren: Marodes Holz, verrostete Metallgeländer, Decken können einstürzen, Böden können nachgeben und Treppen eine wahre Falle sein. Das beste Bild ist es nicht wert, die eigene Gesundheit oder gar das Leben aufs Spiel zu setzen. Genau aus diesem Grund heißt es immer »Augen offenhalten«. Elektrische Anlagen bleiben unberührt, Flaschen und Behälter geschlossen. Dunkle Räume ohne Licht zu betreten, ist ein absolutes No-Go – deshalb immer eine Taschenlampe dabei haben!

Ich ziehe niemals alleine los
Alleine loszuziehen, ist nie eine gute Idee. Man sollte immer zu zweit oder besser noch zu dritt unterwegs sein. Geschieht doch einmal ein Unglück, kann eine Person Hilfe organisieren, während eine zweite Person sich um das Unfallopfer kümmert. Doch nicht nur aus diesem Grund ist es wichtig, nicht alleine loszuziehen. Man weiß nie, auf wen man in den Locations trifft. Auch zwielichtige Gestalten sind oft in Lost Places anzutreffen. Dann sollte man doch lieber zu zweit oder zu dritt sein, damit man nicht als »leichte Beute« angesehen wird.

Ich parke so, dass niemand auf meinen Besuch aufmerksam wird
Die meisten verlassenen Orte erreicht man nur mit dem Auto. Man sollte immer versuchen, so zu parken, dass das Auto nicht auffällt oder Aufmerksamkeit erregt. Ein mitten auf leerem Gelände geparkter Wagen zieht sicher mehr Aufmerksamkeit auf sich, als es dem Urbexer lieb sein kann.

Ich mache meine Locations nicht öffentlich zugänglich
Locations zu finden, ist teilweise gar nicht mehr so schwer. Aber richtig tolle Locations zu finden, ist umso schwerer. Und genau so soll es auch bleiben. Deswegen sagt der Urbexer-Codex: Behaltet die Locations für euch und macht sie nicht der breiten Masse zugänglich. Zwar lebt die Community vom Austausch und auch andere Urbexer möchten die tollen vergessenen Orte besuchen, doch das kann man im Einzelgespräch machen, sofern die Motive des Fragenden einem nicht verdächtig erscheinen. Wer Bilder von einer schönen Location postet, wird recht schnell viele neue Freunde haben, bei denen man nicht weiß, ob sie selber nur fotografieren möchten oder doch Sprayer sind, die sich als Erstes verewigen wollen.

DIE SCHOKOLADENFABRIK

Durch eine kaputte Eingangstür betrat ich zum ersten Mal die Schokoladenfabrik. Dabei beschlich mich gleich das Gefühl, dass die Firma ihren ehemaligen Besitzern sehr viel bedeutet und dass ihr Herz bis zum Schluss daran gehangen haben musste.

In den unteren Stockwerken des Fabrikgebäudes stehen allerlei Maschinen, die zur Herstellung der Süßwaren dienten. Teilweise sind sogar noch die Verpackungsfolien in die Apparate eingespannt und ich hatte den Eindruck, dass man bis zum Moment der Schließung daran geglaubt hat, die Fabrik retten zu können. In den Schubladen liegen noch immer die alten Rezeptbücher für die Zubereitung der damals äußerst beliebten Schokolade.

Der wahre Schatz an diesem Lost Place wartet aber im oberen Stockwerk: alte Förmchen für die Schokoladenproduktion, die überall verteilt herumliegen: Osterhasen, Käfer, Nikoläuse und Formen für Blockschokolade in unterschiedlichen Größen. Ich fühlte mich wie in einer Zeitkapsel, und als ich für ein paar Sekunden die Augen schloss, sah ich es bildlich vor mir, wie an diesem Ort früher gearbeitet wurde. Im Büro, das ebenfalls im ersten Stock untergebracht war, finden sich unzählige Ordner der Buchhaltung, leere Verpackungsmaterialien, alte Zählmaschinen und Stempel. Ein Ordner mit Briefen, die der ehemalige Besitzer und seine Tochter aufgehoben hatten, liegt aufgeschlagen auf dem Schreibtisch. Aus den Briefen geht hervor, dass es innerhalb der Familie Zerwürfnisse und Streitereien gegeben hat, die für den Besitzer sehr belastend waren. Bei meinem ersten Besuch in der Schokoladenfabrik schaute ich mir nur das Fabrikgebäude an, da im sanierungsbedürftigen Wohngebäude nebenan die Tochter mit weit über 70 Jahren lebte. Die Dame zog später in ein Altersheim um.

Es war ein warmer Sommertag, als ich mich ein zweites Mal zur Schokoladenfabrik aufmachte, diesmal, um mir das Wohngebäude anzuschauen. Viel hatte ich über seinen desaströsen Zustand gehört, doch so wirklich Glauben schenken wollte ich den Erzählungen nicht. Da wird sicher wieder maßlos übertrieben, war mein Gedanke. Durch eine Verbindungstür in der Fabrik gelangte ich direkt ins Wohnhaus, für das »sanierungsbedürftig« gar kein Ausdruck ist: Im unteren Stockwerk ist kaum ein Durchkommen, da allerlei Gerümpel und leere Kartons herumstehen. Im Wohnzimmer dann das Schockierende, ein wunderschönes Klavier, von Schimmel überzogen, und ein riesengroßer Berg mit vollen Milchtüten, natürlich schon lange abgelaufenen. Im Badezimmer im oberen Stockwerk ist die Decke teilweise eingestürzt und gibt den Blick frei in den Himmel. Das sind Momente an einem Lost Place, die mich nachdenklich und auch traurig machen, vor allem der Gedanke, dass die letzte Bewohnerin in diesem Chaos gelebt hat. Bis zu ihrem Auszug hielt sie an dem Glauben fest, die Produktion wieder aufnehmen und die Firma abermals zu bundesweiter Blüte und Anerkennung führen zu können. Leider wird sich ihr Wunsch nicht mehr erfüllen. Von der Schokoladenfabrik bleibt nur mehr ihre Geschichte.

Sie beginnt 1912, als der Firmengründer das Wohngebäude als Wochenendhaus erwarb. Daraus entstand eine Fabrik, die Reformnahrungsmittel herstellte. Nur ein Jahr später bekam die Firma das englische und französische Patent auf ihre Nahrungsmittel. Dem Besitzer war es damals wichtig, »anerkannte vollwertige und wohlbekömmliche Nahrungs- und Genussmittel herzustellen«. Es dauerte nicht lange und er erhielt zudem die Erlaubnis zu Herstellung und Verkauf von Spezialroggenbrot und Pumpernickel. Im Jahre 1916 wurde der erste Konditorlehrling eingestellt und die Firma erfreute sich großer Bekanntheit. 1929 übernahm der Sohn des Firmengründers die Geschäfte, zehn Jahre später zog er in den Zweiten Weltkrieg, kam kurze Zeit später zurück und musste schließlich in englische Gefangenschaft gehen. Die Produktion der Firma lief dennoch weiter, wie Anzeigen in der Zeitschrift »Führer« beweisen, in denen etwa leere Holzfässer zum Verkauf ausgeschrieben oder ein Kassenschrank oder aber ein kaufmännischer Angestellter gesucht wurden. In der Zwischenzeit erweiterte sich die Produktpalette der Fabrik, unter anderem wurden pflanzliche Wurst, Schrotzwieback, Fruchtgelee, Rohzuckerbonbons und eben auch Schokolade hergestellt. Die Produkte wurden deutschlandweit verkauft und bis zu 90 Mitarbeiter waren in der Fabrik an ihrer Herstellung beteiligt. Leider verschlechterte sich die Auftragslage für den Betrieb über die Jahre, das Werk war nicht mehr profitabel und seine Pforten schlossen sich im Jahr 1992 endgültig.

Im Jahr 2018 folgte die Zwangsvollstreckung des Grundbesitzes, bestehend aus dem Wohnhaus und dem Fabrikgebäude des Werkes, Teile davon wurden versteigert.

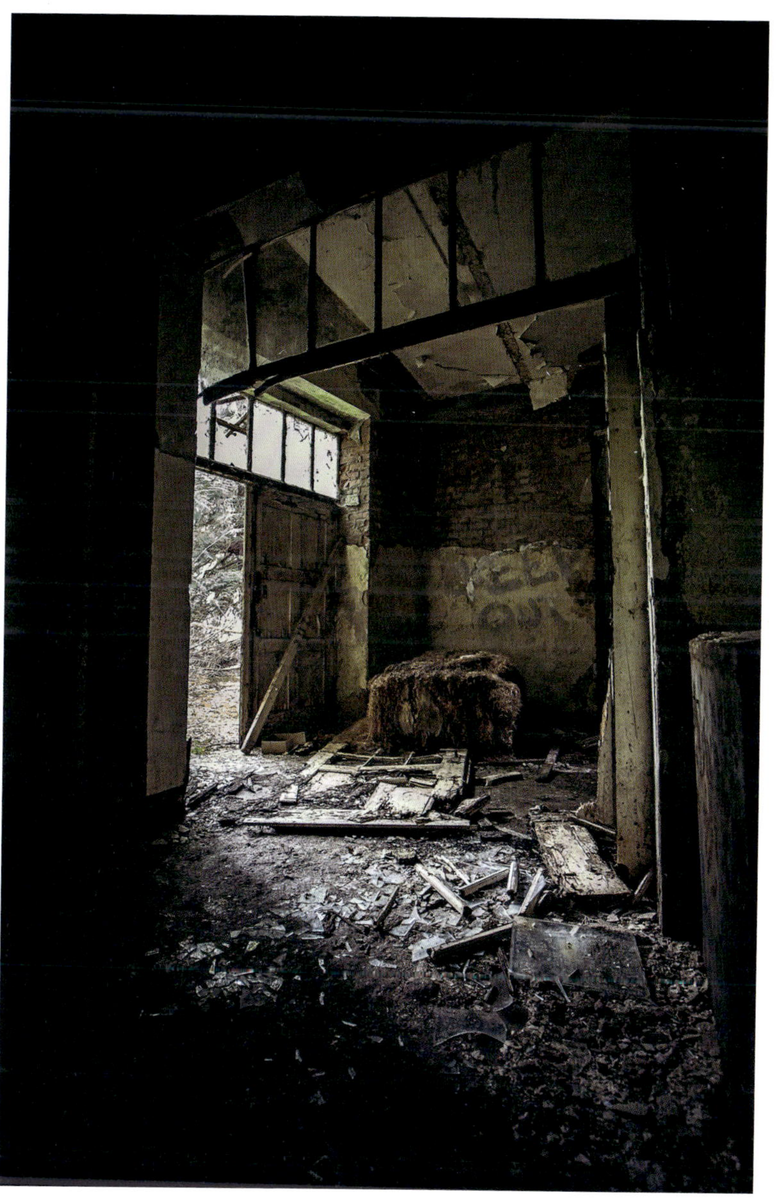

Eingangsbereich der Schokoladenfabrik

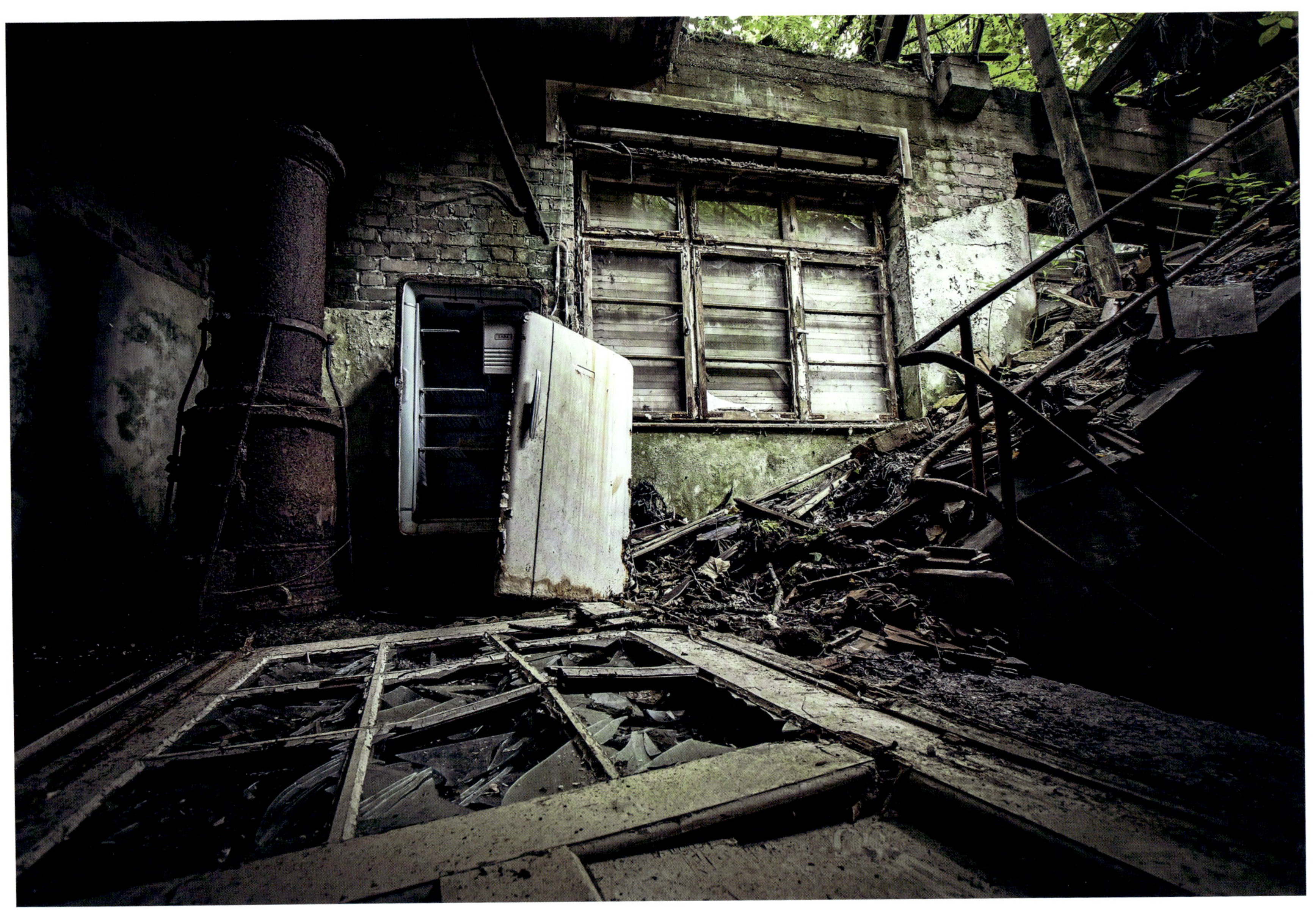

Durch den Verfall fehlt teilweise das Dach

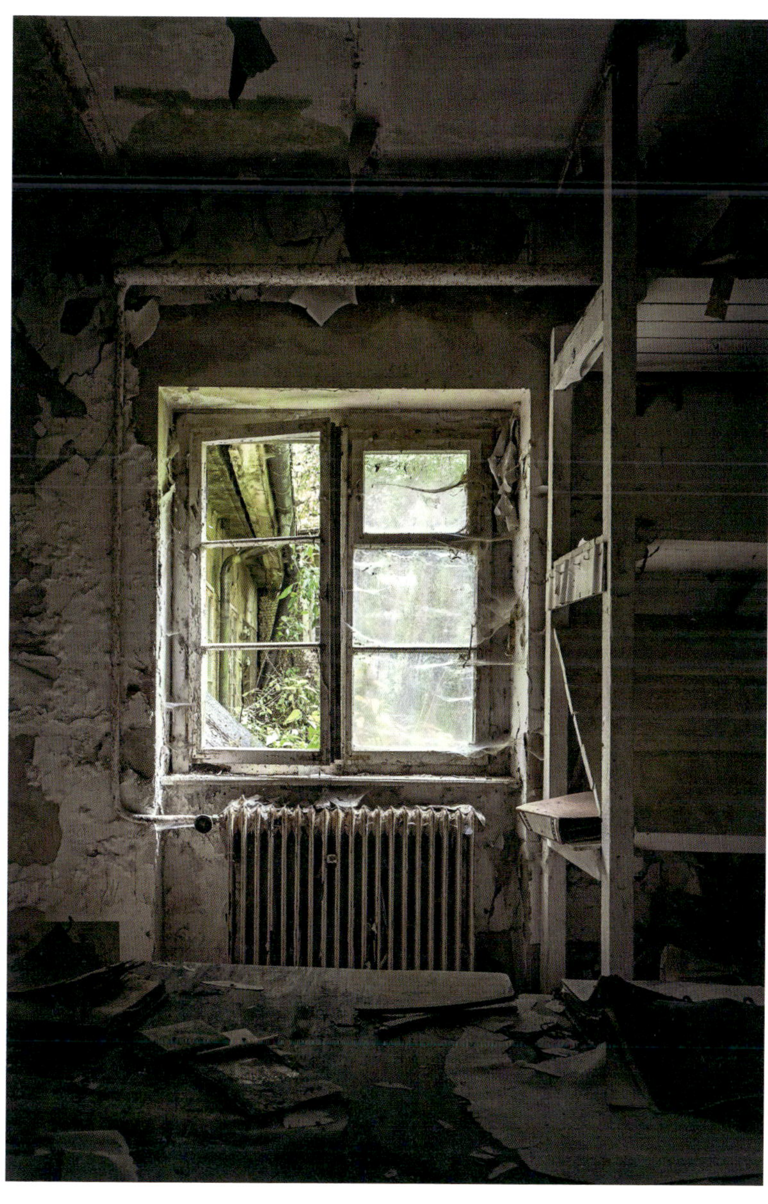

Raum, in dem die Schokolade in Kartons verpackt wurde

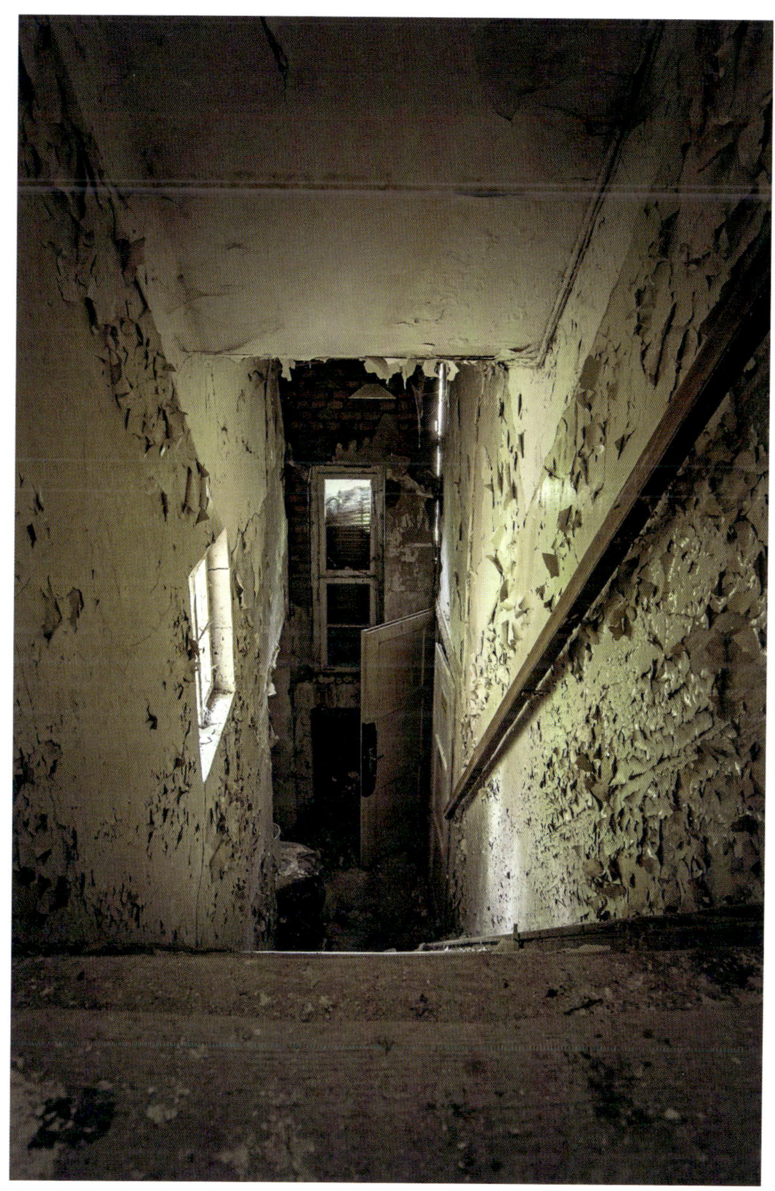

Treppenaufgang zur Verwaltung

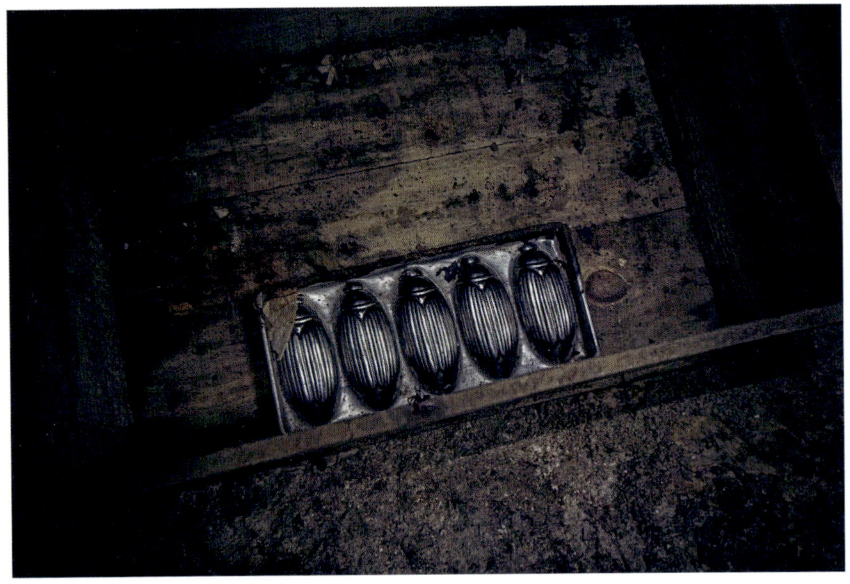

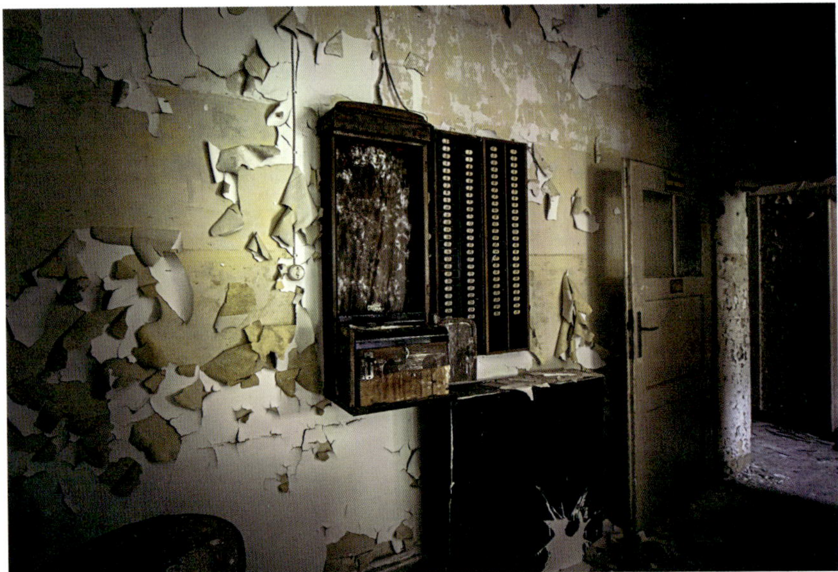

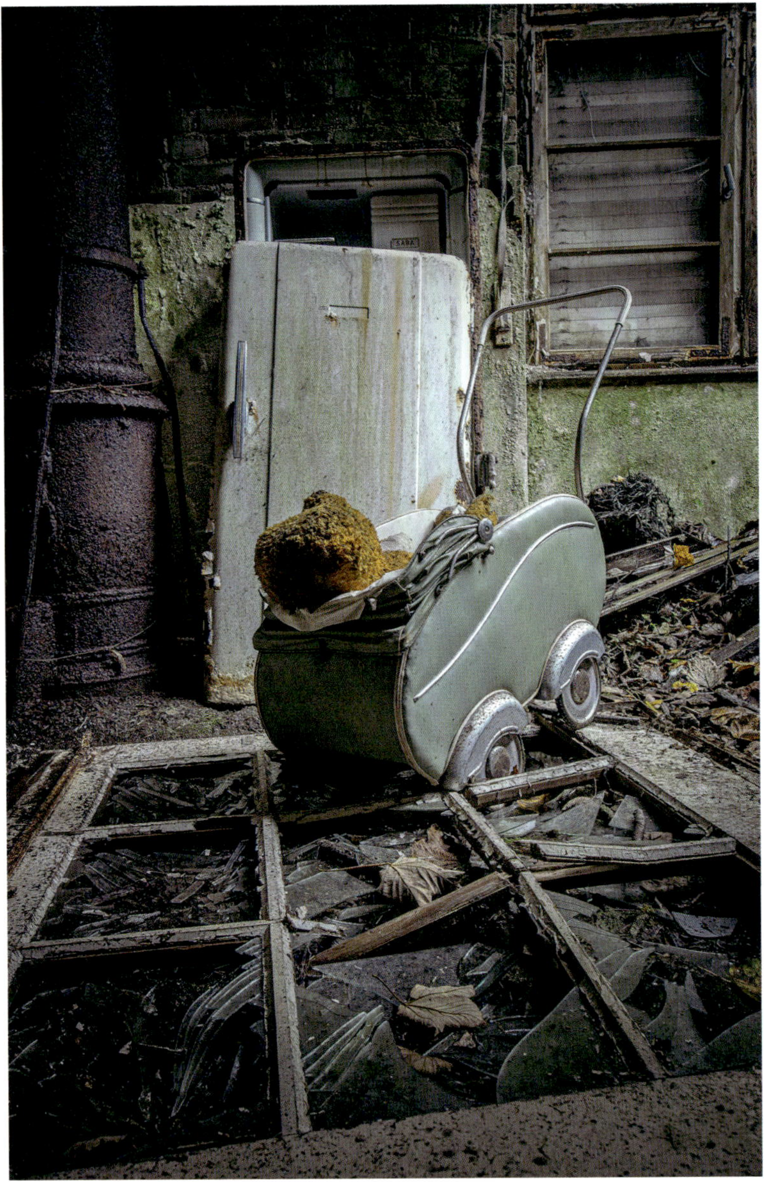

Form für die Schokoladenkäferproduktion

Stechuhr

Kinderwagen aus den 50er Jahren

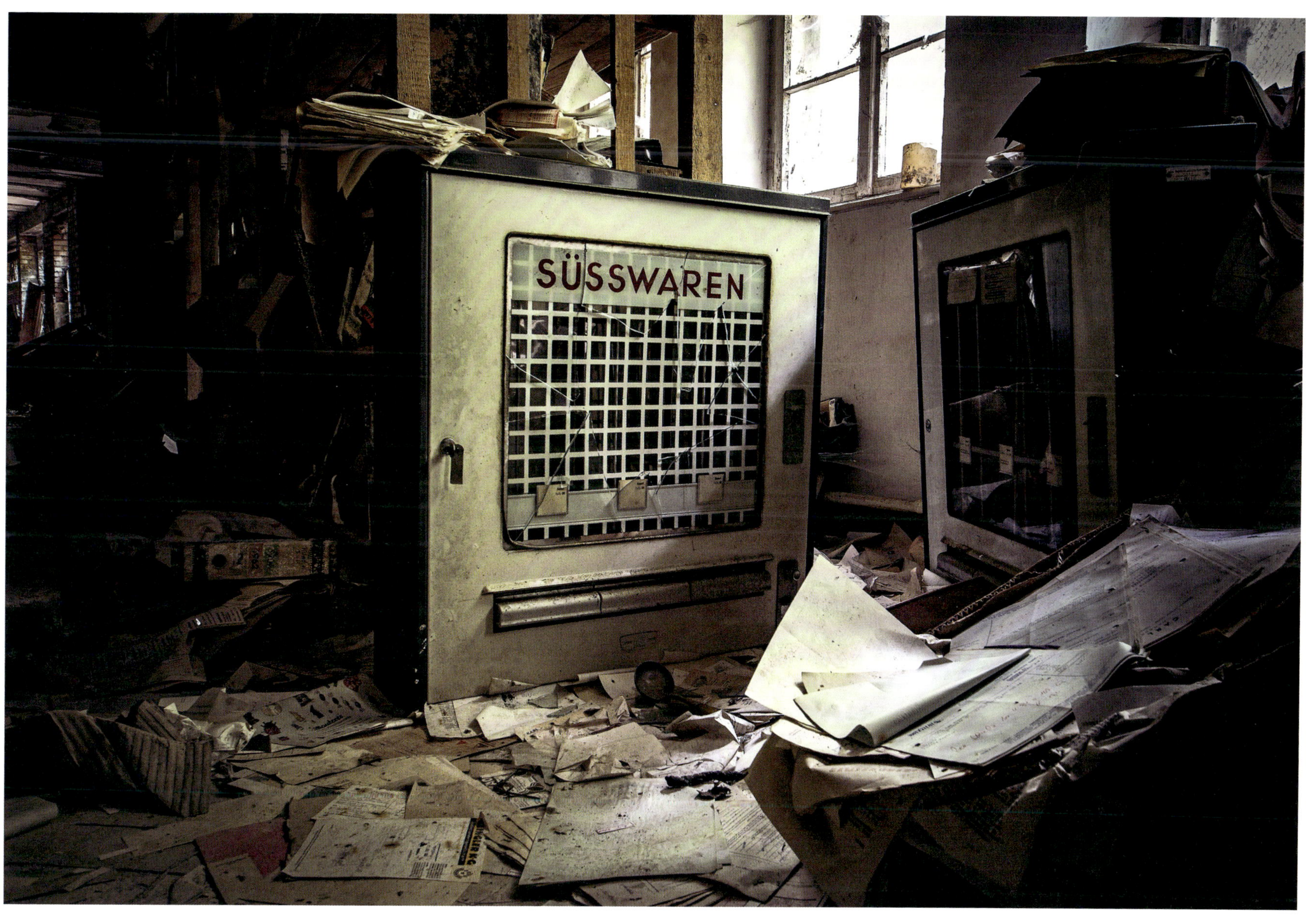

Süßigkeitenautomaten

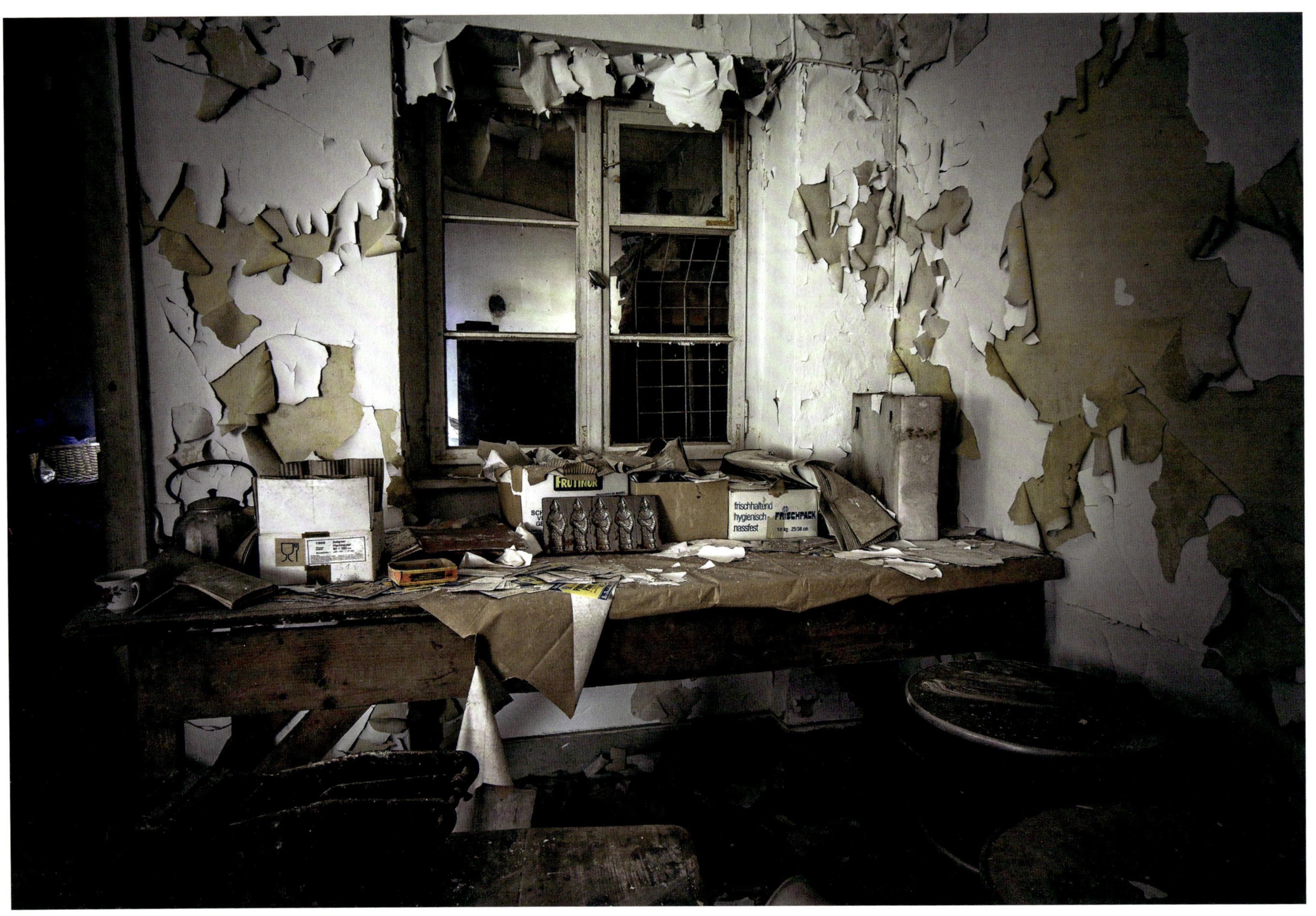

Arbeitstisch im Büroraum

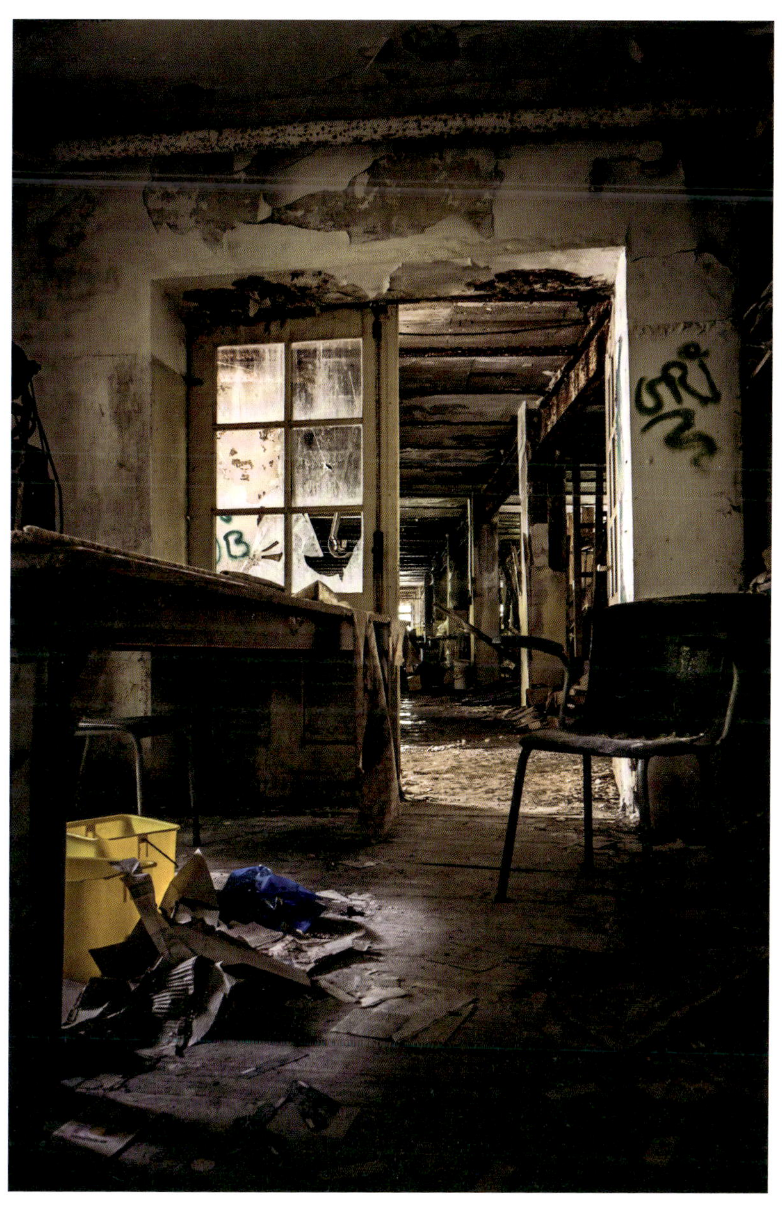

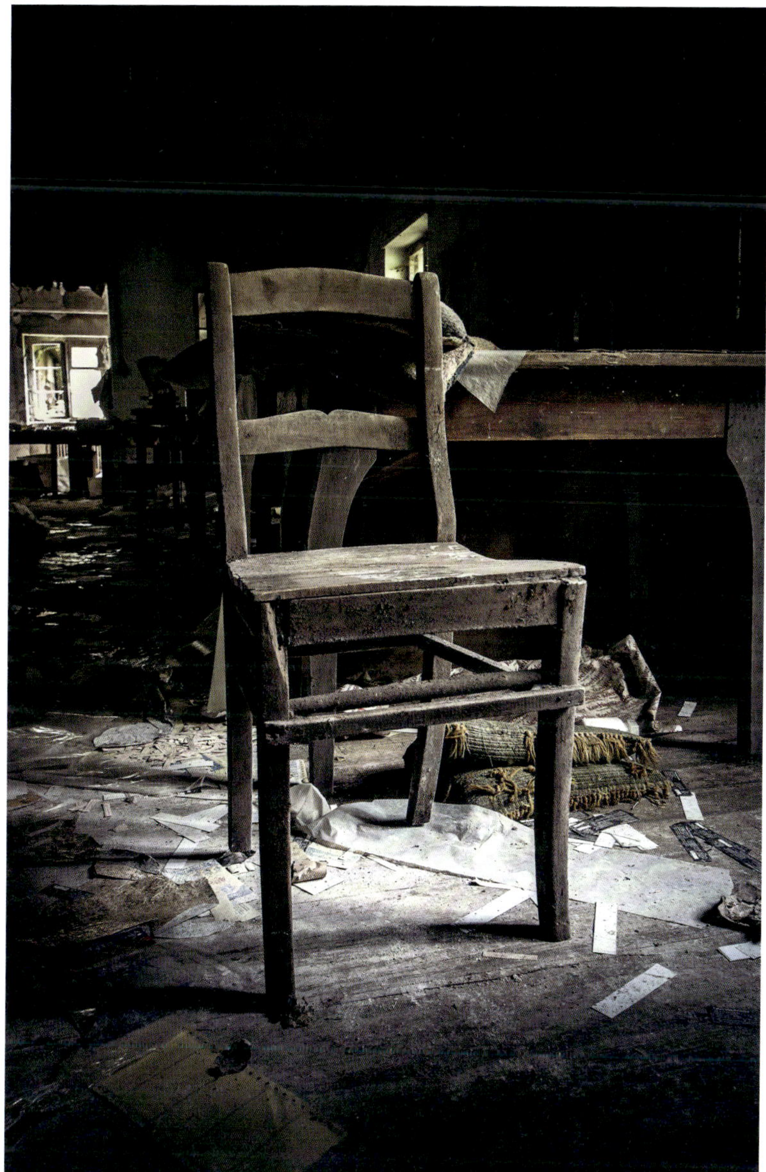

Blick in die Produktionshalle

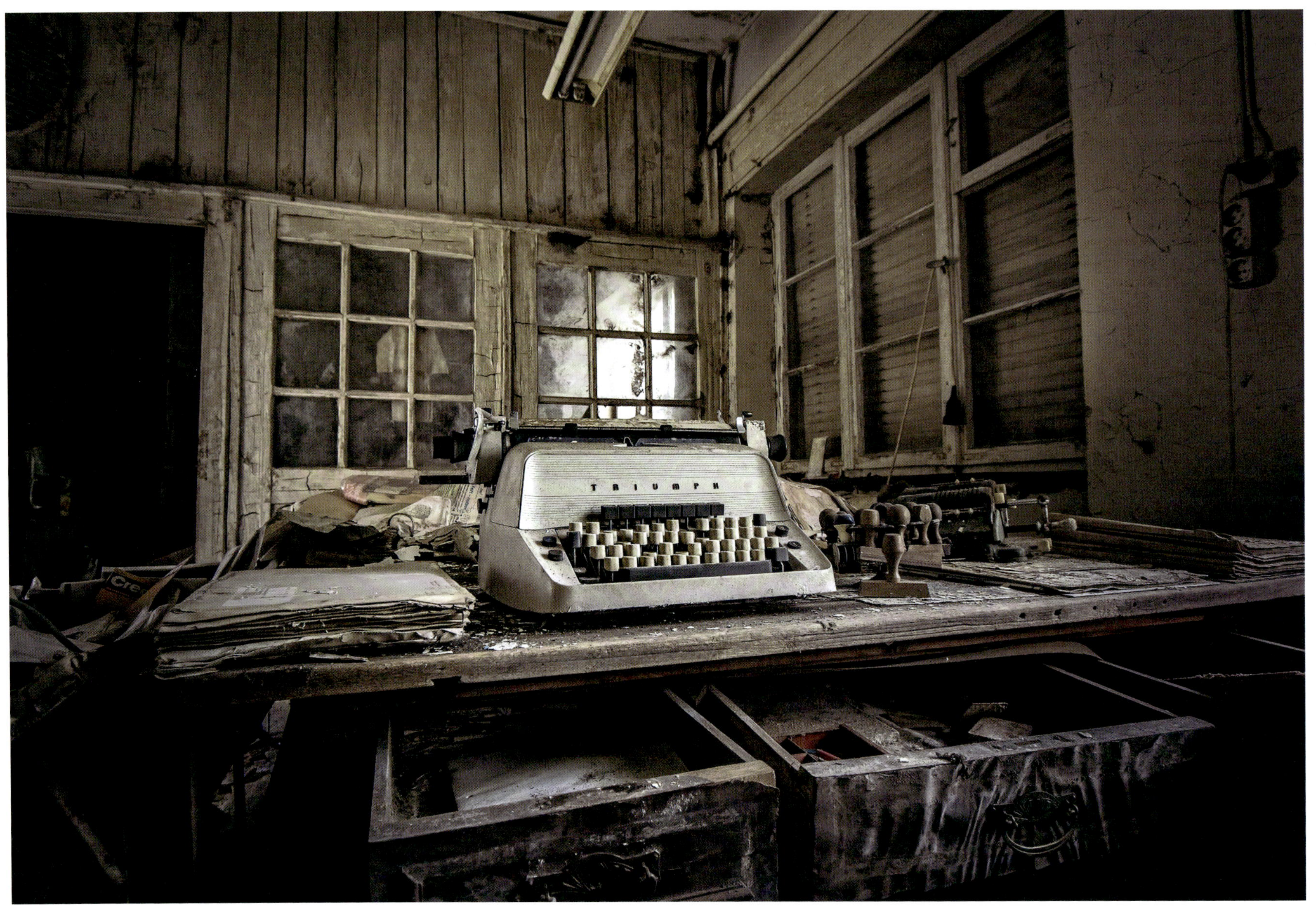

Schreibtisch im Büro der Verwaltung

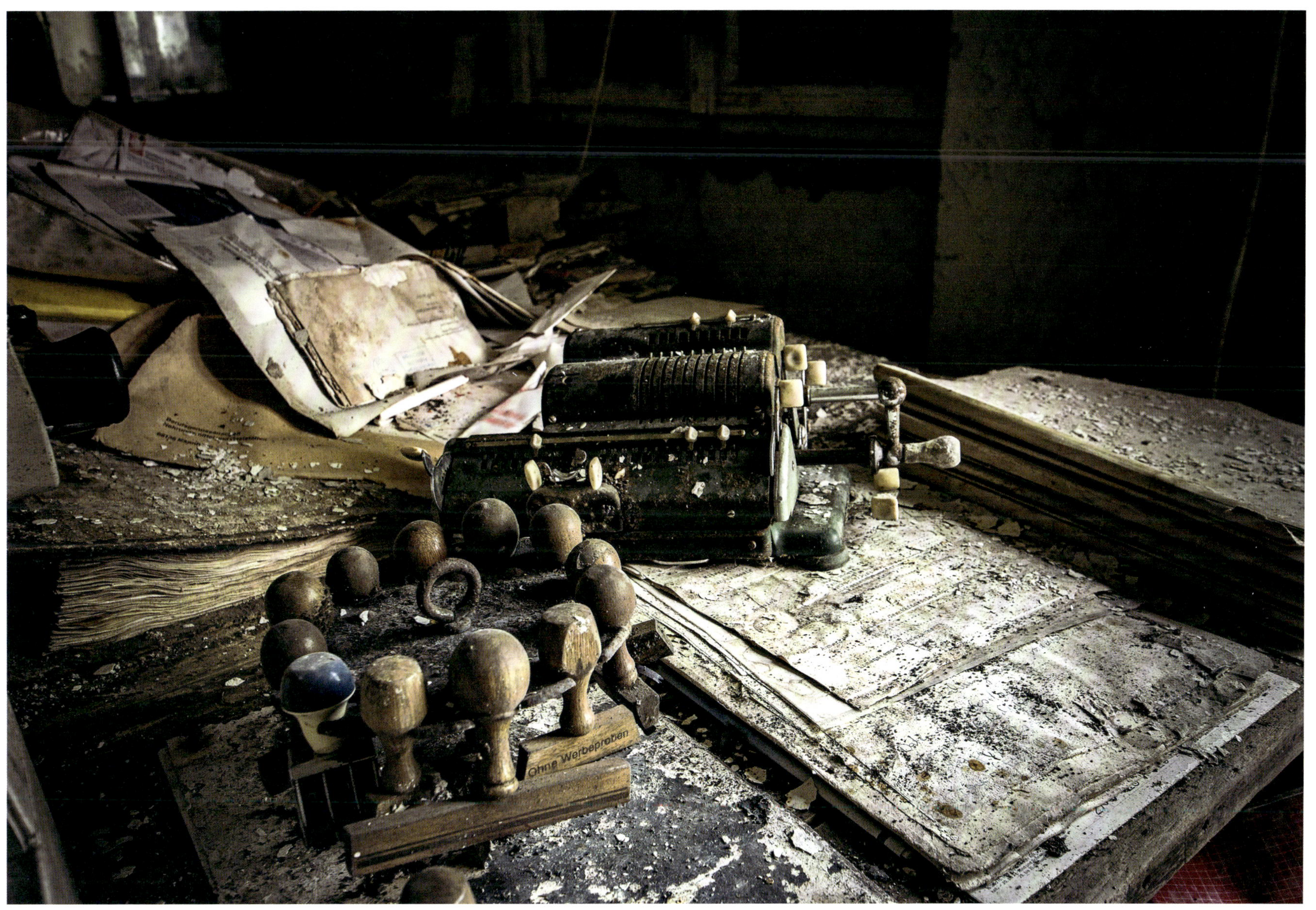
Ohne Werbeproben

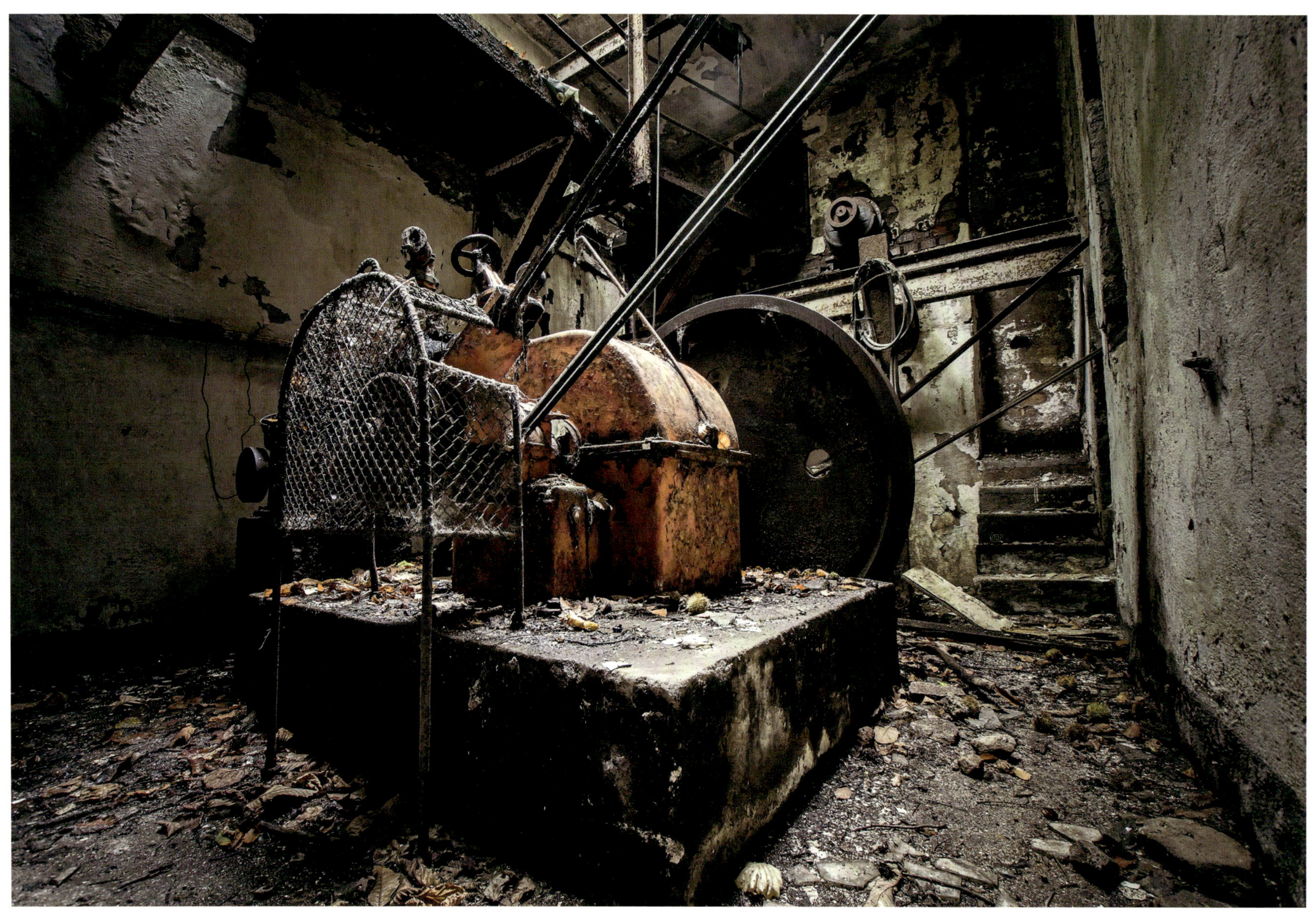

Generator im Keller

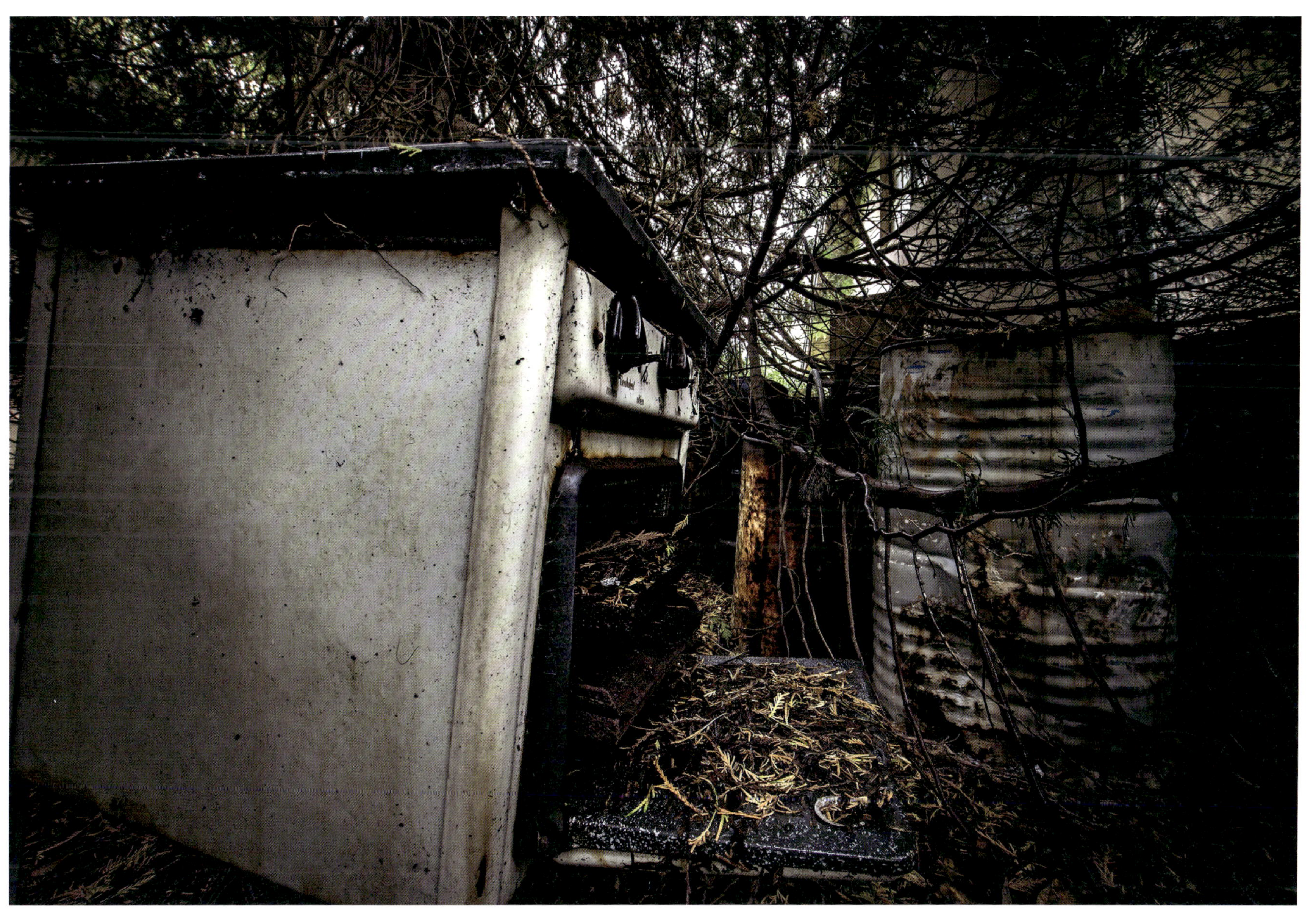

Ausrangierter Herd im Garten

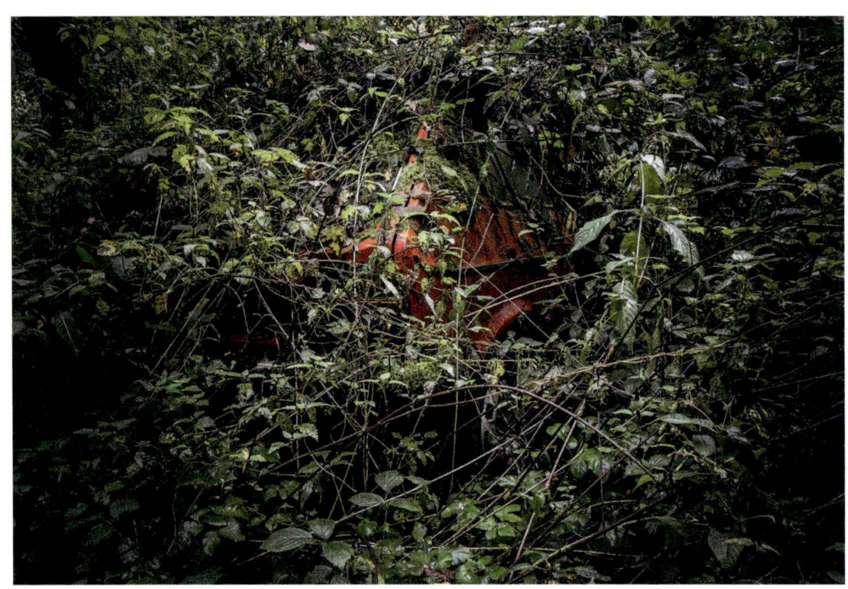

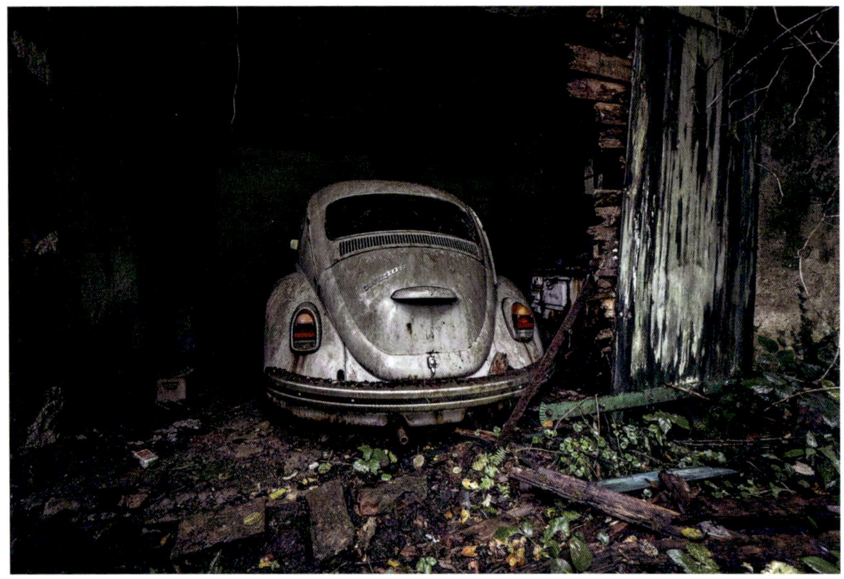

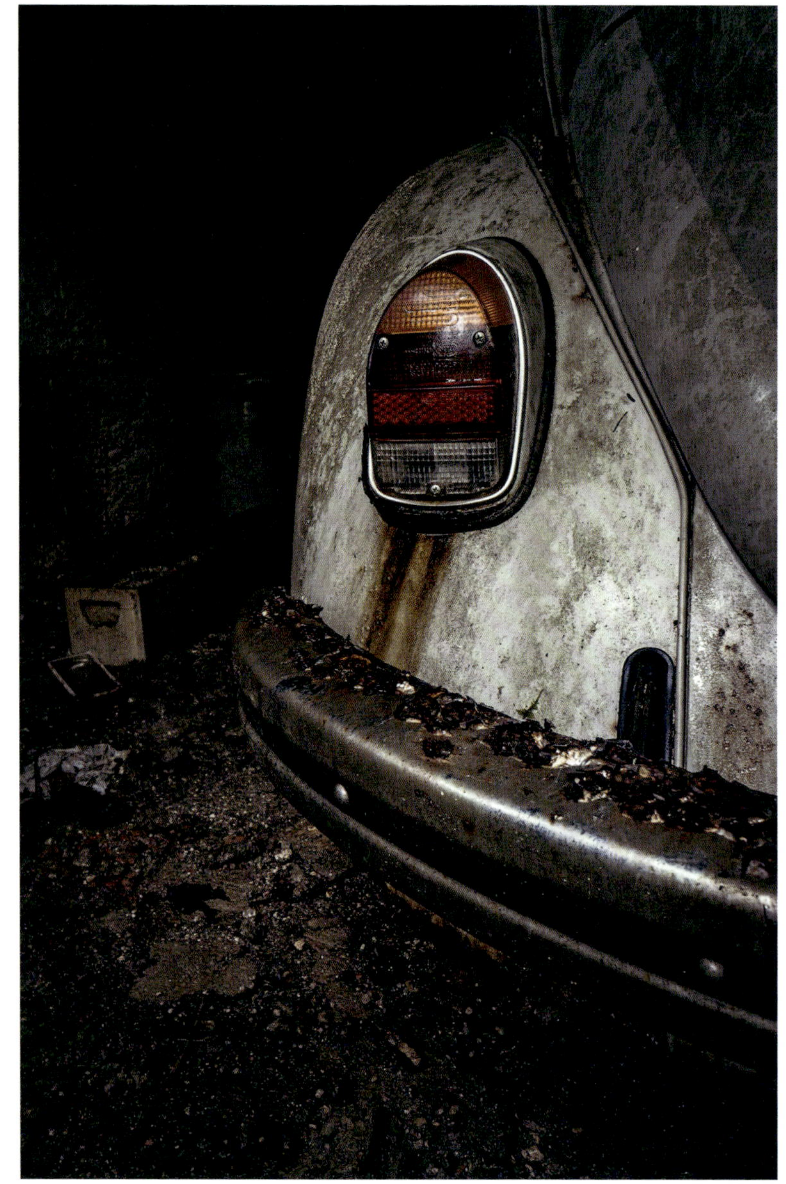

Käfer aus den 60er Jahren

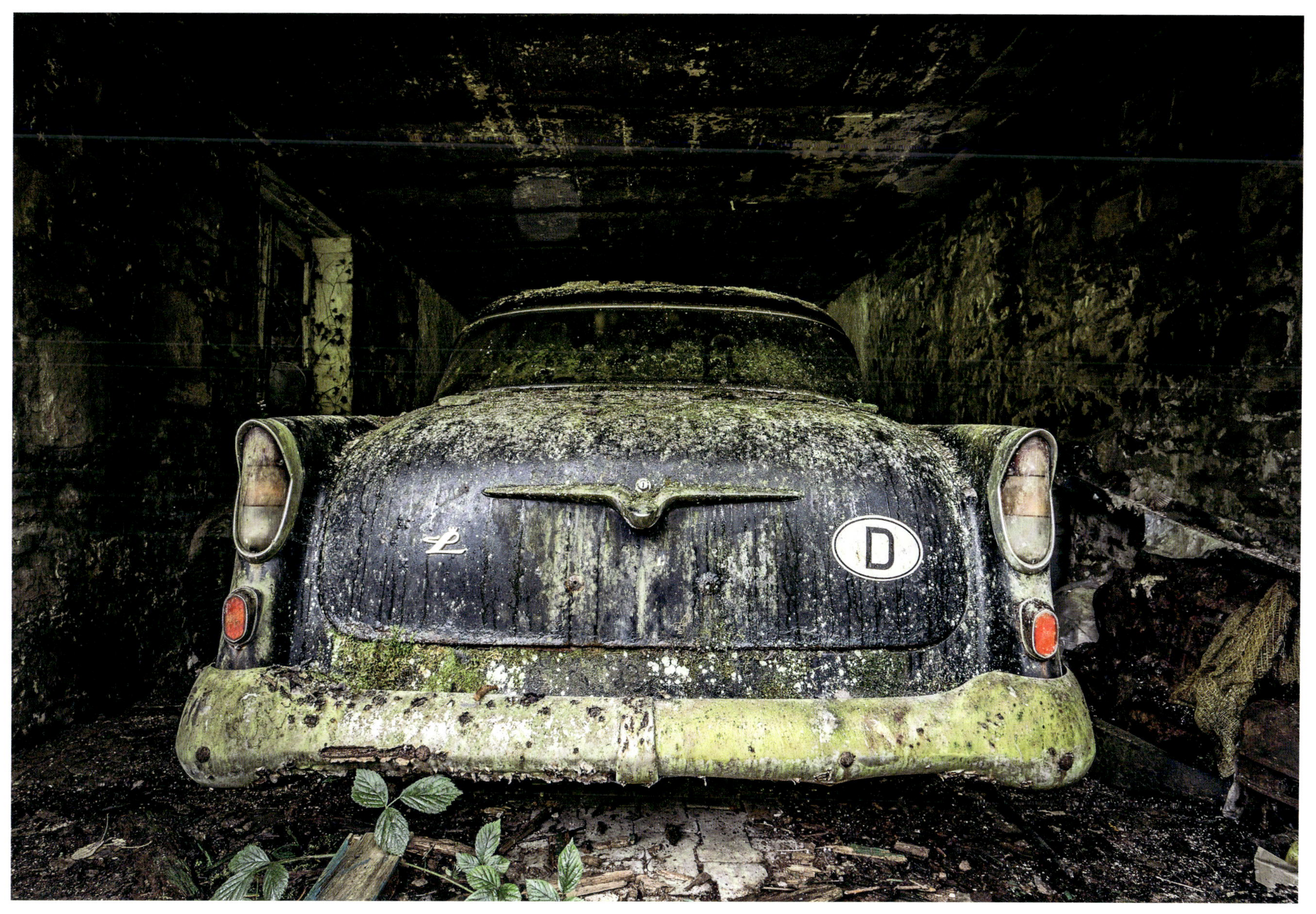

Opel Capitän in der Garage

DAS AUTOWRACK

Versteckt in einem kleinen Wäldchen direkt an einer viel befahrenen Straße im Schwarzwald liegt dieses Oldtimer-Schmuckstück. Ich bekam die Koordinaten und den Tipp, mich dort mal umzuschauen. Trotz der genauen Lagehinweise hatte ich Probleme, das Wrack zu finden, da es in einer kleinen Senke liegt und von meinem erhöhten Standpunkt aus kaum zu sehen war. Mehrmals lief ich einen Abhang entlang und wollte schon aufgeben, als ich plötzlich etwas türkis schimmern sah. Also ging ich über Stock und Stein die Böschung hinab und wurde nicht enttäuscht: Da lag es, das Wrack. Über seine Geschichte konnte ich leider überhaupt nichts in Erfahrung bringen und kann mir auch nicht wirklich erklären, wie das Auto an diese Stelle im Wald gekommen ist oder aus welchem Grund es dort entsorgt wurde. Sein natürlicher Verfall ist schön anzusehen – auf dem Dach, im Motorraum und in der Seitenverkleidung wächst Moos und auch kleine Insekten tummeln sich auf dem Wagen, sodass es einiges zu entdecken gibt.

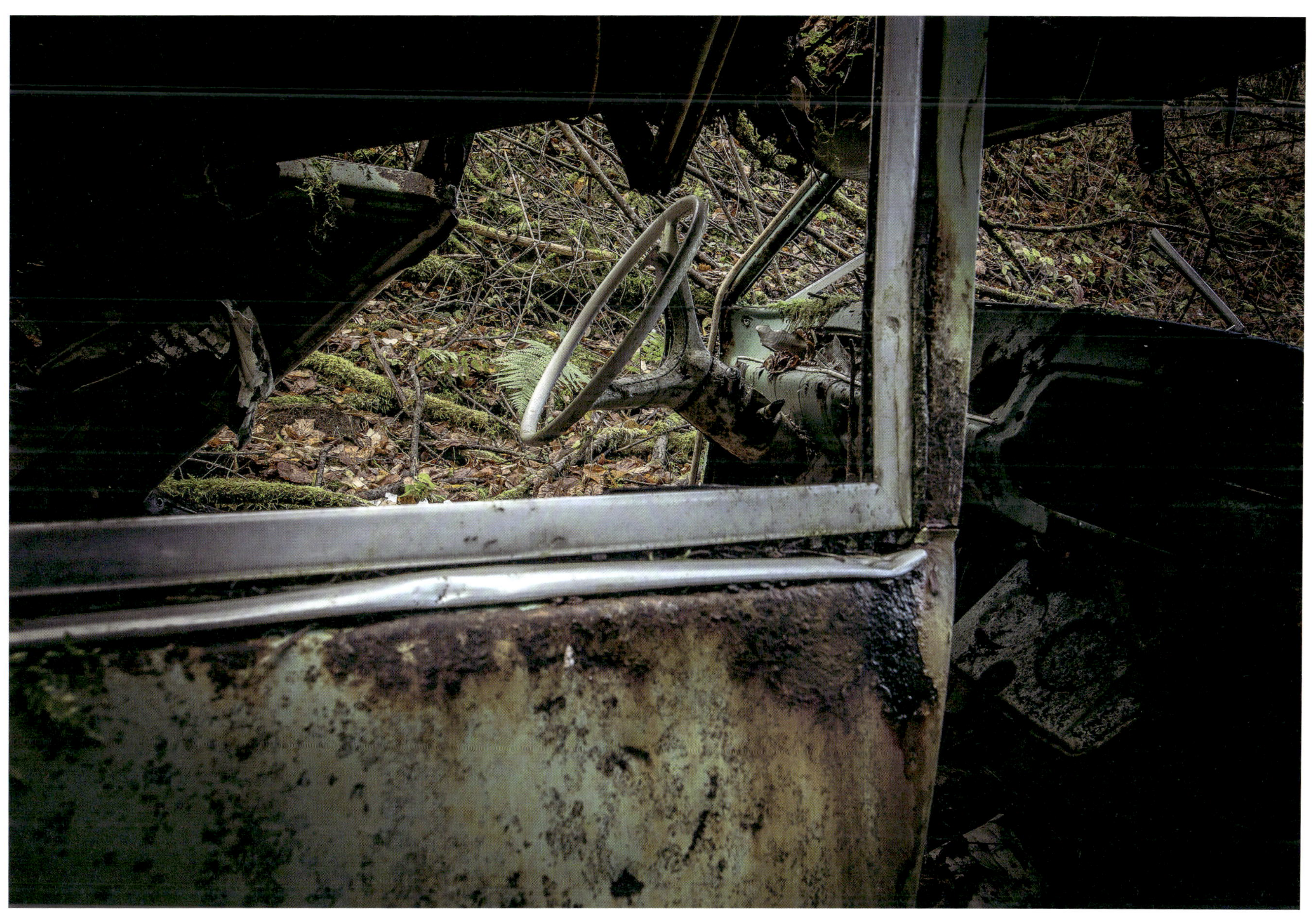

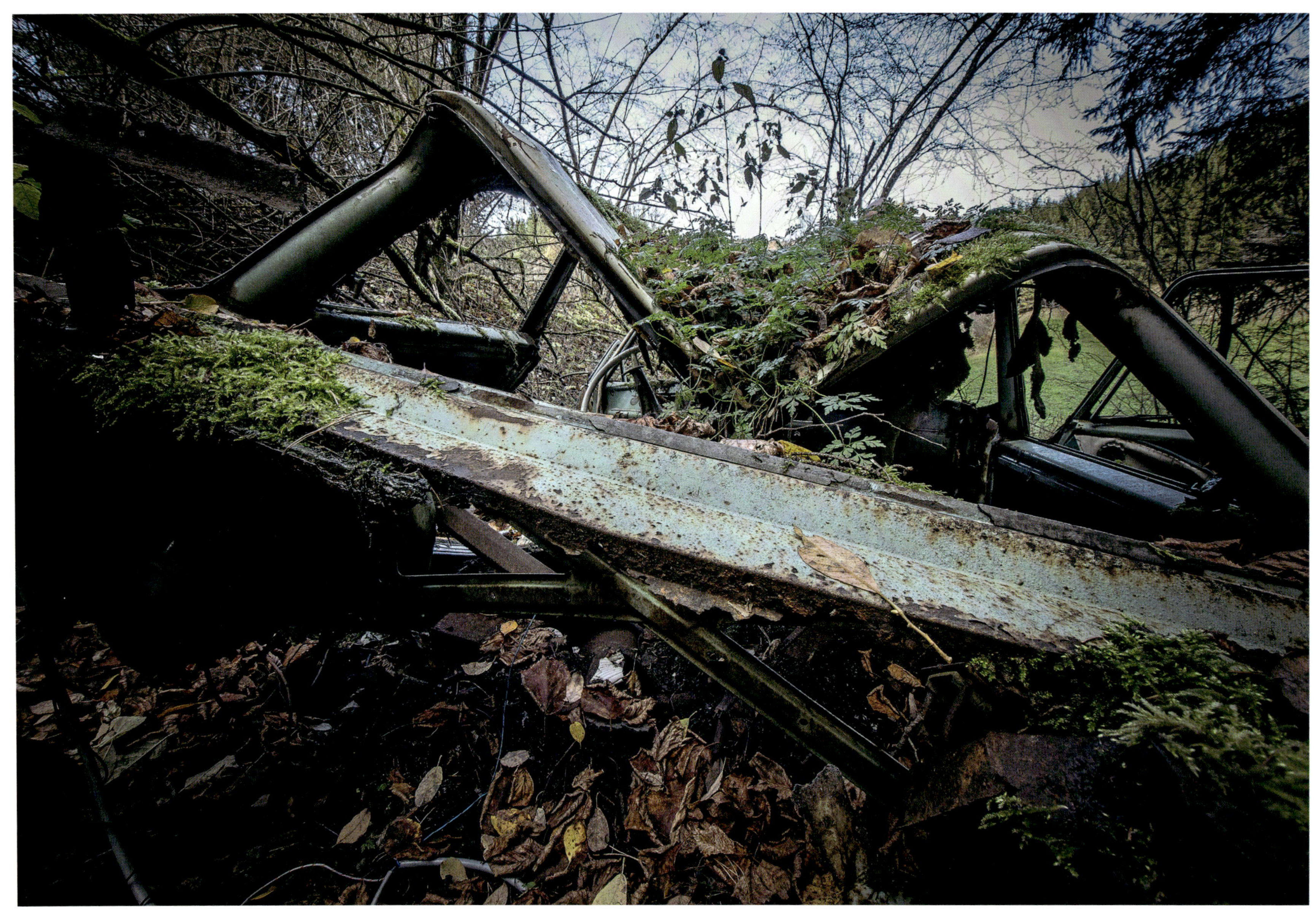

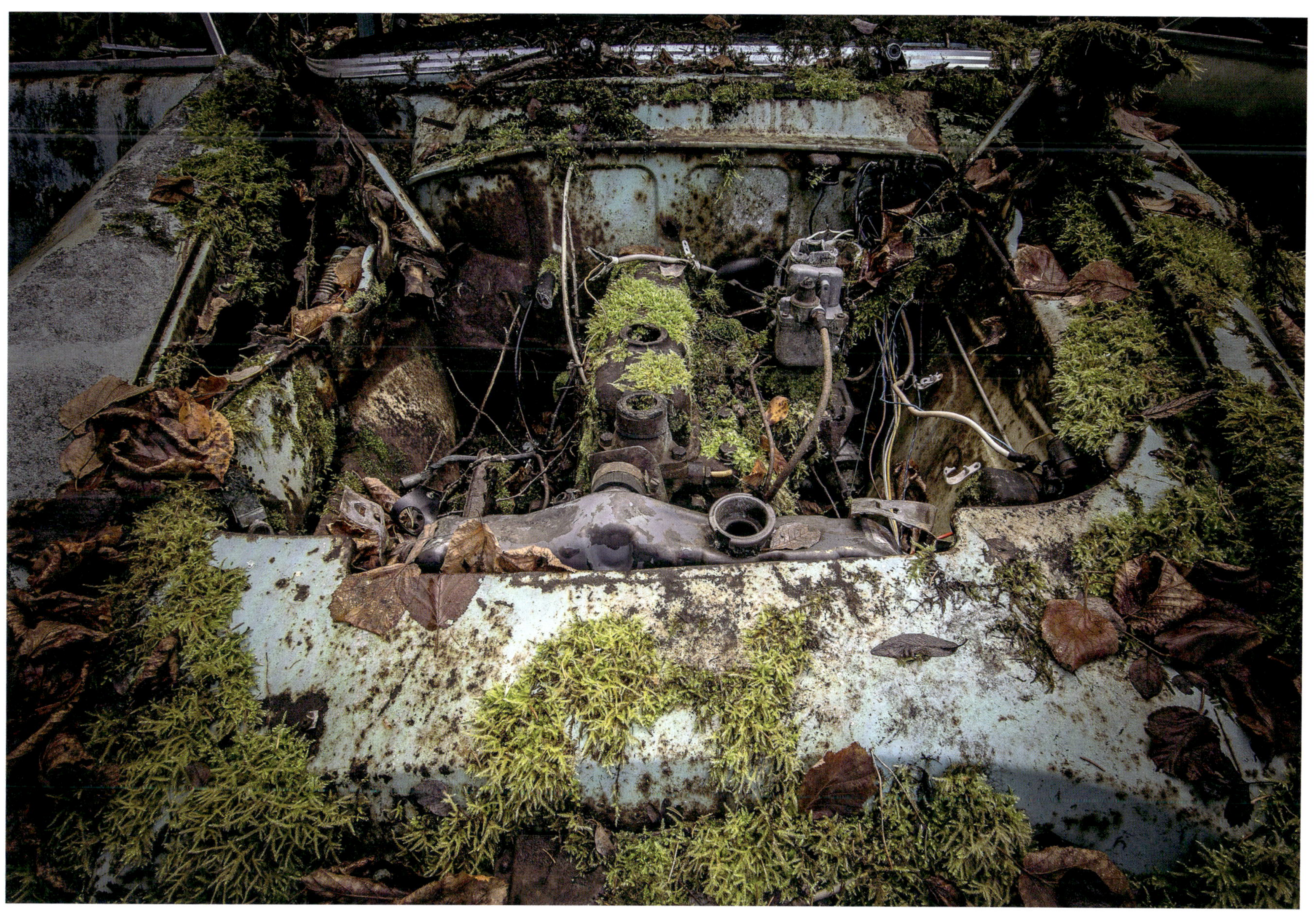

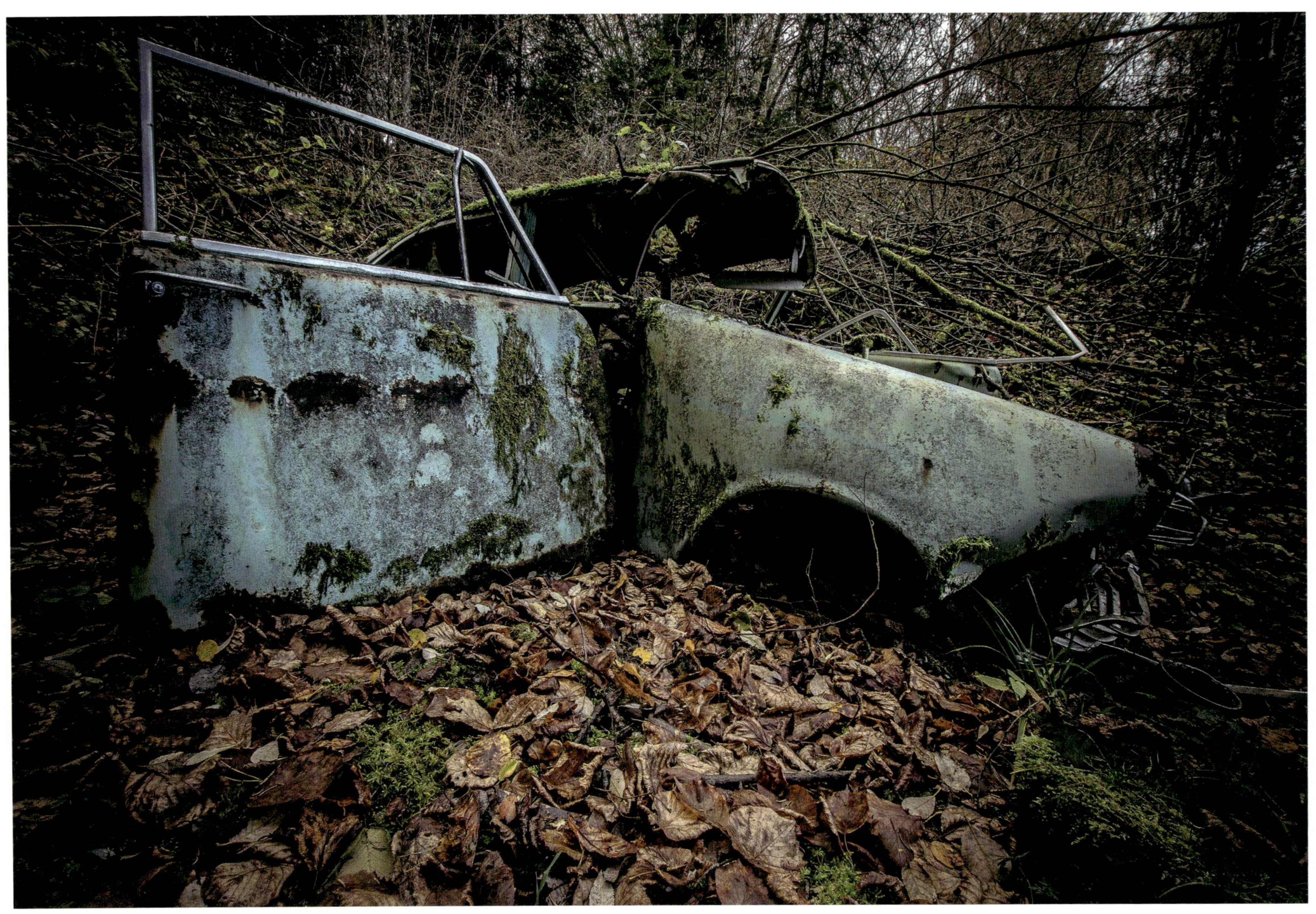

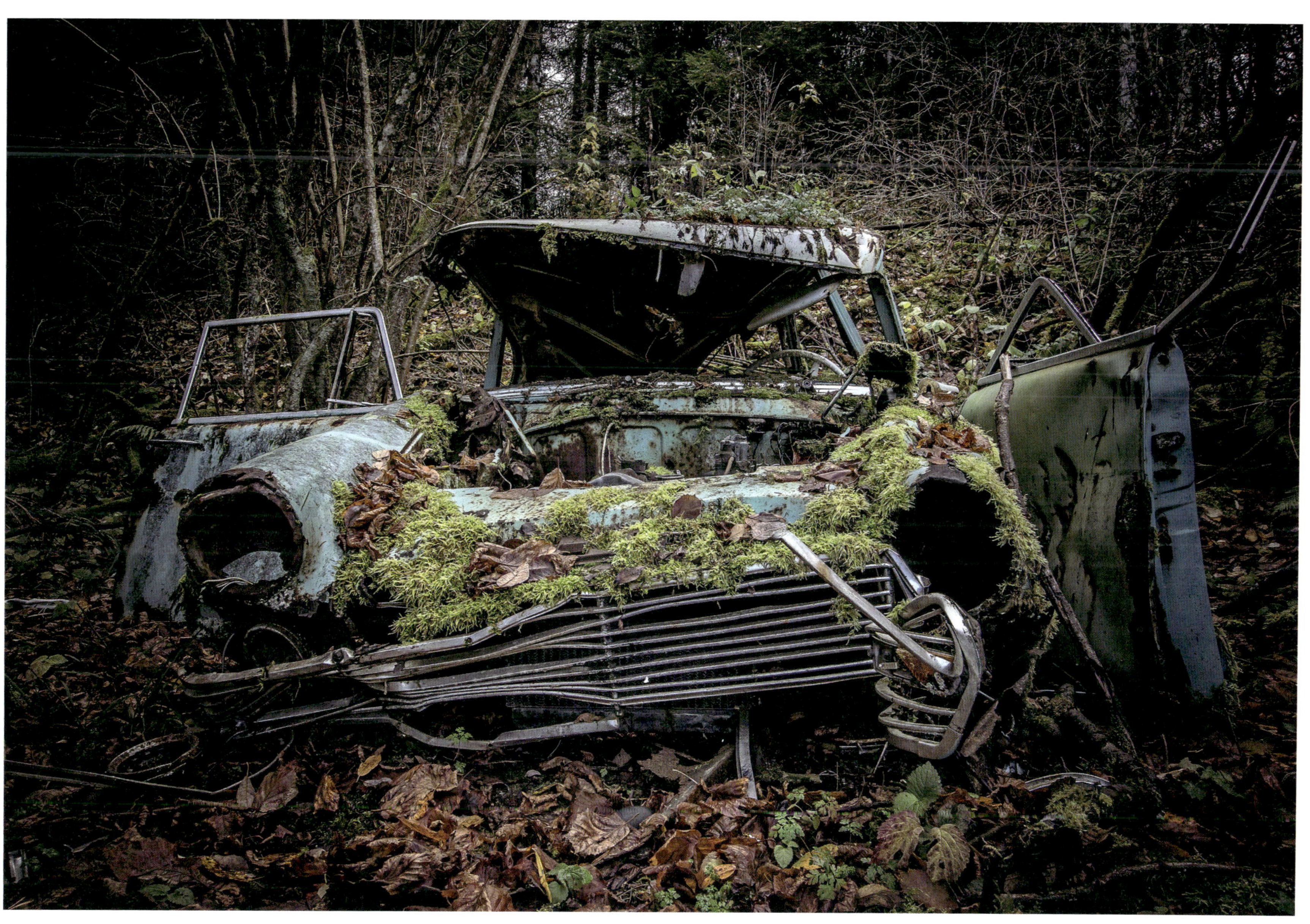

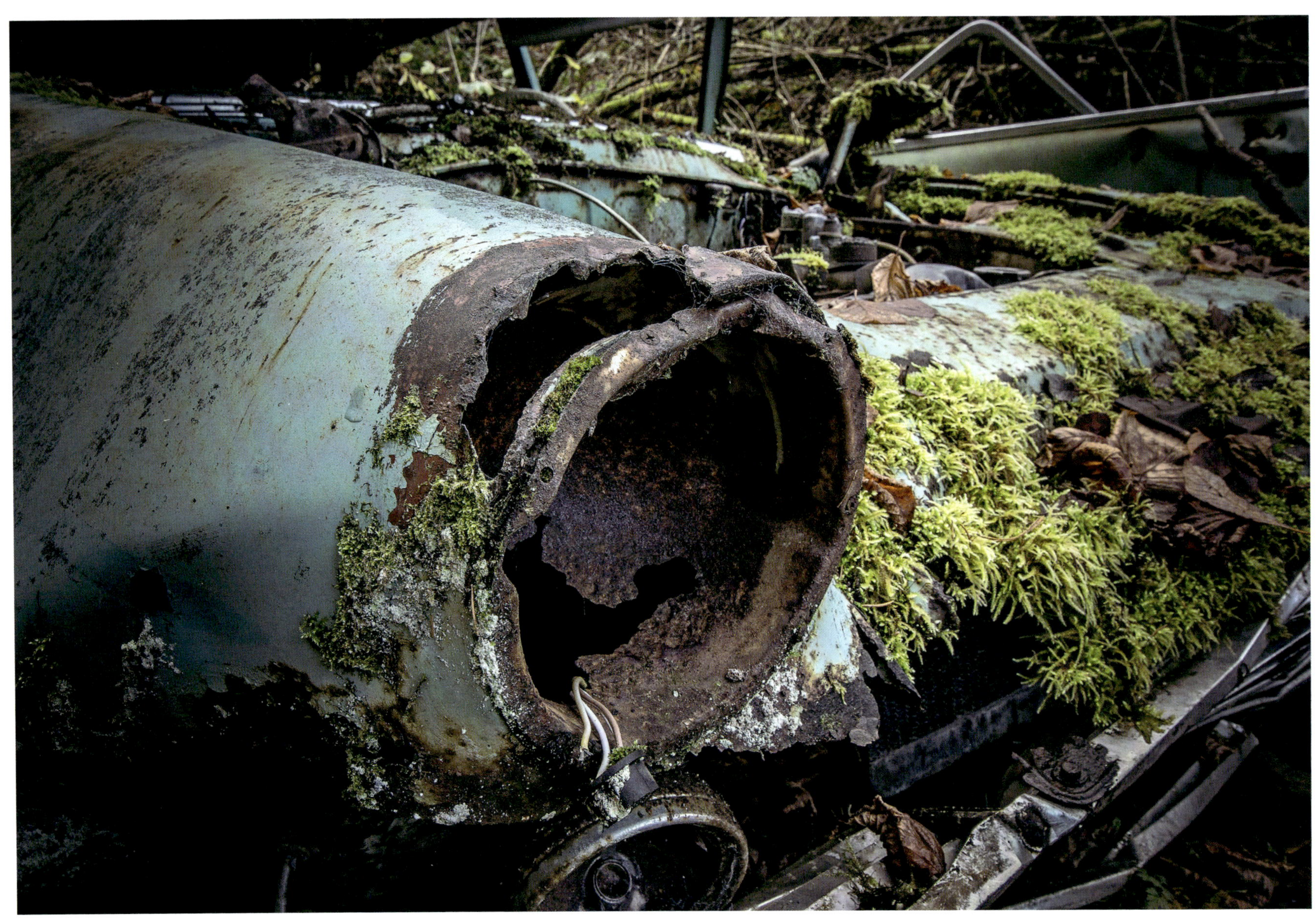

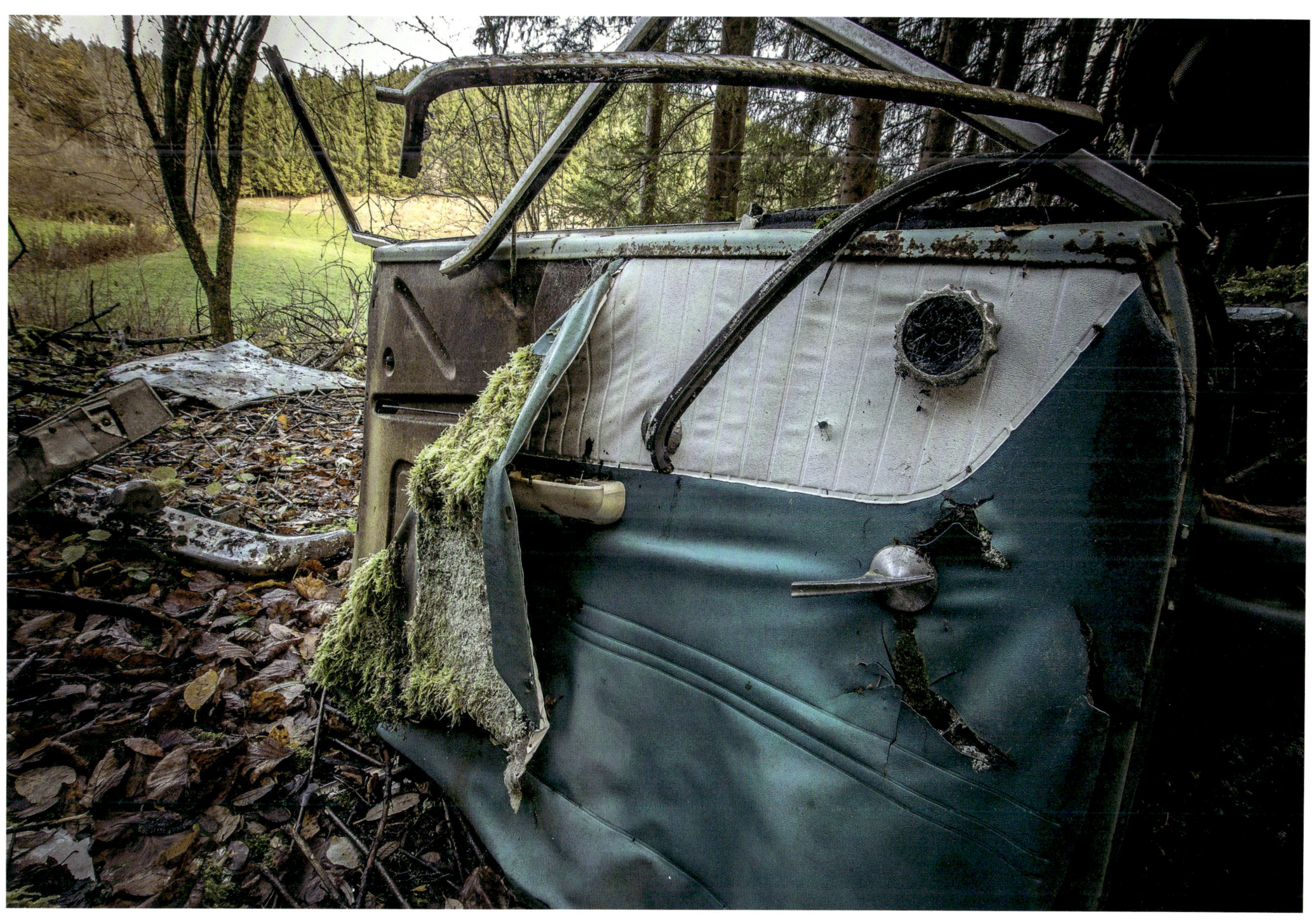

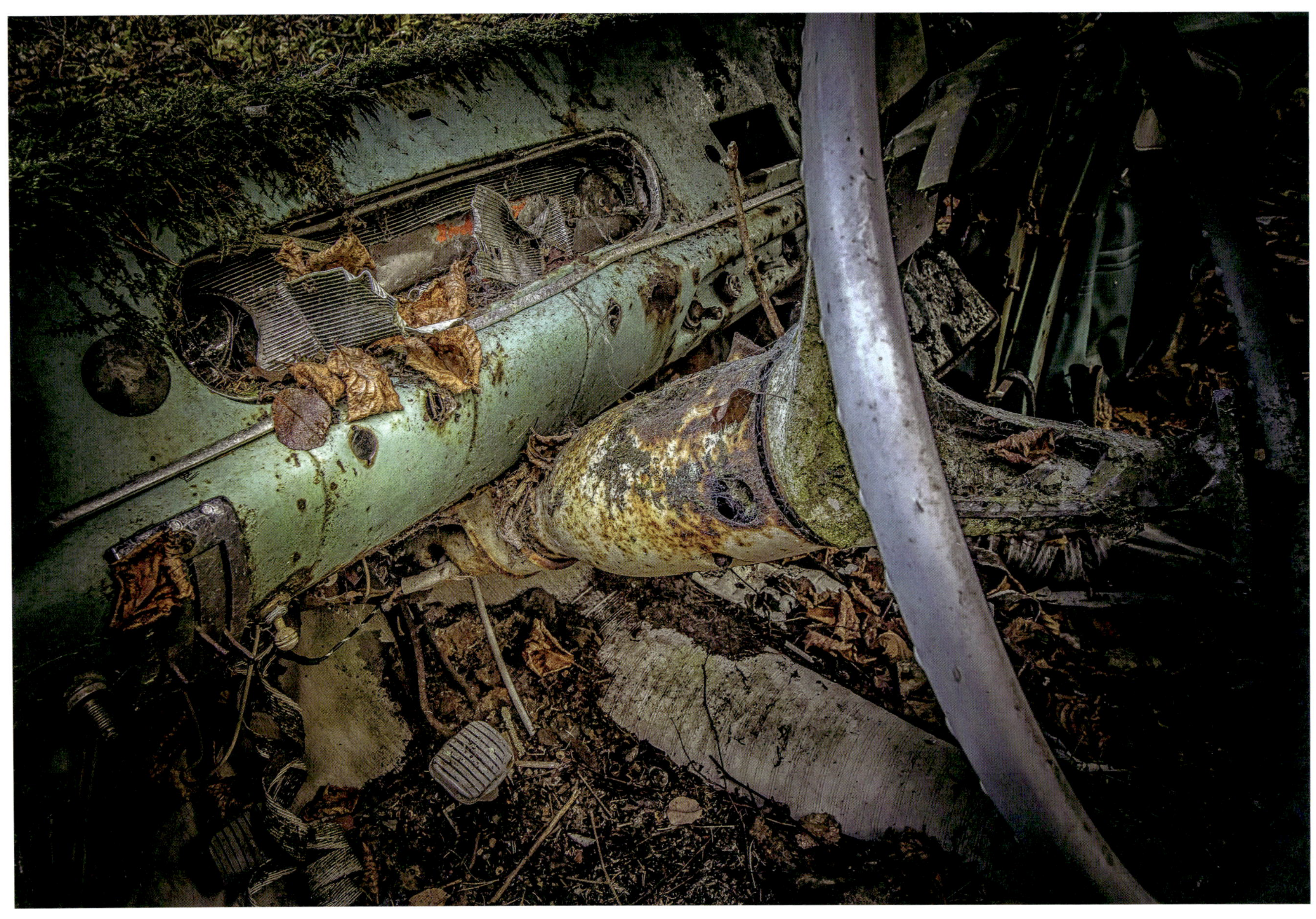

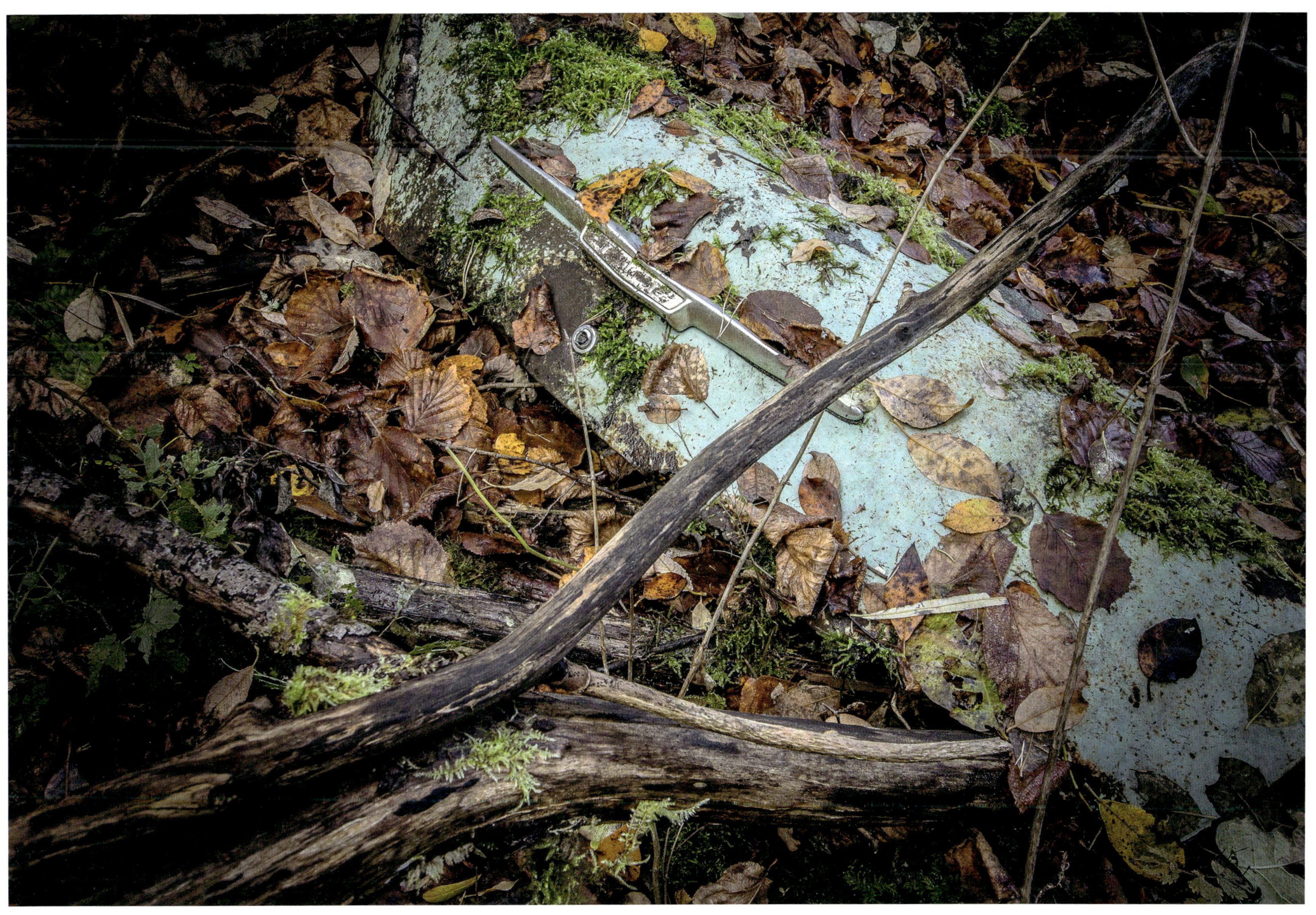

DER SCHLACHTHOF

An einem Frühlingstag frühmorgens besuchte ich diesen alten, sehr verfallenen Schlachthof, der mitten in einem Industrie- und Wohngebiet liegt. Markant an diesem Lost Place ist das Türmchen, das über die restlichen Gebäude ragt. Rote Ziegel sind nur noch wenige zu sehen, nachdem ein großes Unwetter über die Stadt zog und den Bauten sehr zugesetzt hat. Die Löcher im Mauerwerk wurden zwar mit blauen Planen abgedeckt, aber die Schutzfolien sind mittlerweile verwittert und das Wasser bahnt sich seinen Weg. Doch nicht nur das Unwetter sorgte für den schlechten Zustand des Objekts, sondern auch mehrere Brände und Vandalismus setzten dem in den Jahren 1914–1916 erbauten Schlachthof zu. Errichtet wurde er auf einem rund 12 000 Quadratmeter großen Gelände. Mit seinem Bau erhielt die Industriestadt erstmals einen Schlachthof, der zur damaligen Zeit allen modernen Anforderungen an die Fleischversorgung der Bevölkerung entsprach. Gerade die hygienischen und volkswirtschaftlichen Anforderungen spielten eine große Rolle. Es gab allerdings gegen das Großprojekt auch Widerstand, welcher hauptsächlich von kleinen Hausschlachtern ausging.

Da der Schlachthof in der Nähe zur Bahnlinie erbaut wurde, bekam er ein Anschlussgleis, was besonders im Hinblick auf die schnelle Auslieferung der Fleischprodukte von großer Bedeutung war. Erbaut wurden drei Hauptgebäude in der Mitte des Geländes um das Gleis herum, die Nebengebäude gruppierten sich den Arbeitsvorgängen entsprechend um die Hauptgebäude. Es gab ein Verwaltungsgebäude, Stallungen für die Pferde der Metzger, ein Pferdeschlachthaus, eine Freibank und eine Hautsalzerei. (Eine Freibank ist eine Einrichtung zum Verkauf minderwertigen, aber nicht gesundheitsschädlichen Fleisches, das als »bedingt tauglich« eingestuft wird. Es handelt sich um Fleisch von Tieren, die zum Beispiel bei Unfällen und durch Notschlachtungen zu Tode kommen.) In den Hauptgebäuden waren Stallungen und Kuttelei, Großvieh- und Kleinviehschlachthaus sowie Kühlhaus und Maschinenhaus untergebracht. Der Betrieb wurde im Jahr 2000 eingestellt.

Als ich den Schlachthof betrat, bot sich mir ein trostloser Anblick. Ziegel liegen auf dem Boden verteilt, Türen und Fenster sind zersplittert, Wände sind von Graffiti überzogen und Müll so weit das Auge reicht. Im Innenhof scheint die eine oder andere Party stattgefunden zu haben, darauf lassen eine Feuerstelle und Sitzpolster aus einem Auto schließen, dazu leere Bierflaschen und Spraydosen. Ich ging durch die Stallungen, in denen die Tiere vor ihrer Schlachtung warten mussten, und selbst nach all den Jahren konnte ich noch immer den stechenden Geruch von Ammoniak wahrnehmen, der durch die Tierfäkalien verursacht wird. Viele Teile der Gebäude konnte ich nicht betreten, da sich teilweise die Wände und Decken wölben und eindeutig einsturzgefährdet sind. Über eine Treppe in einem der Hauptgebäude gelangte ich in den Dachstuhl, dessen Ziegel zum Großteil abgedeckt sind und den Blick in den blauen Himmel freigeben. Zwischen kaputten Ziegeln wachsen Farne in verschiedenen Größen auf dem Dachboden und hauchen so dem Schlachthof in gewisser Art und Weise wieder Leben ein.

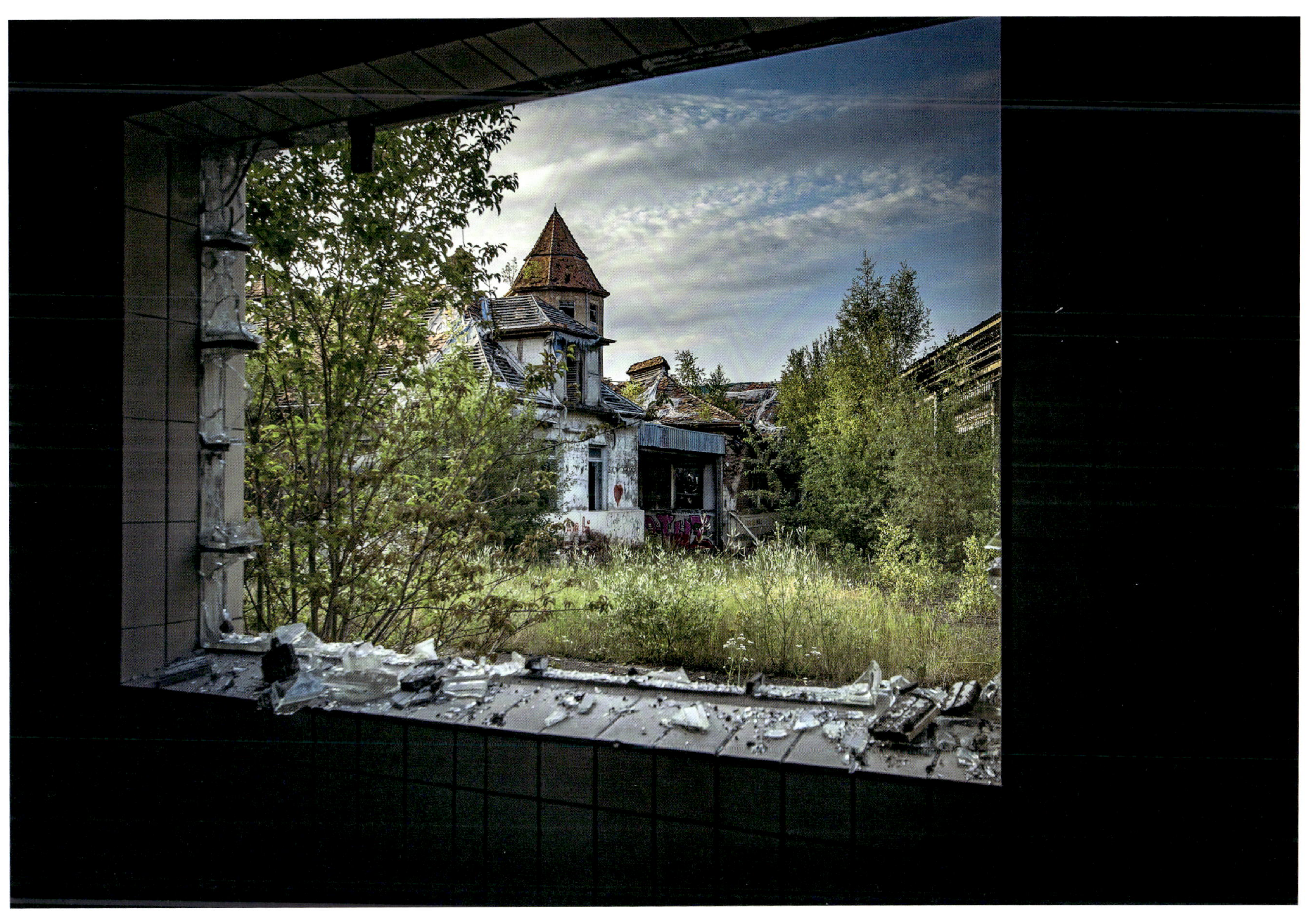

Blick aus dem Heizraum zum Hauptgebäude

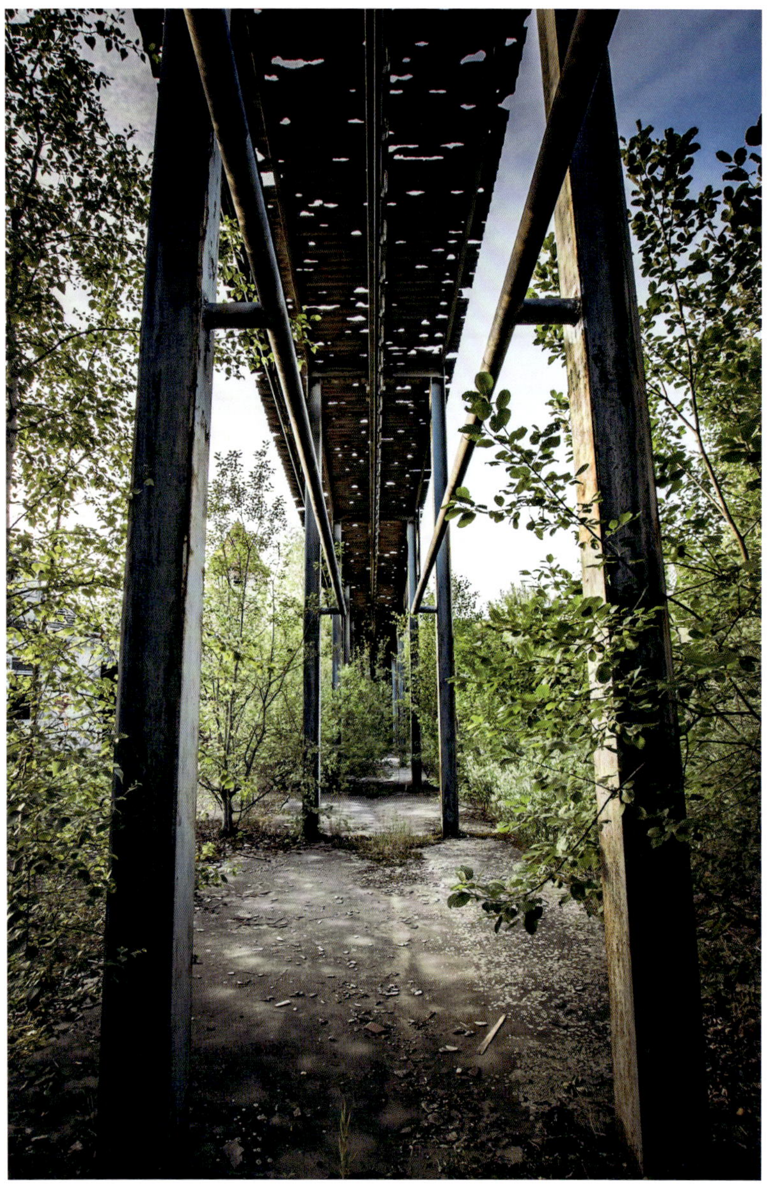

Transporttrasse

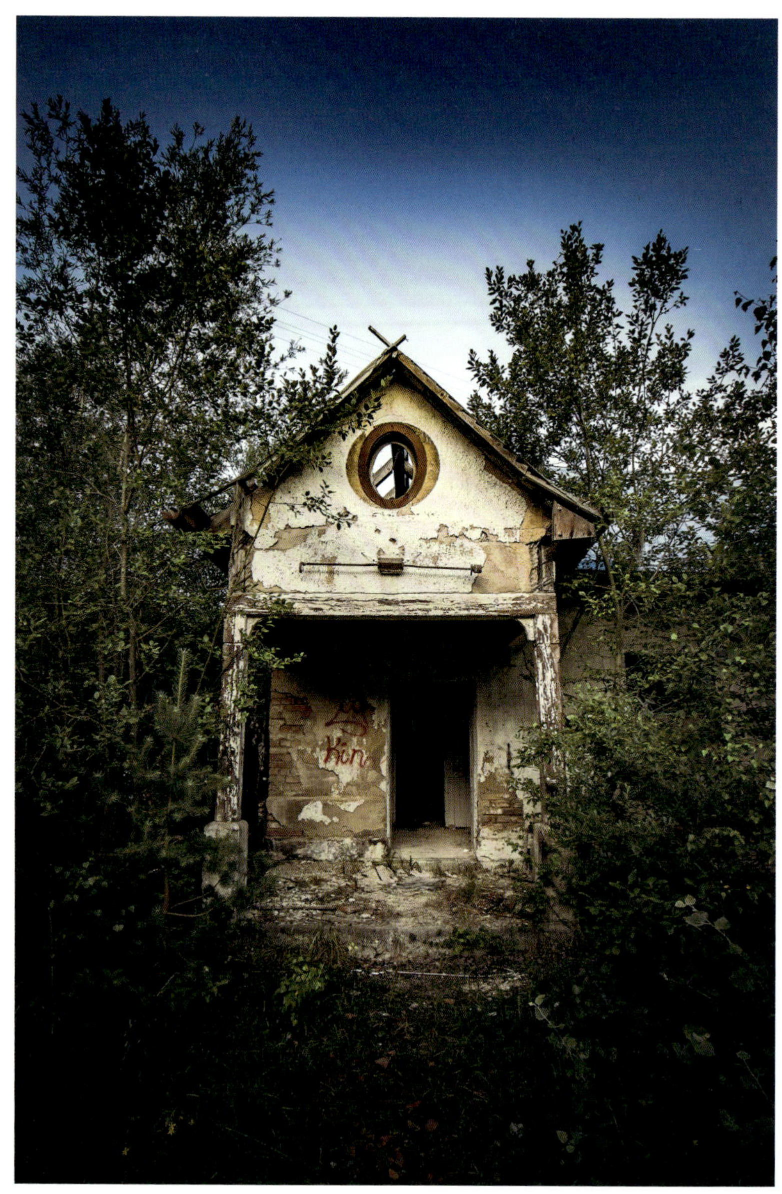

Umkleide- und Personalhäuser

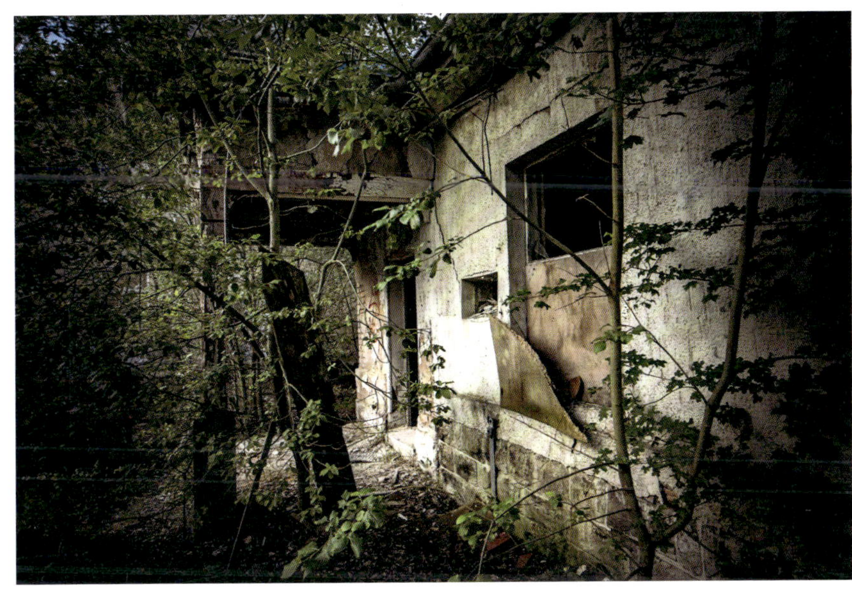

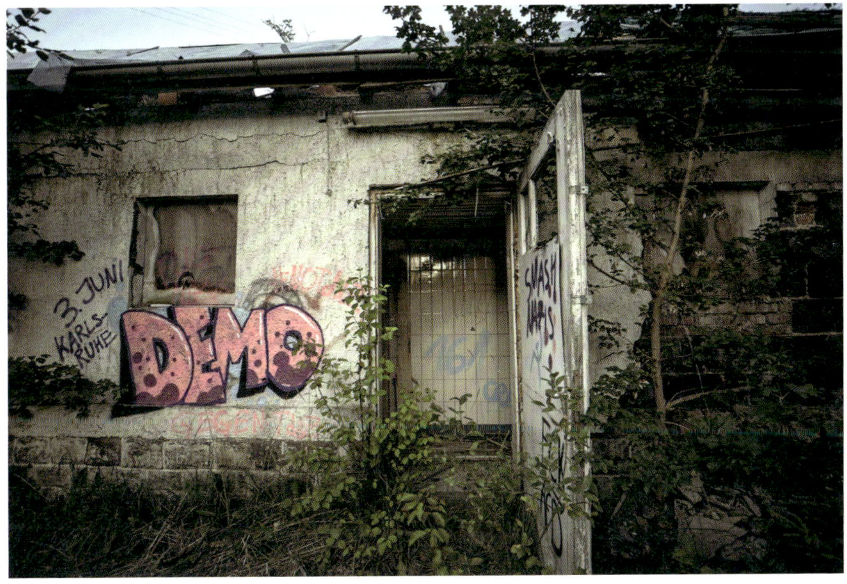
3. JUNI
KARLS-RUHE
DEMO

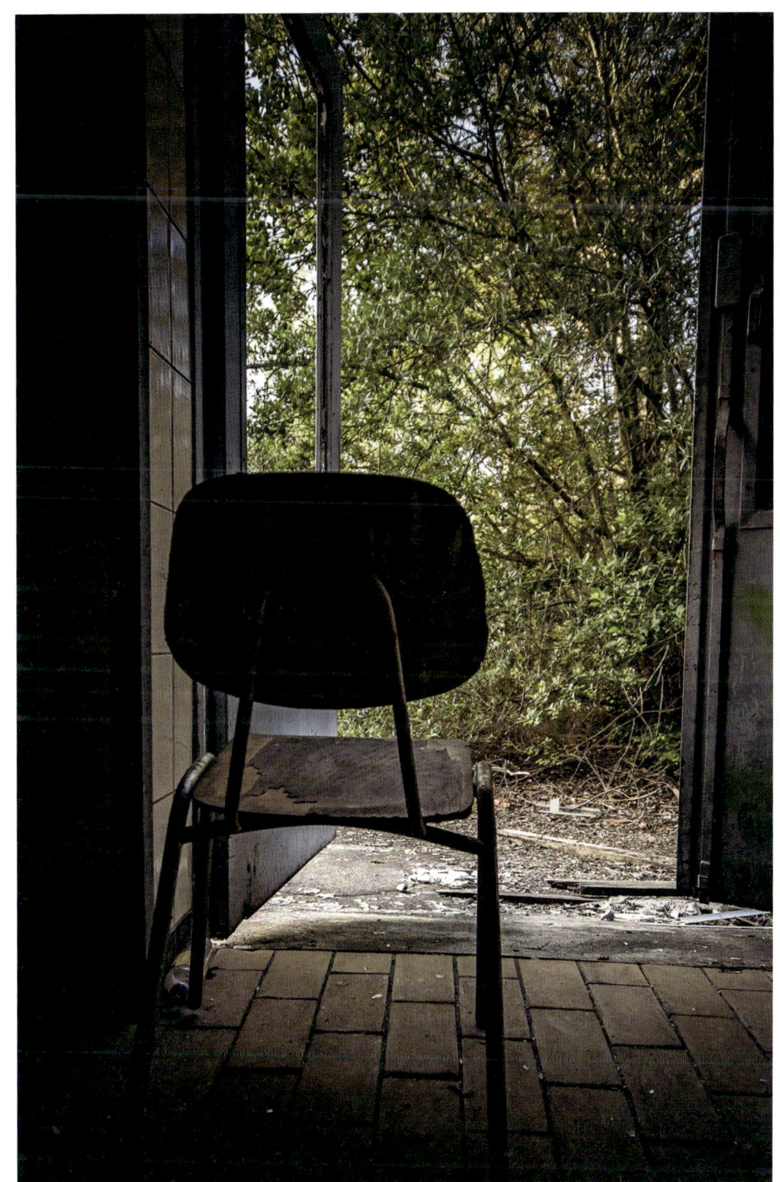

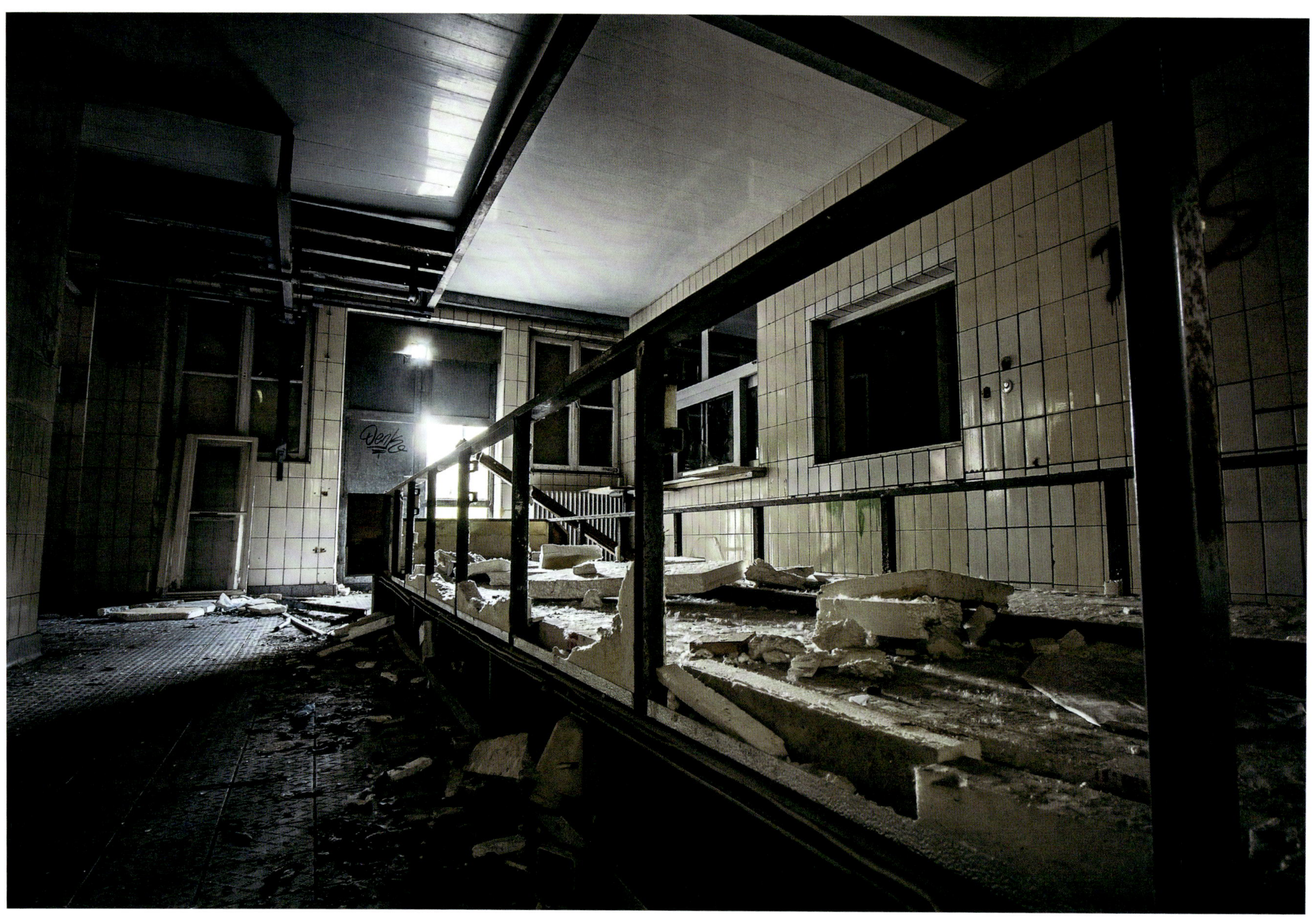

Raum im Hauptgebäude, vermutlich der Schlachtraum

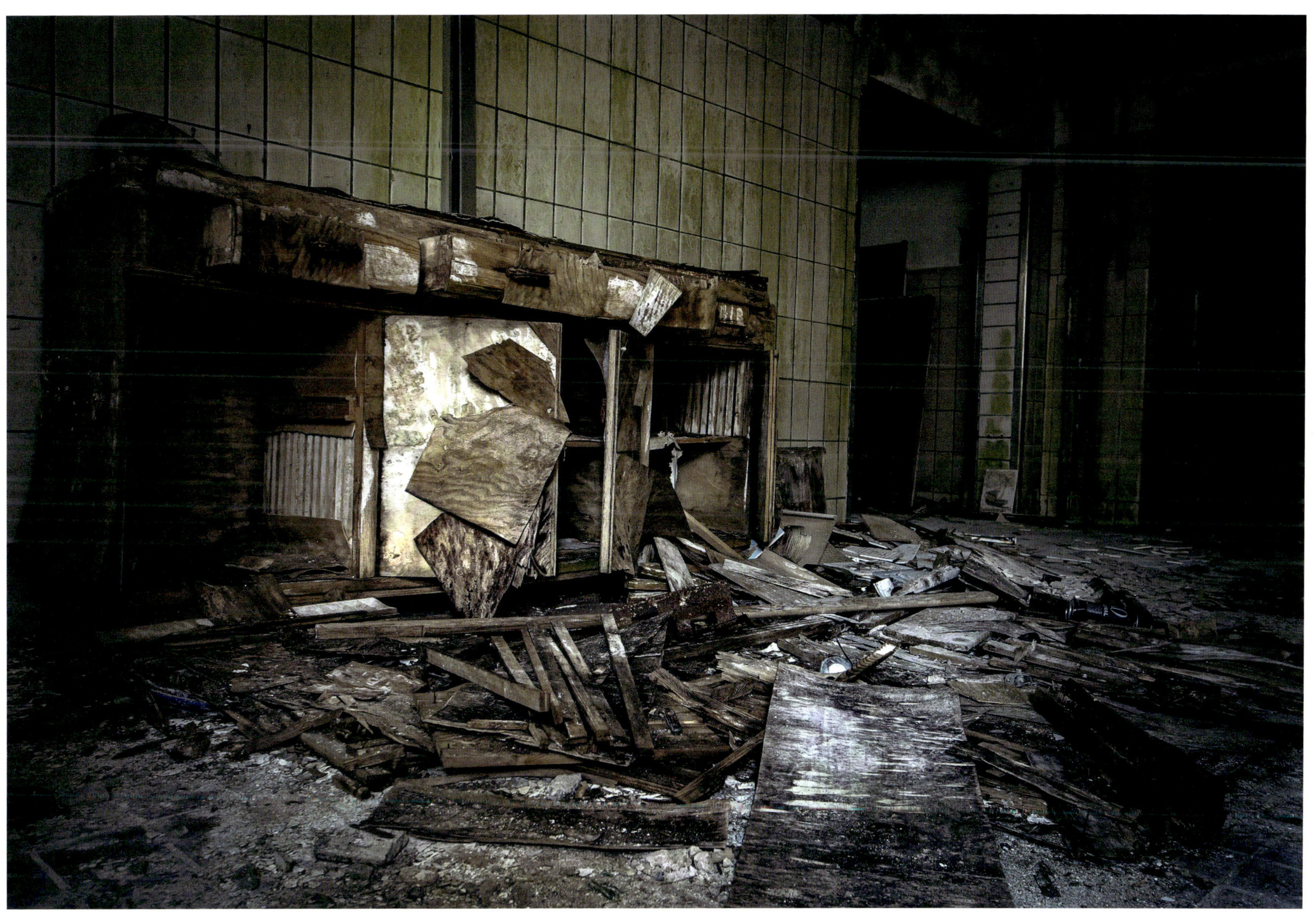

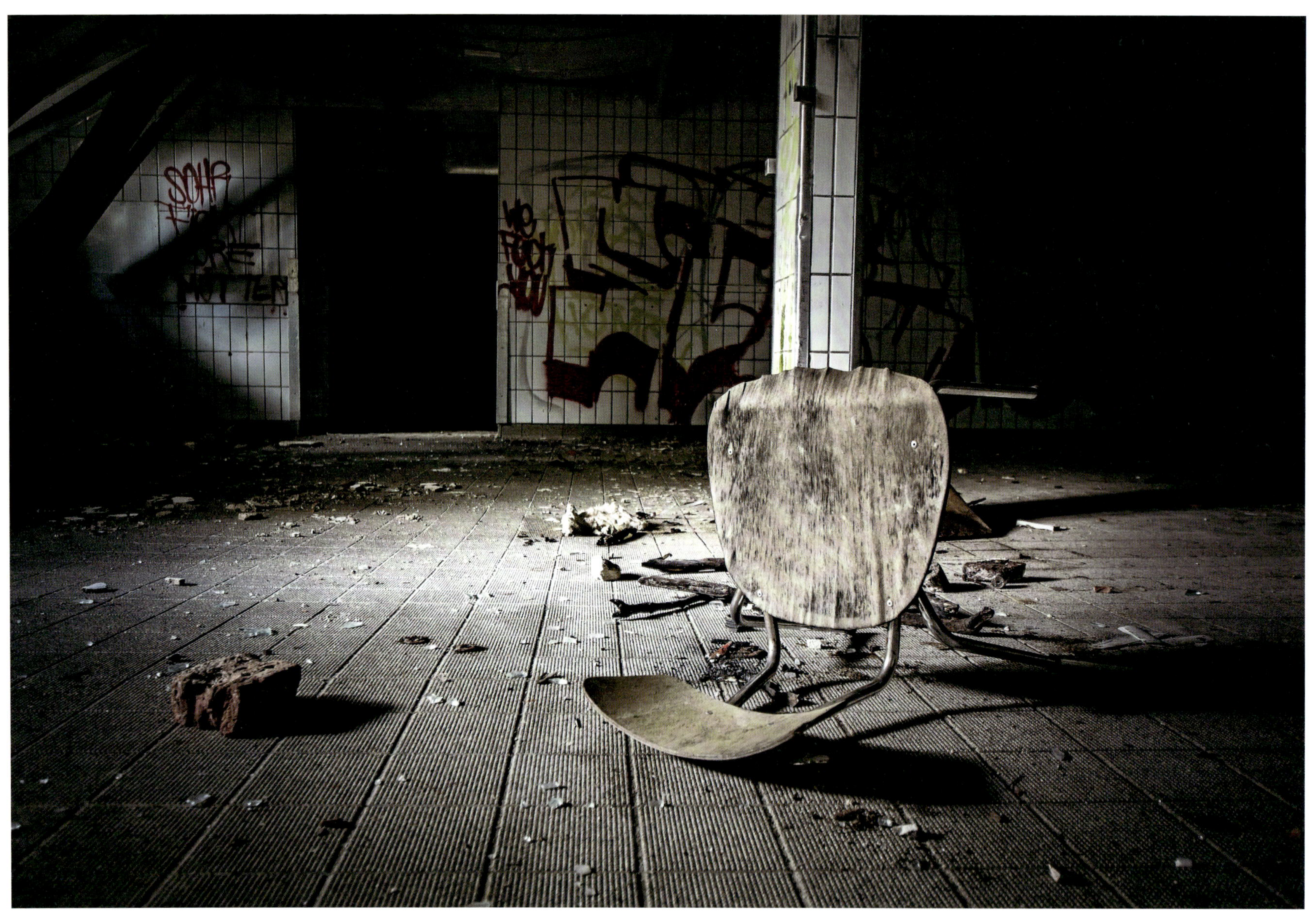

Vorraum zu den Kühlkammern

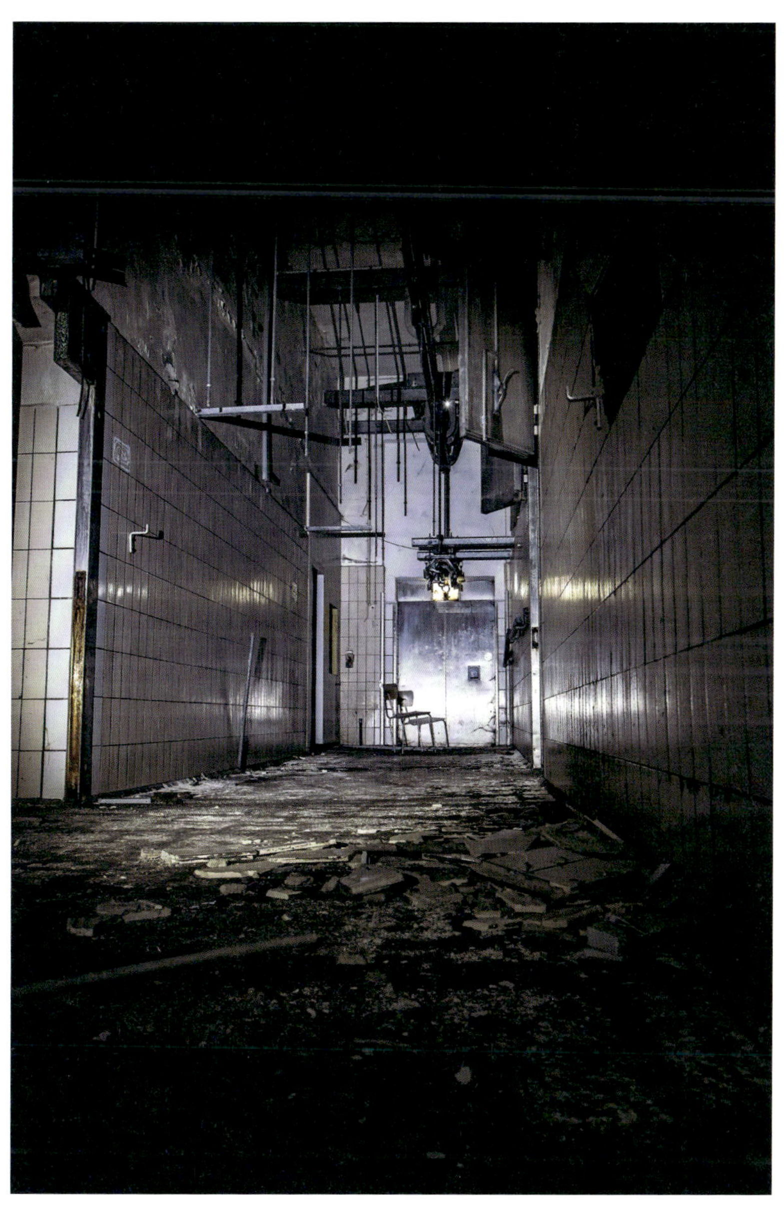

Gang zu den Kühlkammern

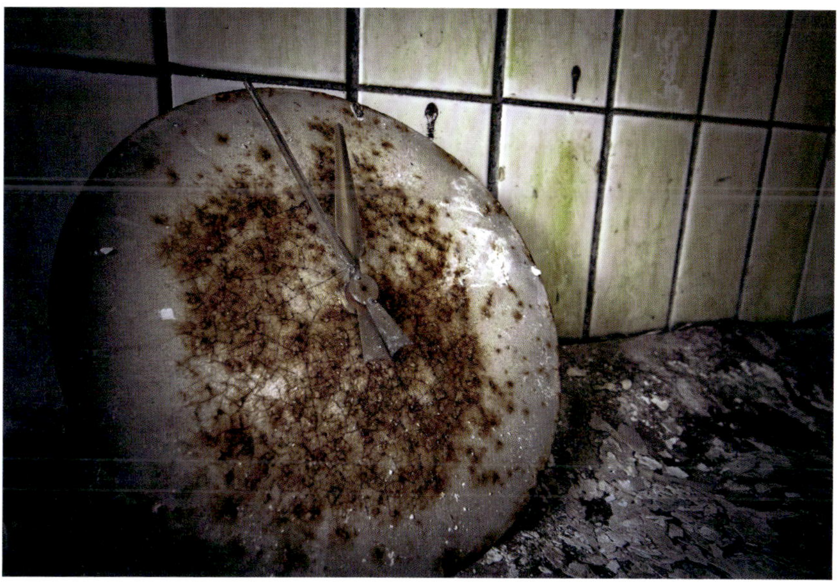

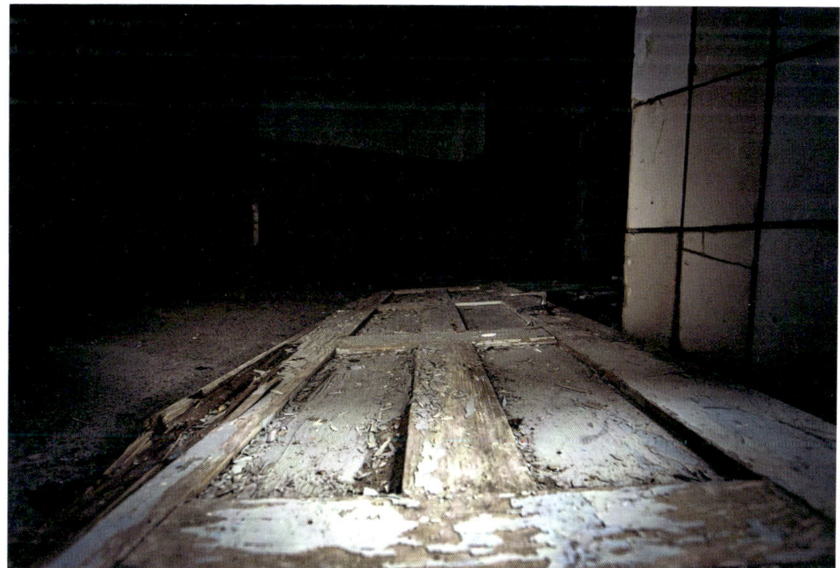

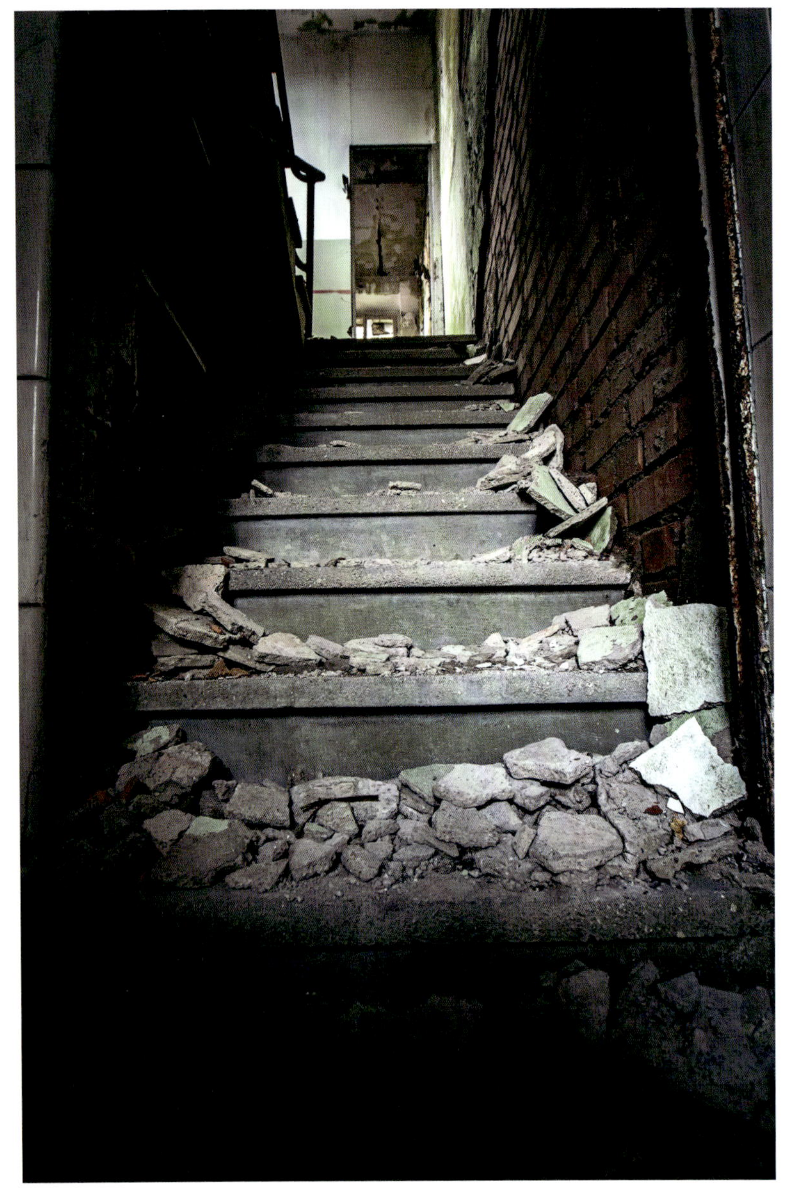

Treppe zum Dachgeschoss

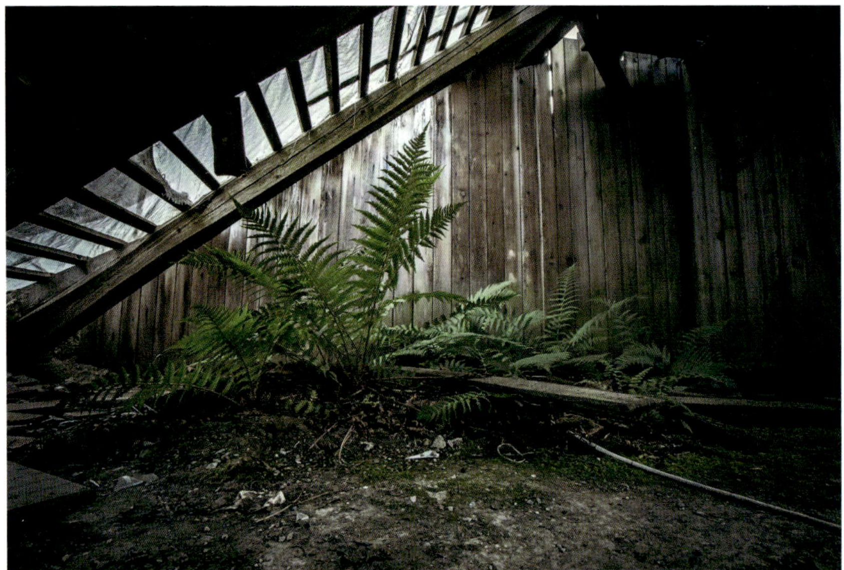

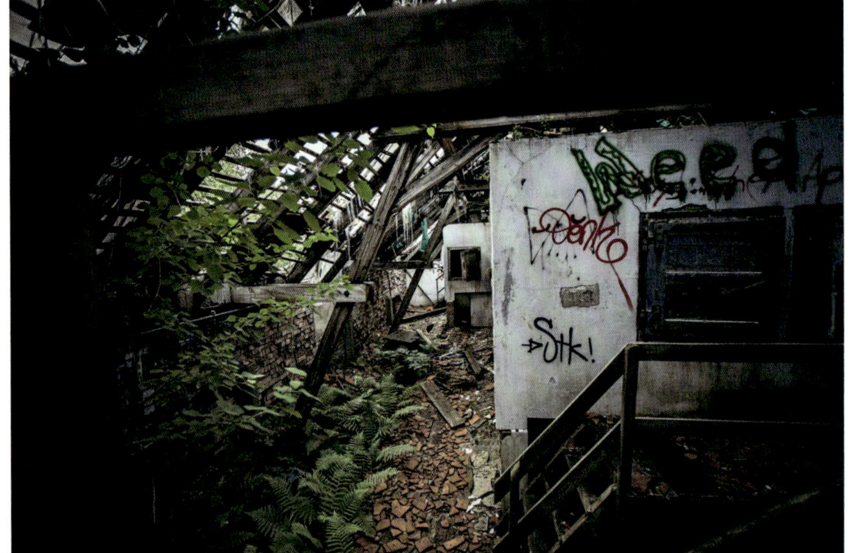

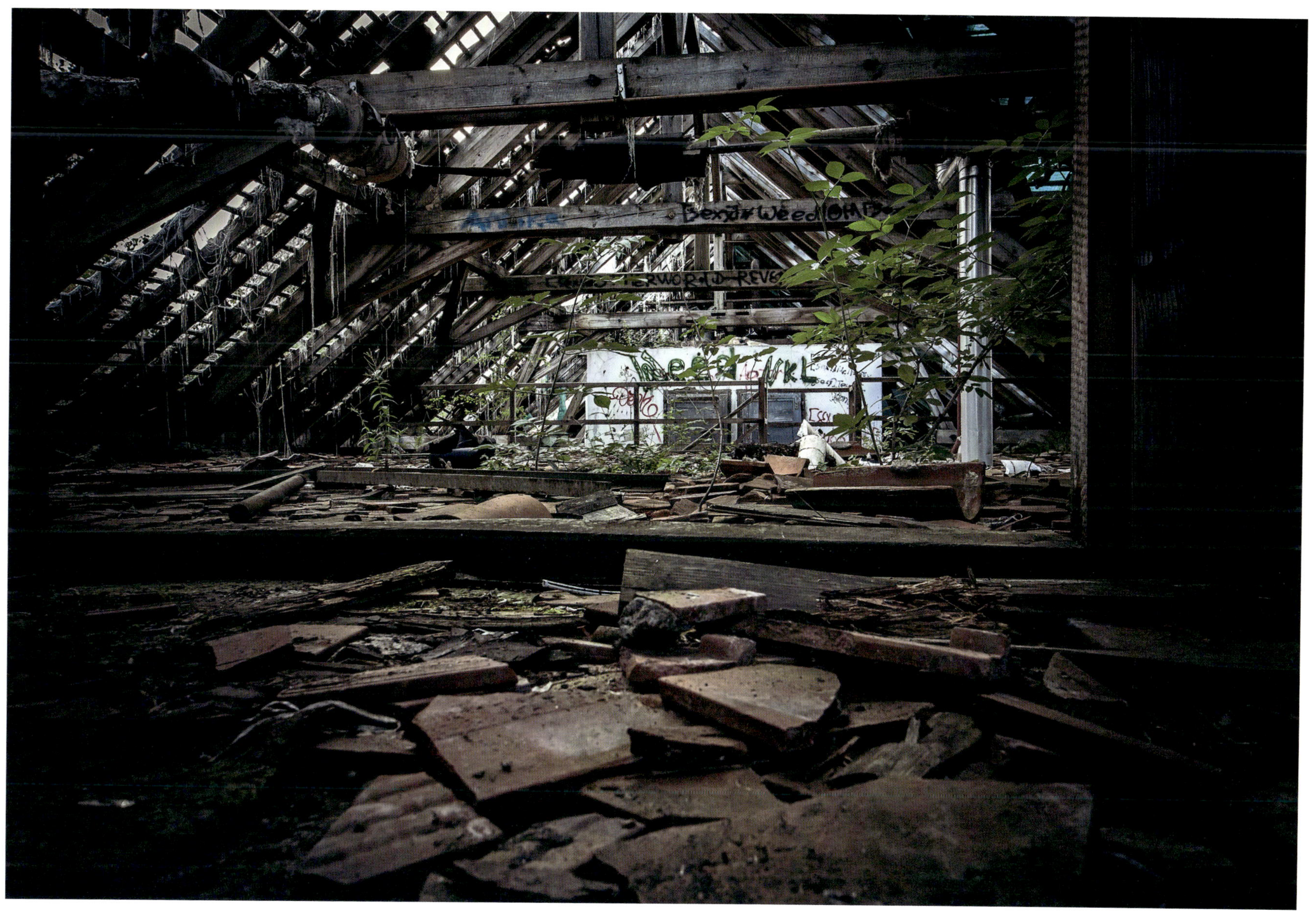

Dachboden

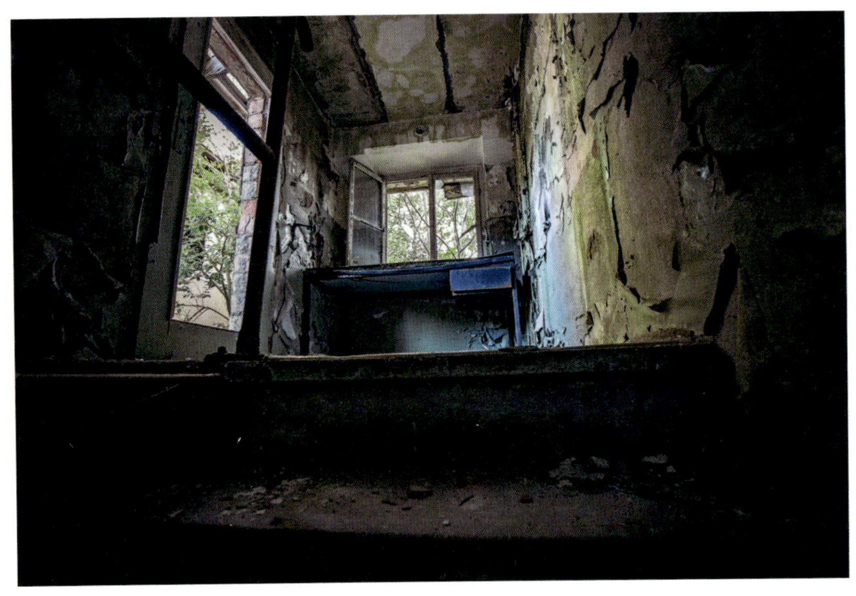

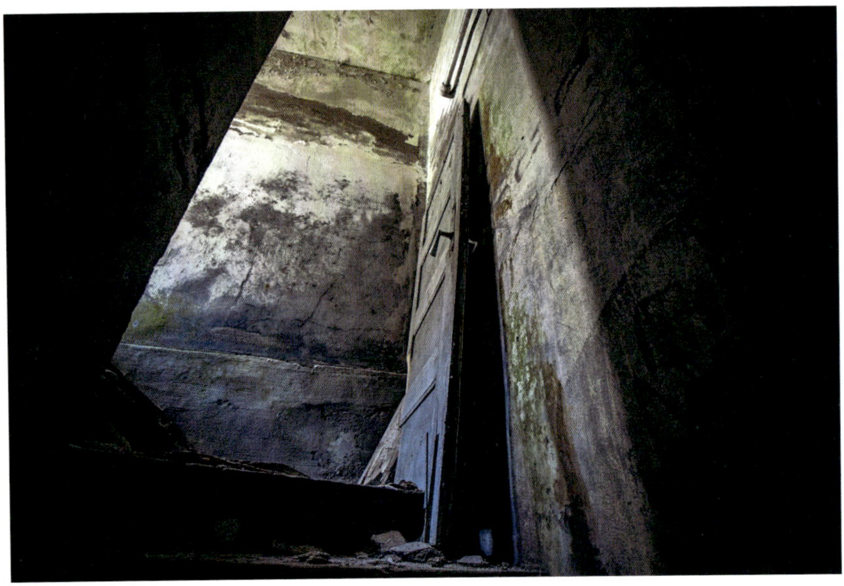

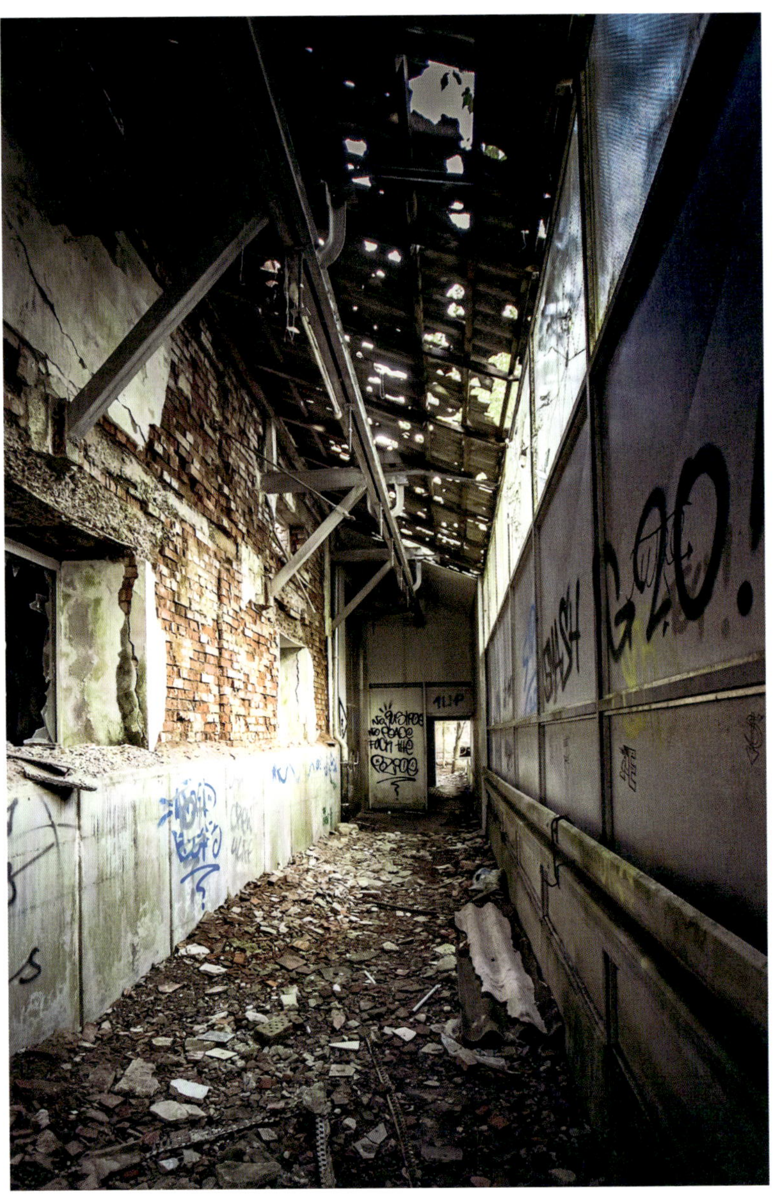

Schreibtisch im Treppenaufgang zum Dachboden

Treppenhaus zum Heizungskeller

Außengang, durch den vermutlich Vieh getrieben wurde

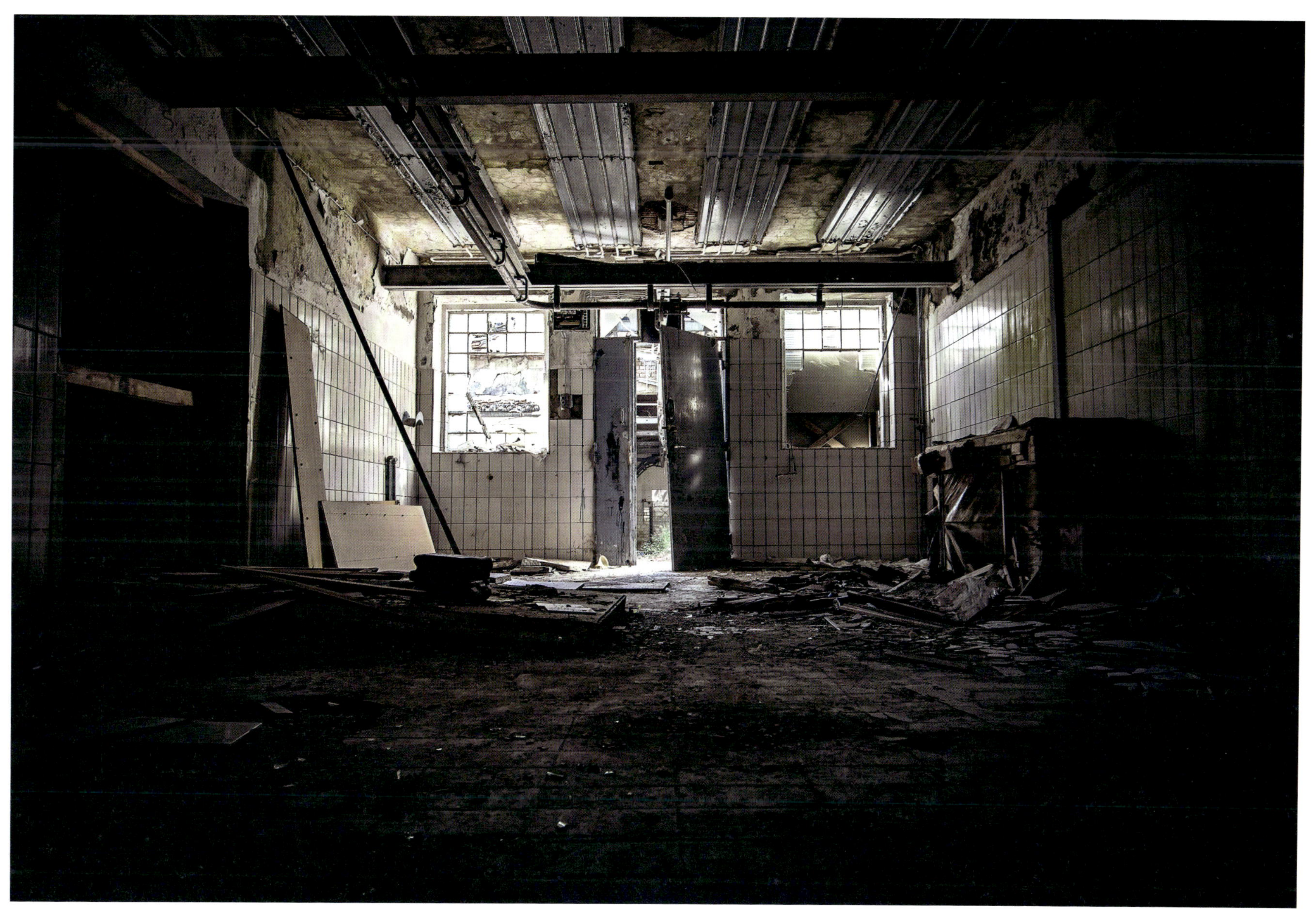

Raum in einem der Nebengebäude

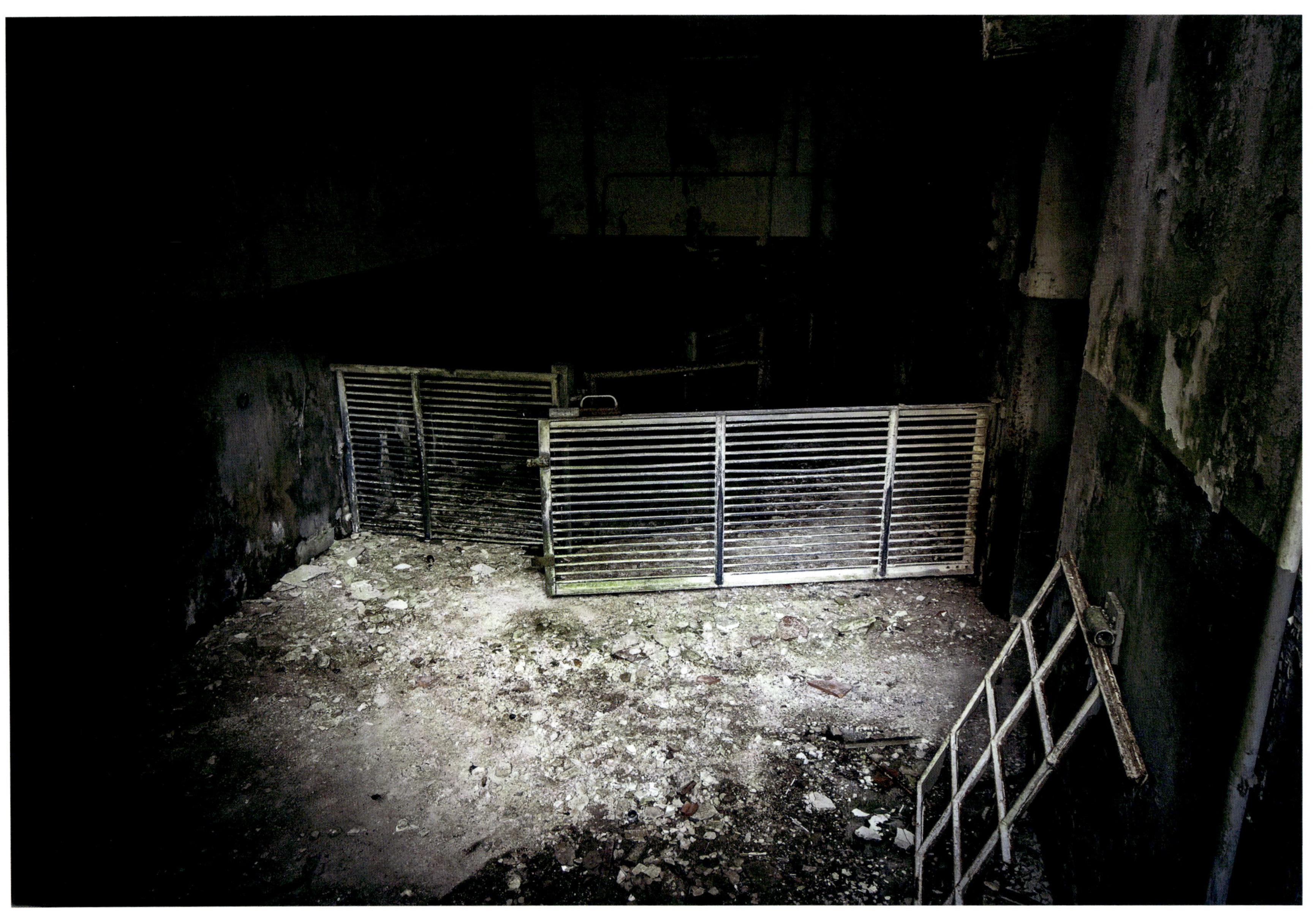

Stallungen für Kleinvieh

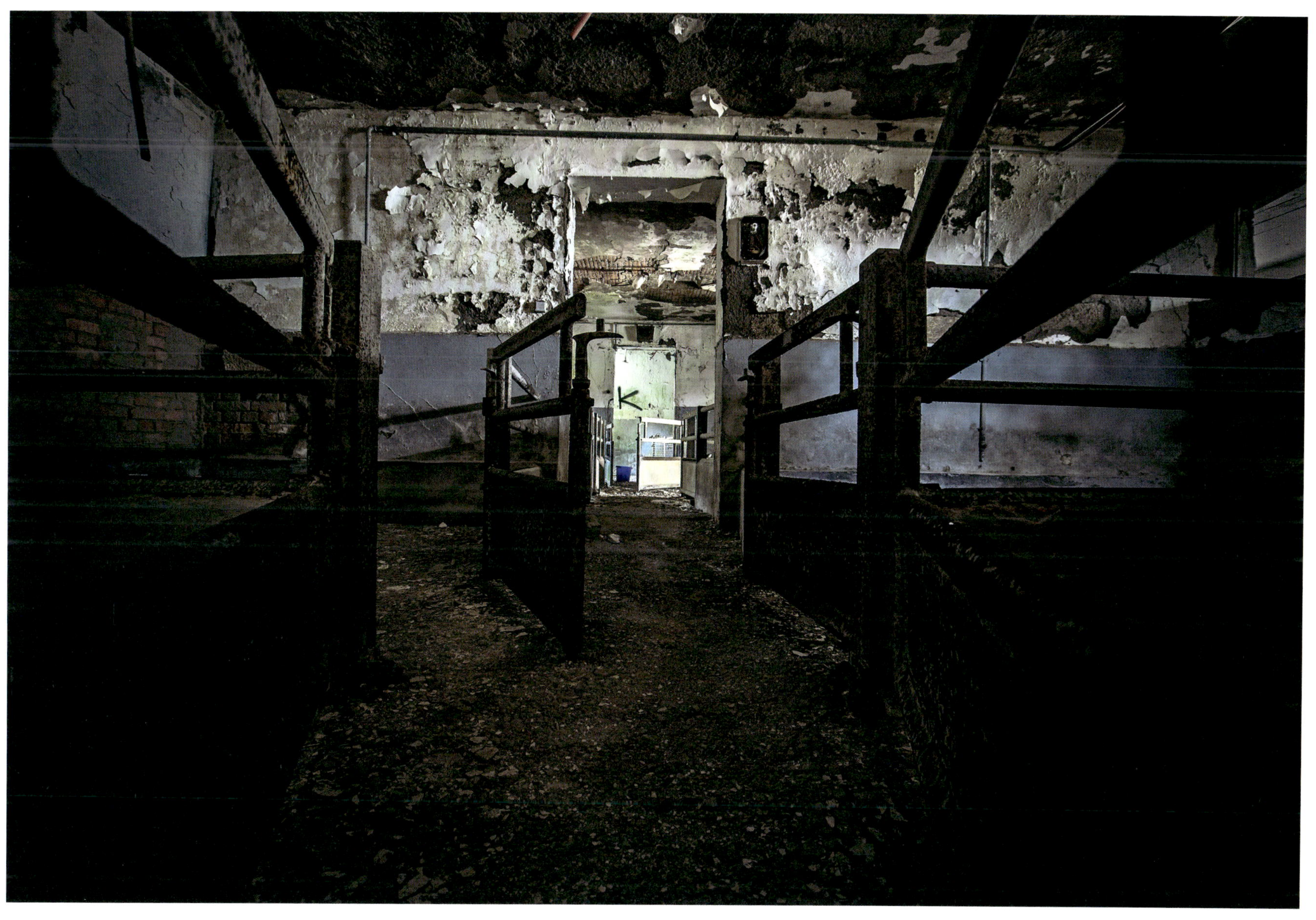

Stallungen für Großvieh

DAS BAUERNHAUS

Die ersten Bilder von diesem alten, aber wunderschönen Bauernhaus im Schwarzwald entdeckte ich auf Instagram. Ich schrieb den nicht ganz unbekannten Enkel der ehemaligen Besitzerin an und erhielt sofort die Erlaubnis, das ehrwürdige Gemäuer zu fotografieren. Wir verabredeten uns und so bekam ich viele Informationen zu diesem besonderen Haus.

1782 wurde das Bauernhaus erbaut, die Jahreszahl steht in einem Sandsteinbogen, der eine schwere Tür im Haus umrahmt. Die Tür lässt sich kaum bewegen. Sie führt über ein paar Stufen in ein Kellergewölbe, das mich im ersten Moment, als ich den Keller betrat, an einen Vorratsraum erinnerte. Das Gewölbe steht leer, es gibt keine Regale, keine Halterungen, keine Vorratsschränke, sondern einzig und allein eine altarähnliche Nische. Der Raum ist sehr dunkel und nur ein kleines Fenster lässt etwas Tageslicht herein. Zwei Haken sind an der Decke angebracht, auf deren Nutzen ich mir keinen Reim machen konnte. Vom Enkel der Besitzerin erfuhr ich, dass vermutet wird, dass der Keller einst als sogenannter Bußkeller diente. Zu den Hinweisen, die für die Annahme sprechen, gehören eine alte Amtsstube, die sich im Haus befindet, und eine Linde, die direkt vor der Haustür steht. Eventuell wurden hier in Anlehnung an alte Traditionen des Mittelalters unter der Linde Bußen verhängt und die Strafe im Keller direkt vollstreckt. Aber nicht nur wegen des Kellers fand ich das Haus unglaublich faszinierend. Das alte Gebälk, Zeitungen, die als Tapeten dienten, die niedrigen Deckenhöhen, all diese Dinge ließen mein Herz höherschlagen. Und noch auf dem Heimweg hatte ich den Geruch von geräuchertem Speck in der Nase, der aus der Räucherkammer des alten Hofes emporstieg.

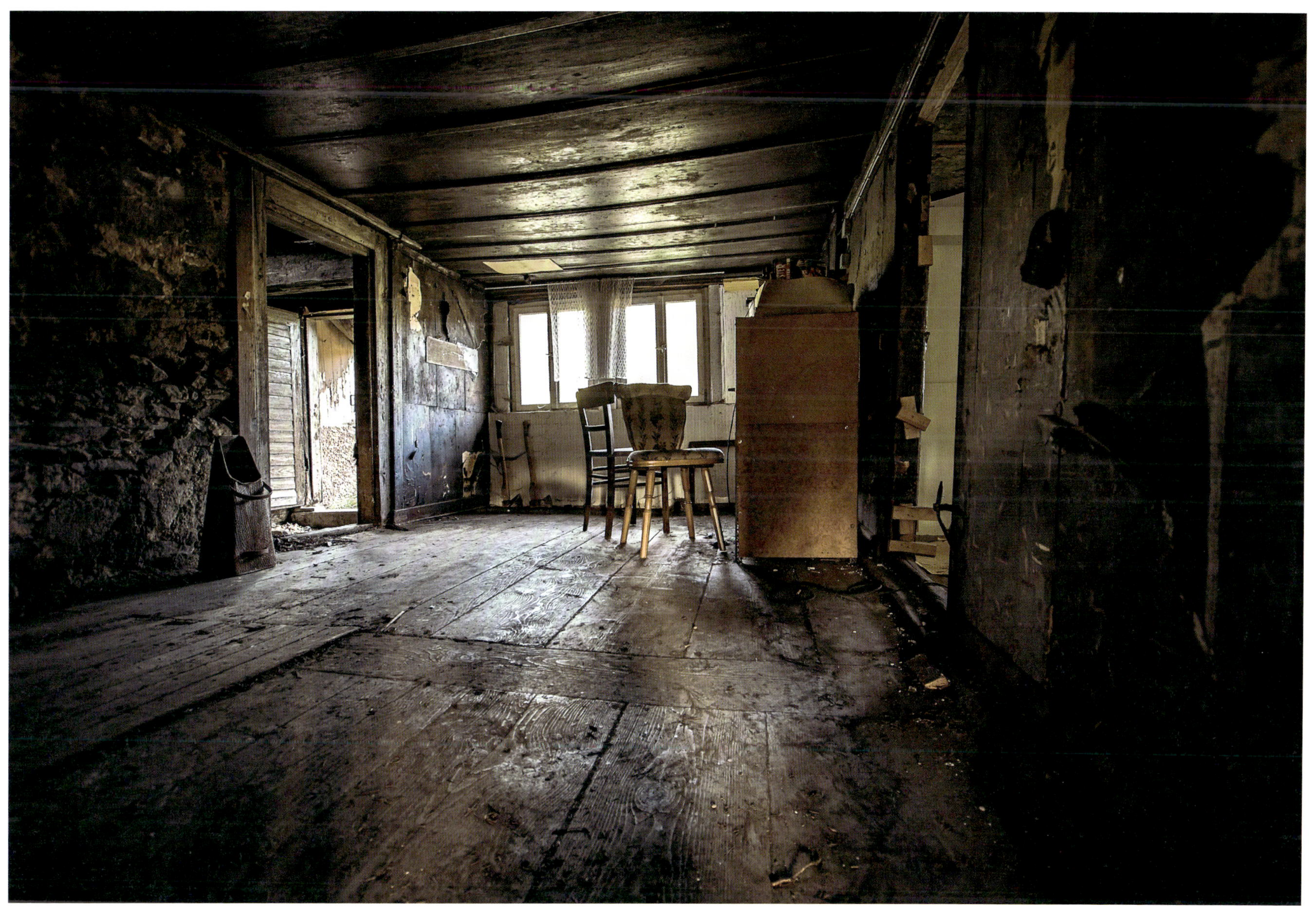

Bauernstube

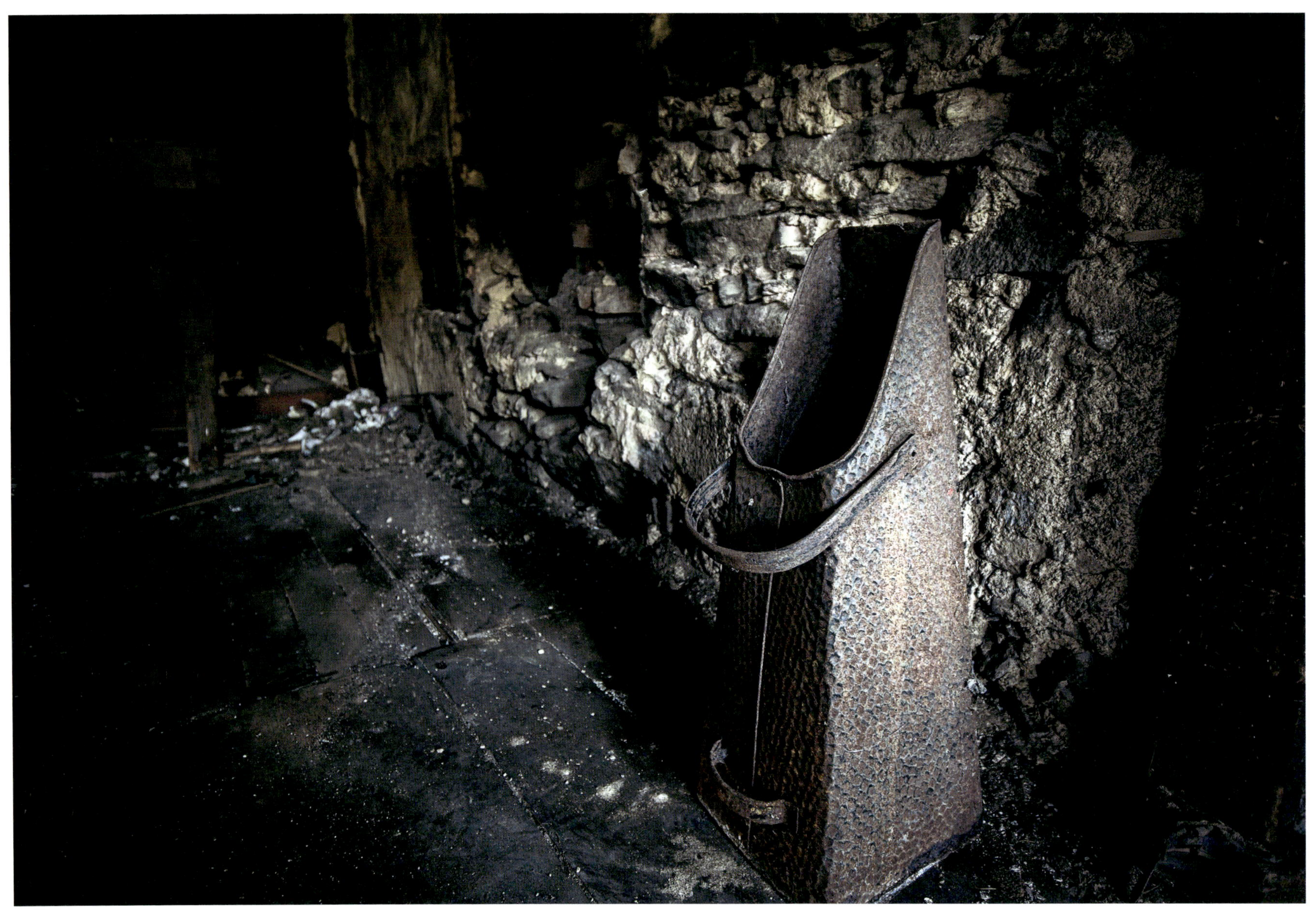

Kohlekanne

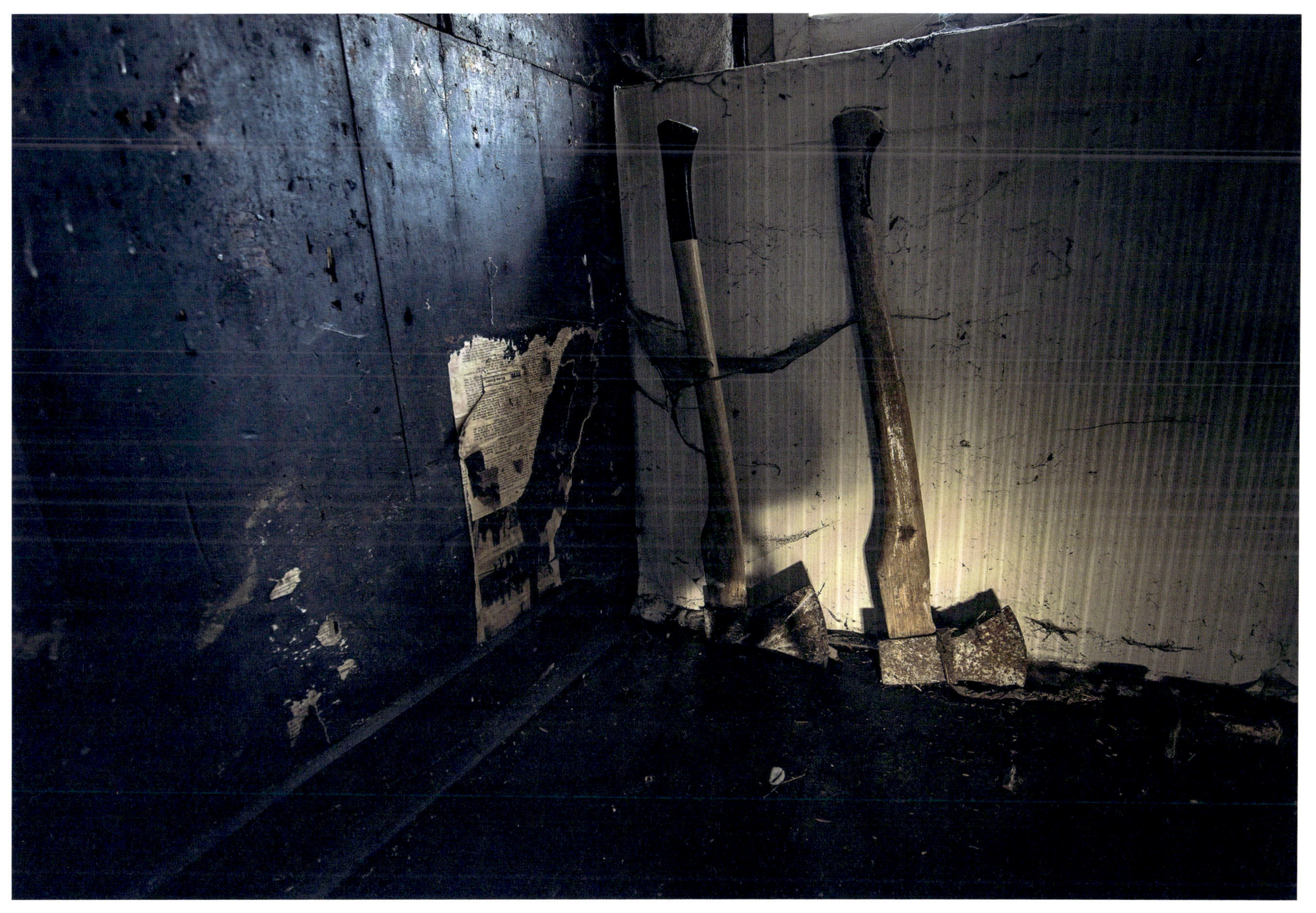

Äxte in einer Ecke der Bauernstube

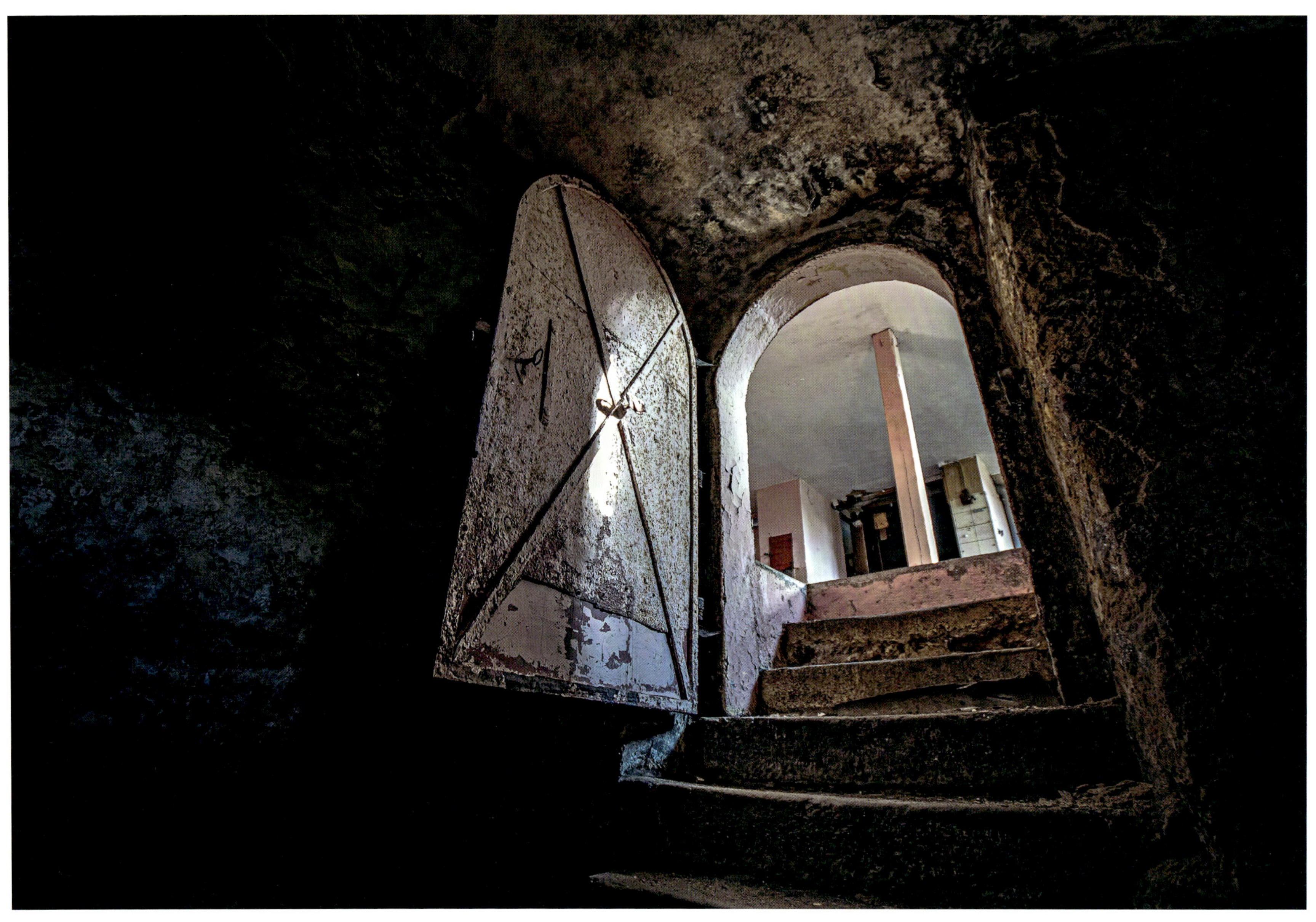

Eisentür zum Bußkeller

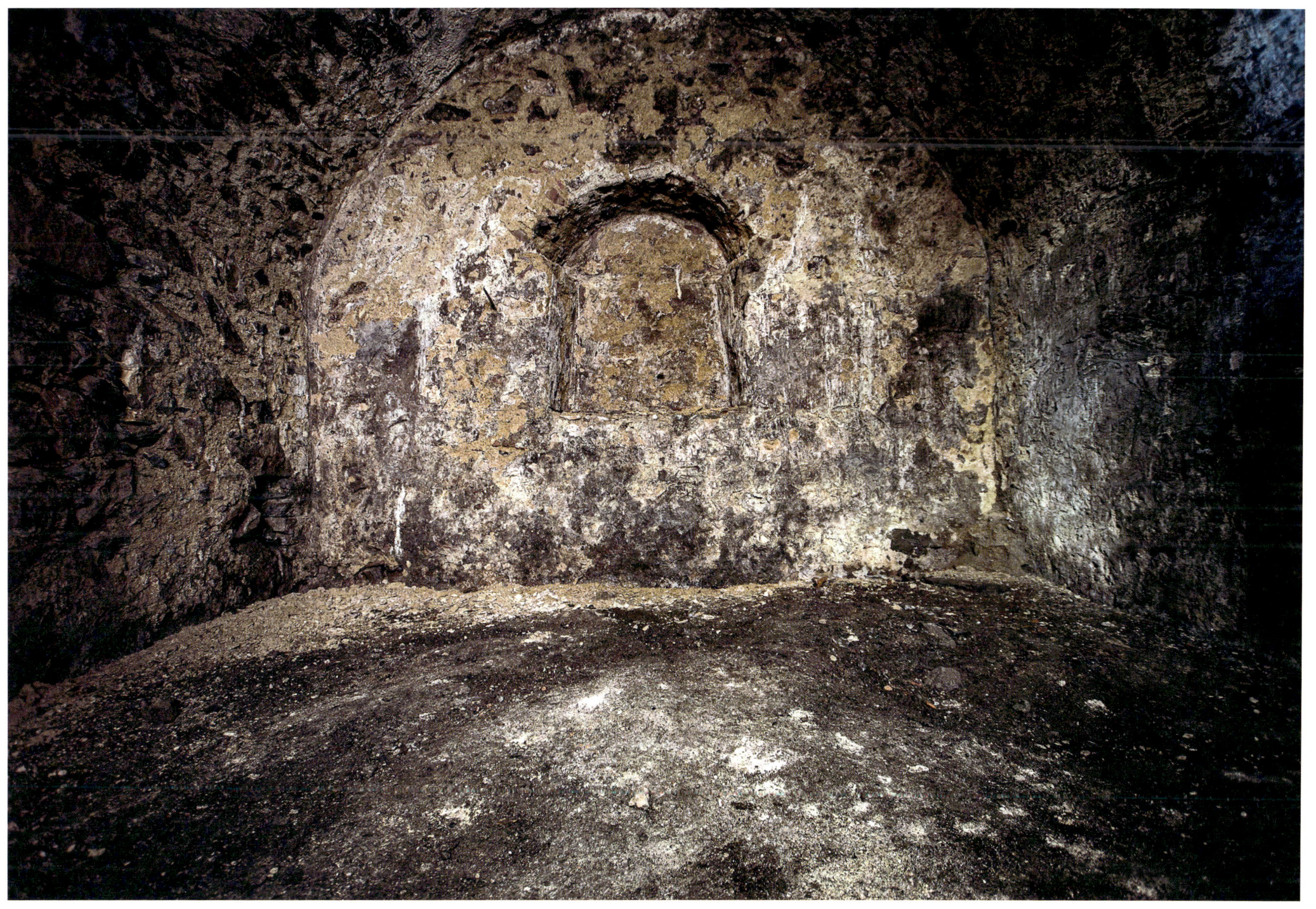

Bußkeller

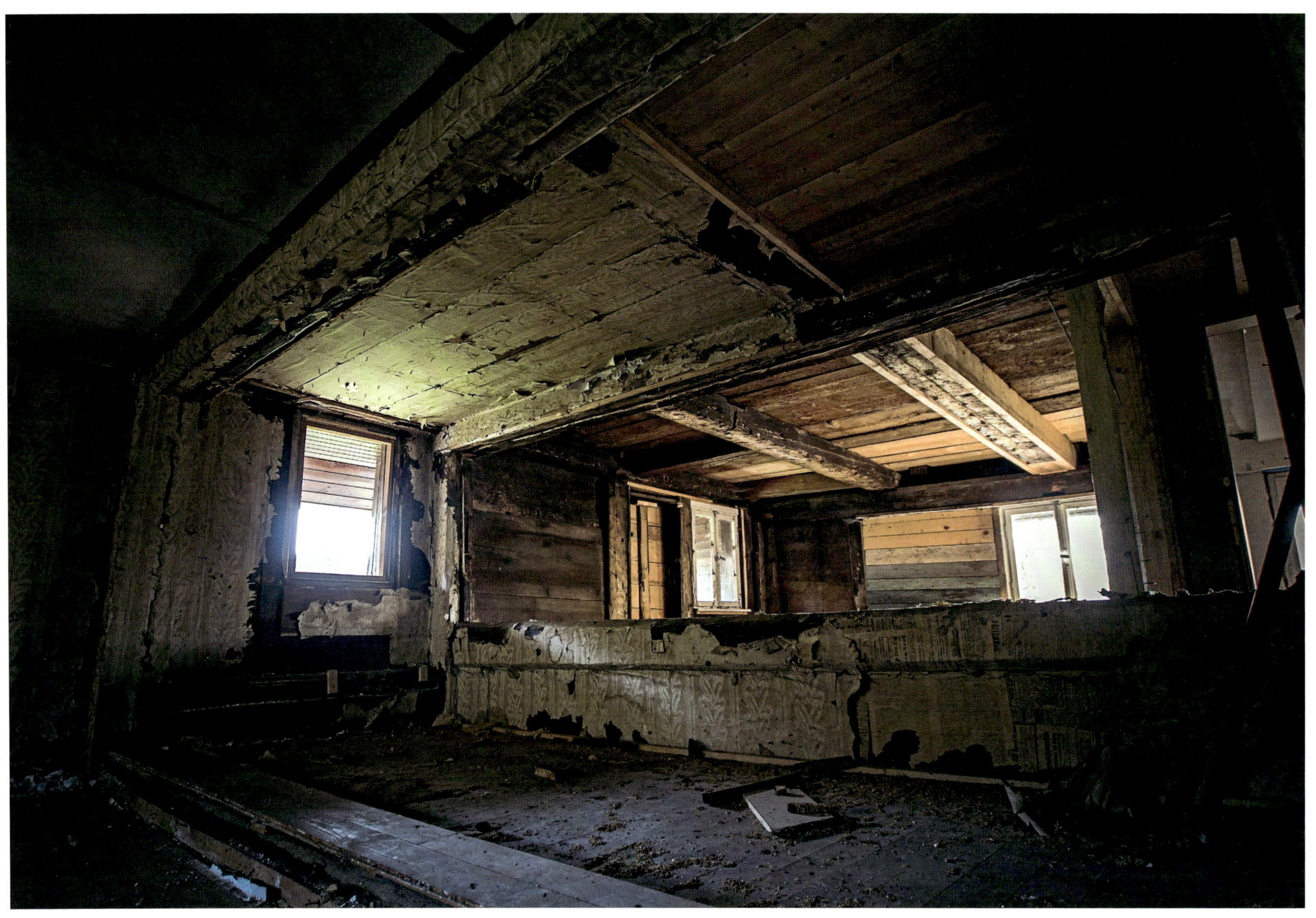

Wohnraum

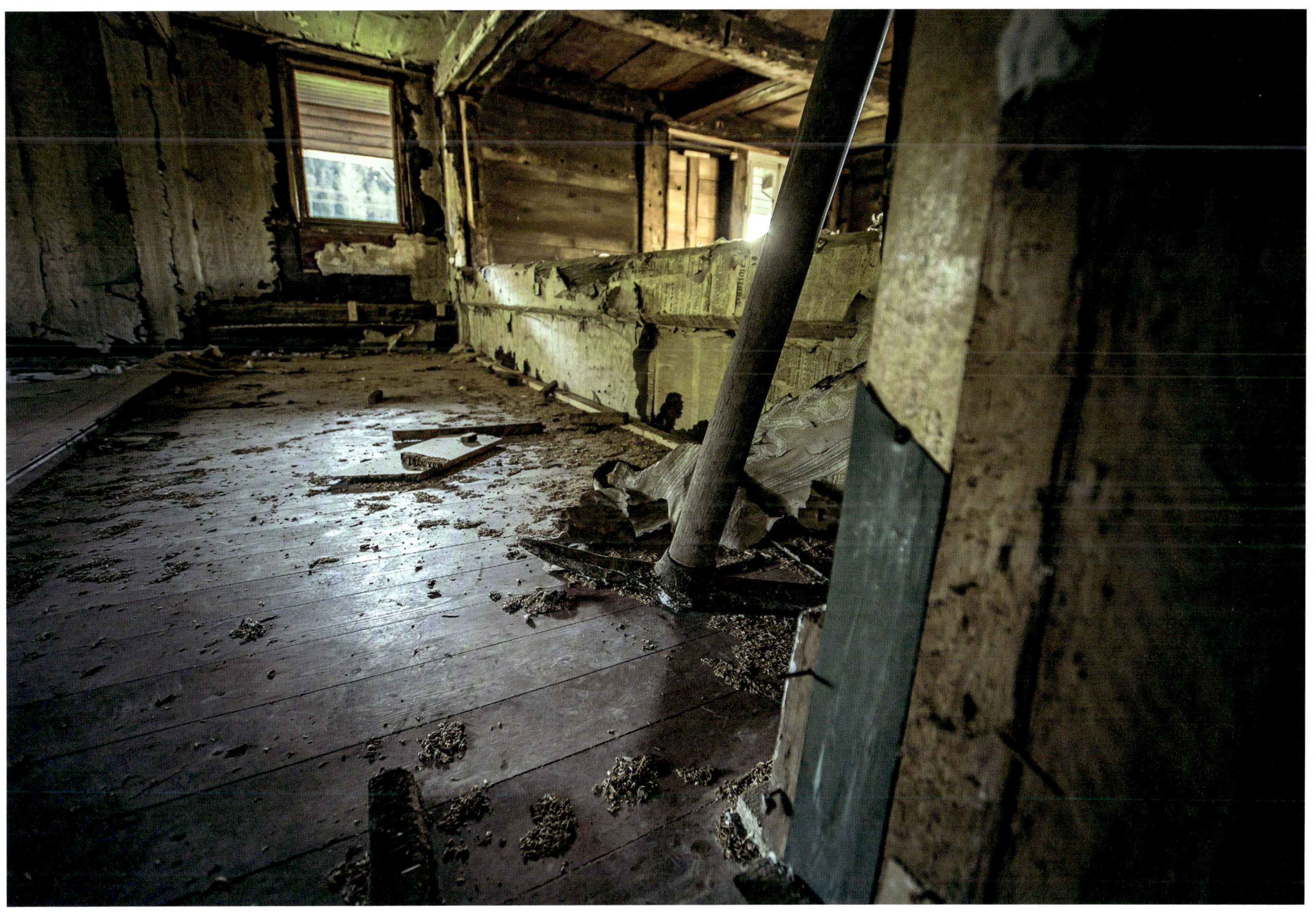

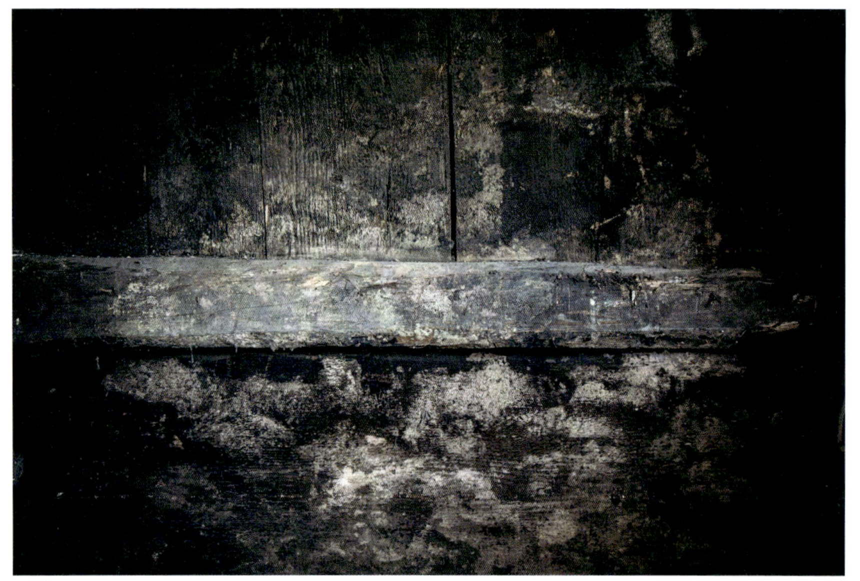

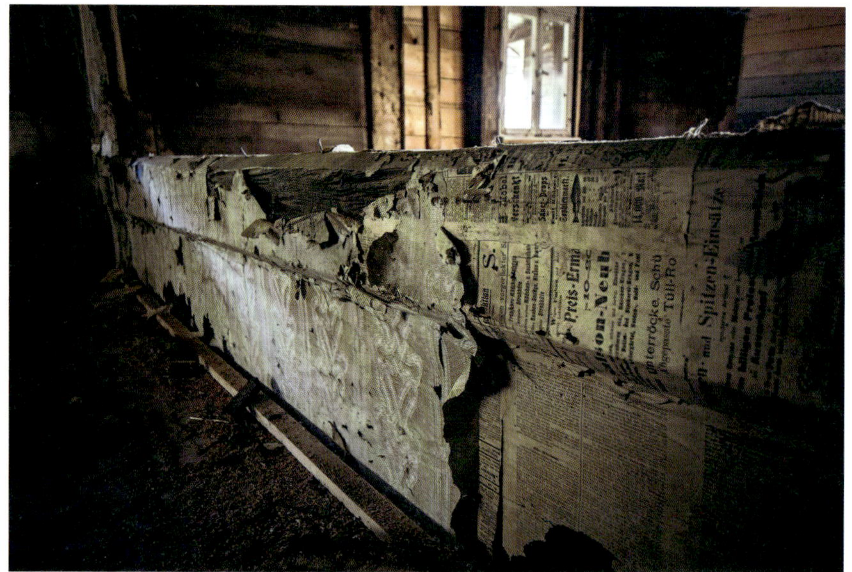

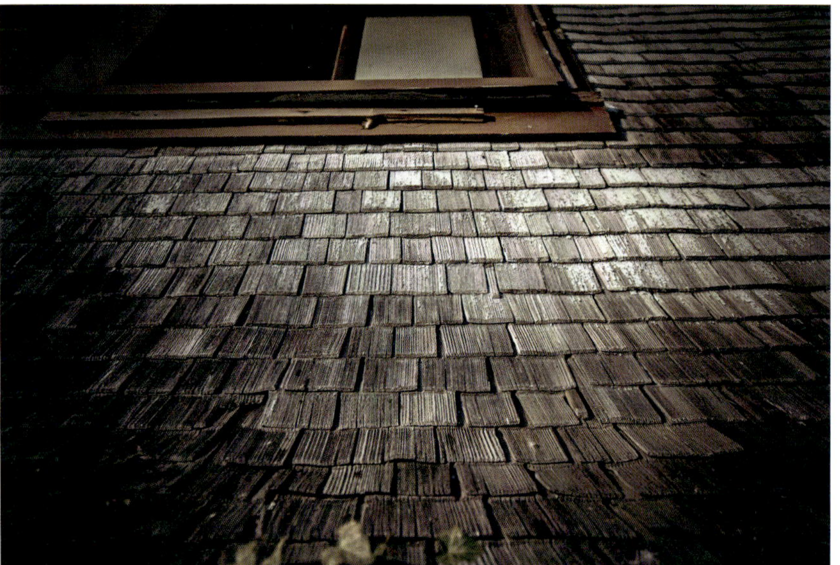

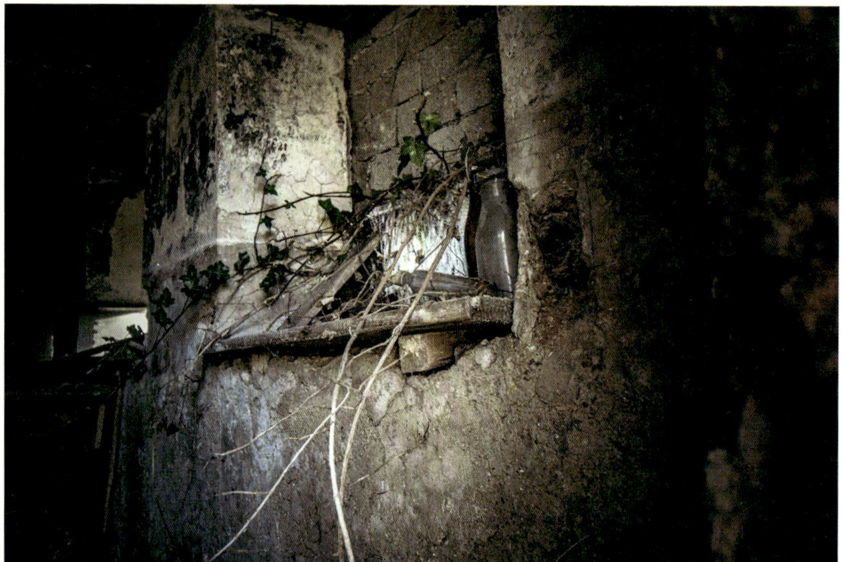

Tiefschwarze Wand in der Räucherkammer

Holzschindeln an der Außenfassade

Zeitungen sind im ganzen Haus verarbeitet

Fensternische in der Amtsstube

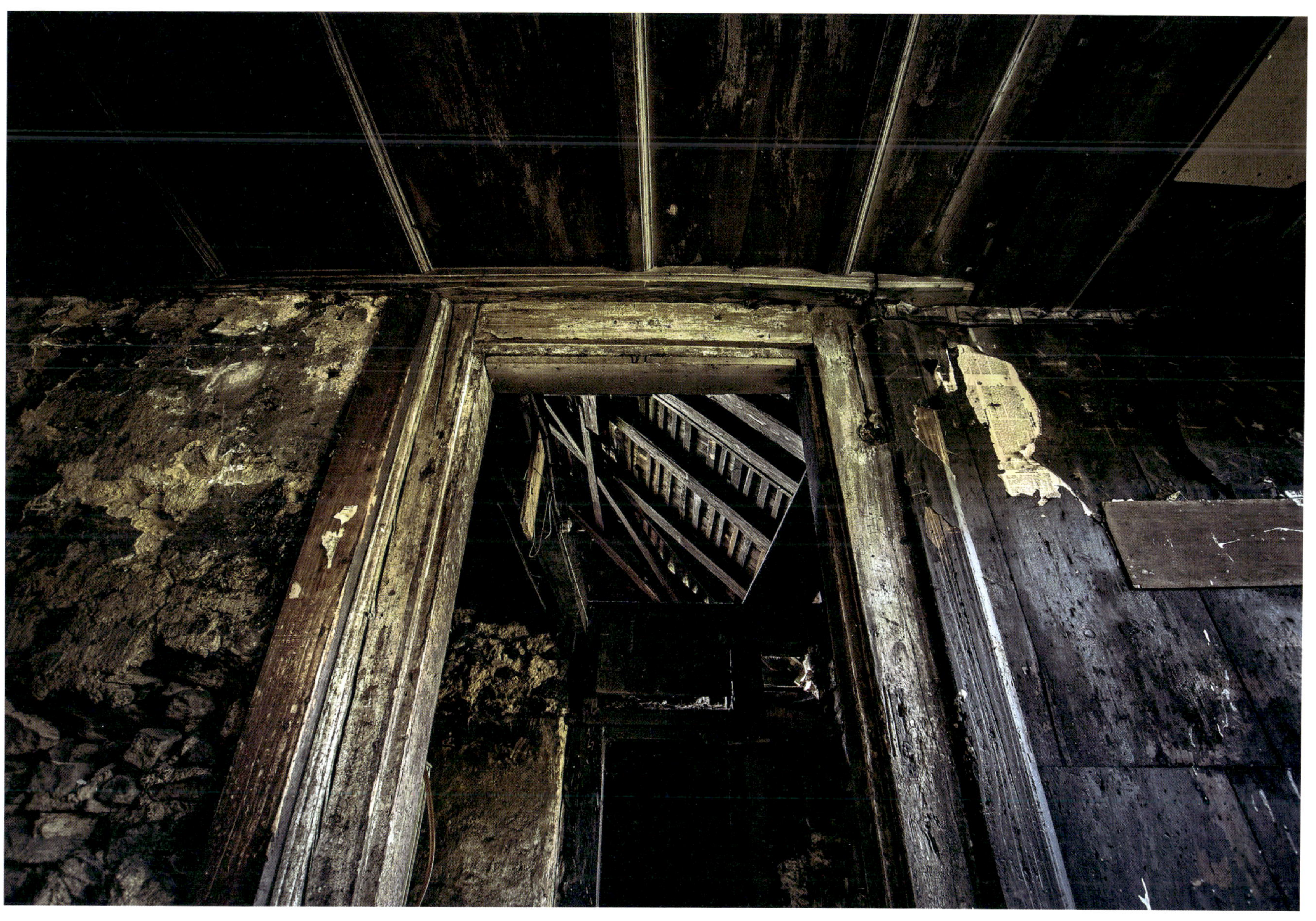

Eingang zur Bauernstube

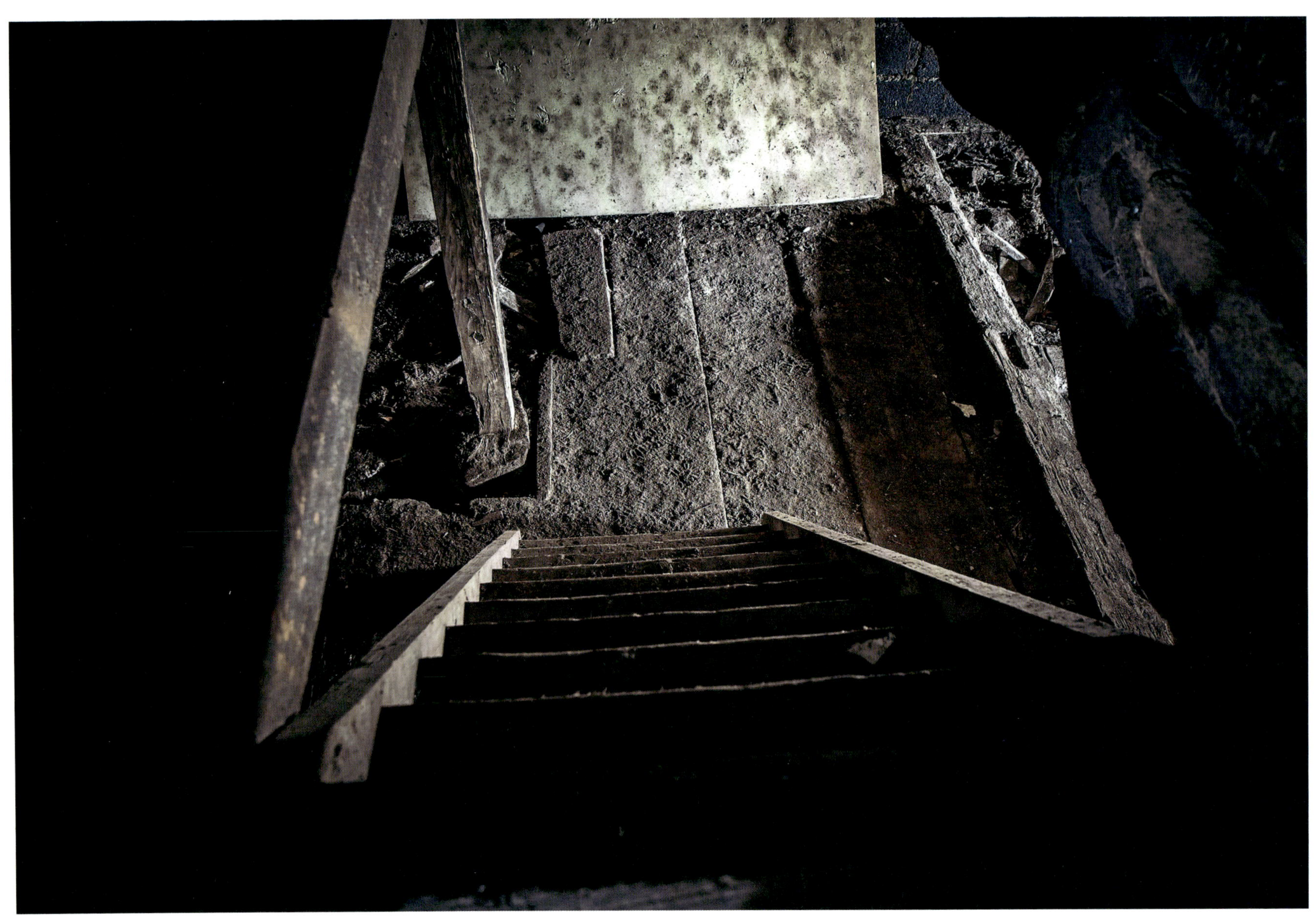

Treppe in den Keller

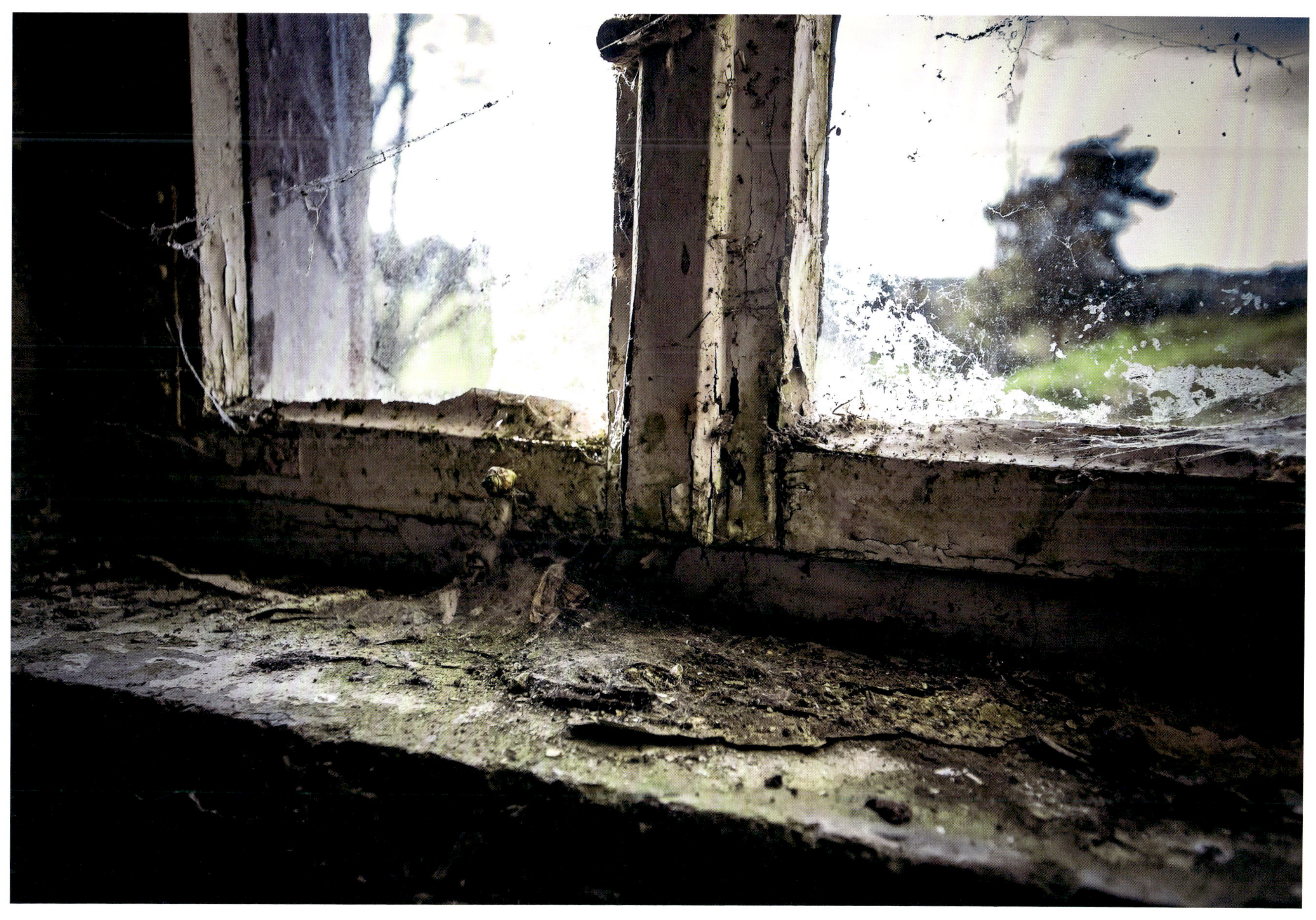

Kellerfenster

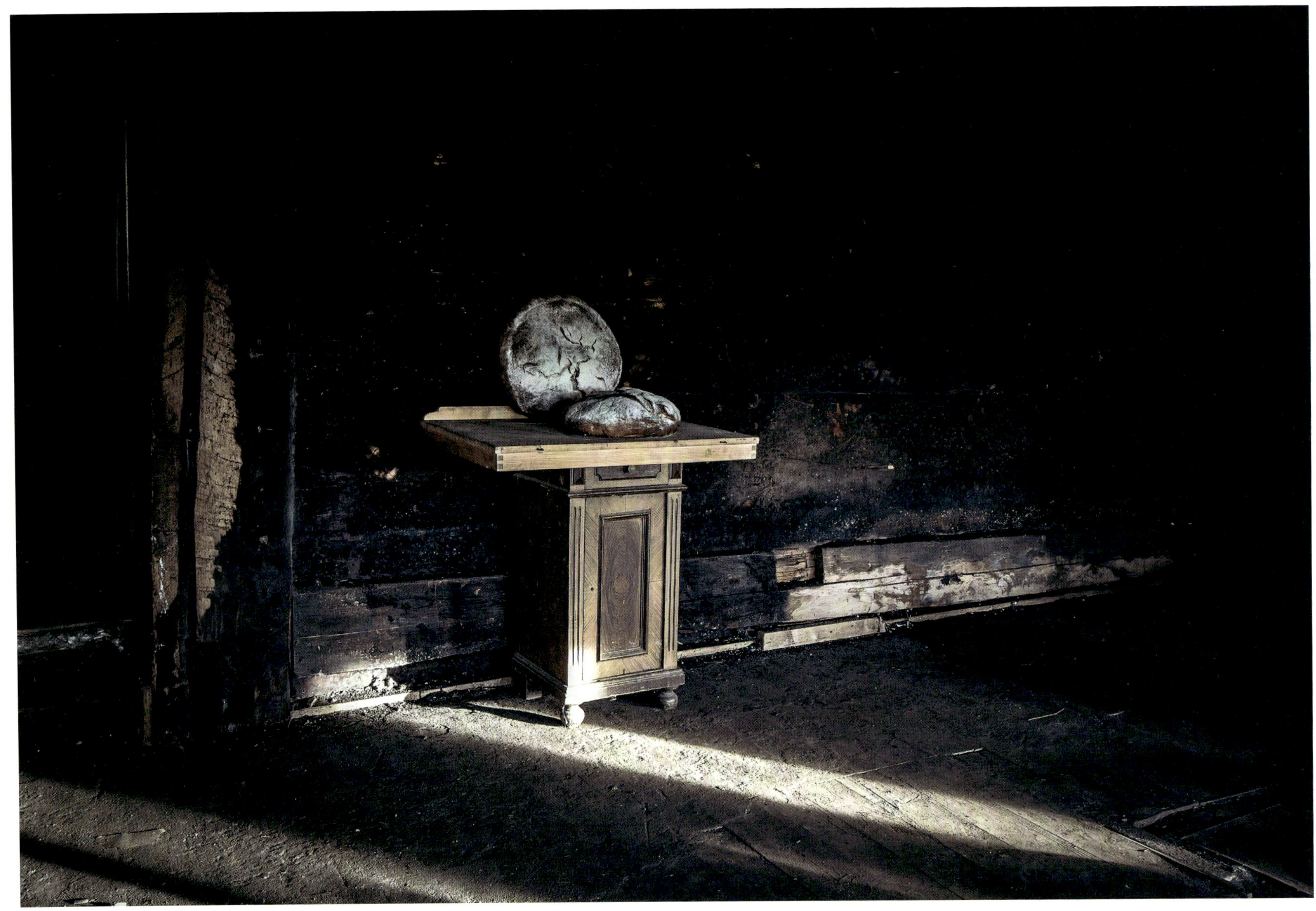

Wohnraum

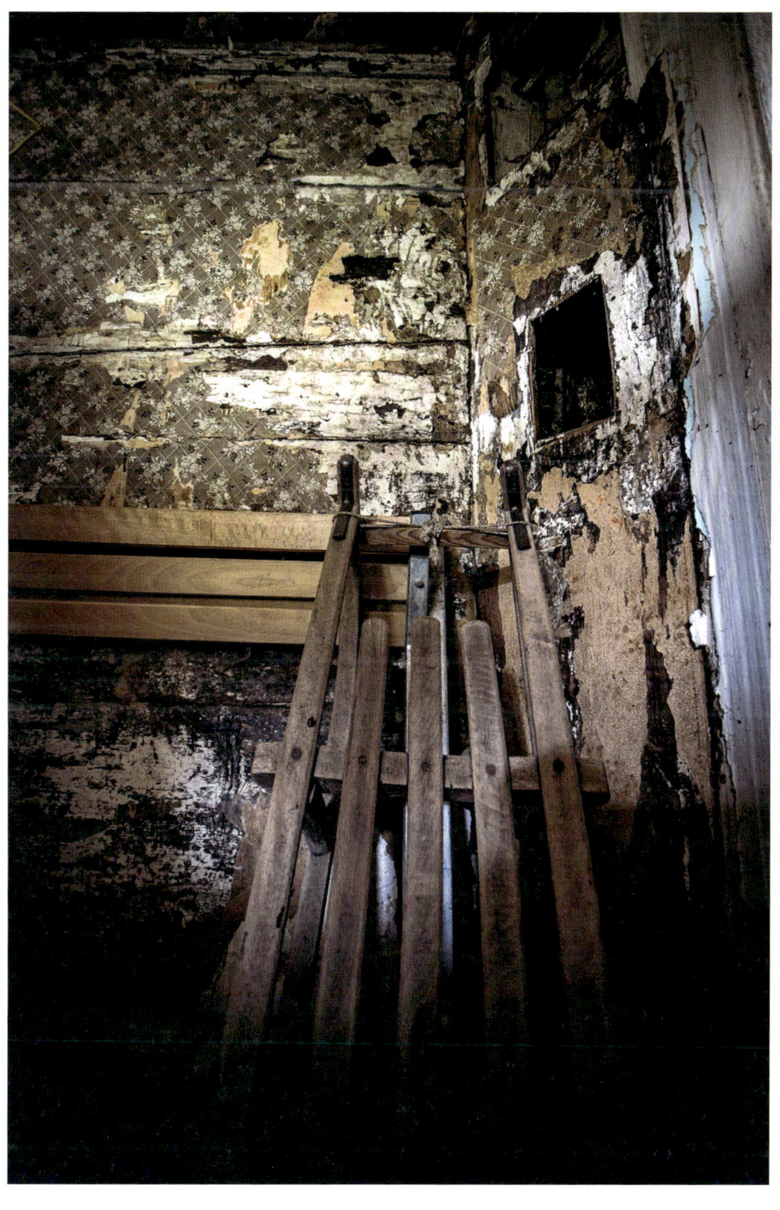

Schlitten in einem der Wohnräume

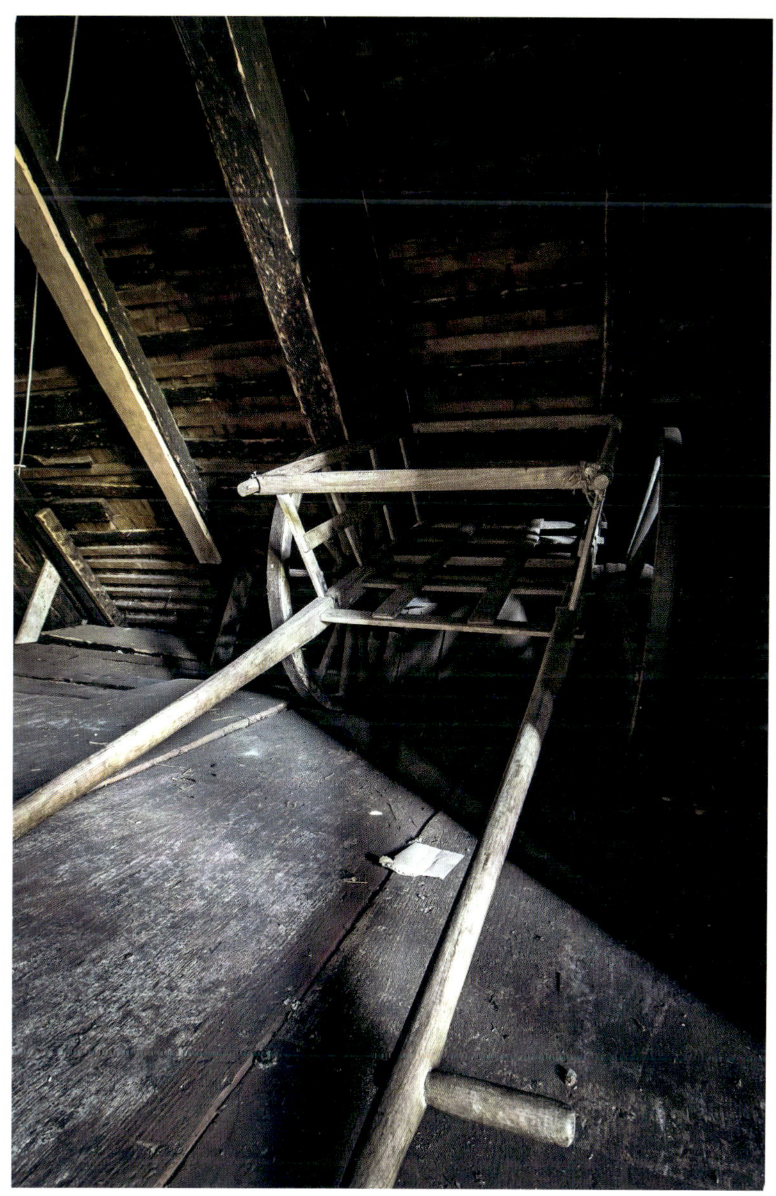

Holzwagen in der Scheune

DIE GÄRTNEREI

Es gibt immer ein erstes Mal, und diese verlassene Gärtnerei in einem kleinen Ort im Schwarzwald war der erste Lost Place, den ich besucht habe. An der Hauptstraße liegend und doch gut versteckt hinter dichtem Gestrüpp verbirgt sich diese ehemalige Gärtnerei. Zu ihr gehörten ein Wohnhaus und mehrere Gewächshäuser. Das Wohngebäude wurde nach der Geschäftsschließung ebenso aufgegeben wie die Gewächshäuser mit ihrem dazugehörigen Verkaufsraum. Warum die Firma stillgelegt wurde, konnte ich leider nicht in Erfahrung bringen. Im Laufe der Jahre holte sich die Natur das Gelände zurück: Inzwischen wachsen Bäume aus den Glasgebäuden heraus und Kletterpflanzen suchen sich ihren Weg entlang der Metallstreben. Es ist faszinierend zu sehen, wie die Natur sich ihren Raum zurückerobert. Festes Schuhwerk ist beim Betreten der Anlage absolut notwendig, denn das Glas der Häuser liegt zum Großteil am Boden verstreut und das Betreten der Räume ist ausgesprochen gefährlich: Glassplitter hängen wie Pfeilspitzen an den Wänden und Decken und drohen jederzeit zu Boden zu fallen. So blieb mir nichts anderes übrig, als meine Fotos nur von außerhalb der Gewächshäuser zu machen. Die Gefahr wäre zu groß gewesen, mich an den scharfen Glassplittern zu verletzen.

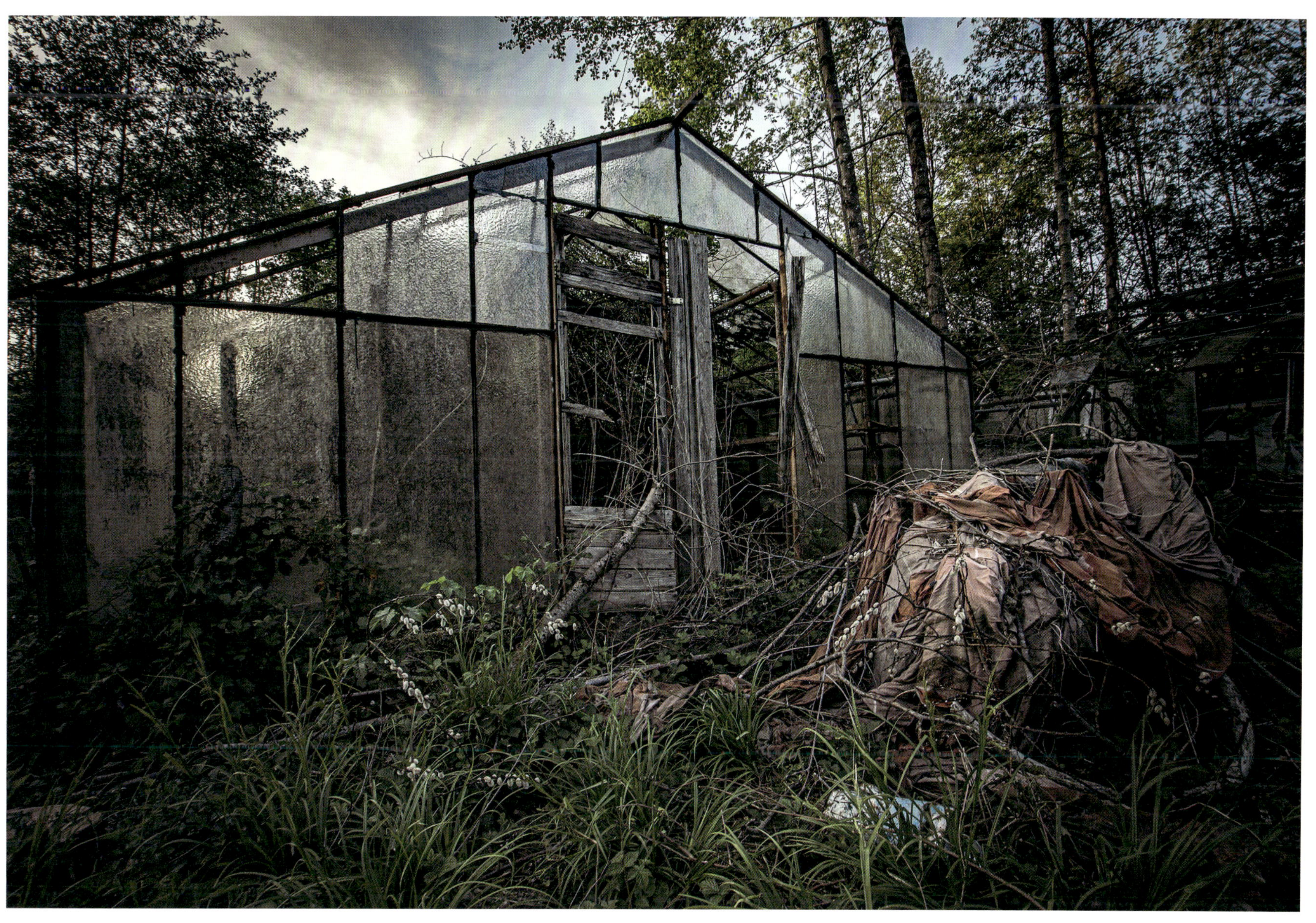

Gläsernes Gewächshaus

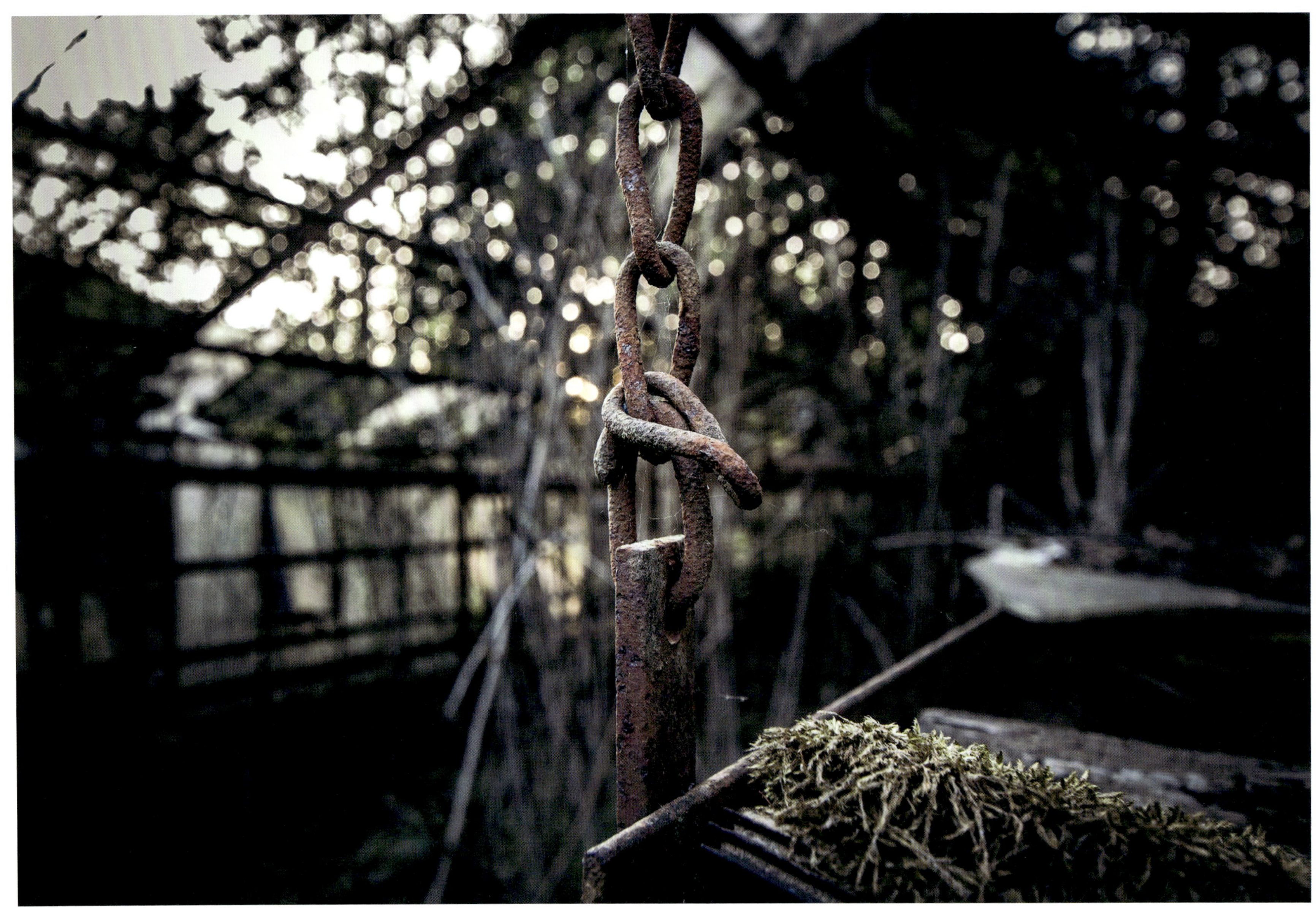

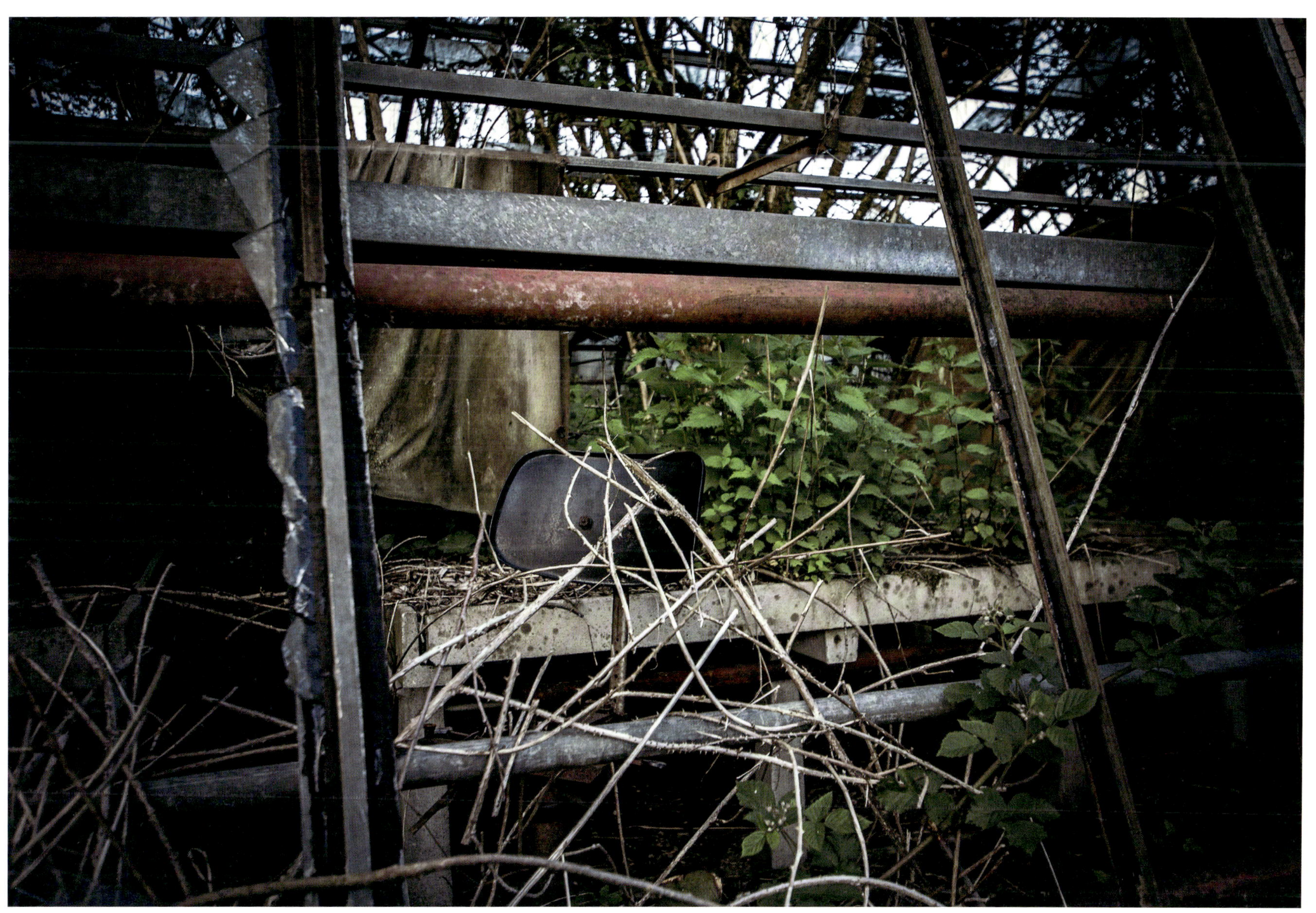

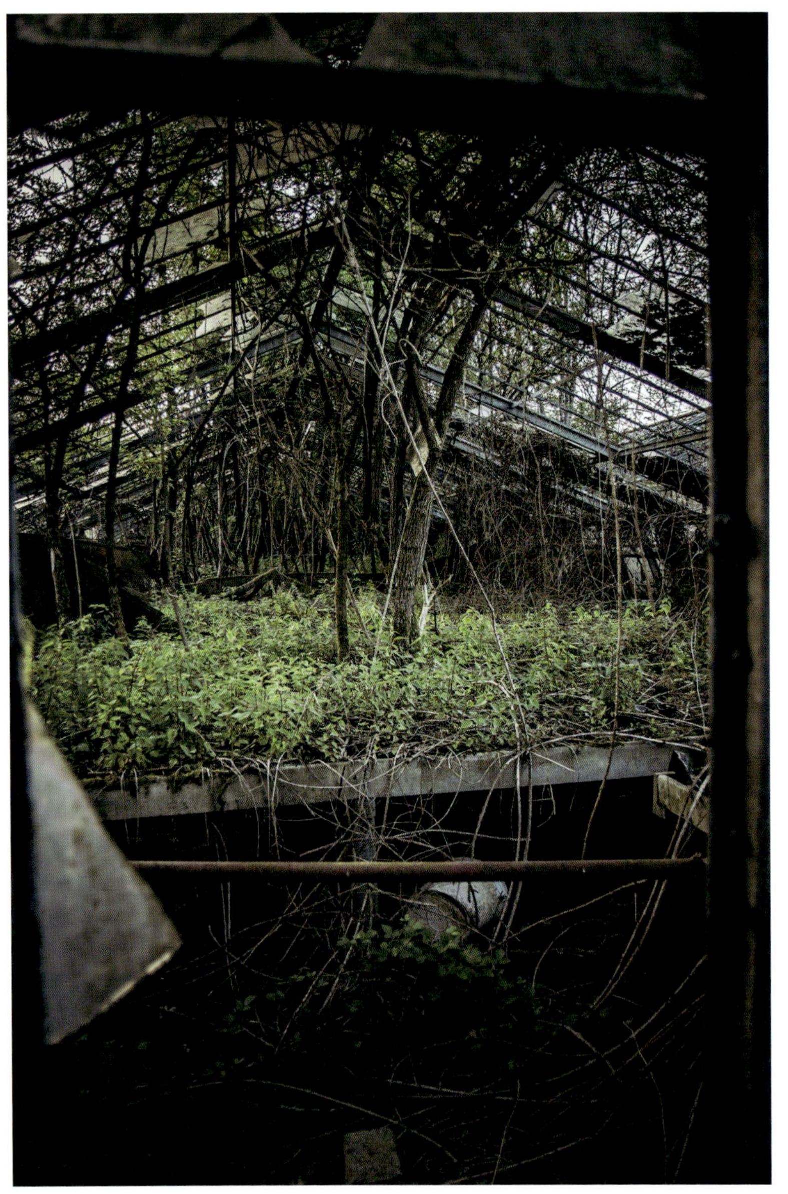
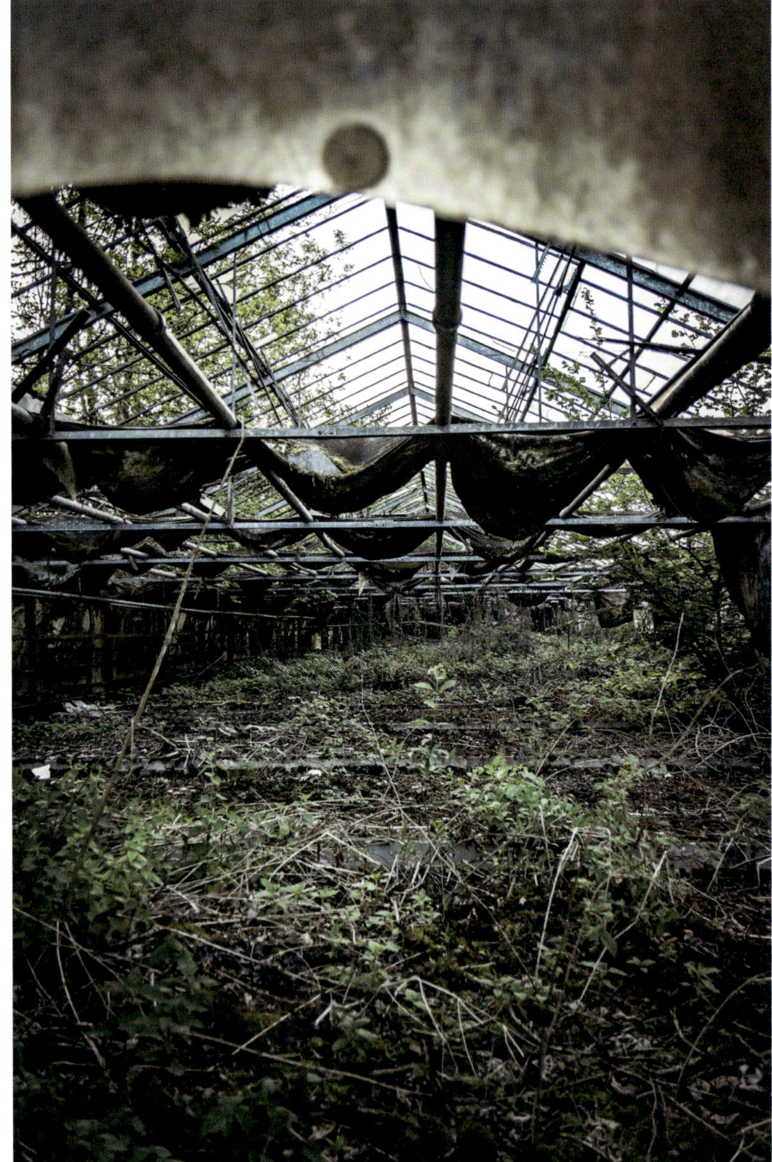

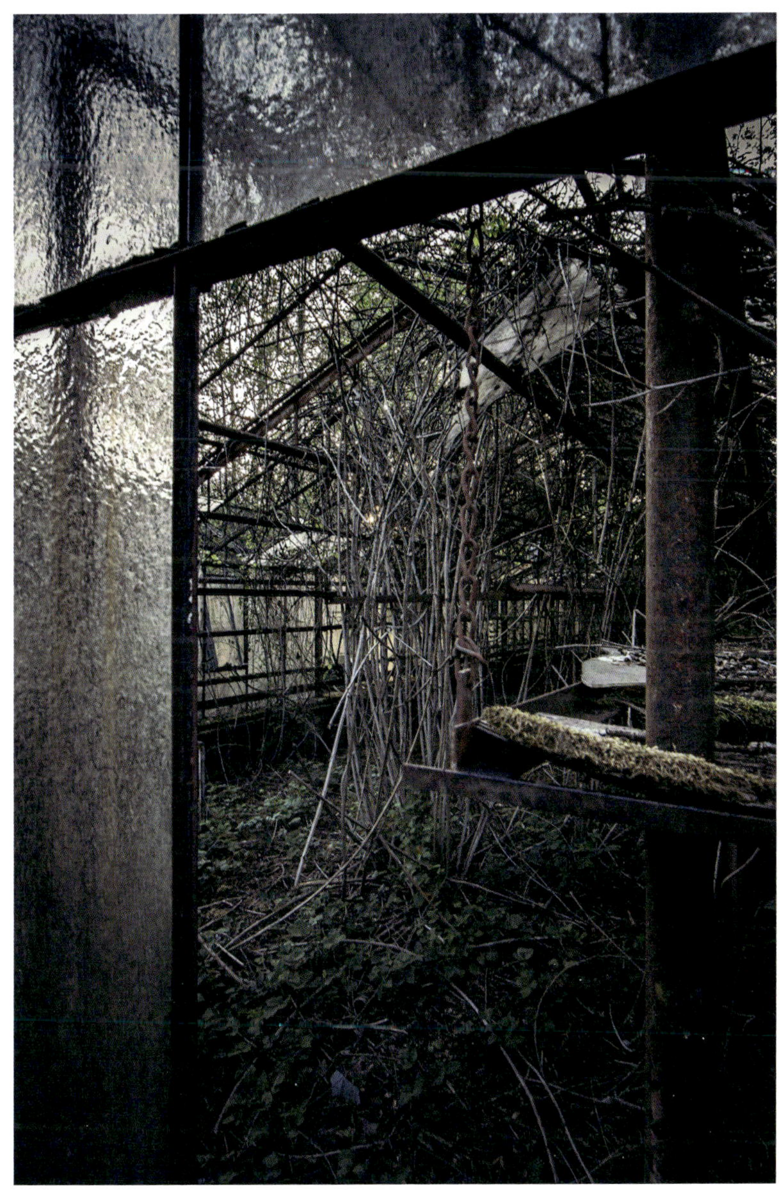

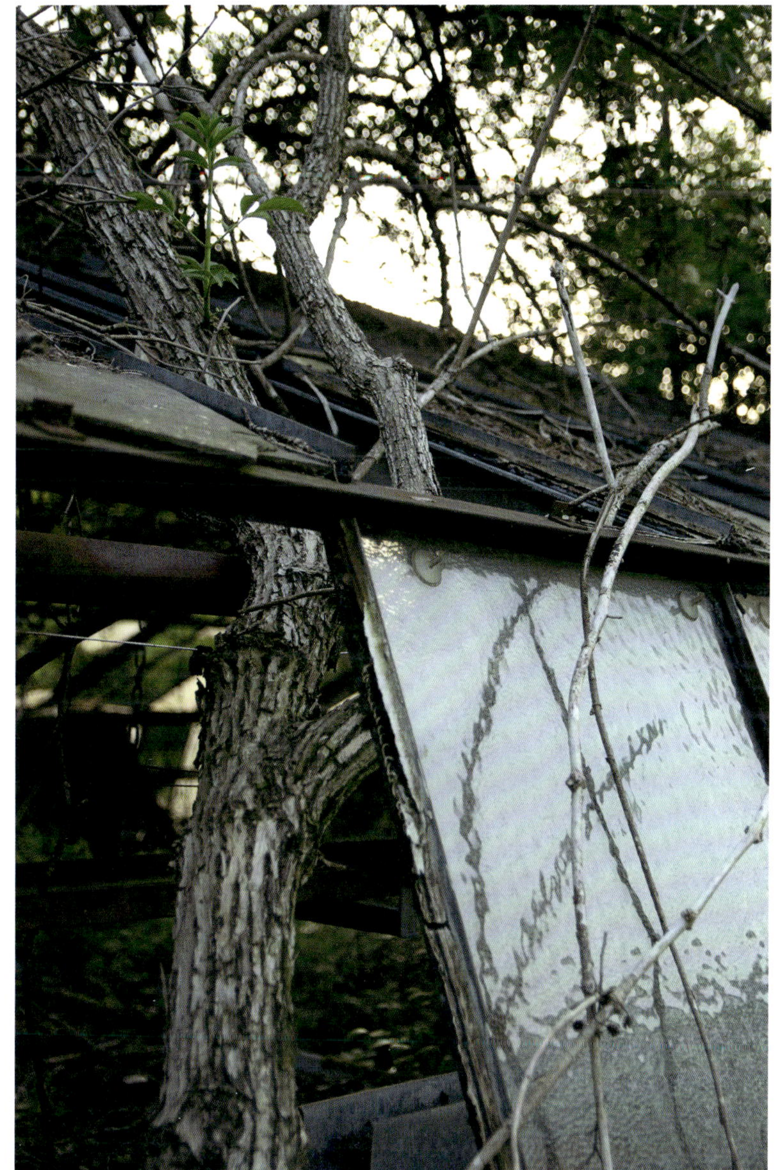

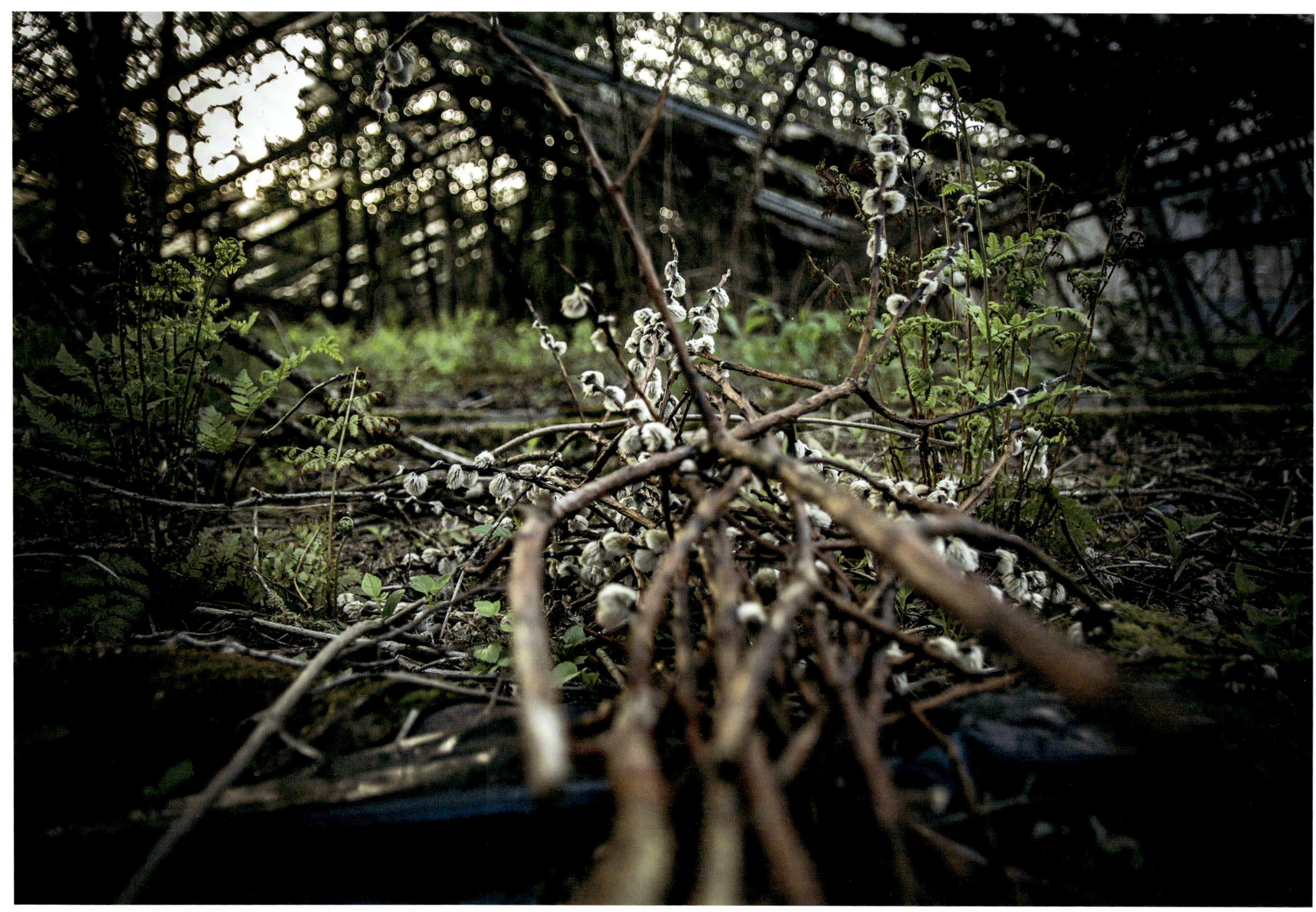

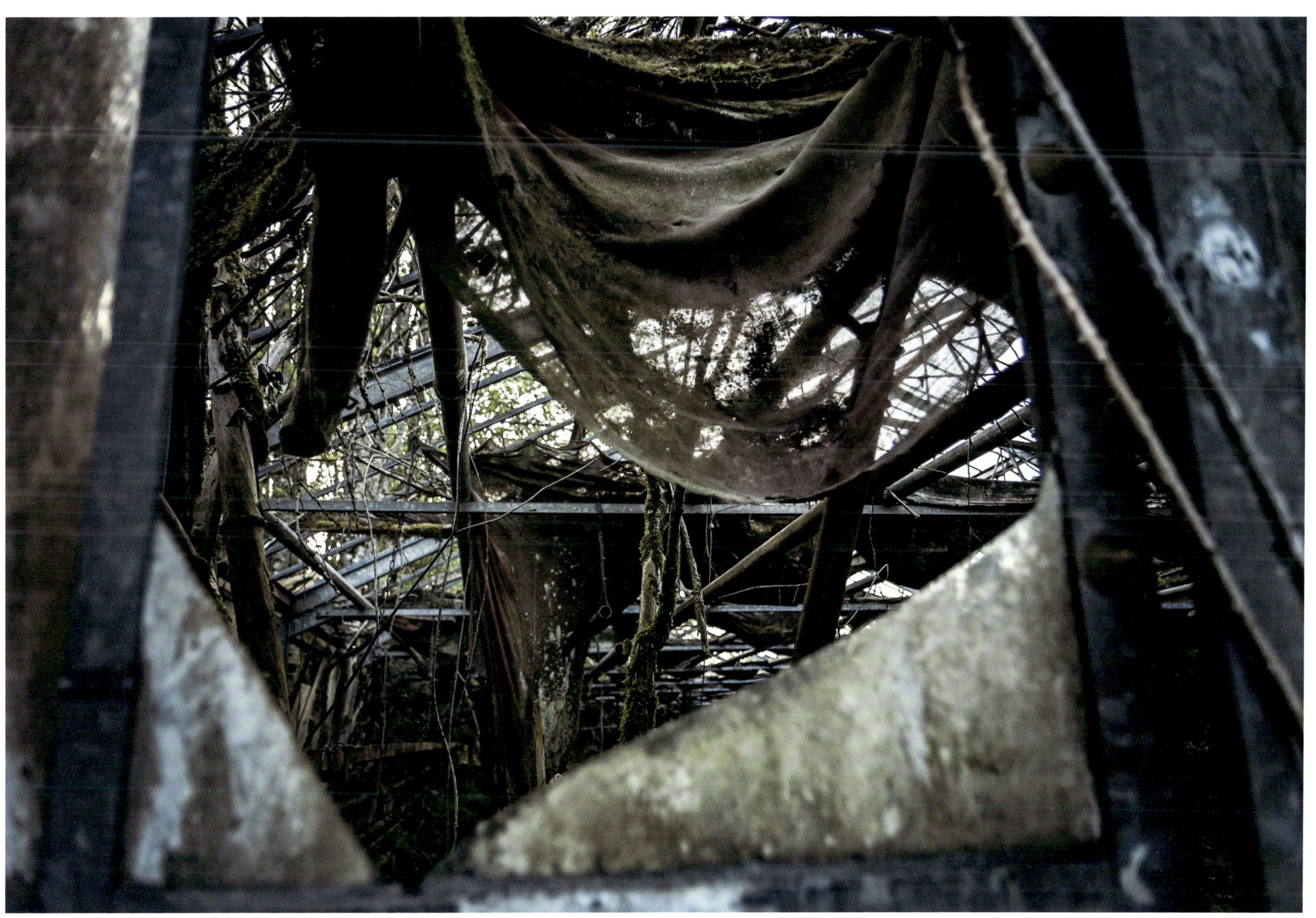

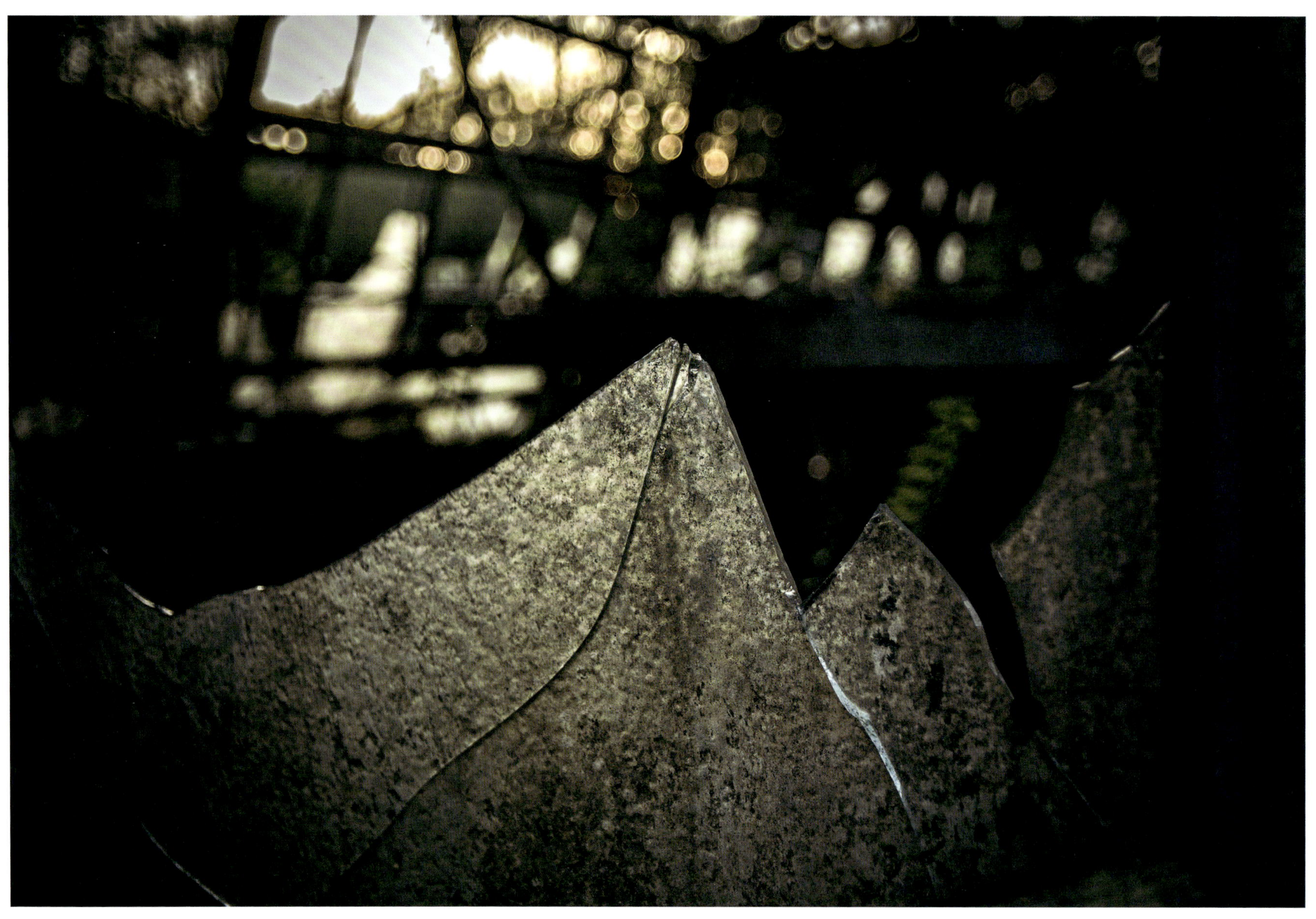

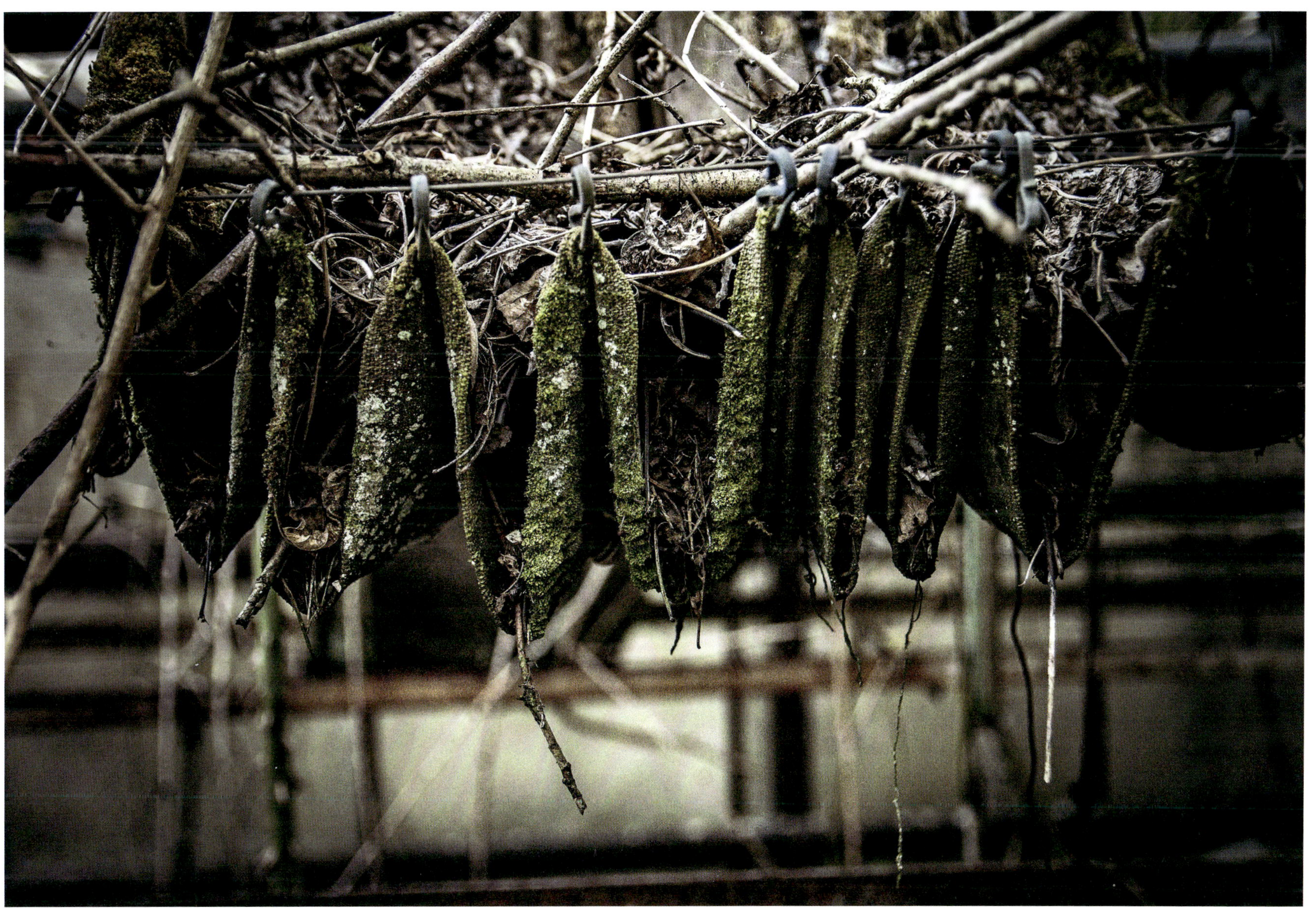

HUNTERS HOTEL

Ein beeindruckender Lost Place liegt direkt an der Schwarzwaldhochstraße. Das Haus wirkt von außen unscheinbar, niemand vermutet im Inneren des Gebäudes seine Schönheit und Prunk. Dank eines »Verwalters« ist dieser Lost Place noch sehr gut erhalten und vom Vandalismus verschont. Ein kurzer Anruf (die Handynummer des Verwalters hängt direkt an der Tür des Gebäudes) genügt und die Pforten des »Hunters Hotel« öffnen sich.

Die ersten Räume, die durch das ehemalige Hotel führen, sehen unspektakulär aus und so, als ob eine Haushaltsauflösung stattfindet, doch dann fällt der Blick durch die Tür in das beeindruckende Jagdzimmer. In der Mitte des Raumes steht eine sehr lange Speisetafel mit einer grün-seidenen Tischdecke. Eine kunstvolle Holzvertäfelung ziert die Wände und Jagdtrophäen wie Hirschgeweihe und ausgestopfte Tiere dekorieren die Stube.

Die Geschichte des »Hotels« – das eigentlich ein Kurhaus war – reicht bis ins Jahr 1845 zurück. Errichtet wurde damals zunächst eine Schutzhütte mit Schankbetrieb. Die eingeschossige und schlichte Hütte war für das Fuhrpersonal und die Waldarbeiter zur Rast vorgesehen. Für Gäste, die übernachten wollten, stand nur der Stall oder der Schopf als Schlafgemach zur Verfügung. Durch seine Anbindung an die badische Eisenbahn entdeckten nach und nach adelige und wohlhabende Bürger den Schwarzwald und dessen Höhenregionen als Erholungsgebiet und Urlaubsort für sich. Die Zahl der Gäste stieg im Laufe der Jahre. Da die Touristen natürlich nicht im Stall schlafen wollten, wurde die Hütte umgebaut und vergrößert.

1883 übernahm ein neuer Pächter das Kurhaus und errichtete 1890 einen Anbau. Das so entstandene Hotel wurde 1891 in Anwesenheit von Großherzog Friedrich von Baden eingeweiht und avancierte zu einem der angesehensten Höhenhotels im Schwarzwald. Zu den Gästen zählten viele Personen des Hochadels, unter anderem die Kaiserin Elisabeth und die holländische Königin Wilhelmine. Ein besonderer Aspekt, warum das Kurhaus so gut besucht wurde, war die Möglichkeit, in der Umgebung jagen zu gehen, wie das beeindruckende Jagdzimmer veranschaulicht.

Zur Zuganbindung kam eine regelmäßige Busverbindung hinzu, die das Kurhaus und Hotels in der Umgebung anfuhr. Während des Ersten Weltkrieges jedoch wurden die öffentlichen Fahrzeuge militärisch beschlagnahmt und der Busverkehr musste eingestellt werden. In der Folge blieben die Gäste aus. In den darauffolgenden Jahren wechselte das Kurhaus mehrmals seine Besitzer. Unter den Besitzern, die das Haus 1932 erwarben, erlebte es eine neue Blütezeit, die wiederum durch den Zweiten Weltkrieg unterbrochen wurde. Der Hotelbetrieb wurde nach dem Zweiten Weltkrieg wieder aufgenommen und bis 1994 weitergeführt, danach konnte es nur noch für geschlossene Gesellschaften gebucht werden. Die letzte Besitzerin lebte bis zu ihrem Tod 2007 im Kurhaus. Eine Stiftung und eine GmbH versuchen, das Gebäude zusammen mit dem Verwalter auch in Zukunft instand zu halten.

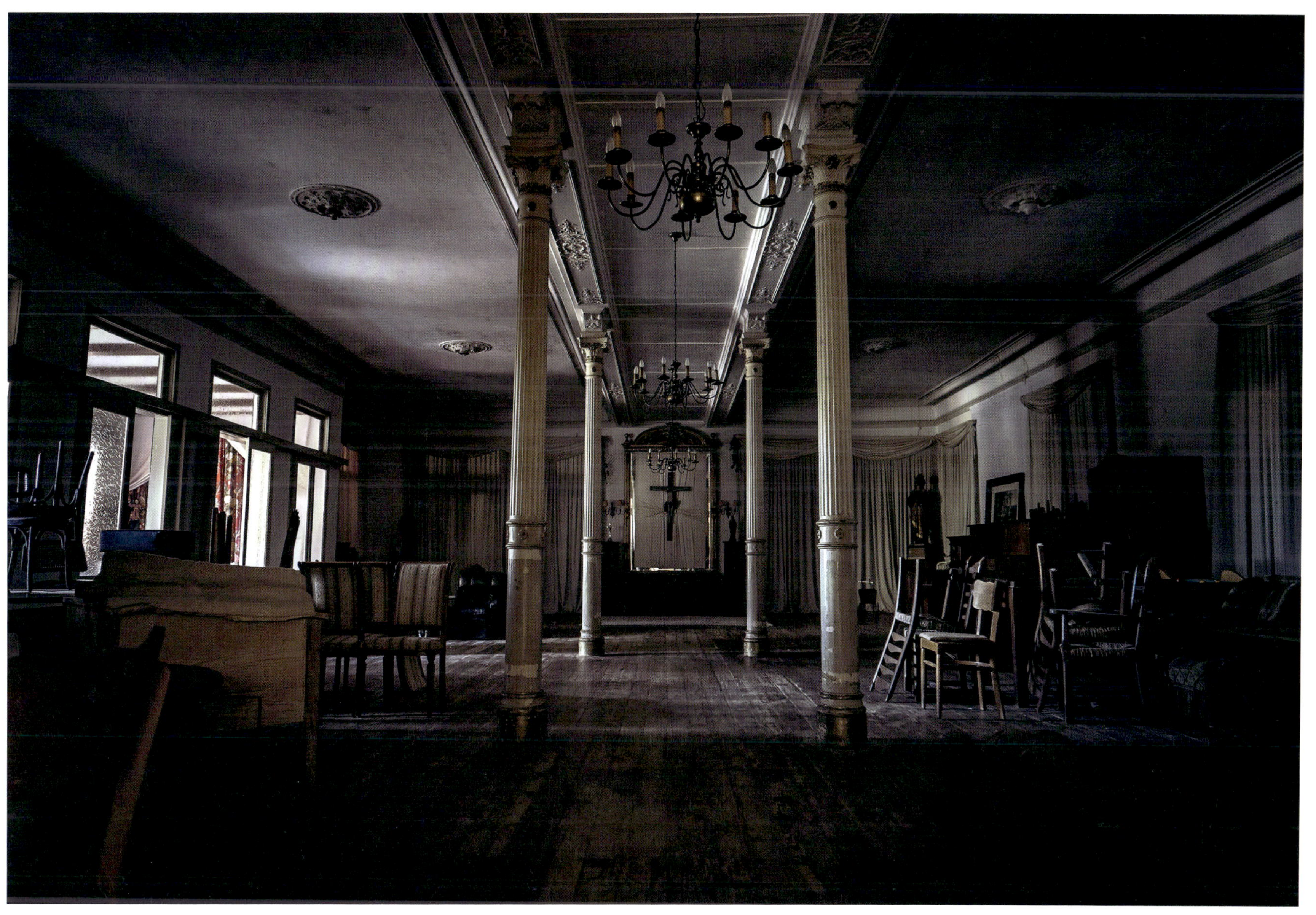

Ballsaal

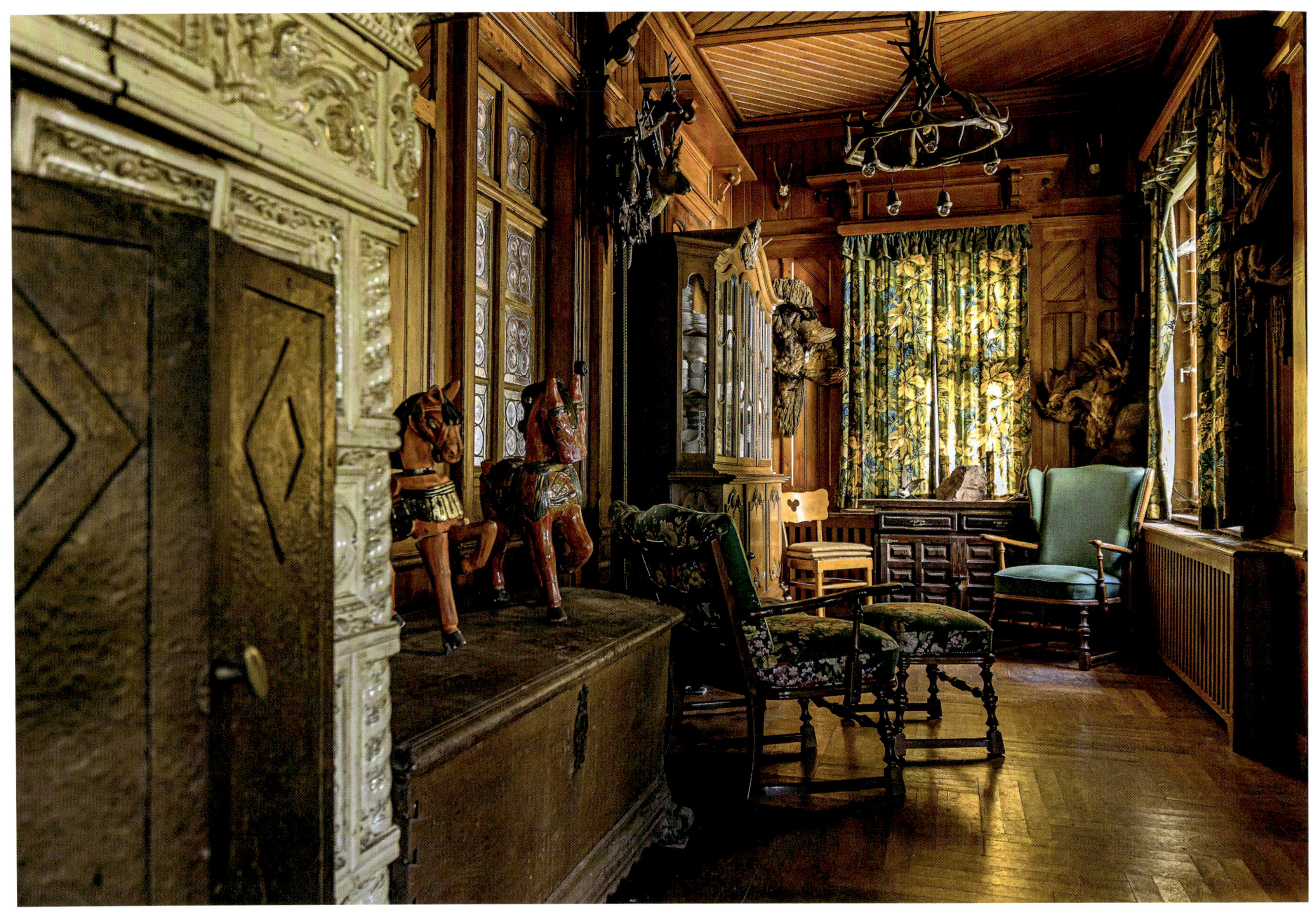

Sitzecke im Jagdzimmer

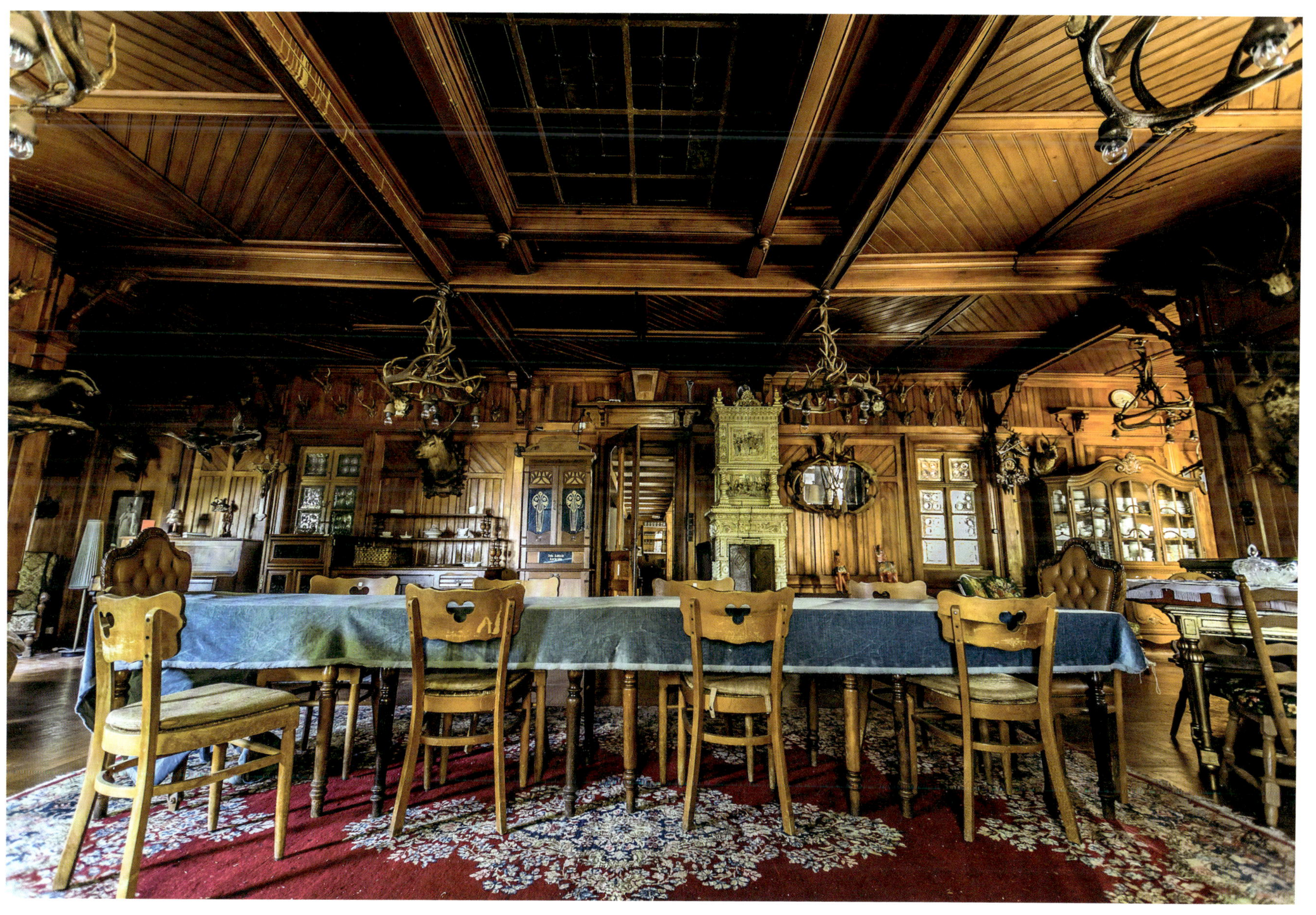

Lange Tafel im holzvertäfelten Jagdzimmer

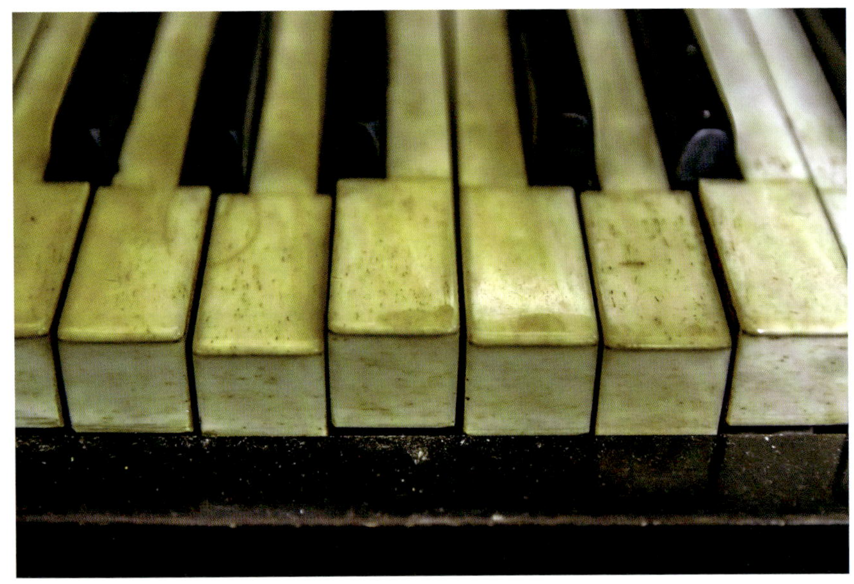

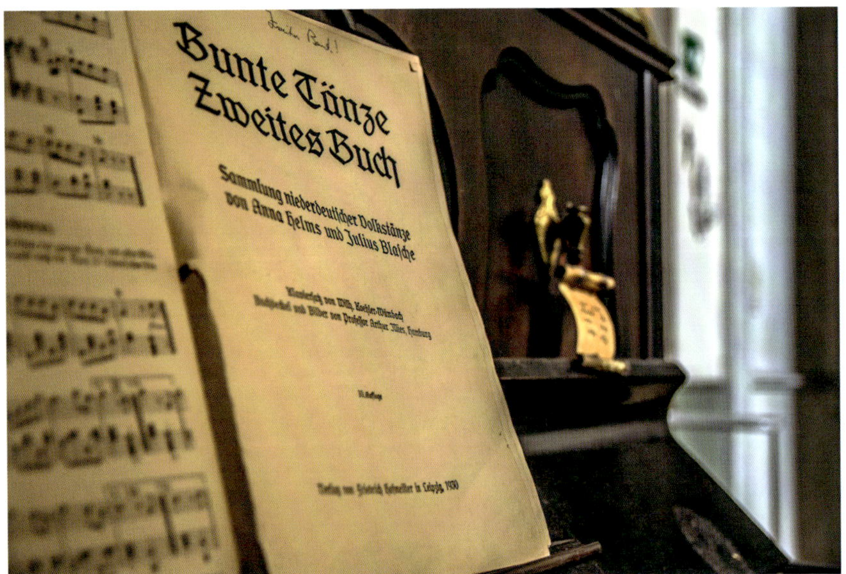

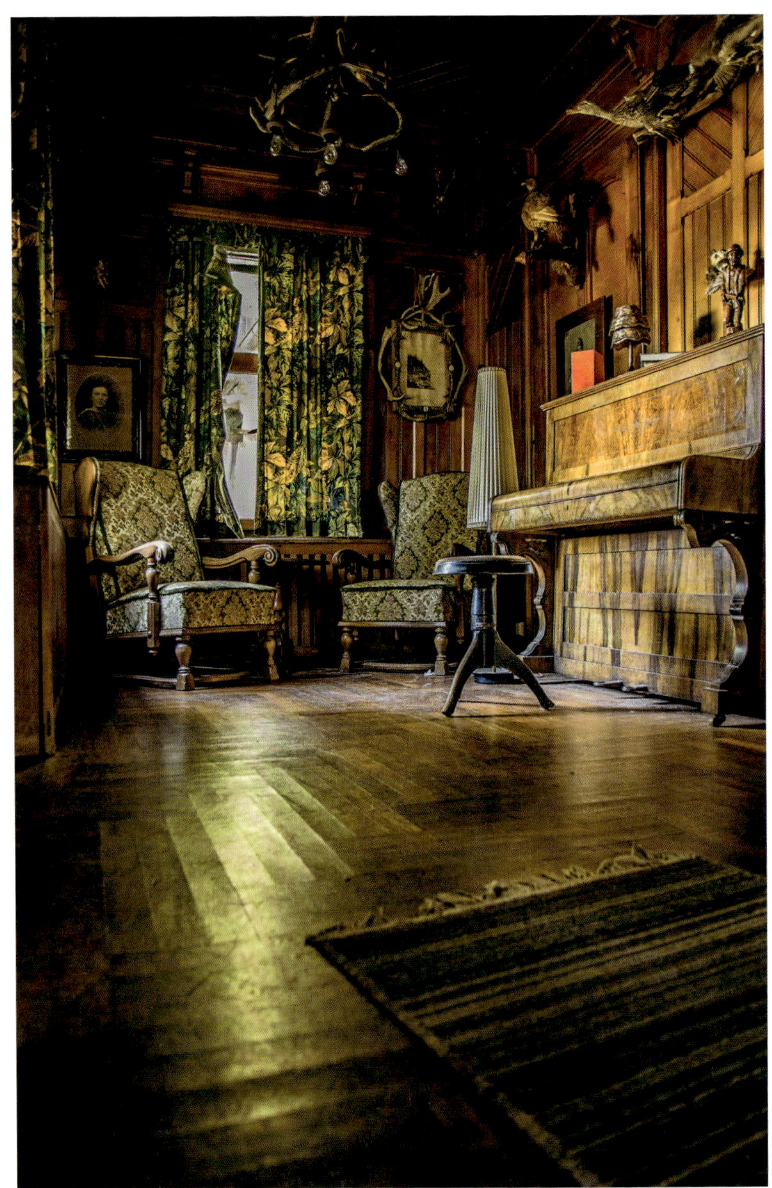

Musizierbereich im Jagdzimmer

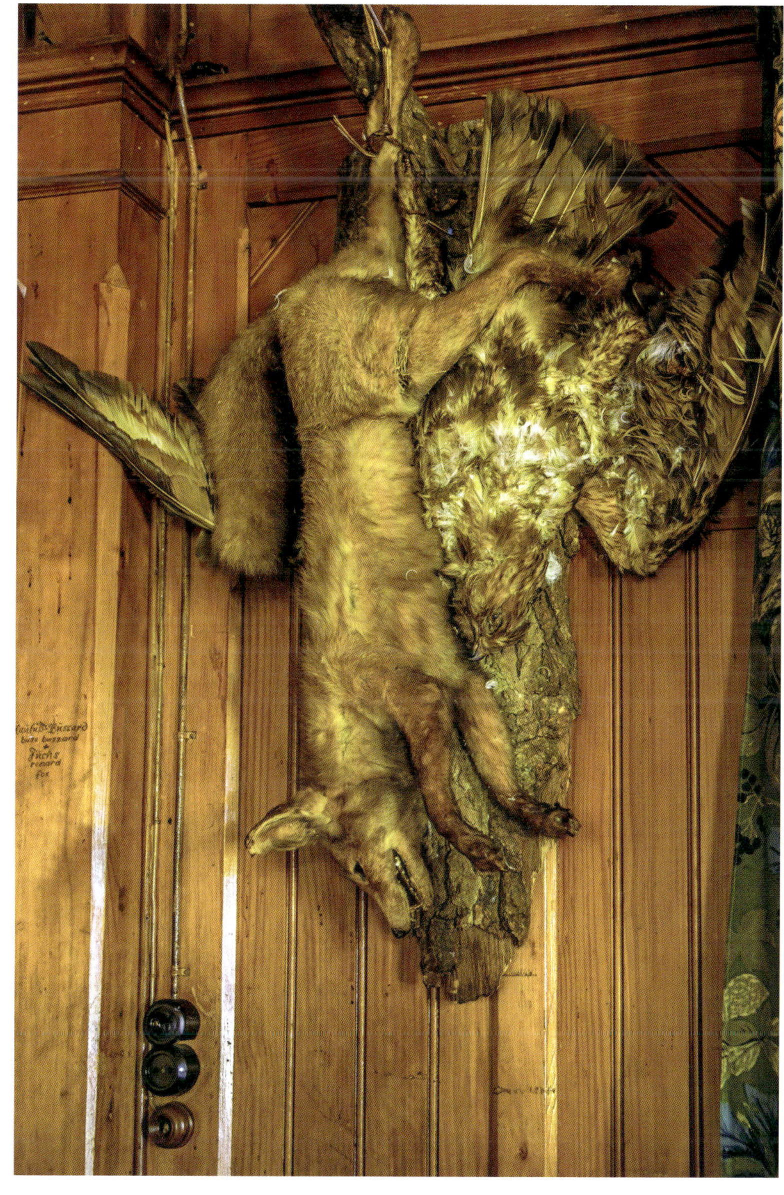

Jagdtrophäen

Nähzimmer

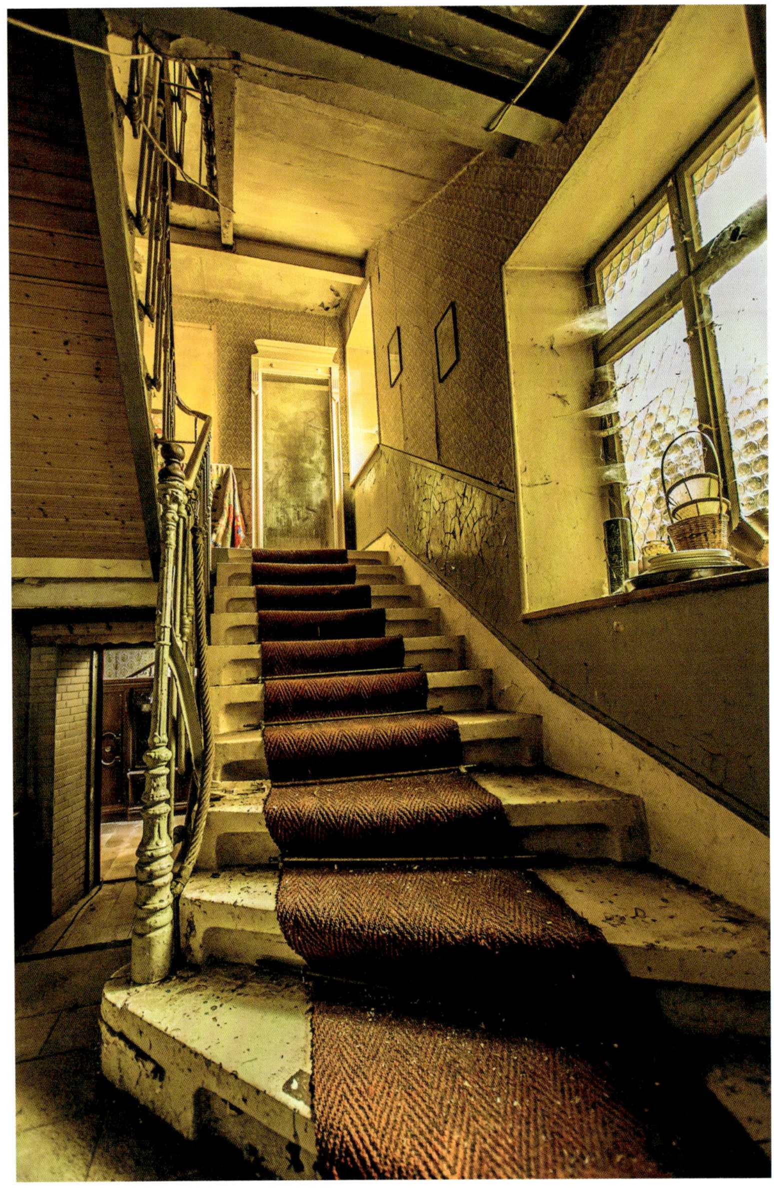

Treppen zu den Gästezimmern

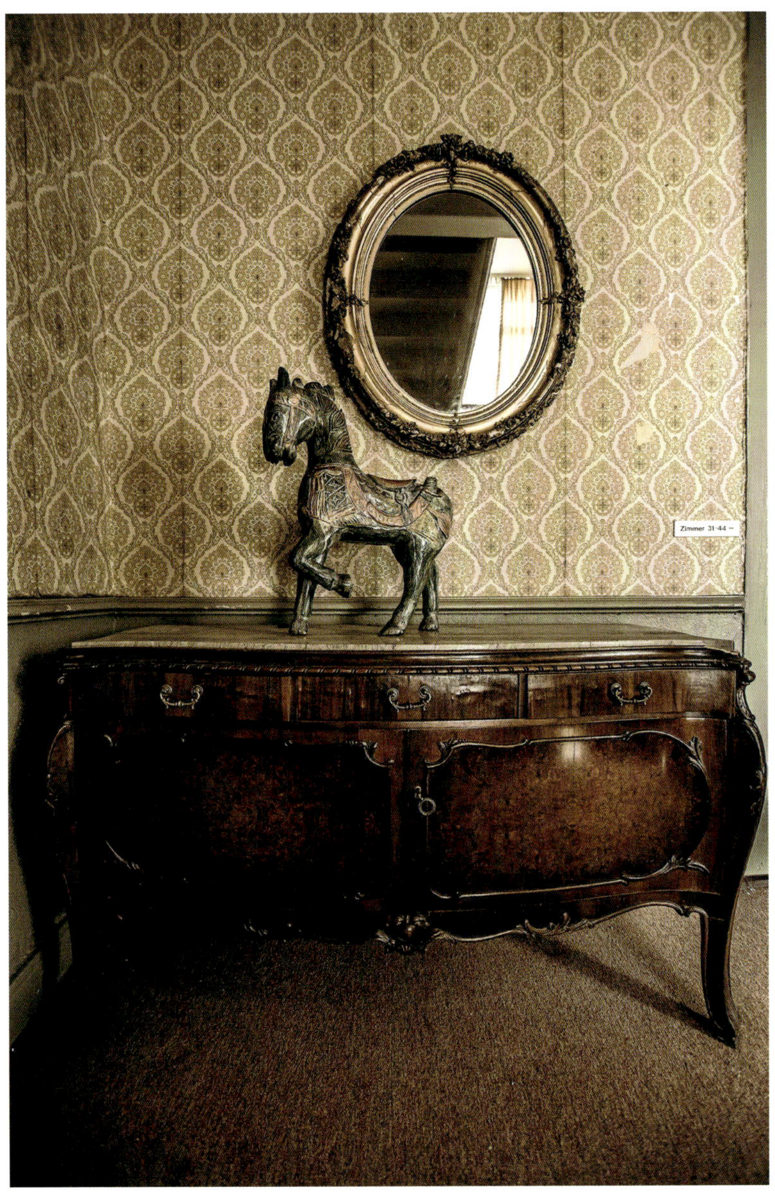

Kommode mit hölzernem Pferd im Hausflur

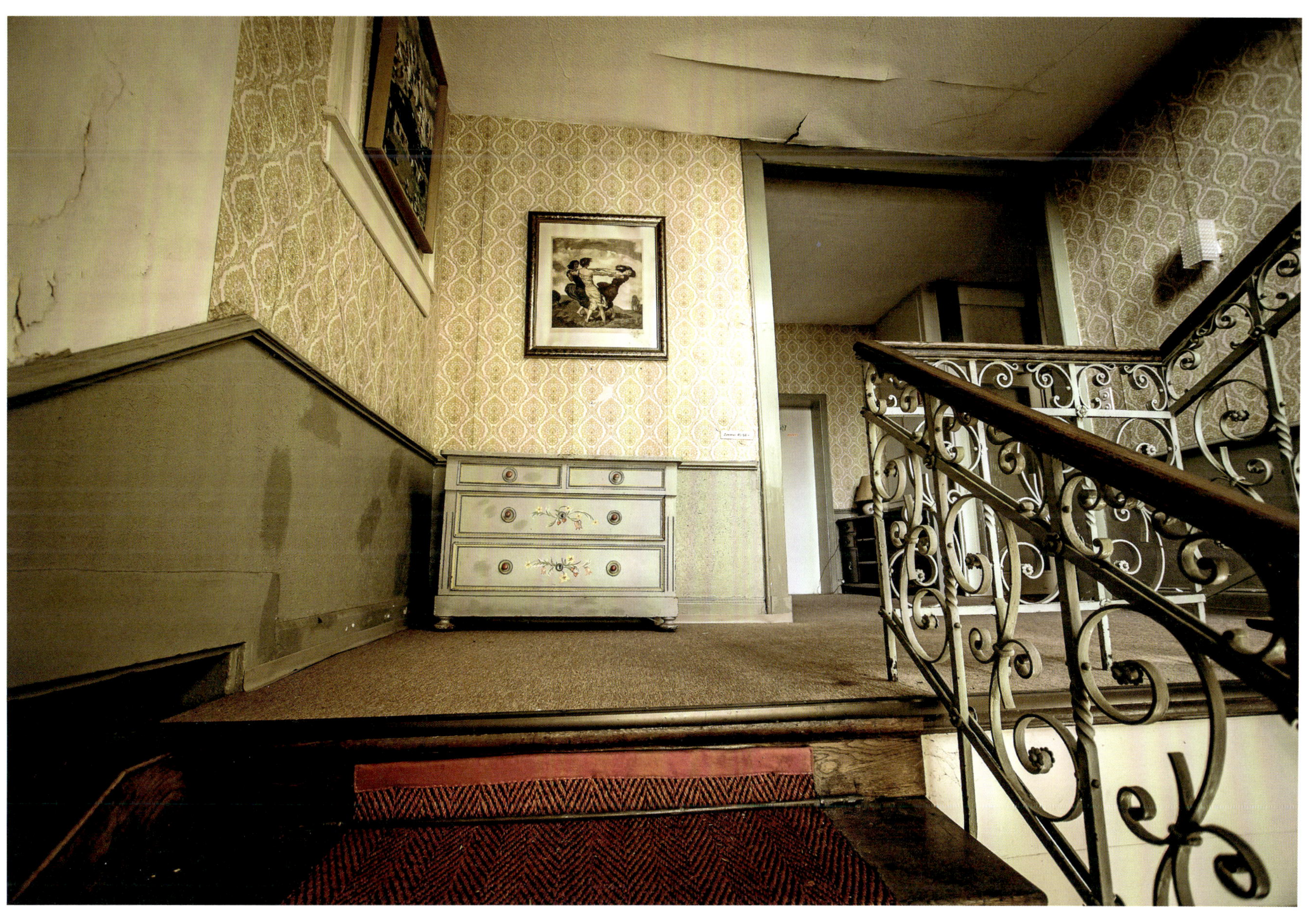

Erstes Stockwerk

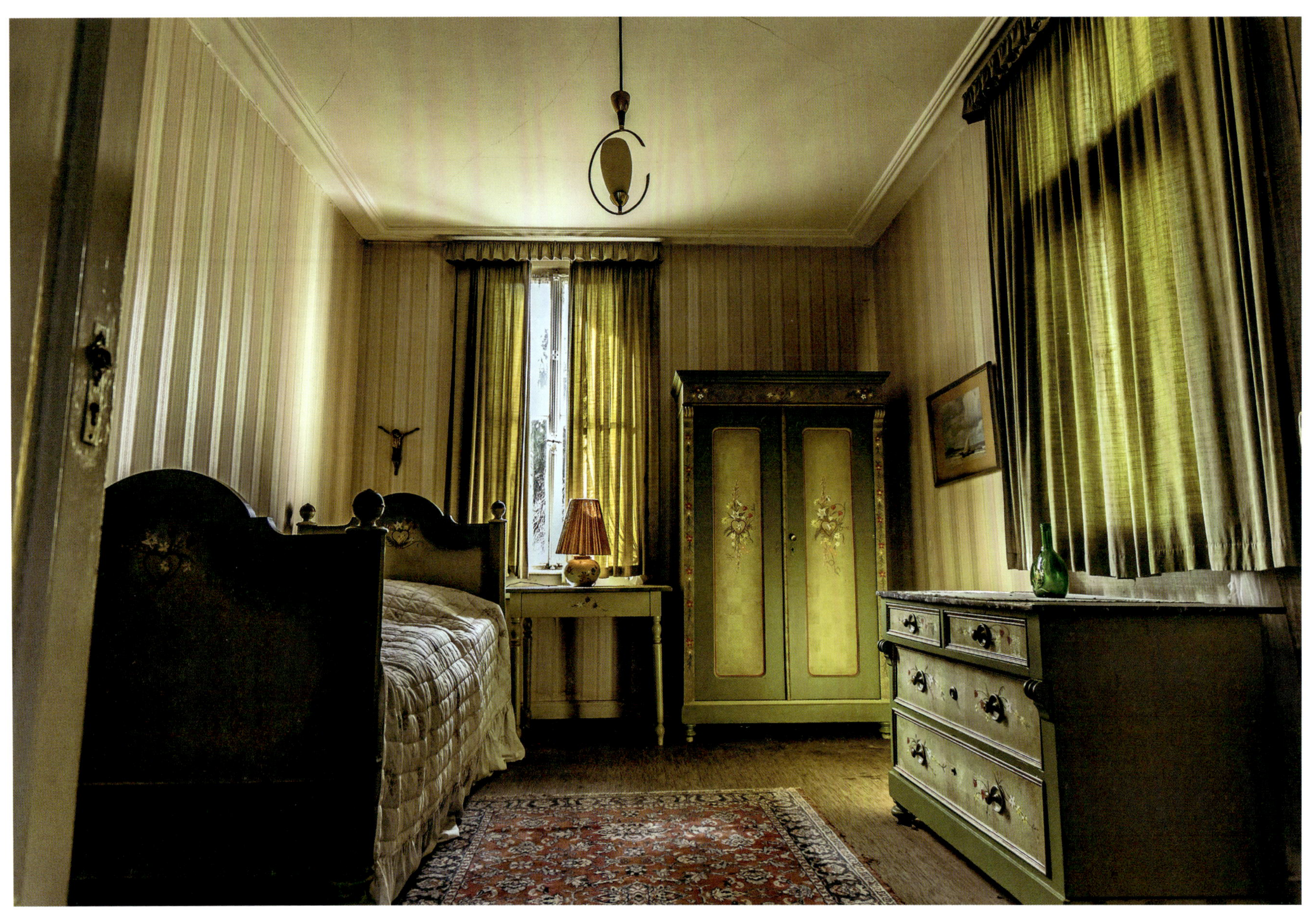

Wie das grüne Zimmer sind die meisten Räume im Hotel noch ursprünglich eingerichtet

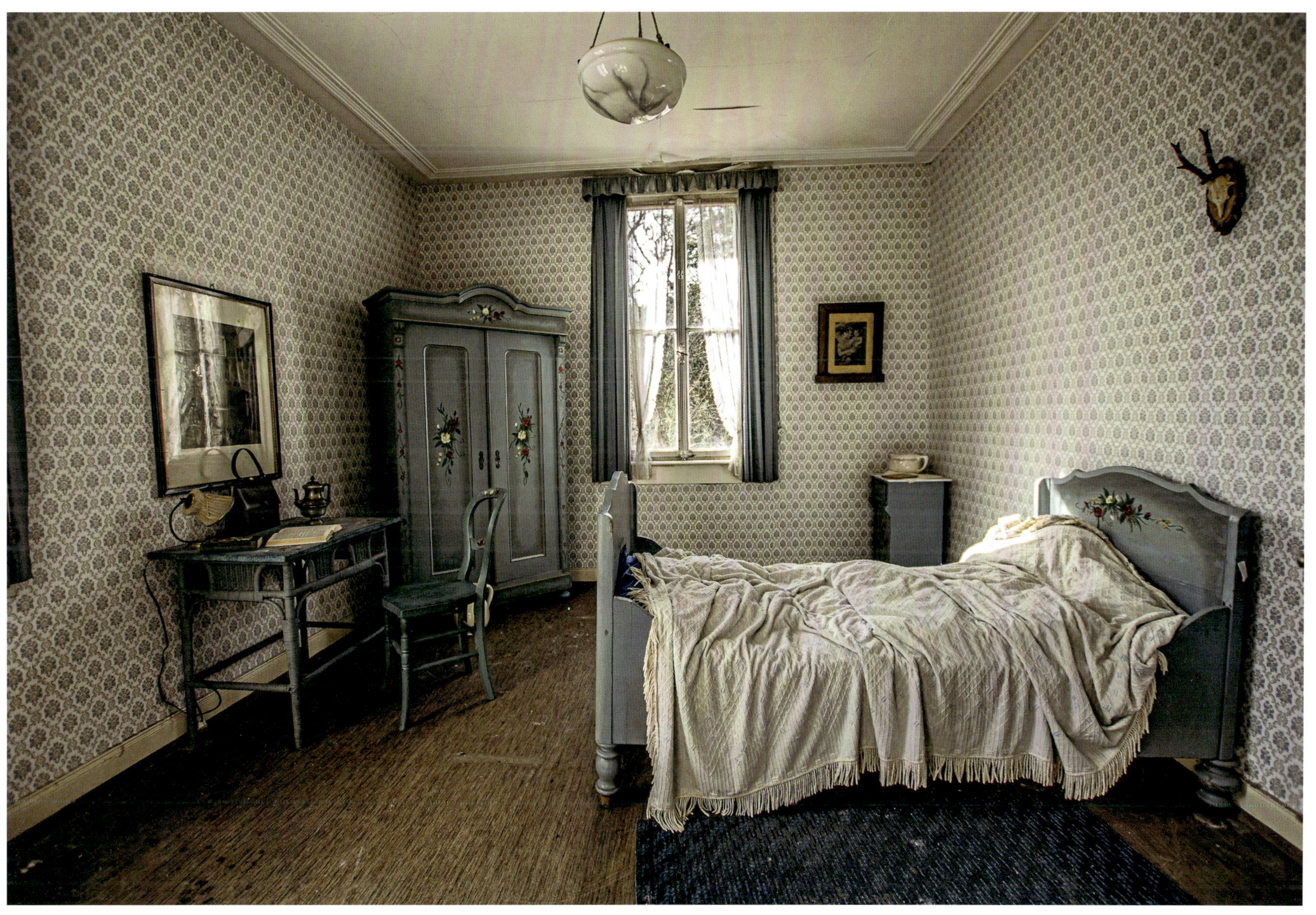

Blaues Zimmer

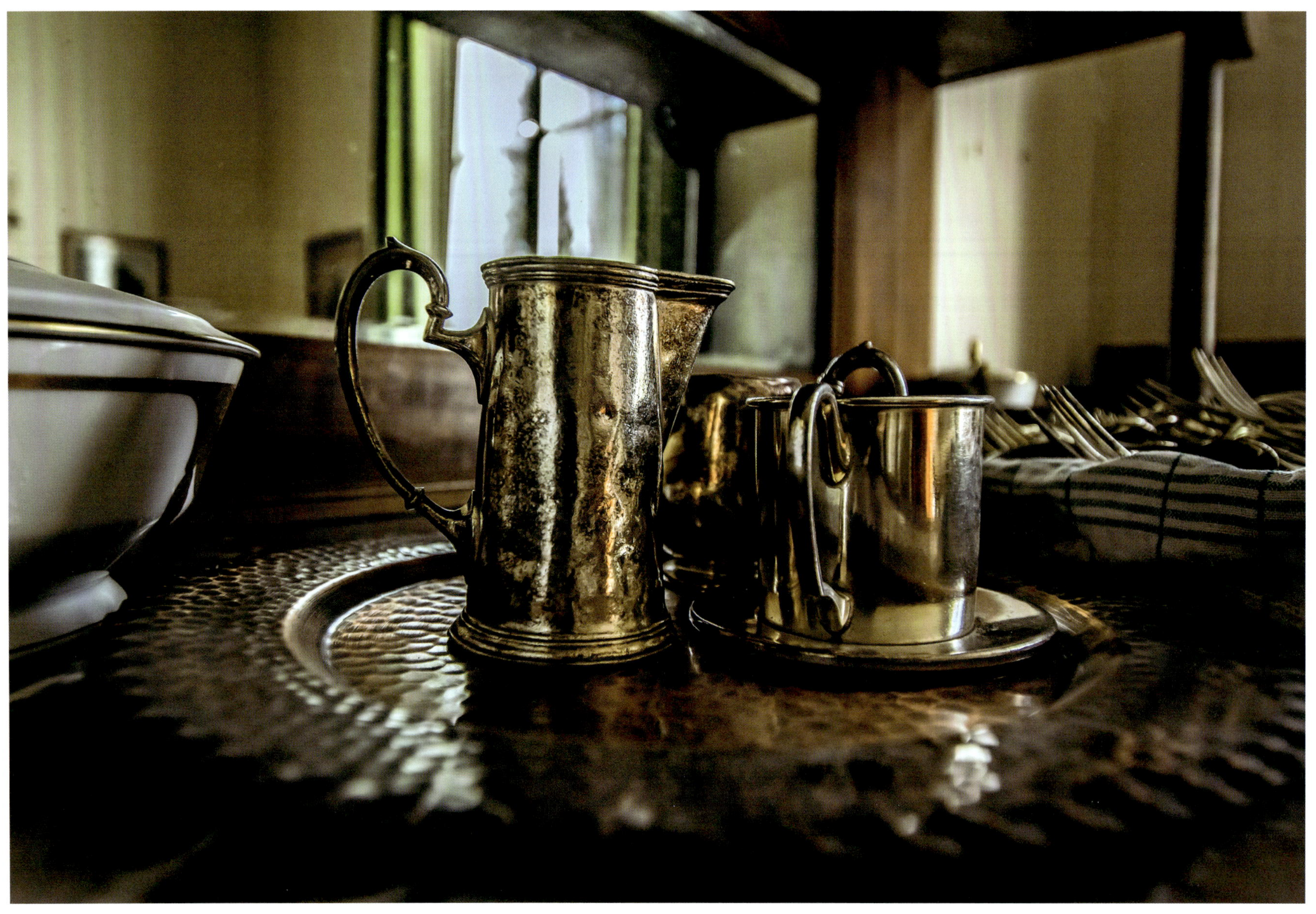

Teeservice auf einer Anrichte

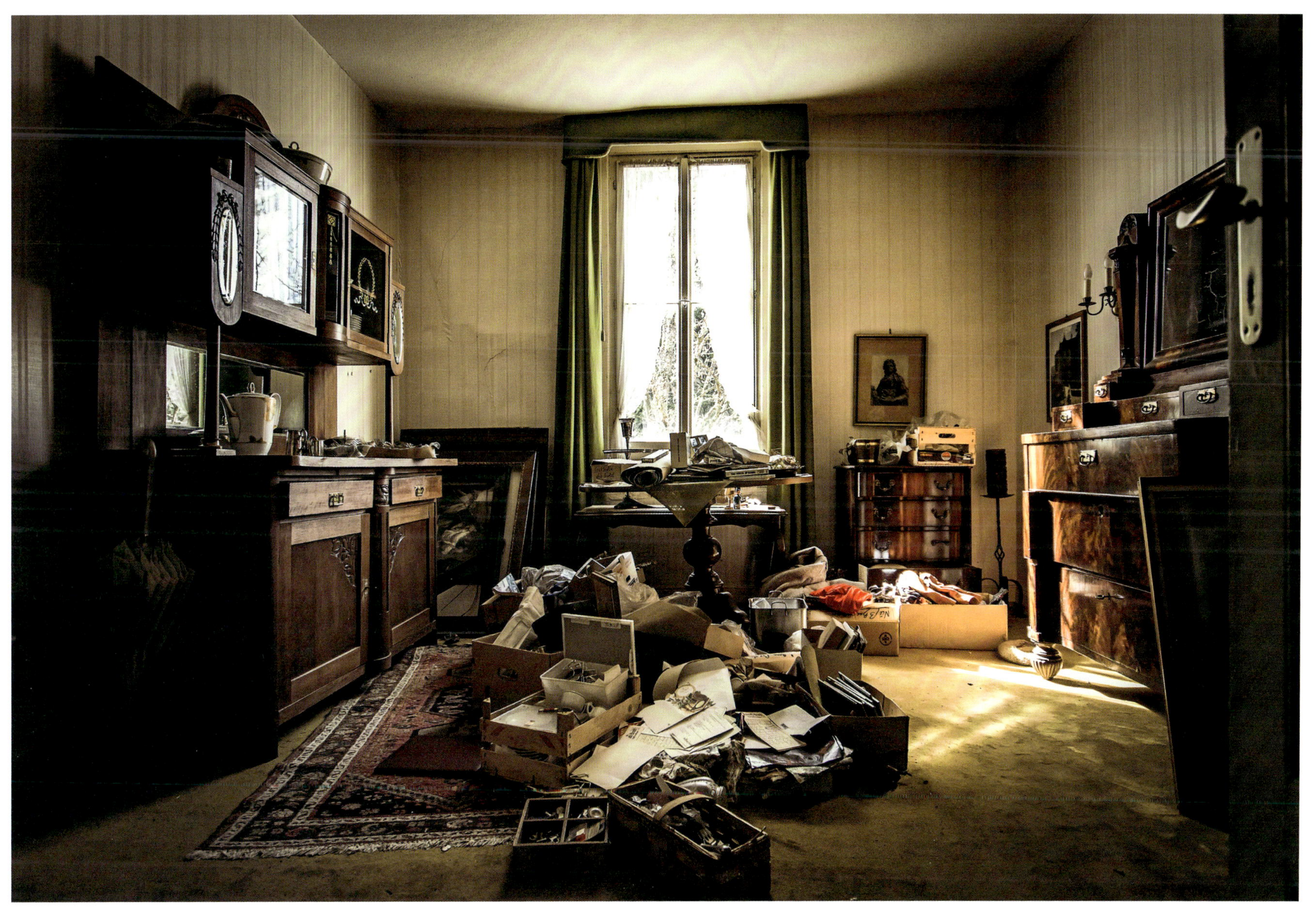

Zum Abstellraum umfunktioniertes Gästezimmer

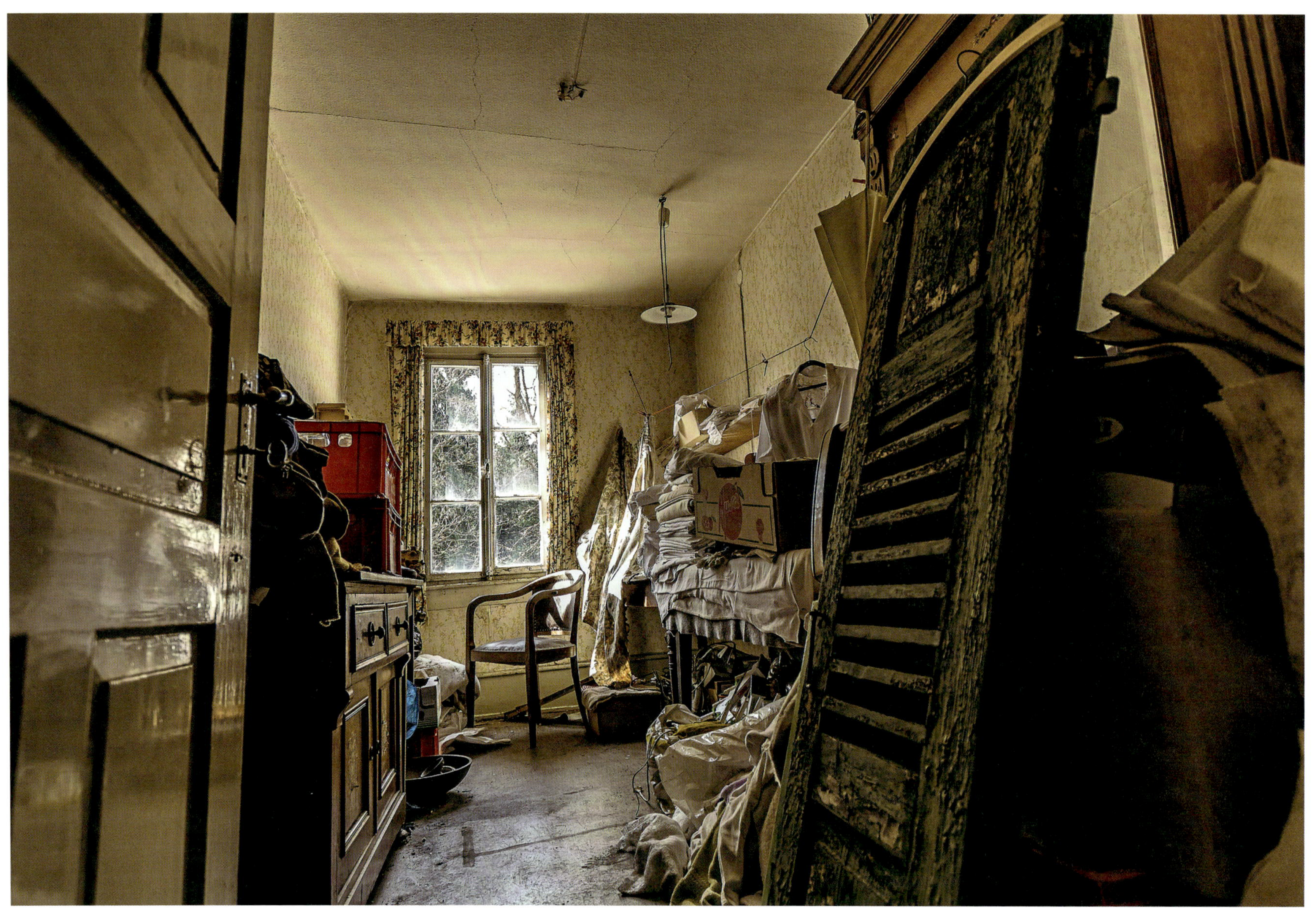

Abstellkammer mit allerhand Gerümpel

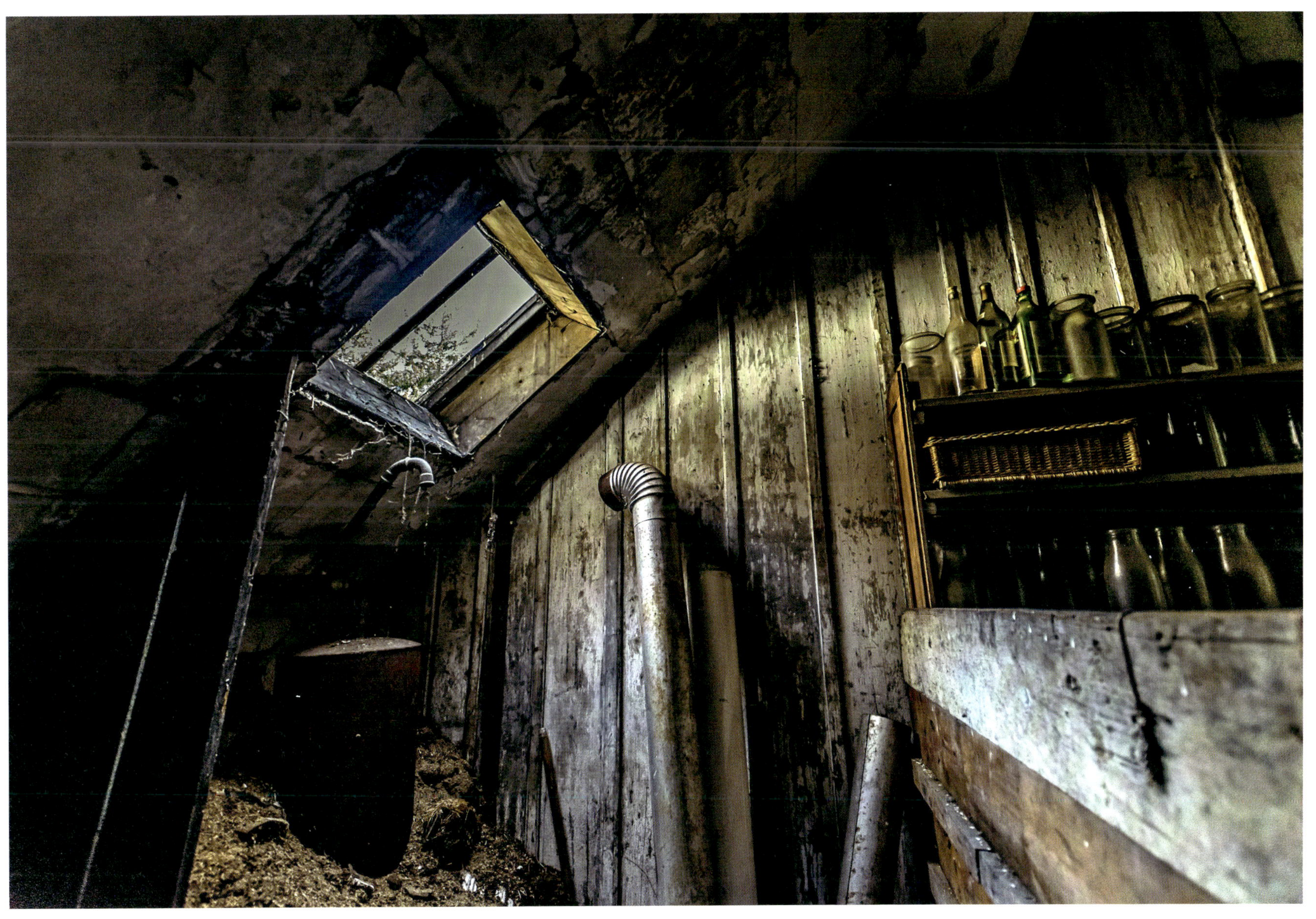

Einmachgläser und Flaschen auf dem Dachboden

DER ALTBIRKLEHOF

Durch Zufall stieß ich auf diesen wunderschönen Lost Place im Hochschwarzwald und nach einer schriftlichen Anfrage öffneten sich für mich die Türen des historischen Gebäudes. Es war ein trüber und vor allem regnerischer Tag, als ich durch das Höllental fuhr, um zum drittältesten noch im Original stehenden Schwarzwaldhof zu gelangen. Der Hof, der auf der Gemarkung Breitnau steht, wurde 1550 erbaut und liegt im weitläufigen Gelände eines Internates. Im Jahr 1710 wurde seine alte Stube renoviert, denn der Hofbauer heiratete. Auf die Vermählung deuten noch die im Türchen des Herrgottswinkels schwach lesbaren Initialen »MaTh JosBi« hin. Mehrere Male wurde der Hof umgebaut und das daneben liegende Internat mehr als zehn Jahre lang vom Hof aus geleitet. Viele Jahre stand das Gebäude ungenutzt und wird nun wieder für die Öffentlichkeit zugänglich gemacht. Als ich durch den Altbirkle ging und meine Aufnahmen schoss, wurde mir bewusst, was für ein Schmuckstück dieser Hof ist. Von der Wand gelöste Tapeten aus Bücher- und Zeitungspapier, die schwarzen Wände der Räucherkammer, der Duft nach Speck, der nach all den Jahren immer noch in der Luft hängt, ließen mein Herz in dieser Location höher schlagen und ich ertappte mich des Öfteren dabei, wie ich mit meinen Fingern über das dunkle Holz – das noch Wärme ausstrahlt – strich und dankbar war, dass es auch im Altbirklehof jemanden gibt, der sich um das Gebäude kümmert.

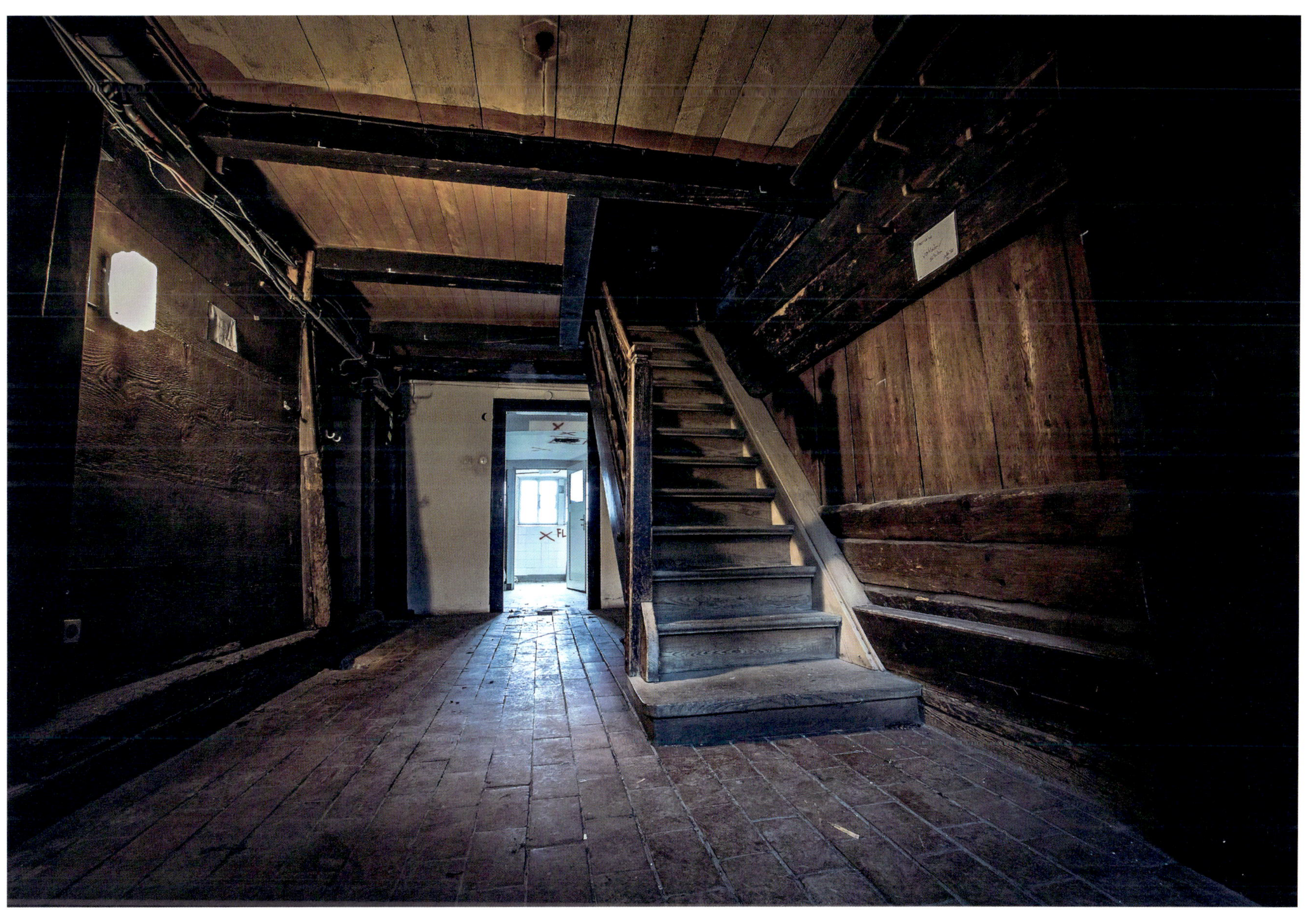

Eingangsbereich des Hofes

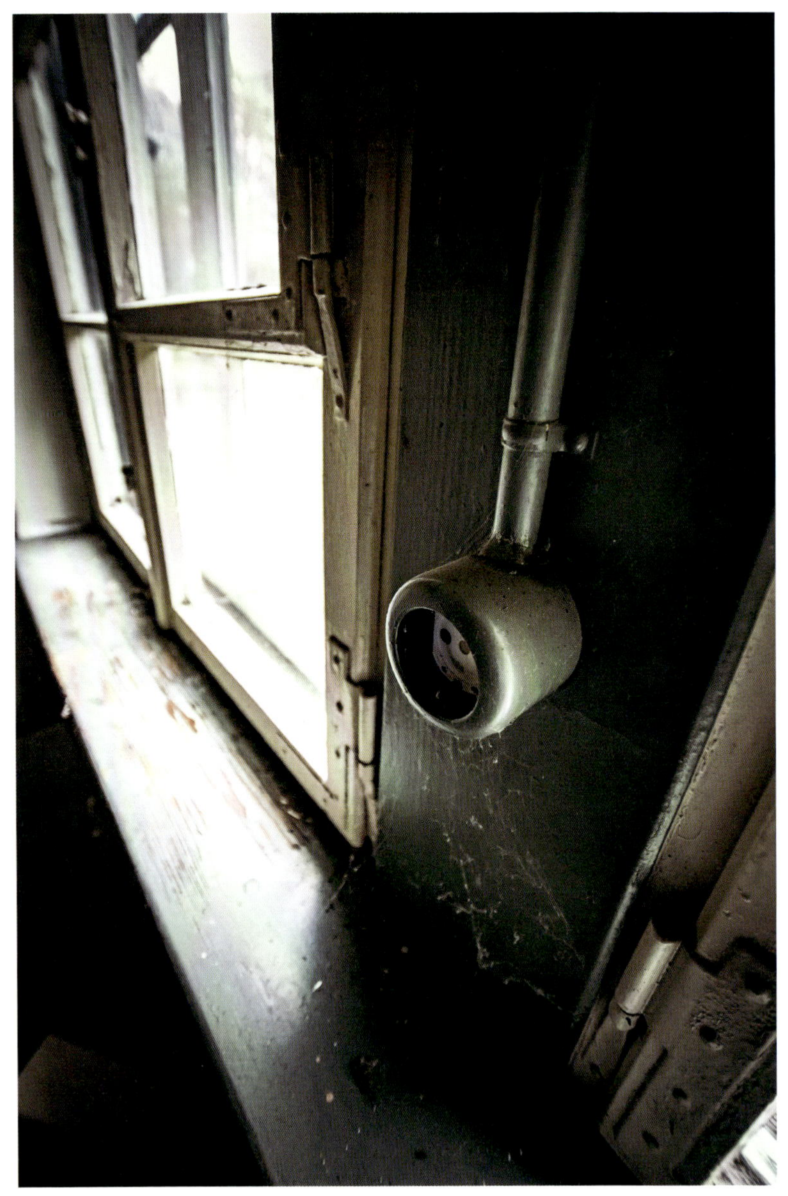

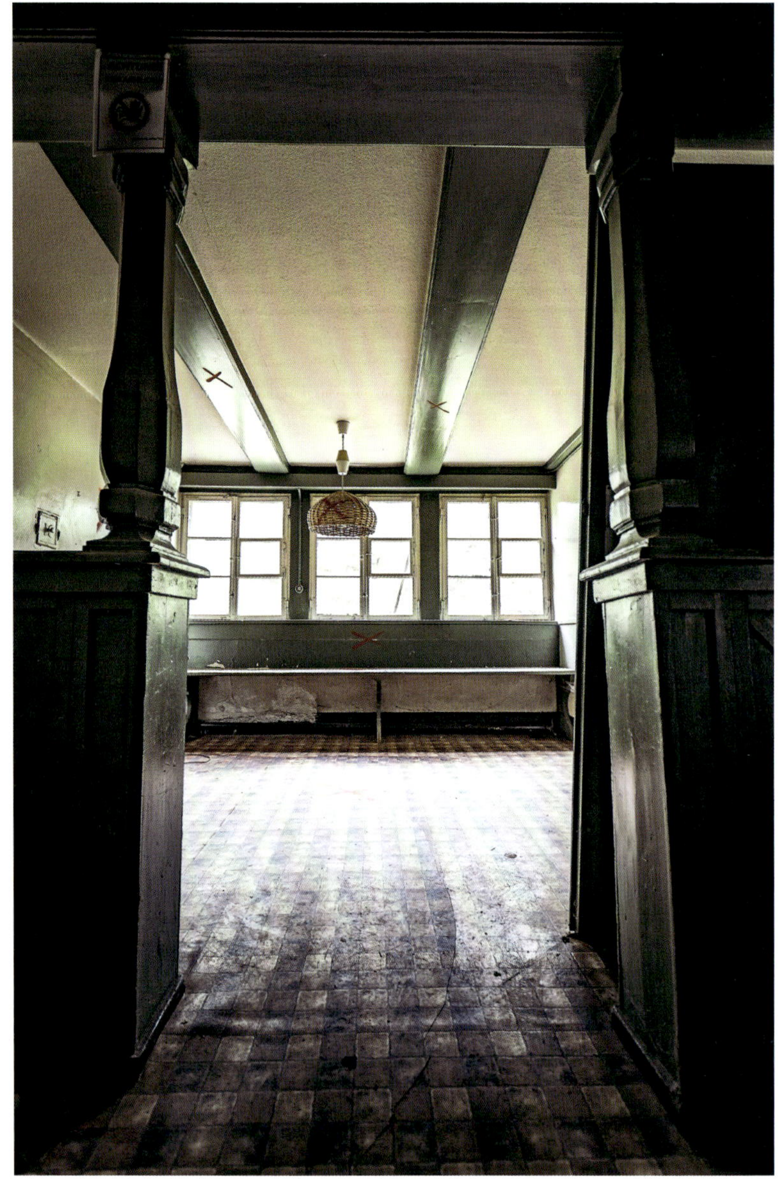

Blick auf den Essbereich in der Küche

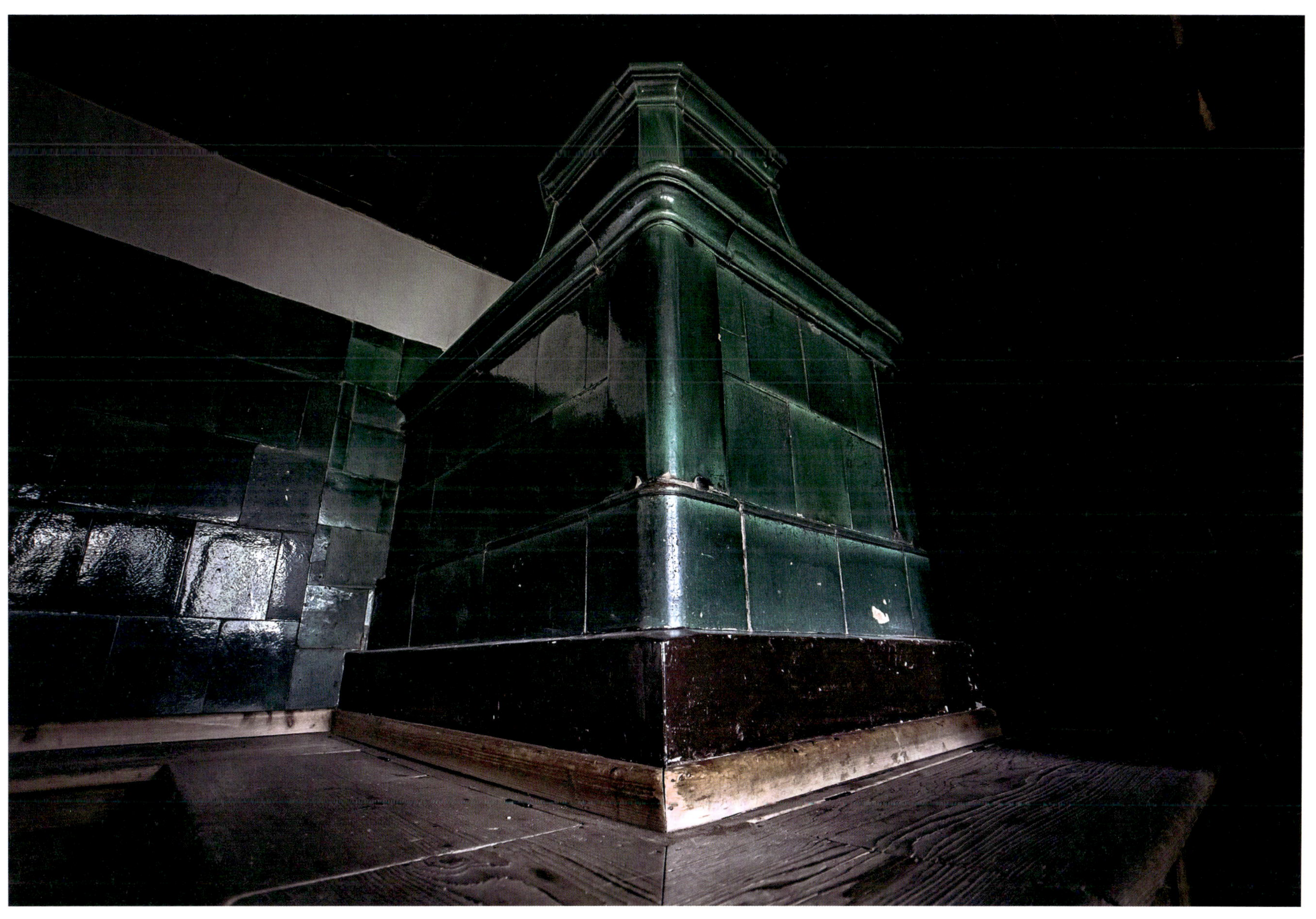

Das Schmuckstück der Bauernstube, der Kachelofen

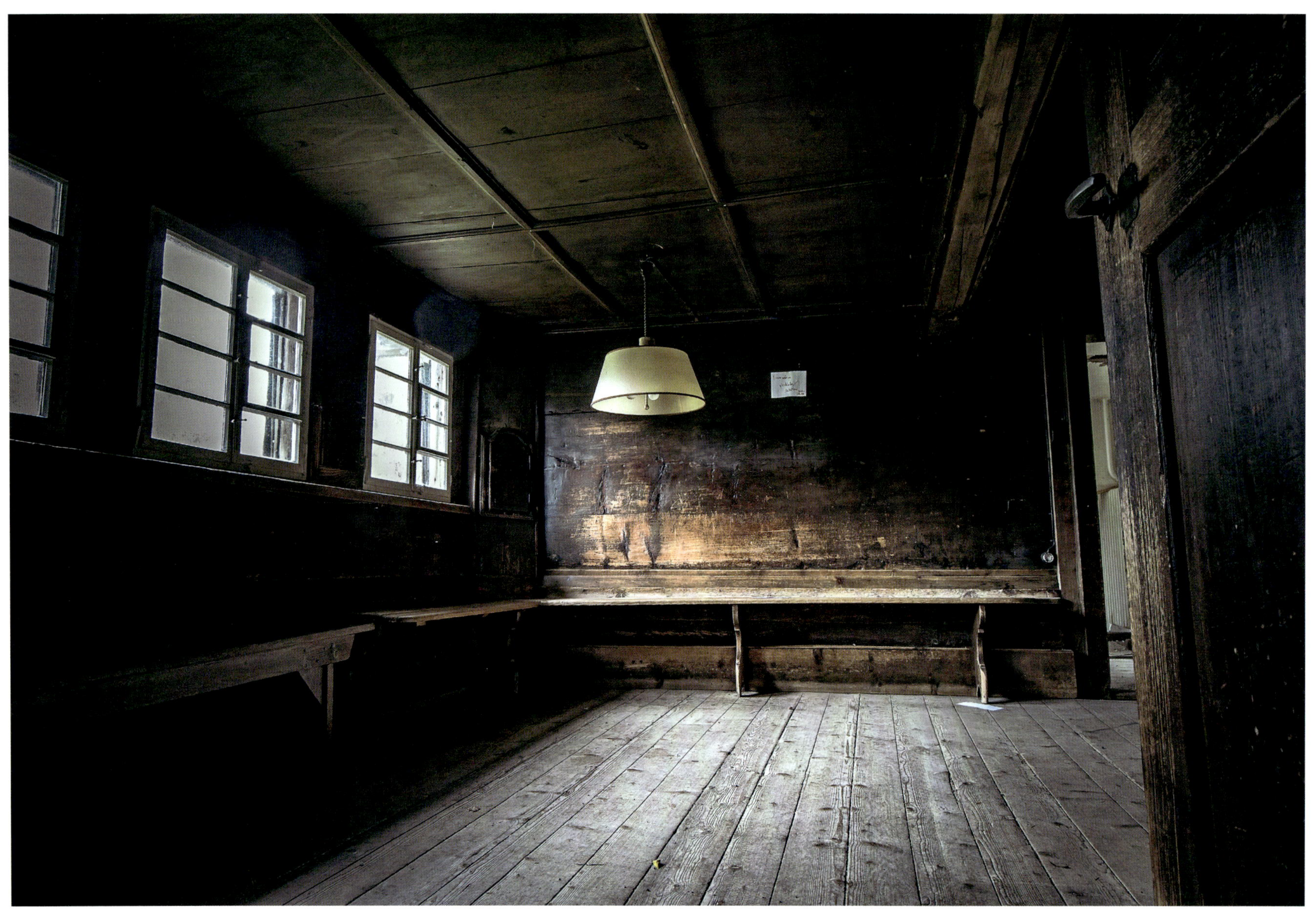

Große Eckbank in der Bauernstube

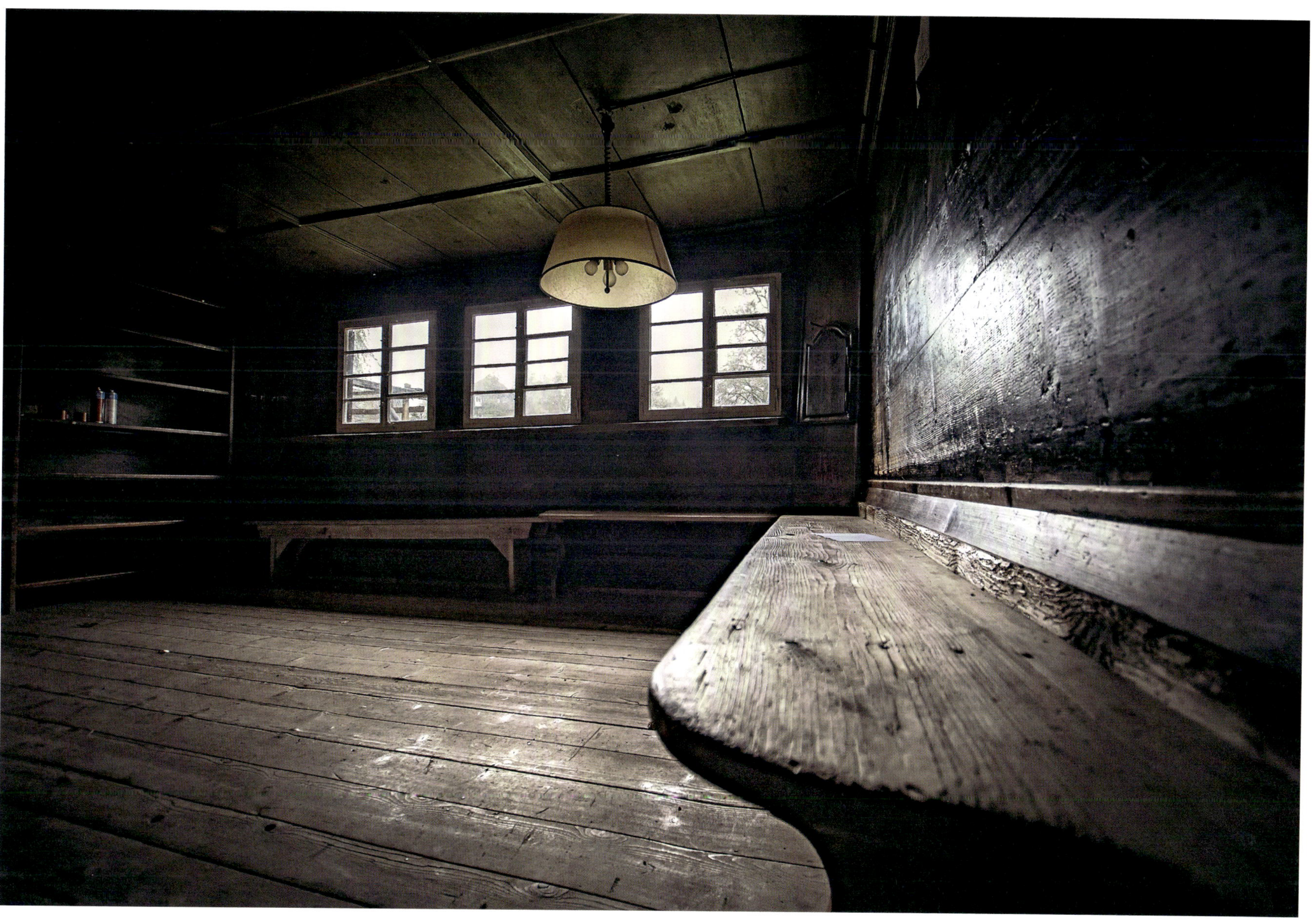

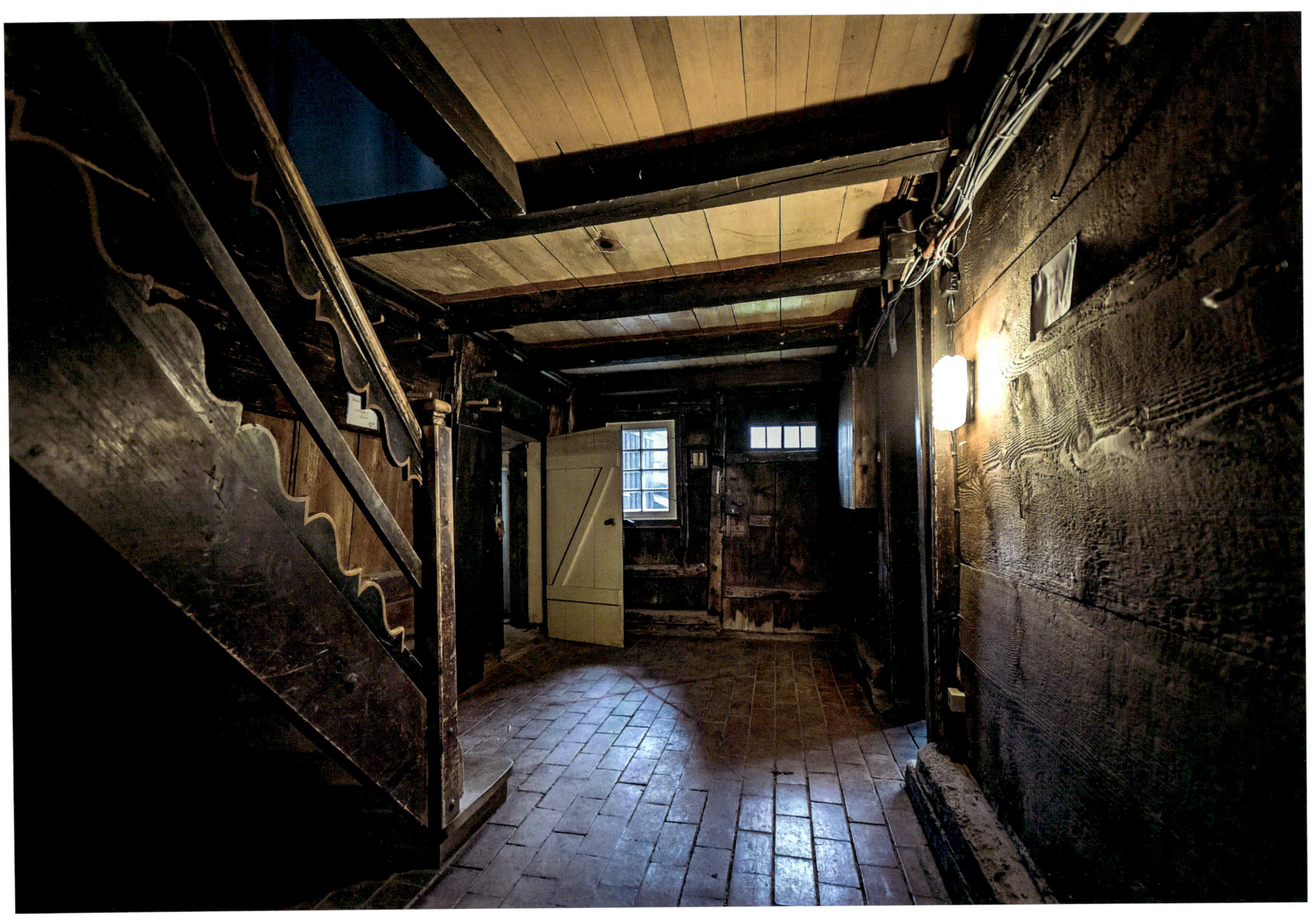

Eingangsbereich mit Blick auf die Haustür

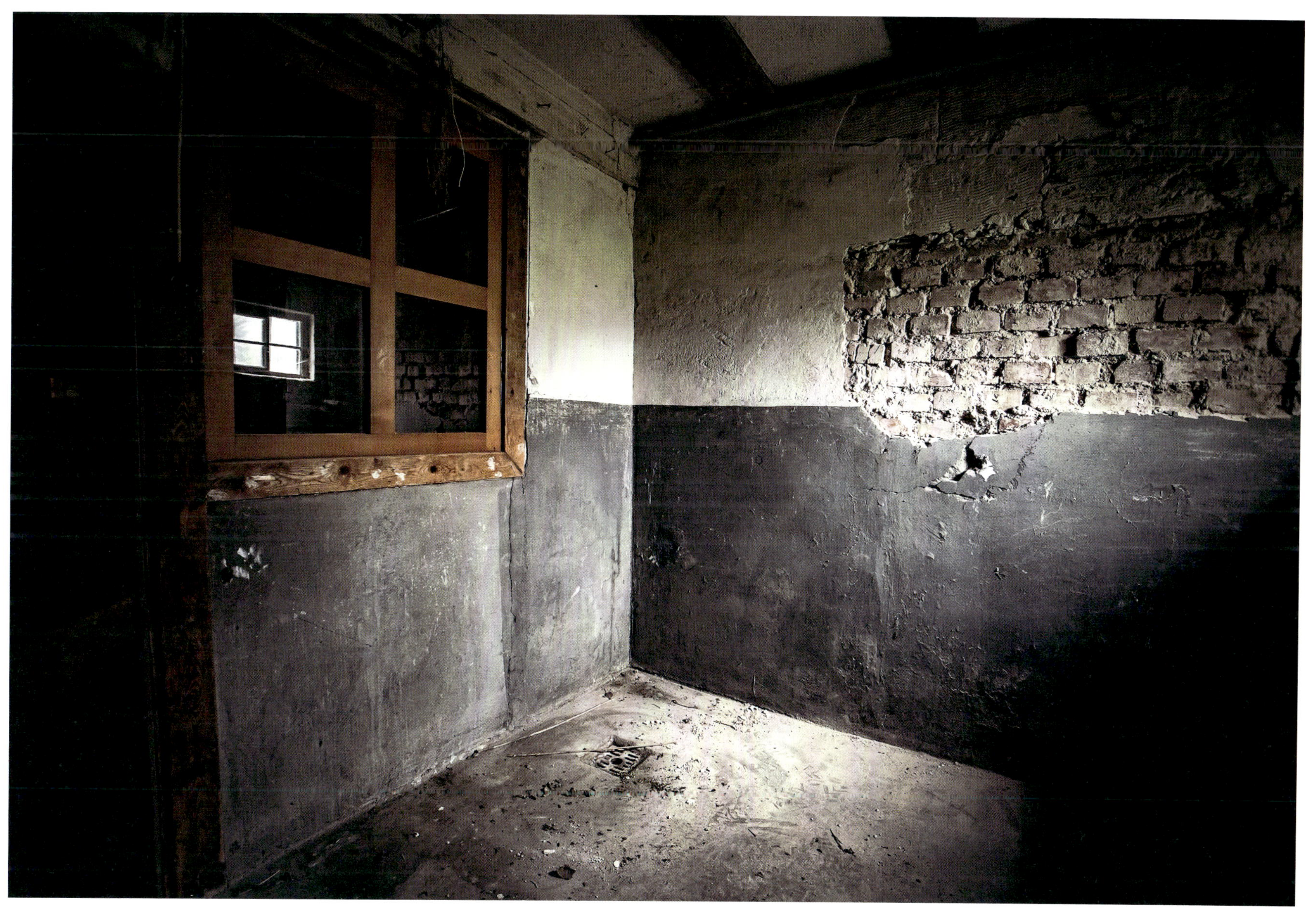

Vermutlich die Milchküche

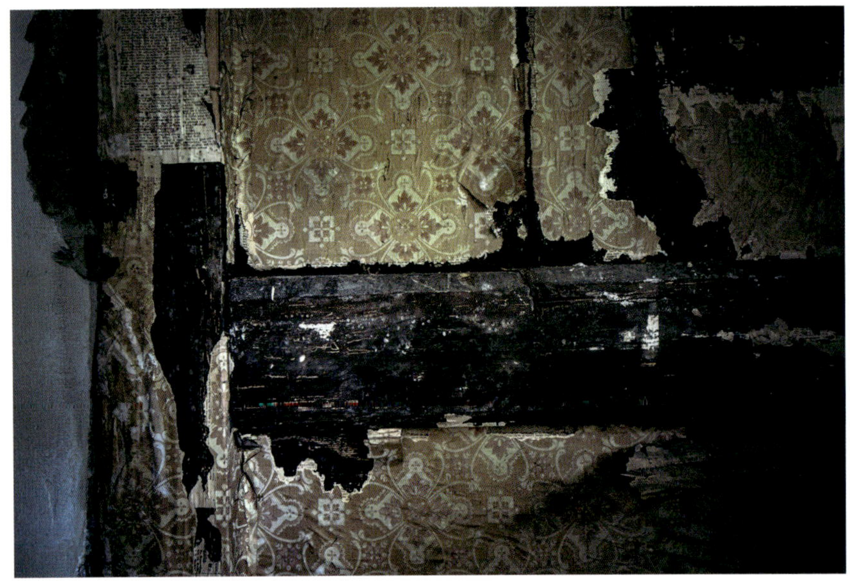

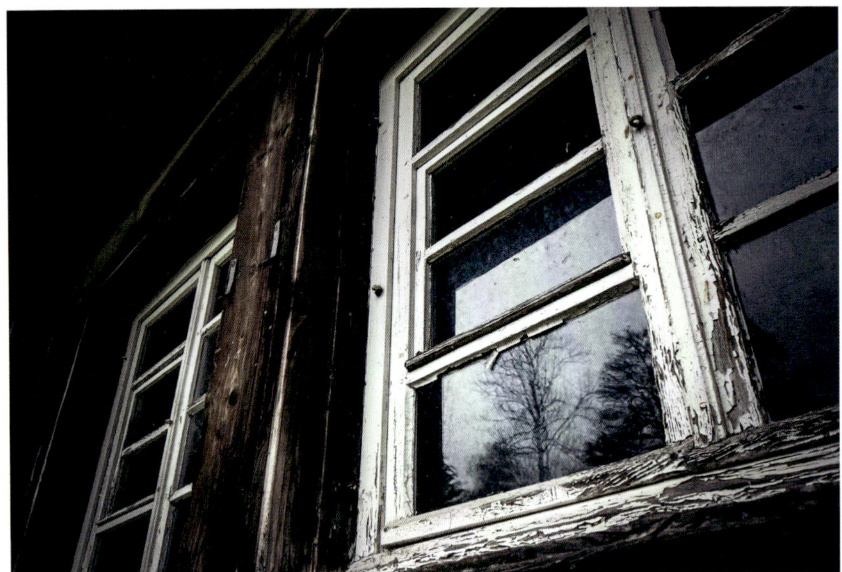

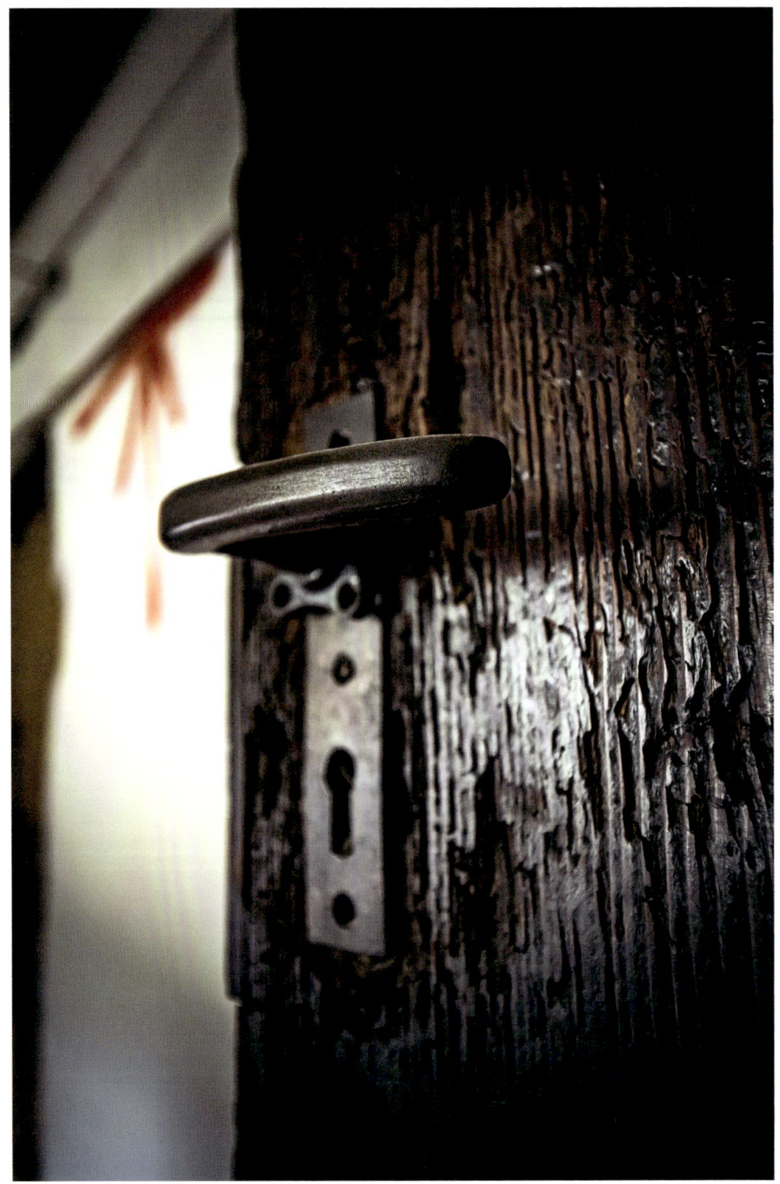

Tapete im Kontrast zum dunklen Holz

Fenster zum Hof

Tür zu einem der Wohnräume

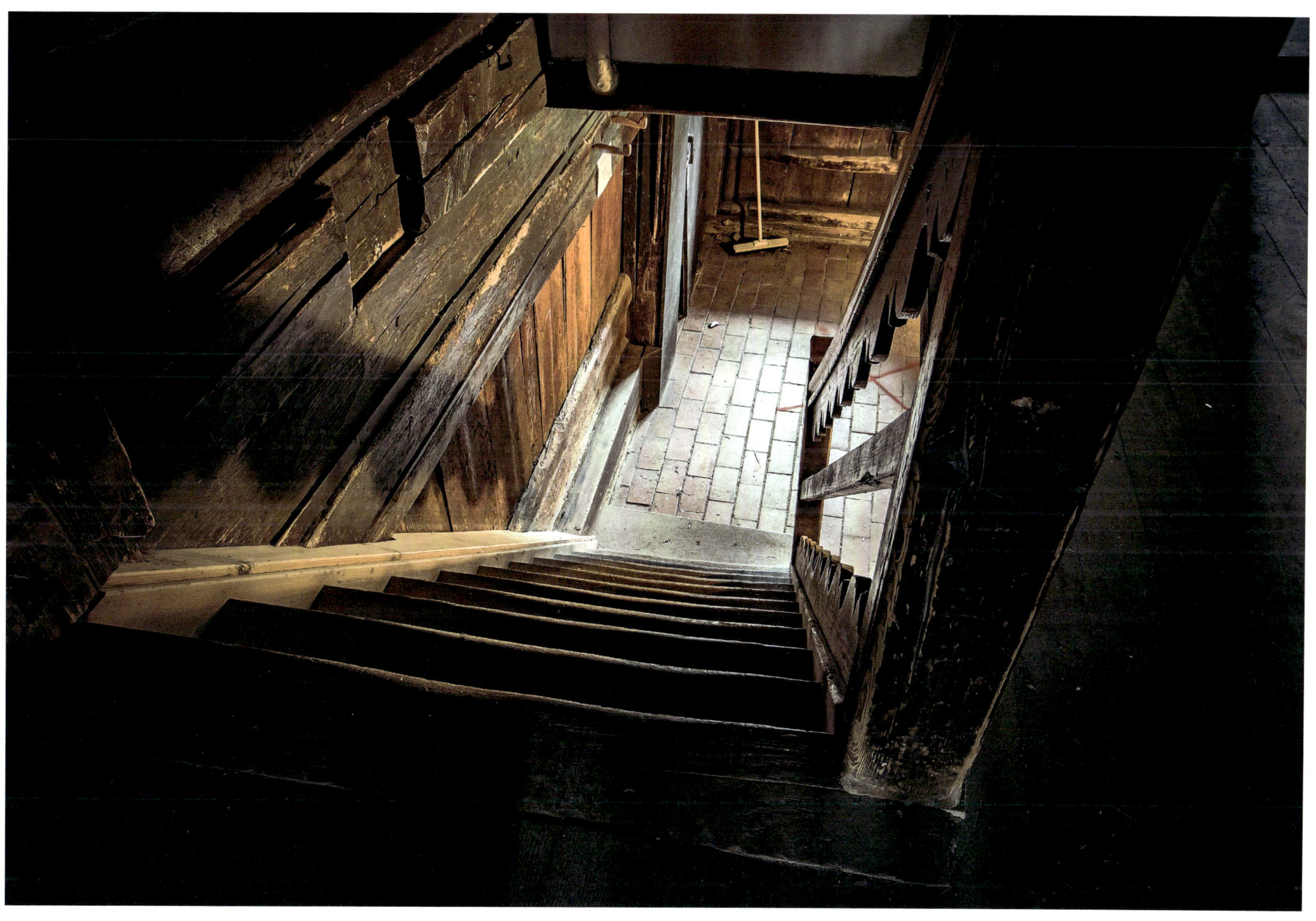

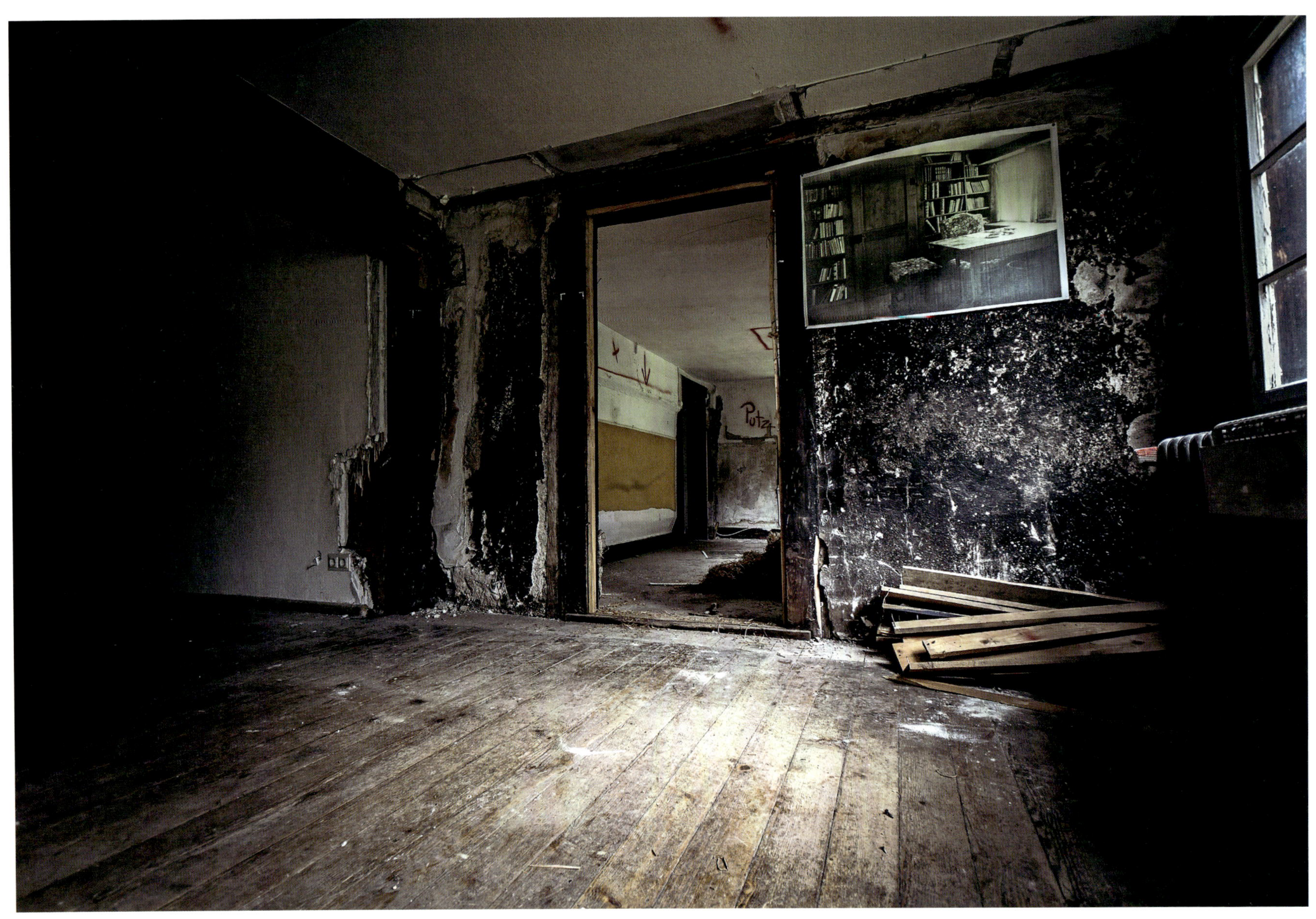

Ein Foto an der Wand zeigt, wie der Raum früher ausgesehen hat

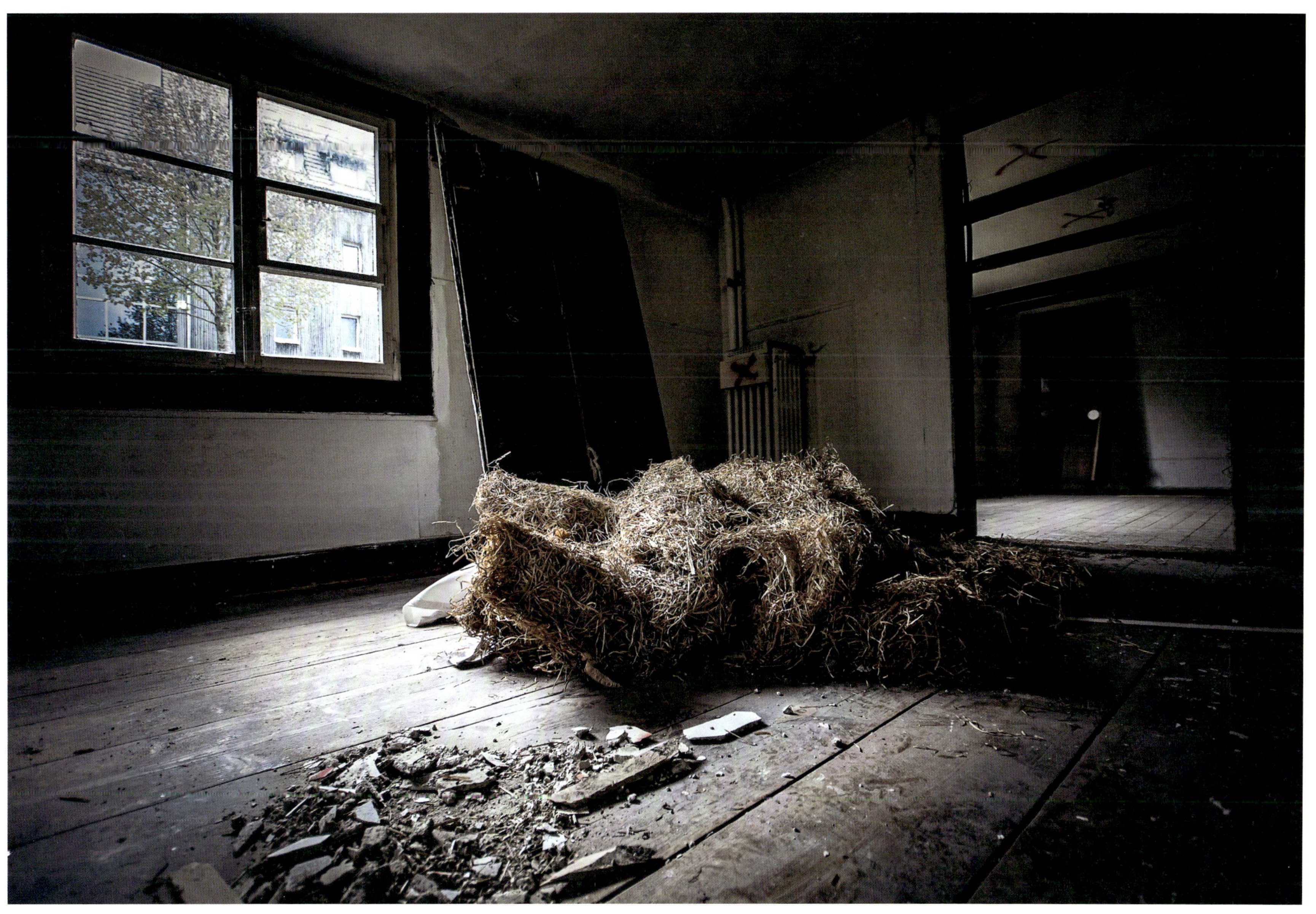

Stroh, das vermutlich als Dämmstoff diente

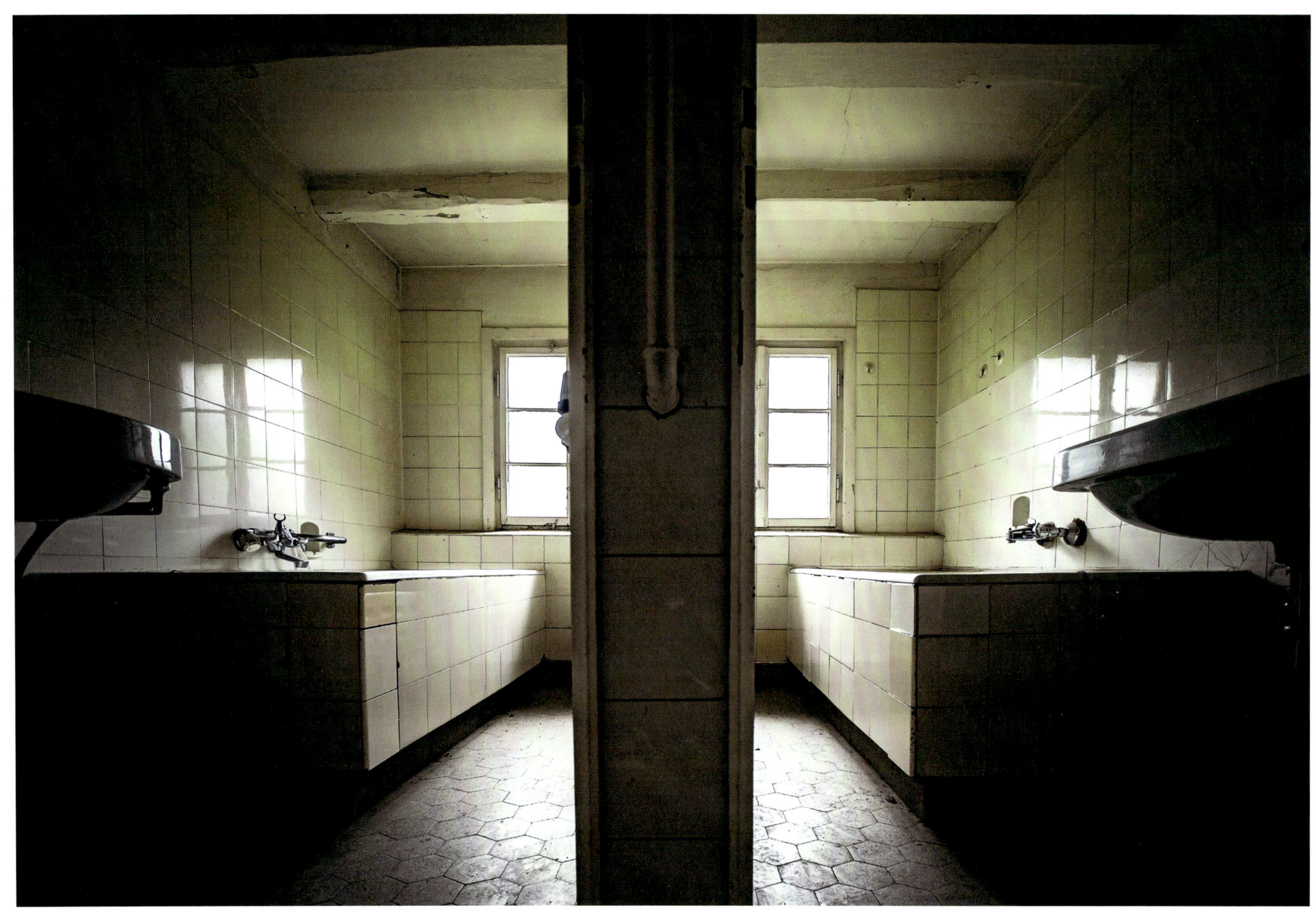

Spiegelgleiche Badezimmer

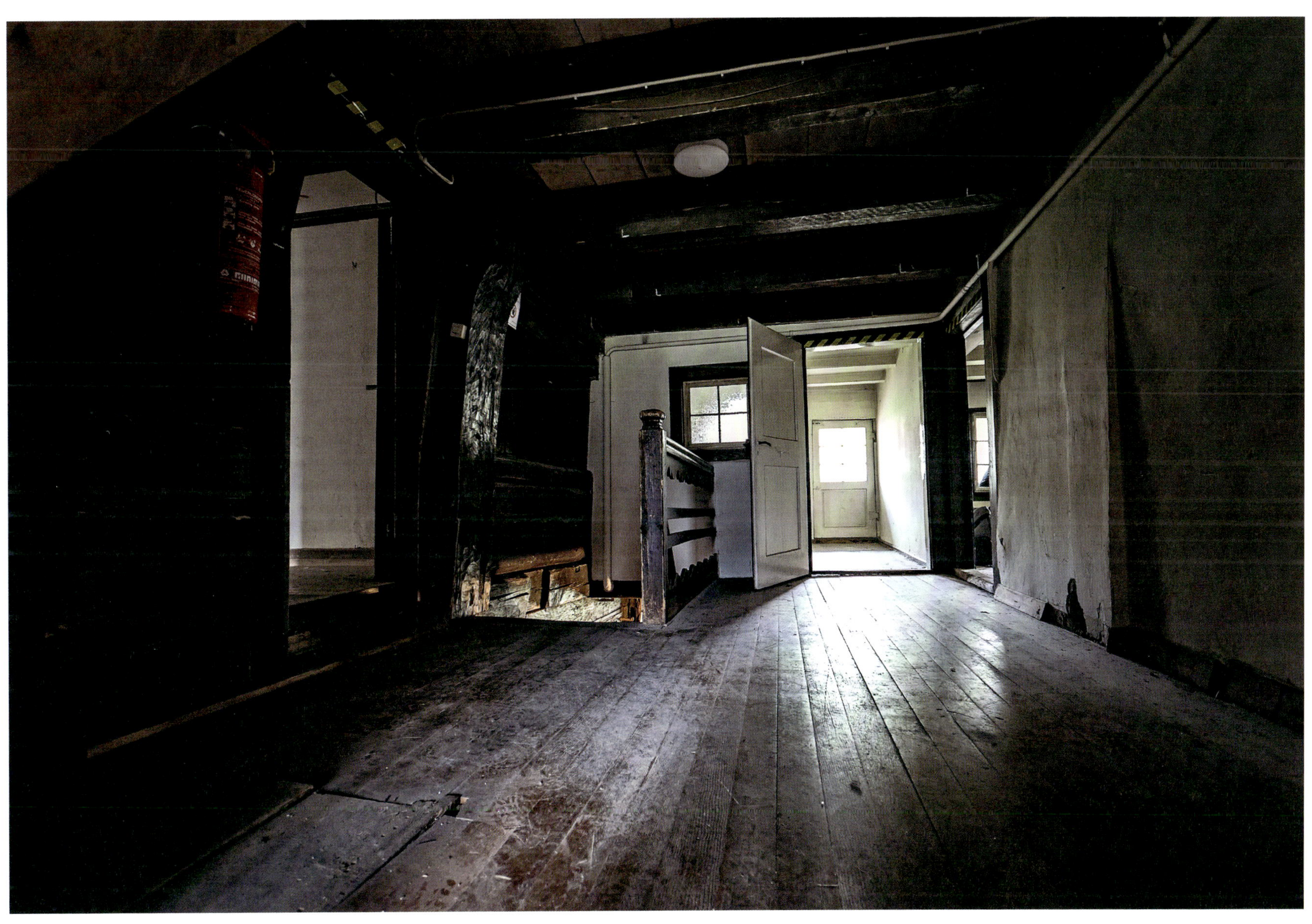

Flur im Obergeschoss

DAS KINDERSOLEBAD

Ein Haus mit fast 100-jähriger Geschichte zeigt sich heute nur noch als Schatten seiner selbst: gezeichnet von Vandalismus und Verfall. Kaum ein Fenster, das nicht zu Bruch gegangen ist. Planen und Holzplatten verschließen alles notdürftig.

Der Bau des Kindersolebades begann im Jahr 1904 mithilfe der Großherzogin Luise von Baden und ihrer großzügigen Spende. Die Eröffnung erfolgte zwei Jahre später, 1906. Einhundertzwanzig Betten beherbergte das Bad, doch aufgrund des rasanten Zuwachses an kleinen Patienten musste sehr bald auf 300 Betten aufgestockt werden. Die Kinder wurden in sogenannten Familien, getrennt nach Jungen und Mädchen, auf in sich geschlossenen Stationen betreut. Eine Gruppe umfasste circa 20 bis 25 Kinder. Die kleinsten Kurgäste im Alter von vier bis sechs Jahren – sie galten als empfindlich und sollten vor Infektionen geschützt werden – waren von den übrigen Stationen abgesondert und hatten ein Reich für sich allein. Etwas abseits auf dem Gelände gab es zusätzlich ein Isolierhaus, in dem Kinder mit ansteckenden Krankheiten untergebracht waren. Für Abwechslung während ihres Aufenthaltes sorgten Frühlings- und Sommerfeste, auf denen die Kinder basteln und Theaterstücke aufführen konnten. Zudem unternahmen die Pfleger mit ihnen Umzüge durch den Ort, was eine absolute Ausnahme darstellte, da sie das Risiko erhöhten, die Rasselbande nicht unter Kontrolle zu halten. Auch während des Zweiten Weltkriegs wurden Kinder in der Heilstätte kuriert. 1945 dann beschlagnahmte die französische Besatzungsmacht die Heilanstalt und nutzte sie bis zum Ende ihrer Besatzung 1949 zur Erholung französischer Kinder. Im Jahr 2004 wurde die Einrichtung geschlossen.

Durch ein kleines Schlupfloch betrat ich das Gebäude und empfand die Stimmung, bedingt durch die Geschichte des Hauses und die Dunkelheit im Gebäude, von Anfang an als unheimlich. Alle Fenster in den Untergeschossen sind mit Brettern verschlossen, verständlicherweise, denn im kompletten Haus gibt es sehr viele Spuren von Vandalismus: sinnlose Schmierereien an den Wänden, eingetretene Türen in den Fluren, zerbrochene Glastüren. Das zu sehen, macht mich traurig. Die meisten Zimmer im Gebäude stehen leer, im Keller fand ich dann jedoch die Räume mit den medizinischen Bädern und Inhalationsgeräten. Lebhaft hatte ich vor Augen, wie es zu Hochzeiten in der Heilstätte zugegangen sein musste: Kinder, die in den Gängen toben und in der alten Turnhalle Übungen turnen, und im alten Ofen backt das Brot für die kleinen Patienten. Nachdem ich das Gebäude verlassen hatte, lief ein lachendes Kind mit seiner Mutter den Weg entlang …

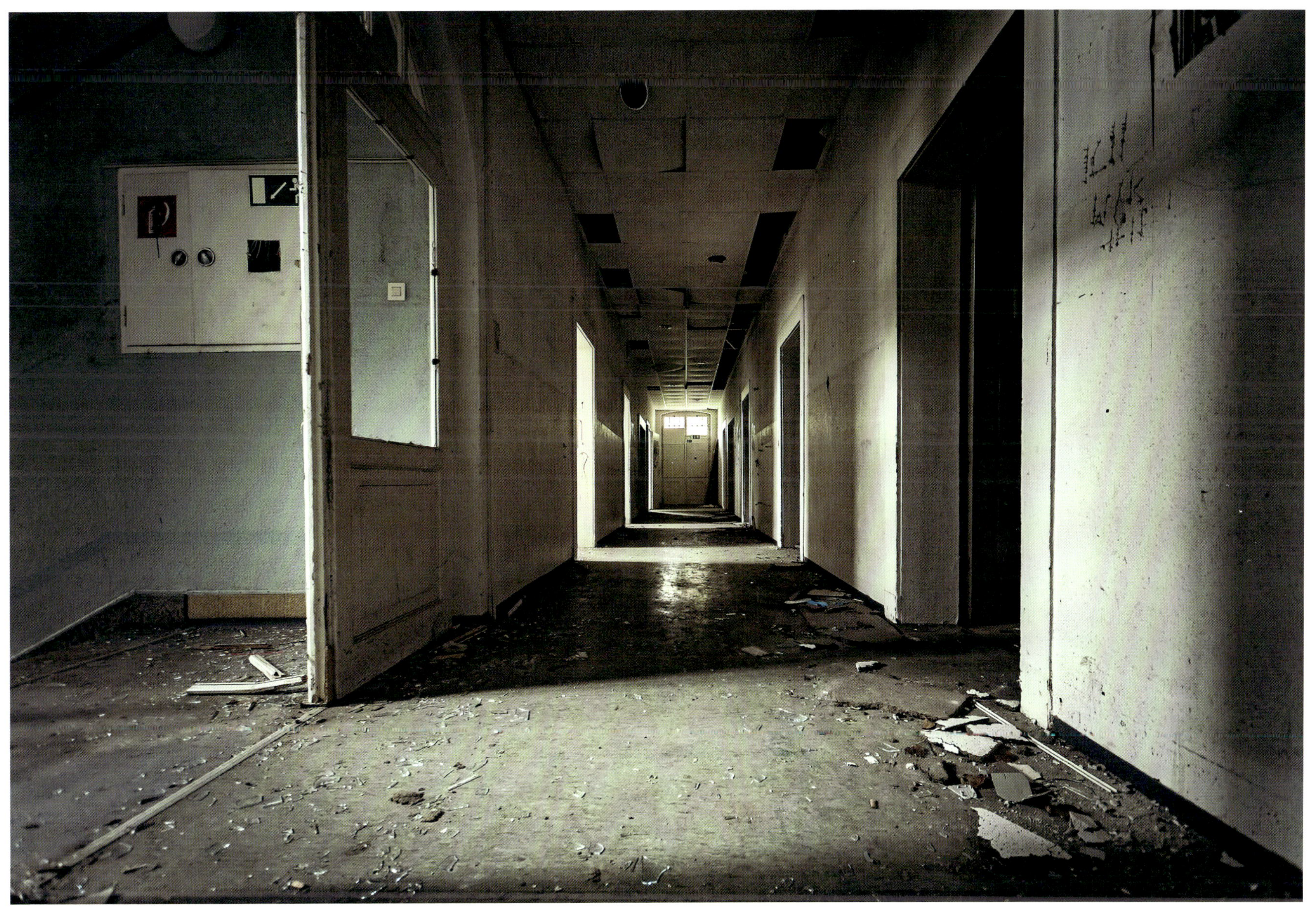

Flur zu den Schlafräumen

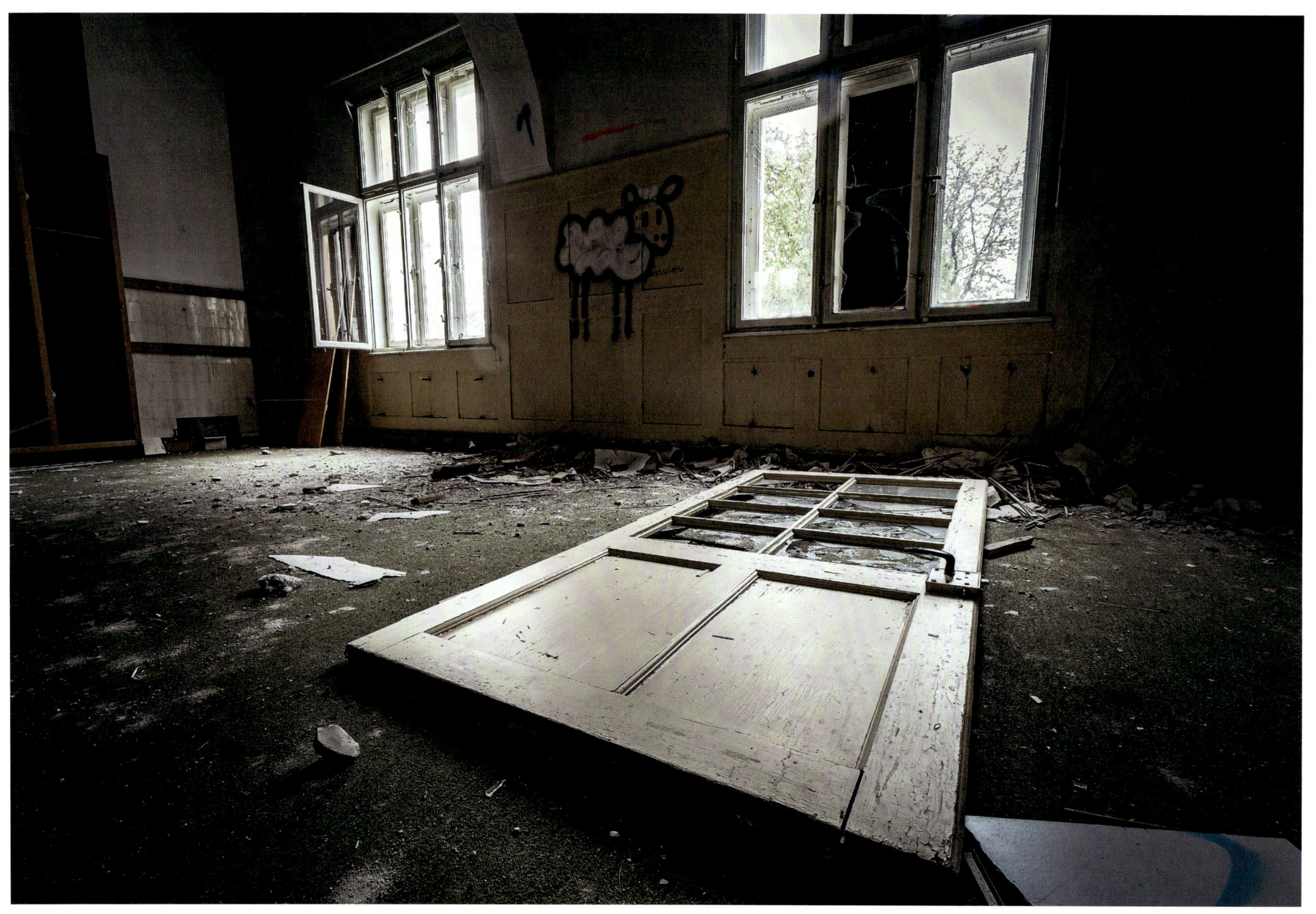

Wahrscheinlich ein Klassenzimmer, in dem die Kurkinder unterrichtet wurden

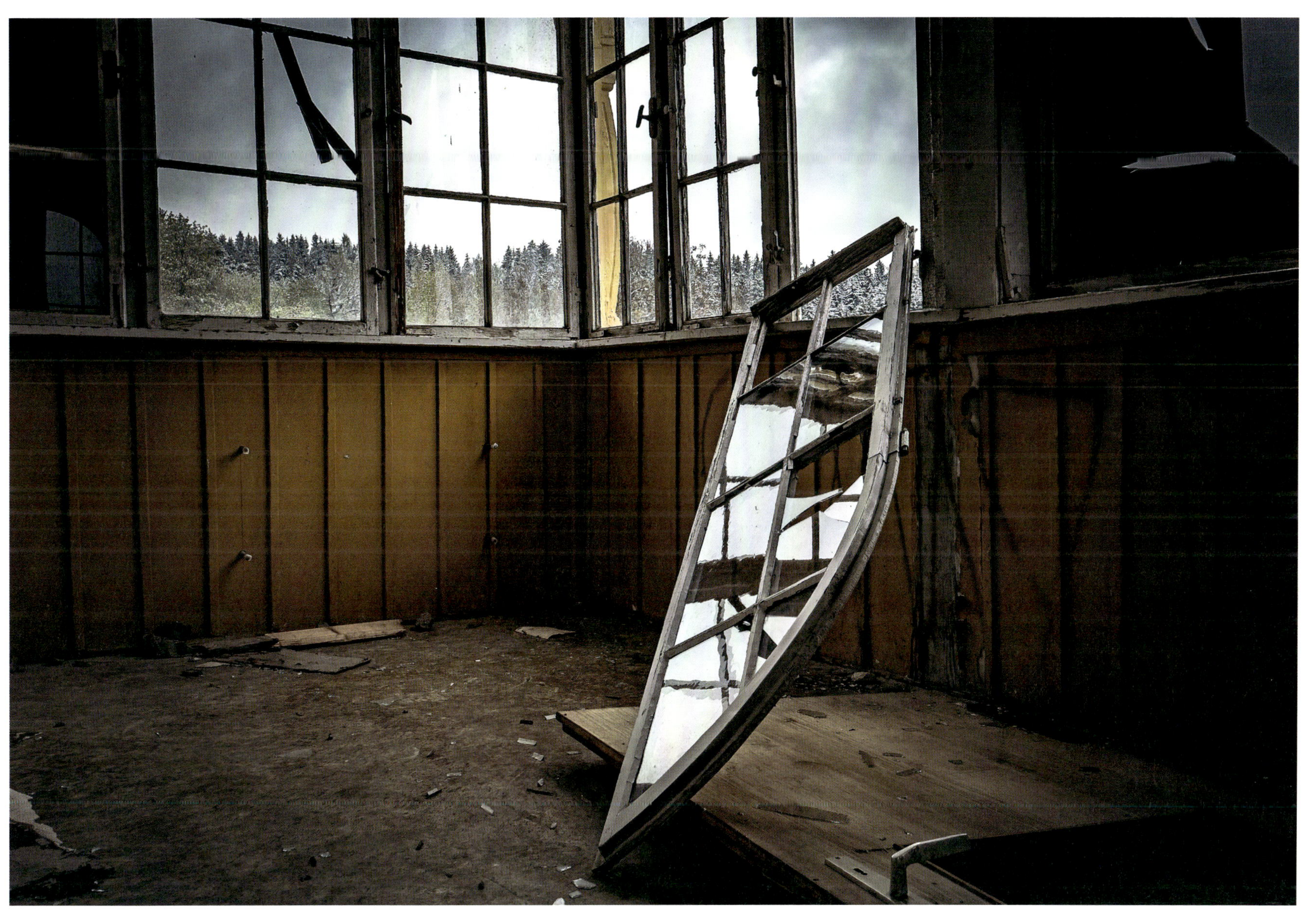

Wintergarten an einem der Säle

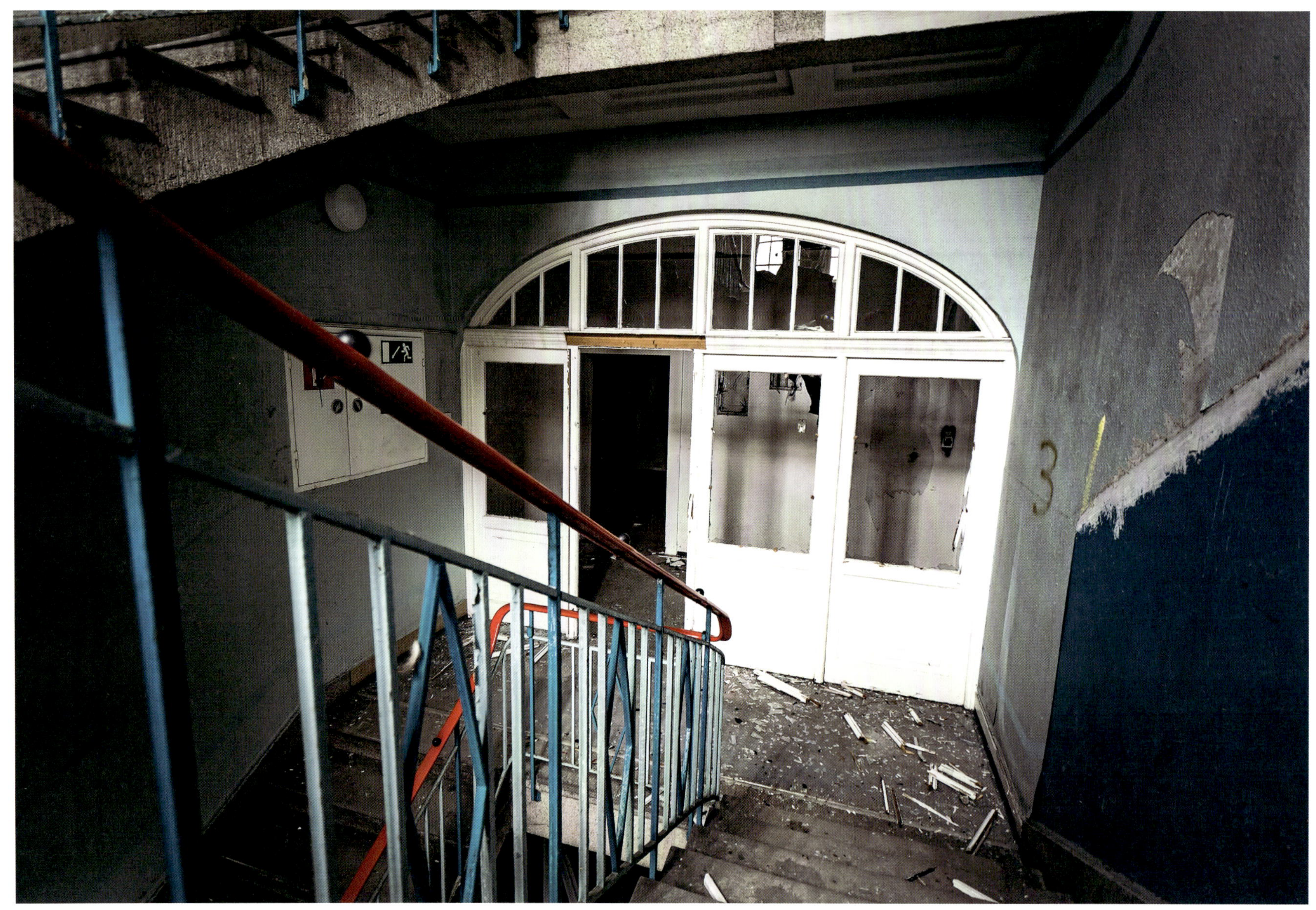

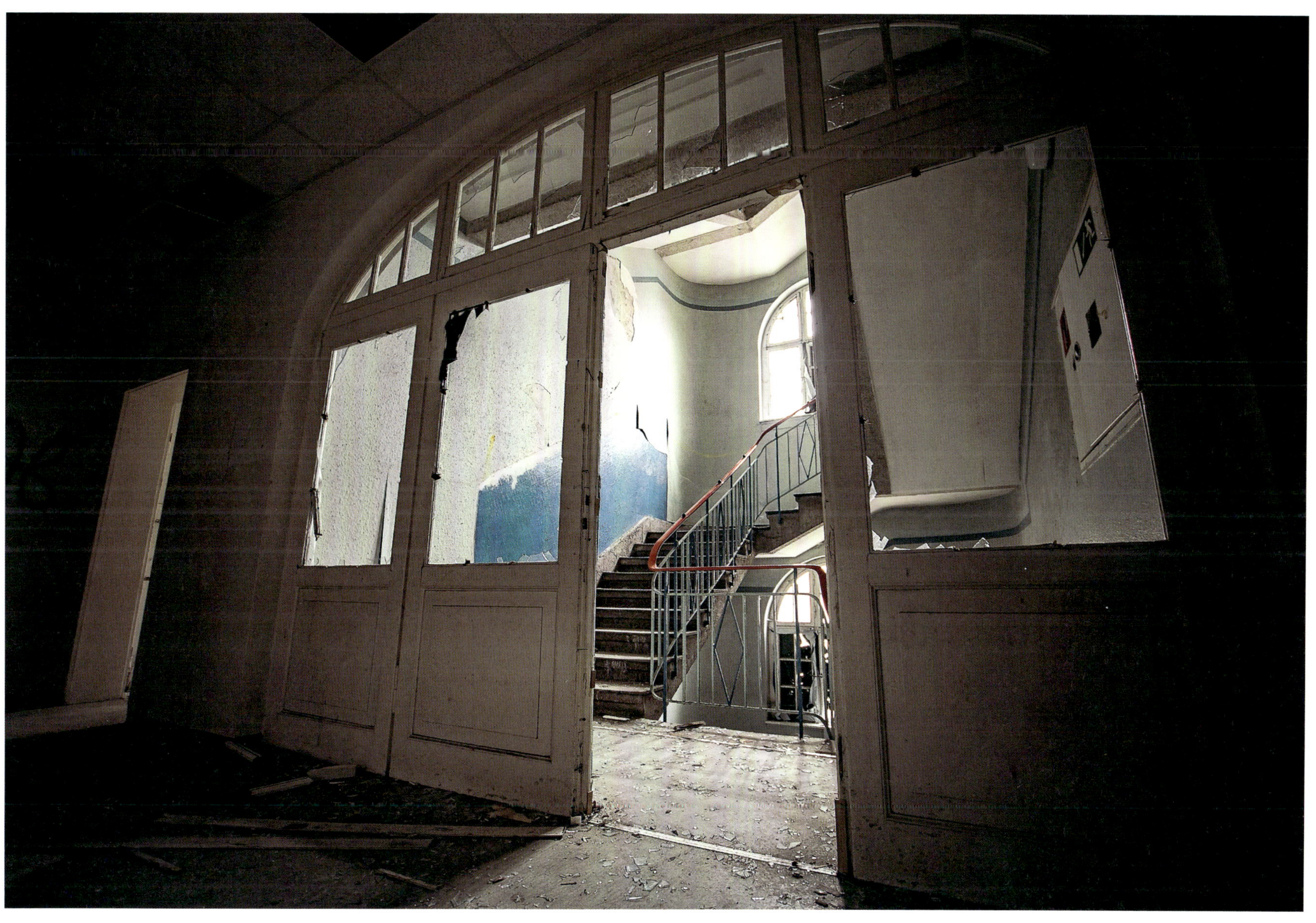

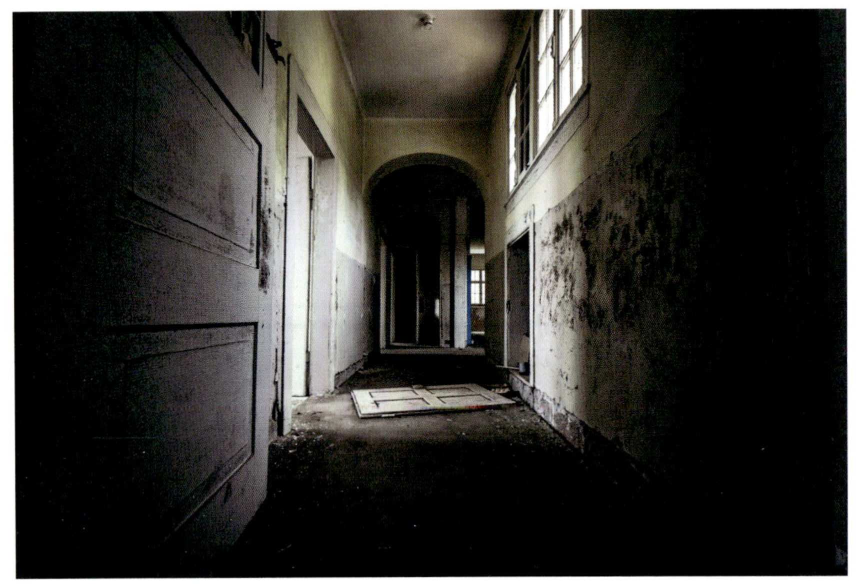

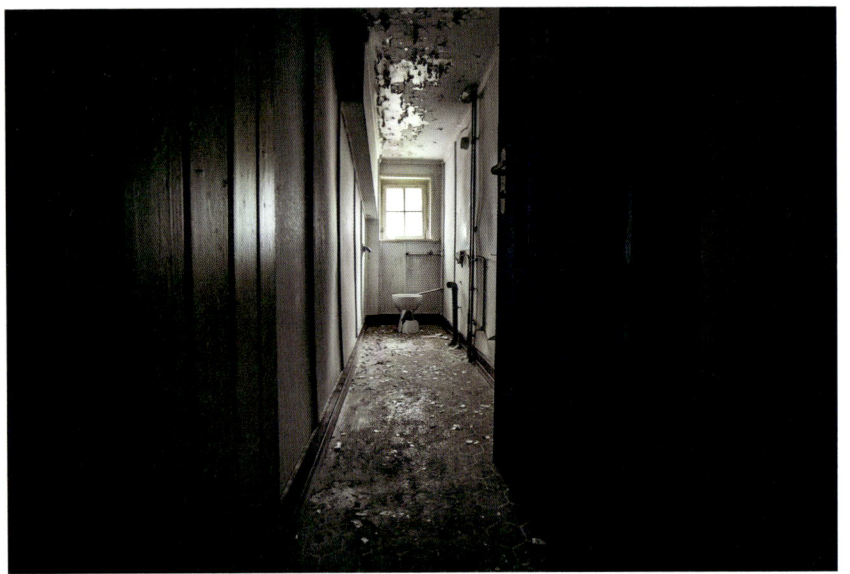

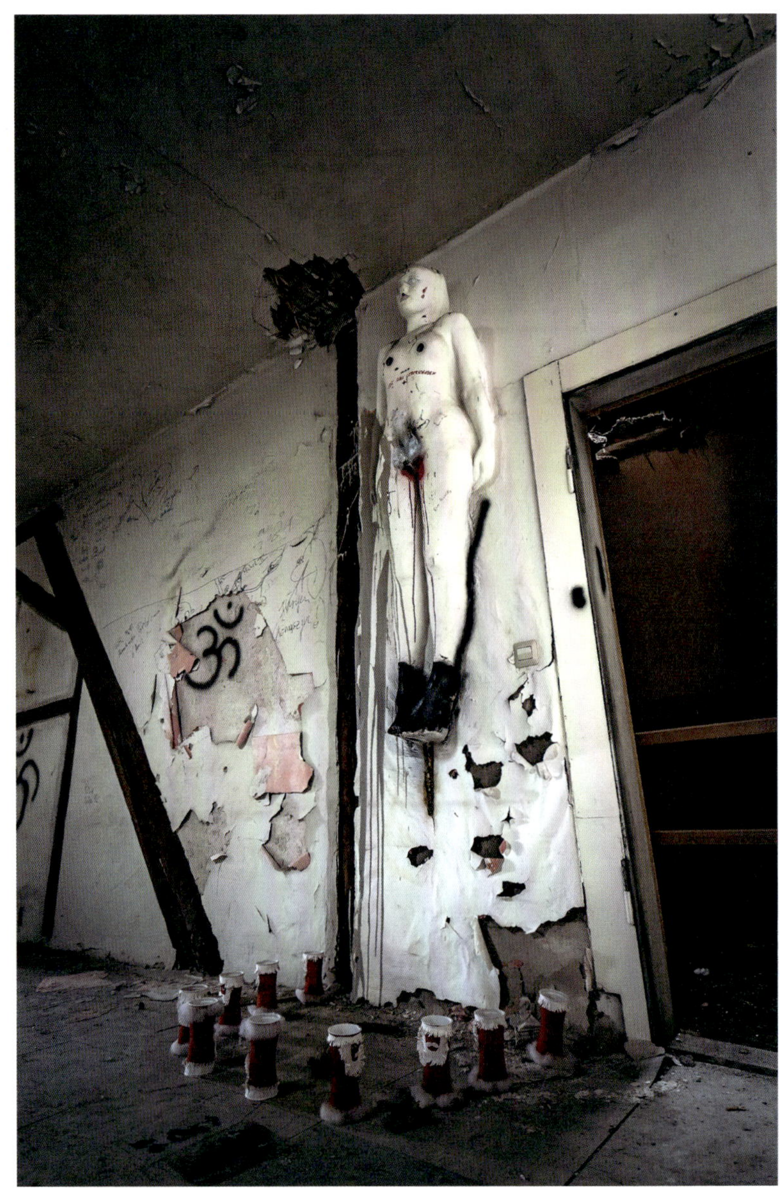

Wandskulptur im Wohnbereich der Angestellten

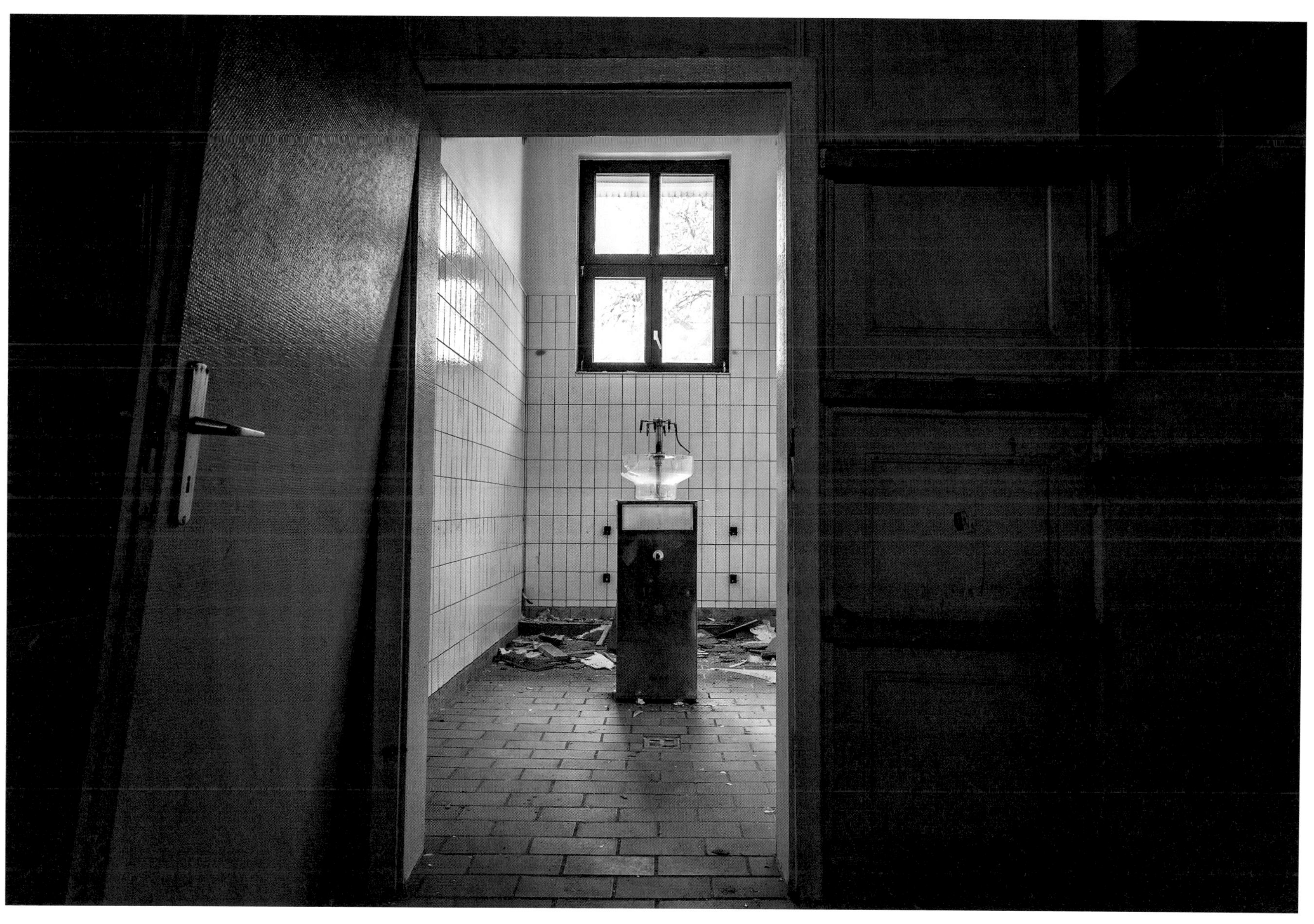

Inhalationsgerät

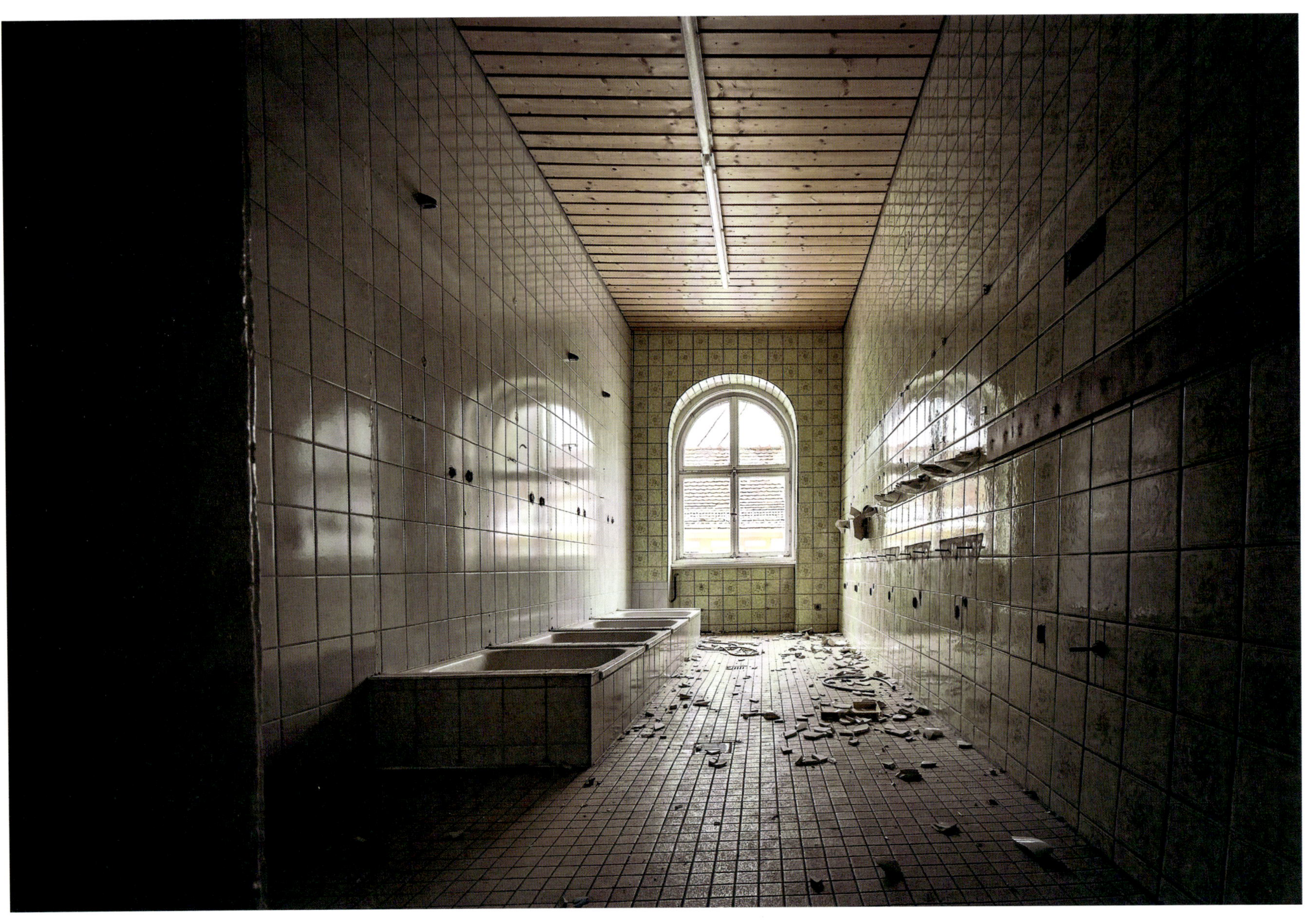

Badezimmer mit Duschmöglichkeiten

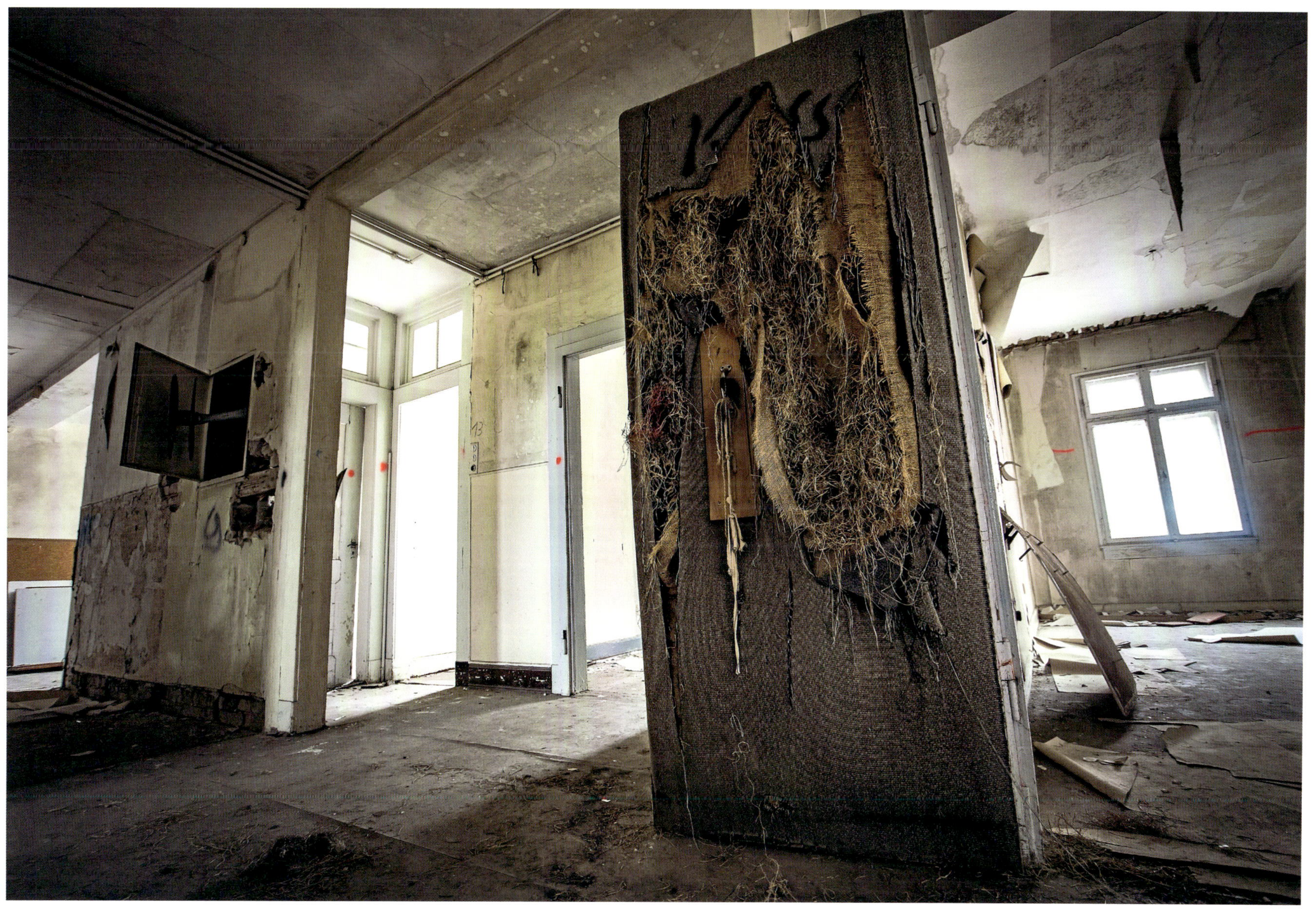

Gepolsterte Tür

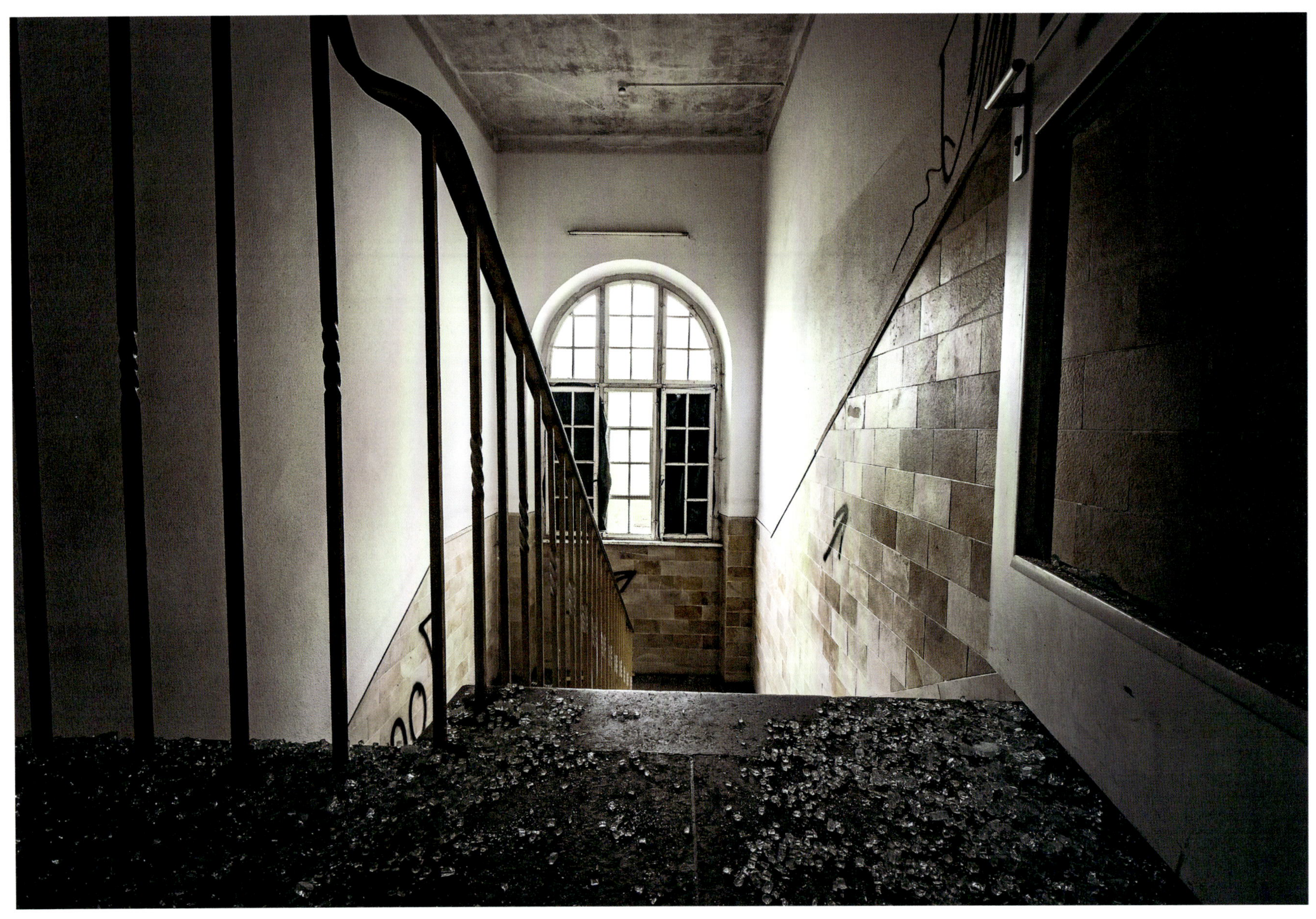

Blick von der obersten Etage ins Treppenhaus

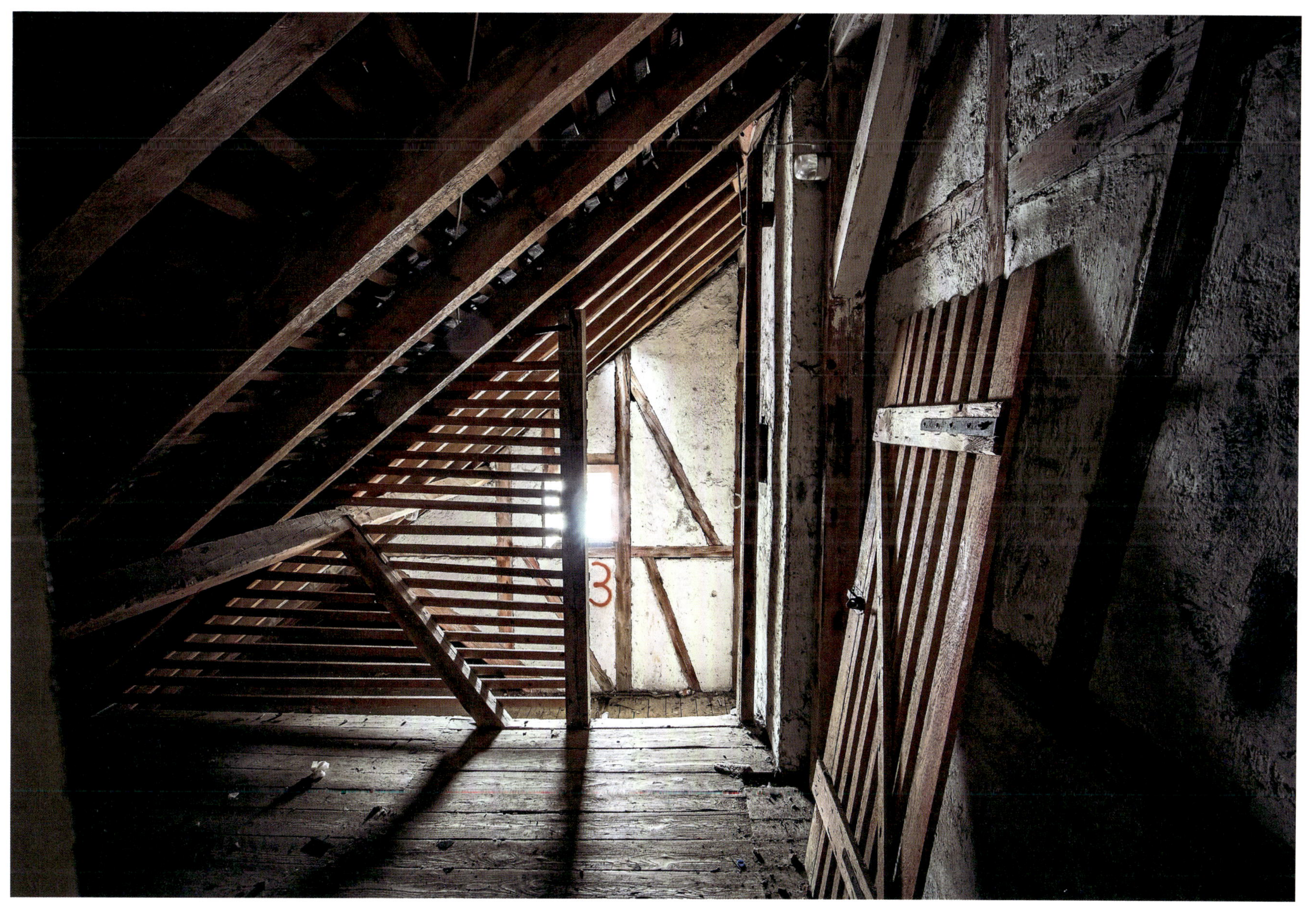

Dachboden

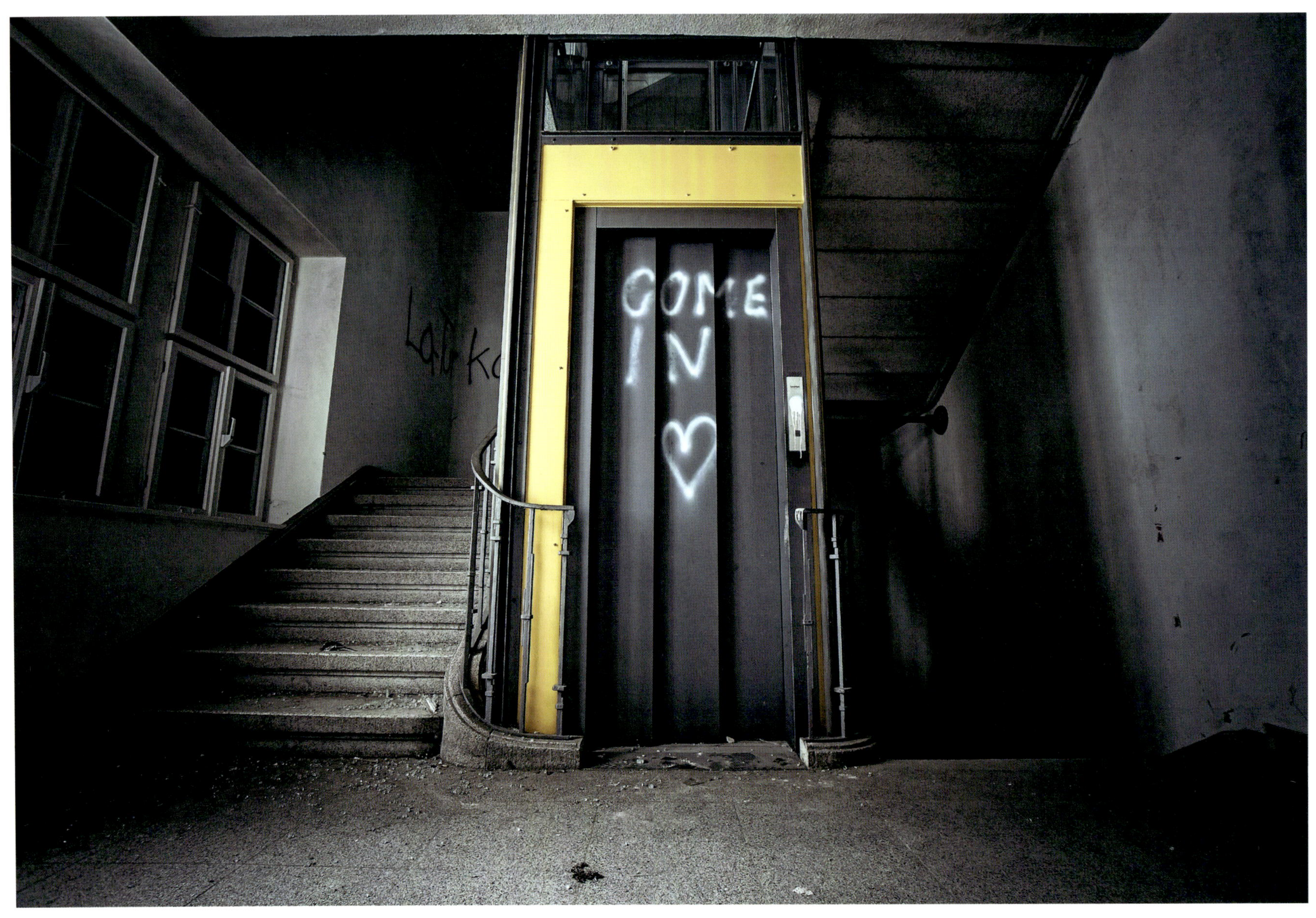

Aufzug im Neubau des Gebäudes

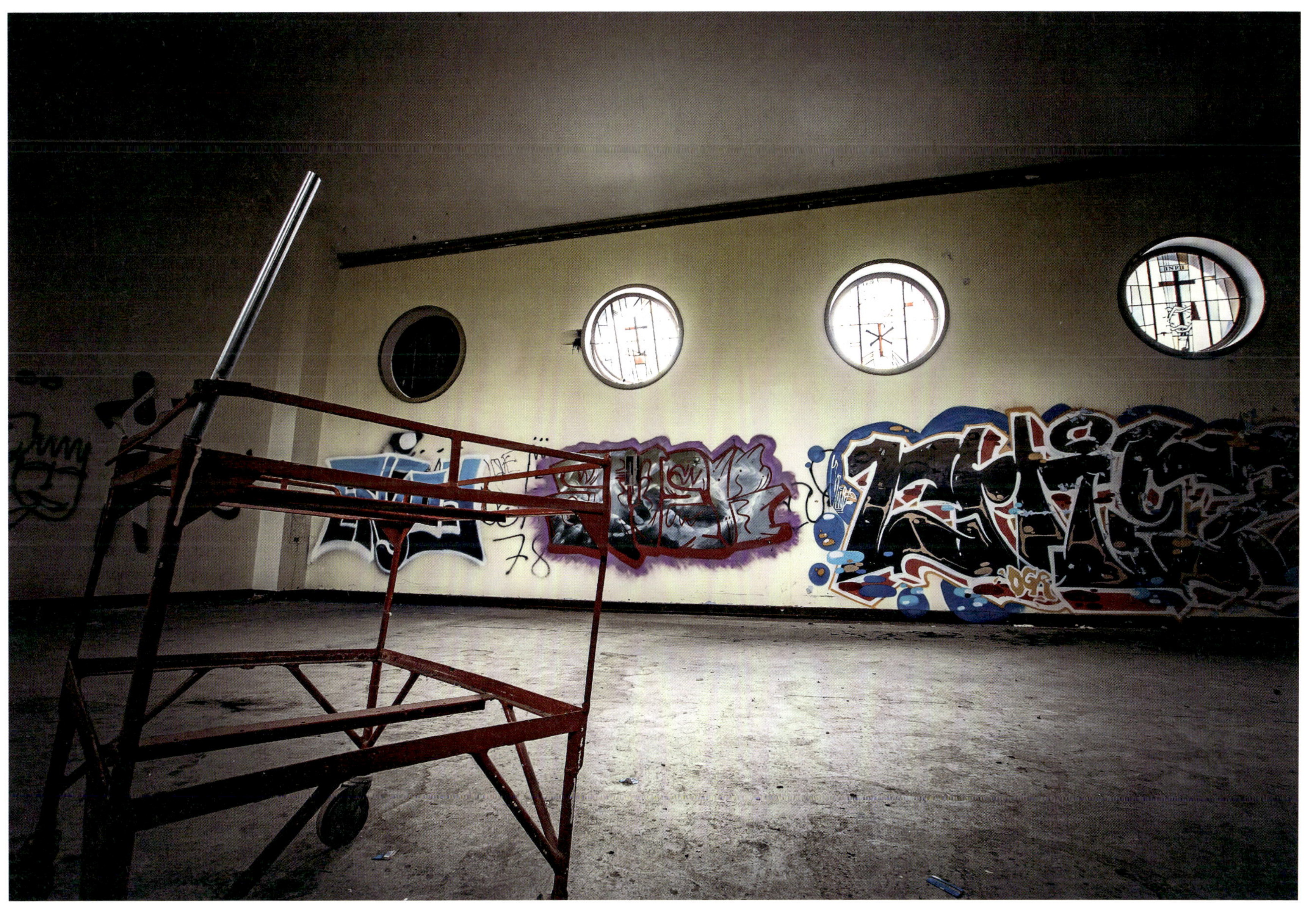

Vermutlich die Turnhalle

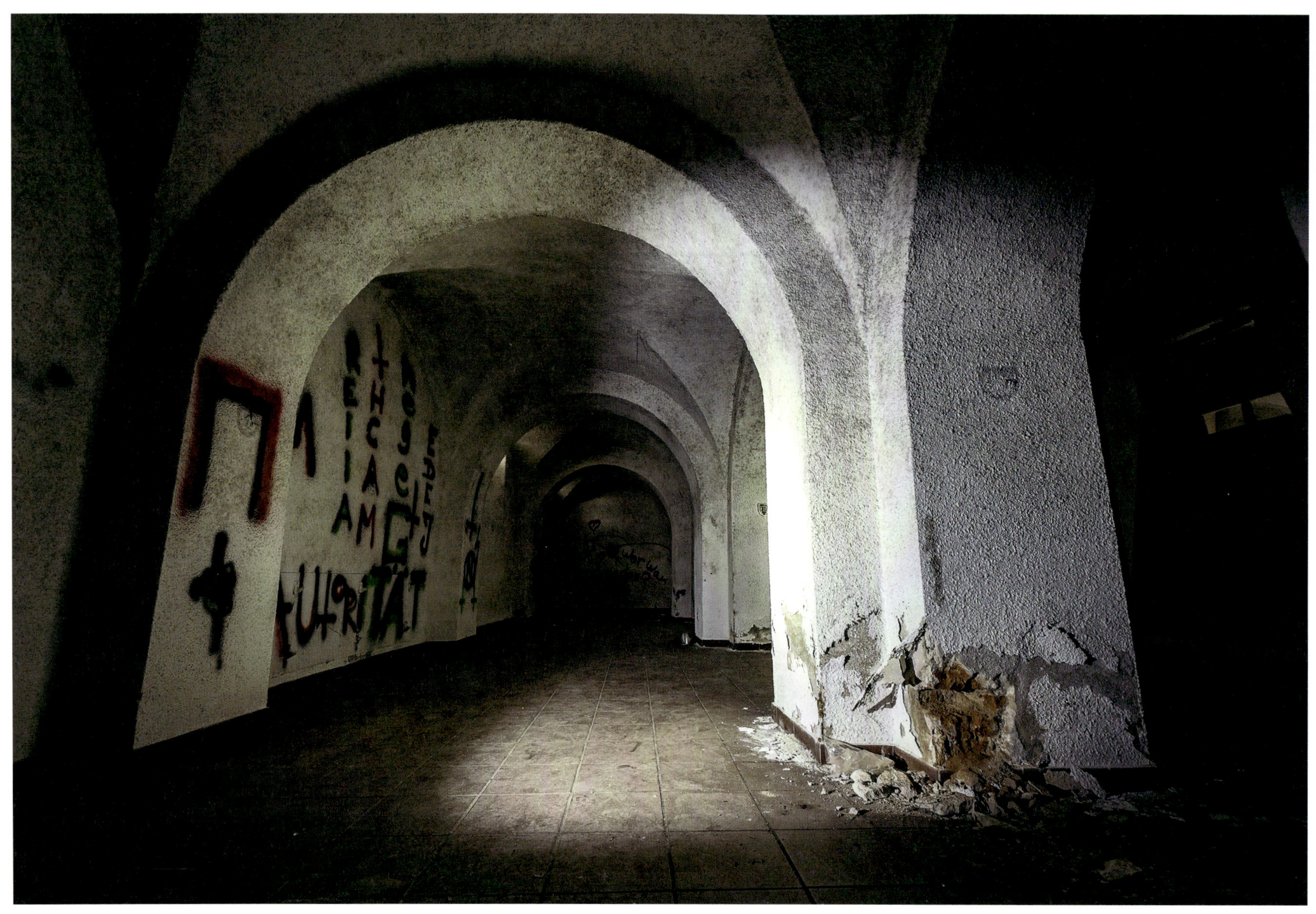

Rundbogengang im Erdgeschoss

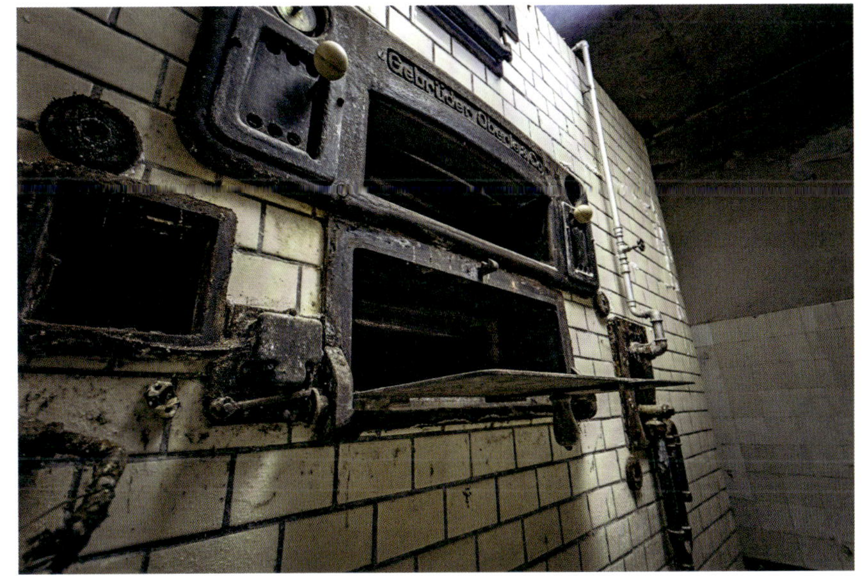

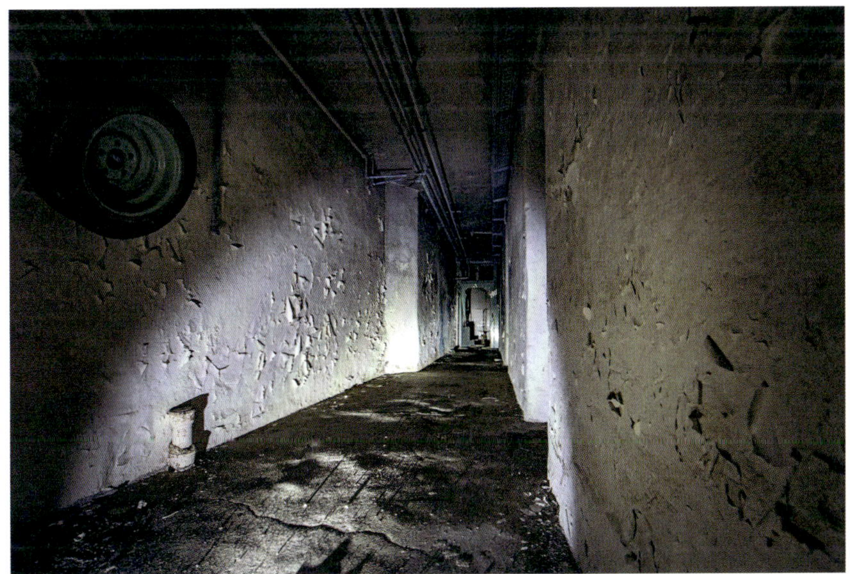

Ofen im Keller des Hauses

Kellergang

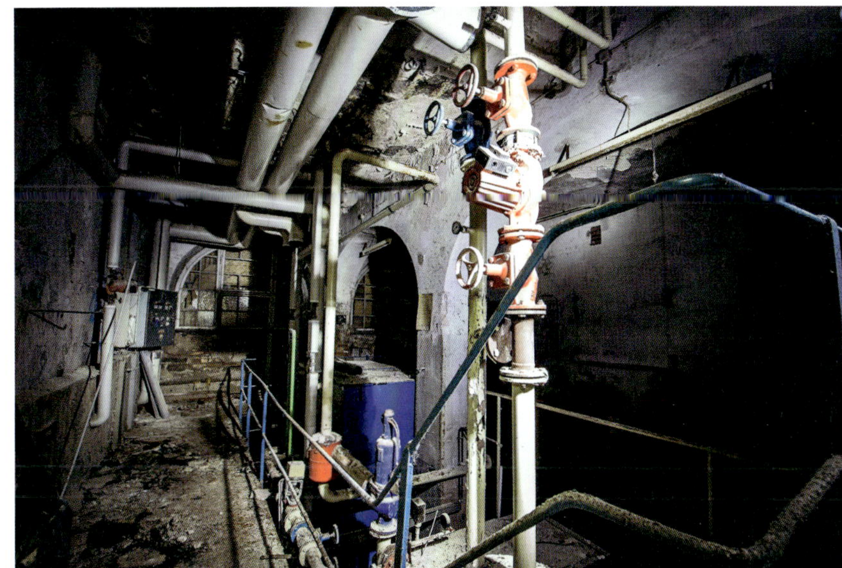

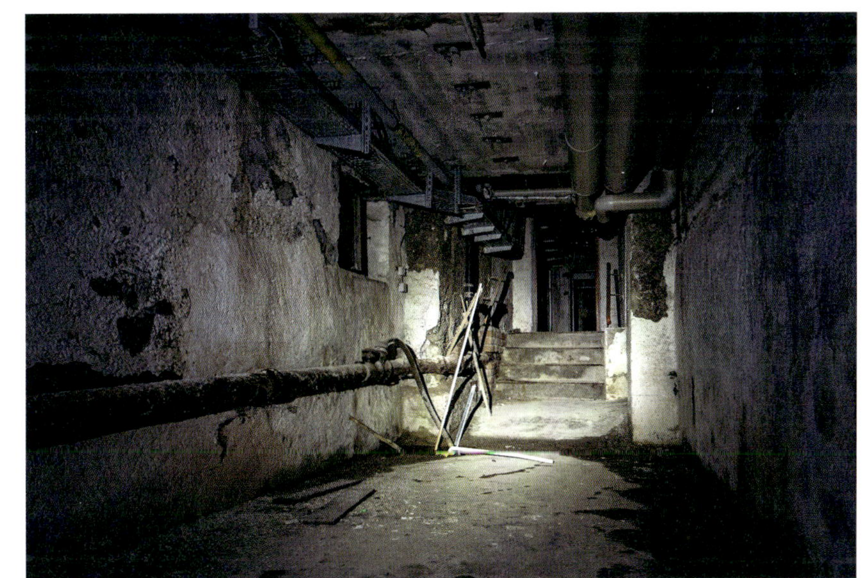

Heizungsraum

Keller

DAS SCHIMMELHOTEL

Selbst über dem Schwarzwald war die Sommerhitze drückend, als ich mich auf den Weg zu diesem Lost Place machte. Ich war schon den ganzen Tag auf Tour und dies sollte meine letzte Location des Tages werden. Bei meinen Planungen und Recherchen hatte ich herausgefunden, dass durch Witterung und eindringendes Wasser komplette Räume mit Schimmel überzogen sind. Also hatte ich eine Atemschutzmaske dabei und Wechselkleidung. Ich glaubte, auf alles vorbereitet zu sein, aber das, was ich dort vorfand, verschlug mir doch die Sprache. Die Räume waren teilweise vom Boden bis zur Decke mit schwarzem, grünem und rötlichem Schimmel überzogen. Die Betten, Sofas und Stühle sahen grün und schwarz aus. Die Luft war diesig und der Schimmelgeruch stieg mir in die Nase. Es wäre definitiv unverantwortlich gewesen, das Gebäude ohne Schutzkleidung zu betreten.

Den Namen »Schimmelhotel« bekam die Klinikanlage durch einen Brand im Juni 2013. Der Dachstuhl fiel dem Feuer zum Opfer. Bedingt durch das fehlende Dach sind die oberen Räume dem Wetter schutzlos ausgeliefert und so bilden sich in diesen Räumen verschiedene Arten des Schimmelpilzes. Erbaut wurde das »Schimmelhotel« 1898 als Luftkurhotel und nach einem Schloss benannt, das sich etwas weiter unterhalb am Hang befunden haben soll. Später wurde das Hotel nach einem Großherzogspaar umbenannt und ein »Kaufmannserholungsheim«, das der arbeitenden Bevölkerung als Ort zum Entspannen dienen sollte. Während des Zweiten Weltkriegs, 1945, fiel das Gebäude der Zerstörung zum Opfer und wurde nach seinem Wiederaufbau von der Landesversicherungsanstalt als Kurheim betrieben. Ab 1976 erfüllte es seinen Zweck als Langzeiteinrichtung für drogenabhängige Frauen. Auflagen der Krankenkassen und notwendige Modernisierungsmaßnahmen sorgten dafür, dass eine Stiftung die Klinik übernahm. Doch die Stiftung schaffte es nicht, die benötigten Gelder in Millionenhöhe aufzubringen, zudem blieben die Patienten aus. 1997 schloss die Klinik und seitdem steht das Gebäude leer. Ein Investor kaufte die Immobilie, aber dessen Spuren verlieren sich im osteuropäischen Ausland.

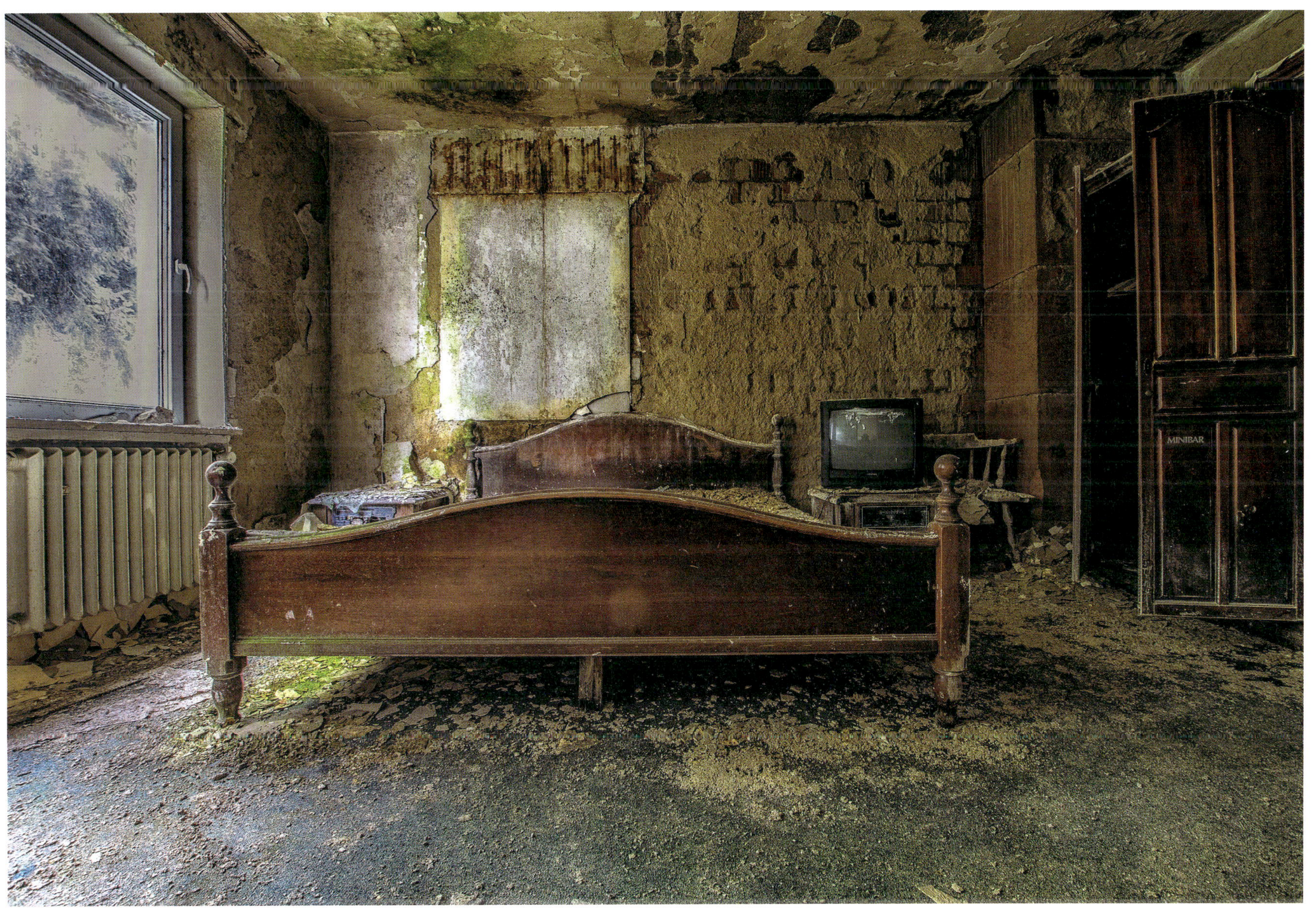
MINIBAR

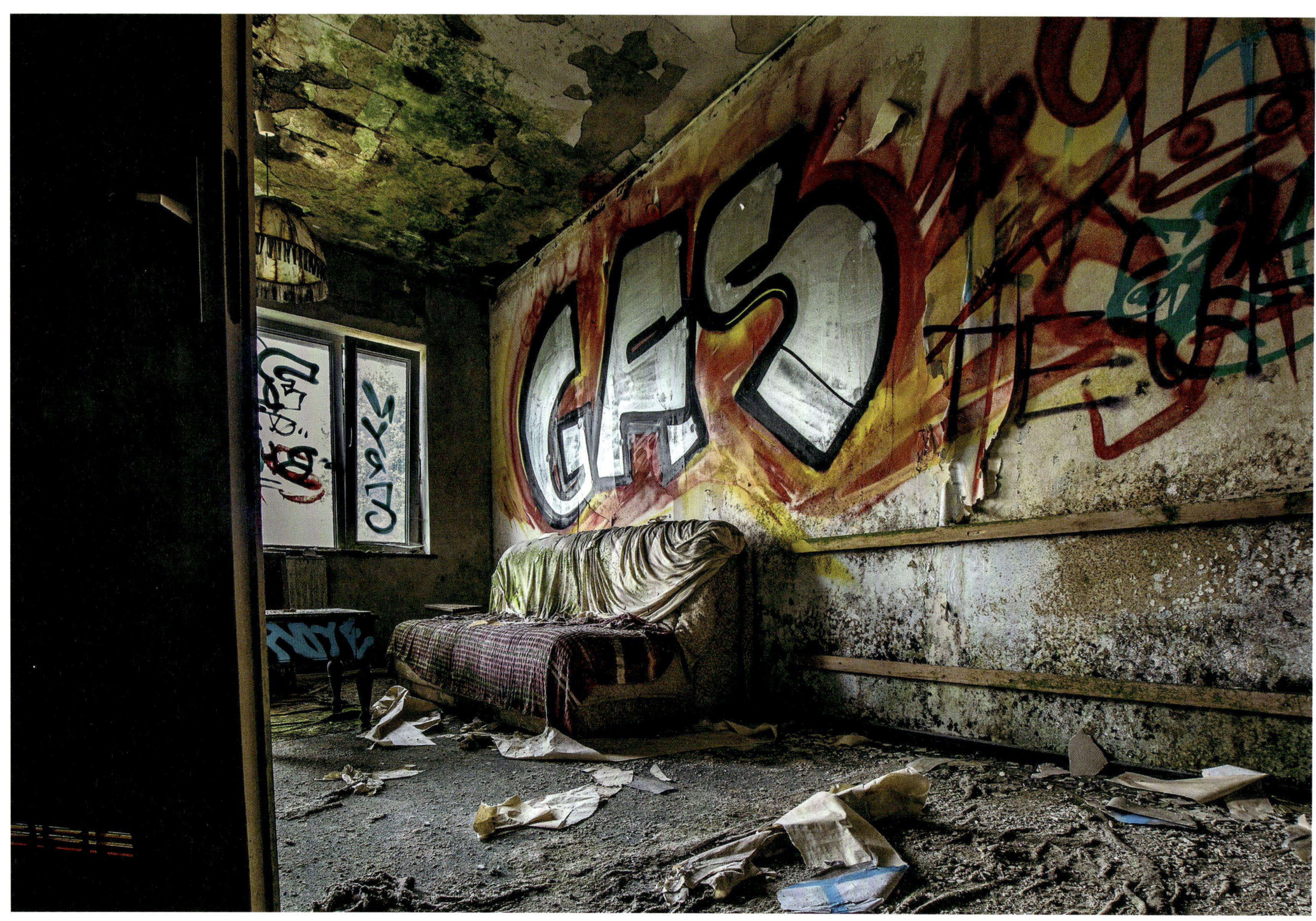

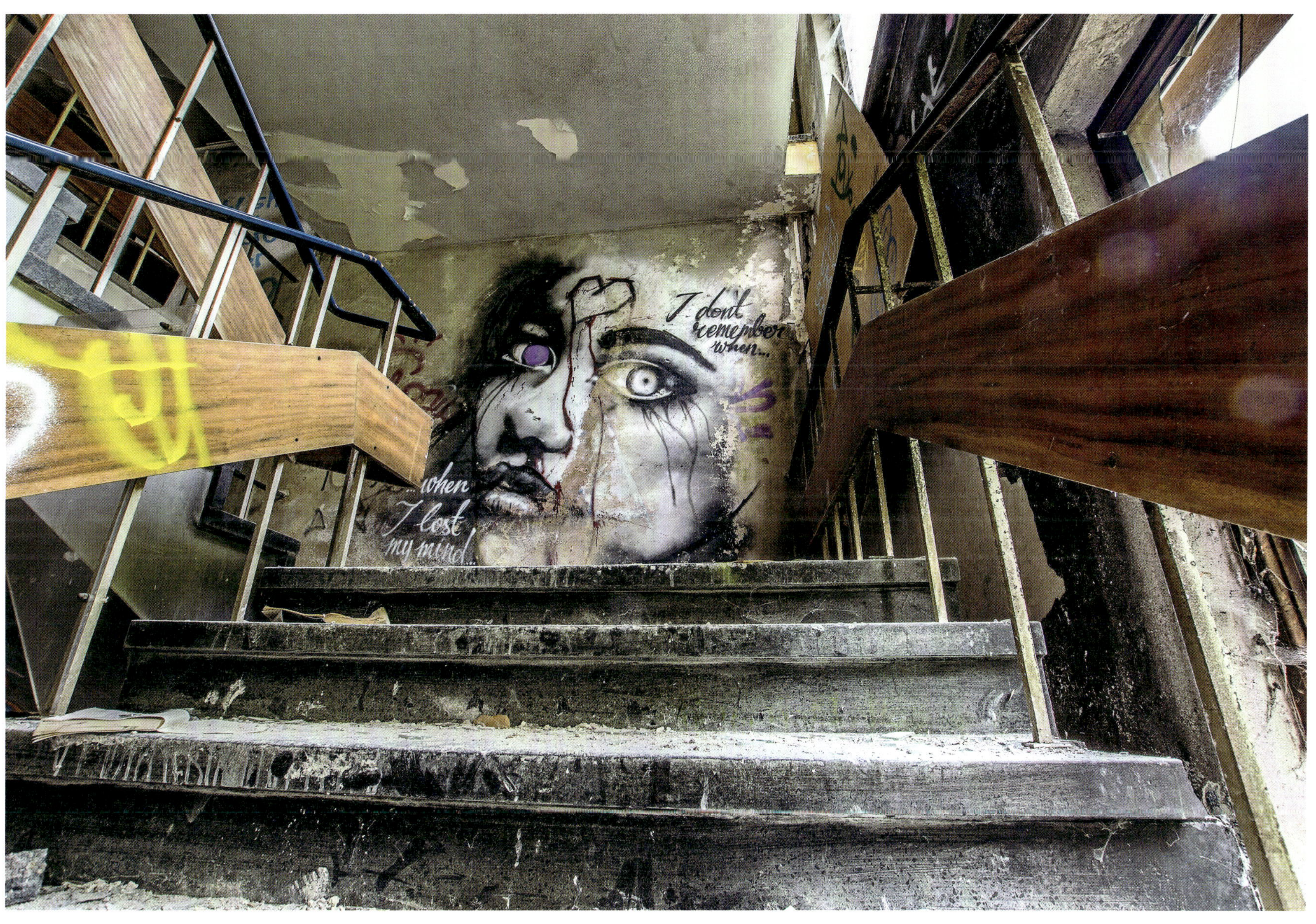
I dont remember when...
...when I lost my mind...

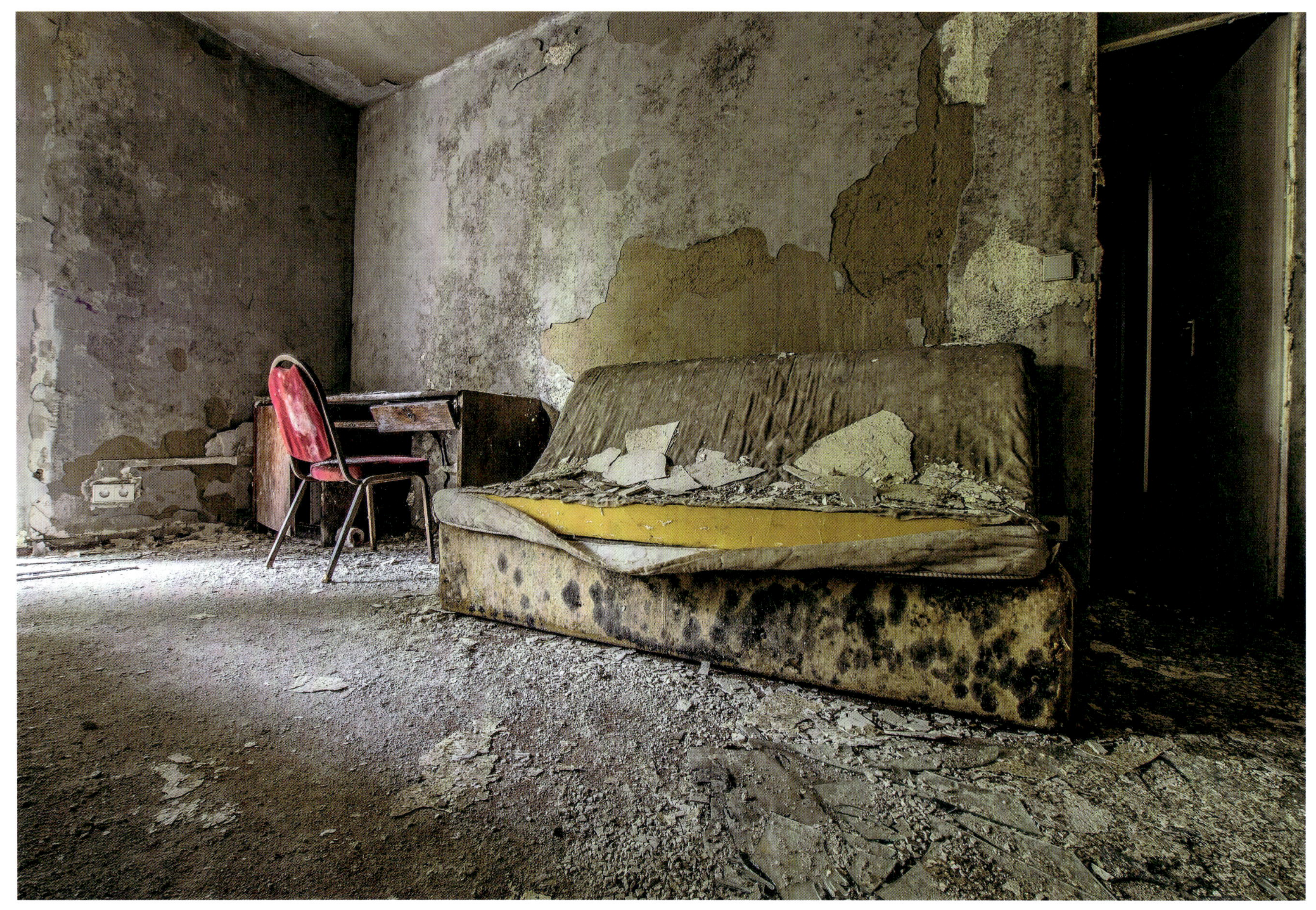

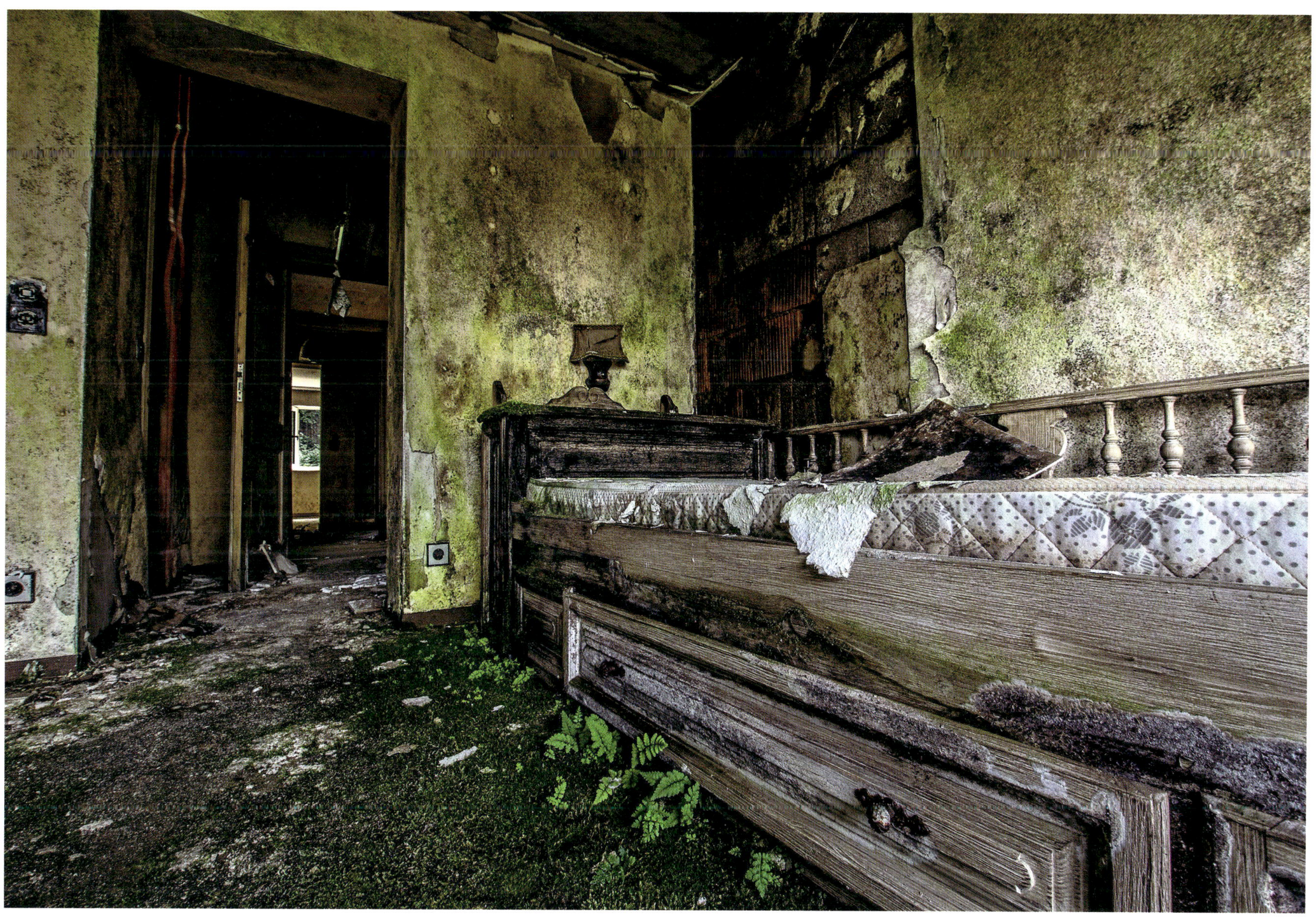

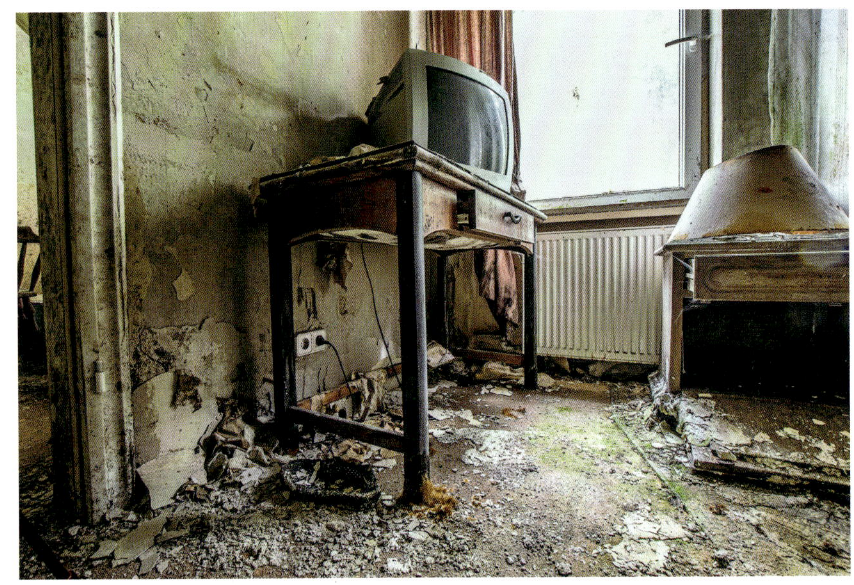

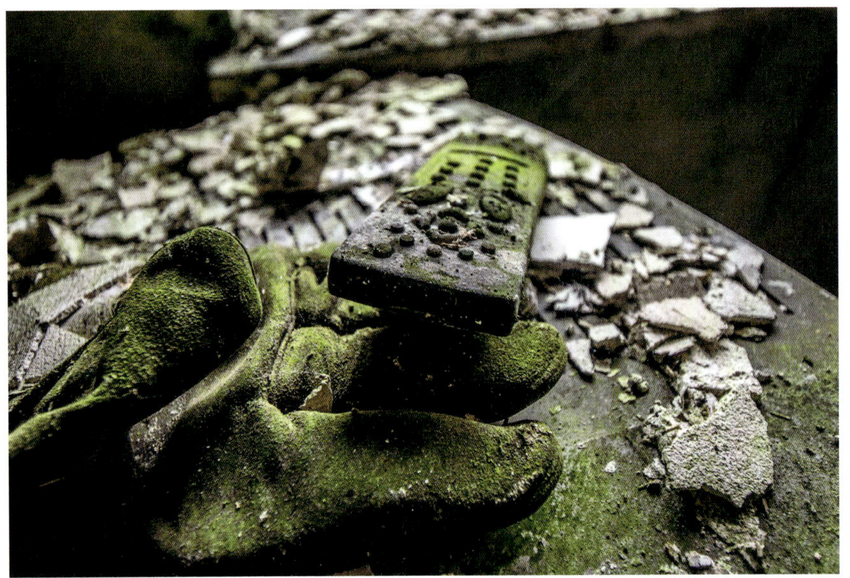

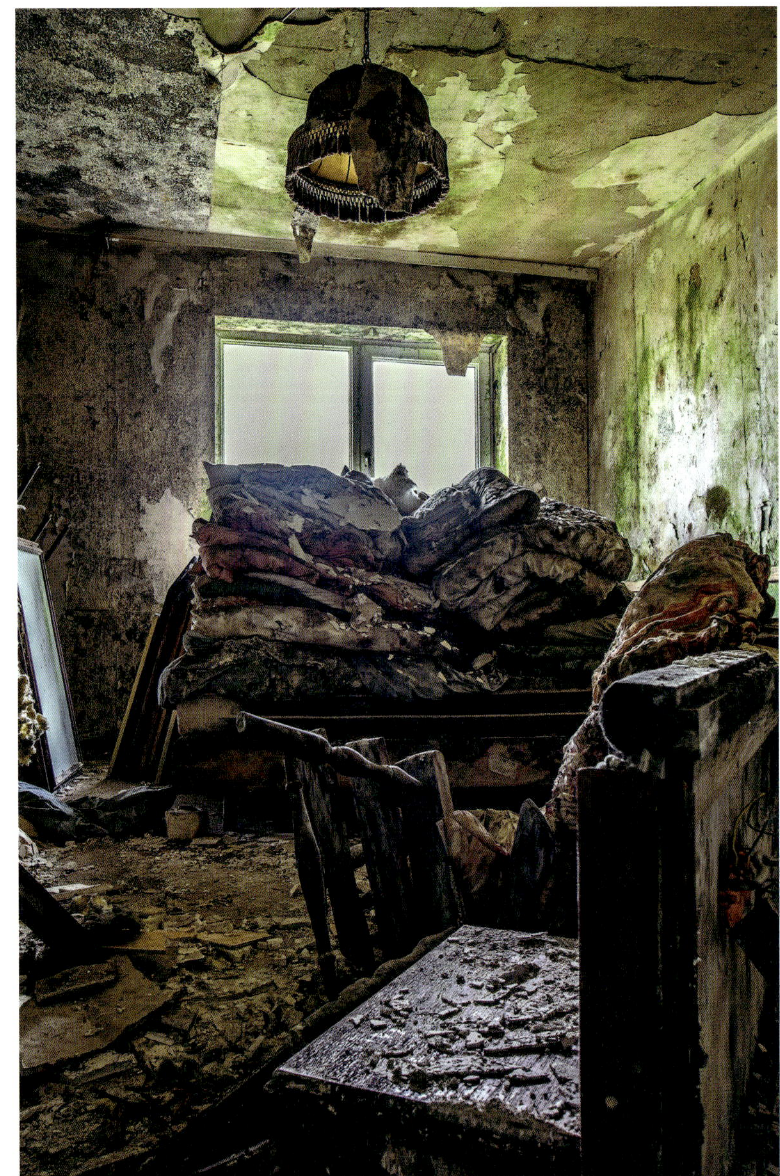

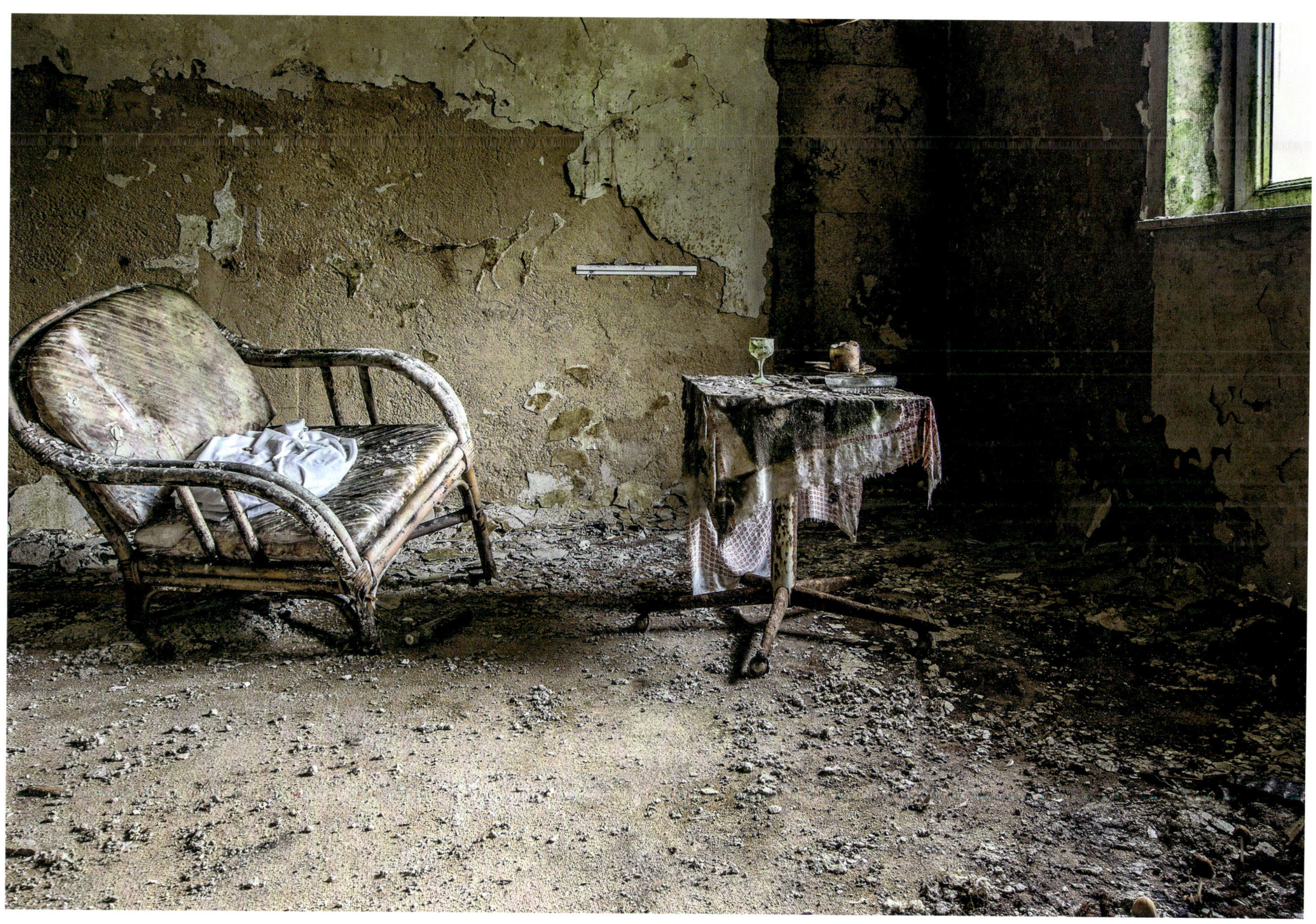

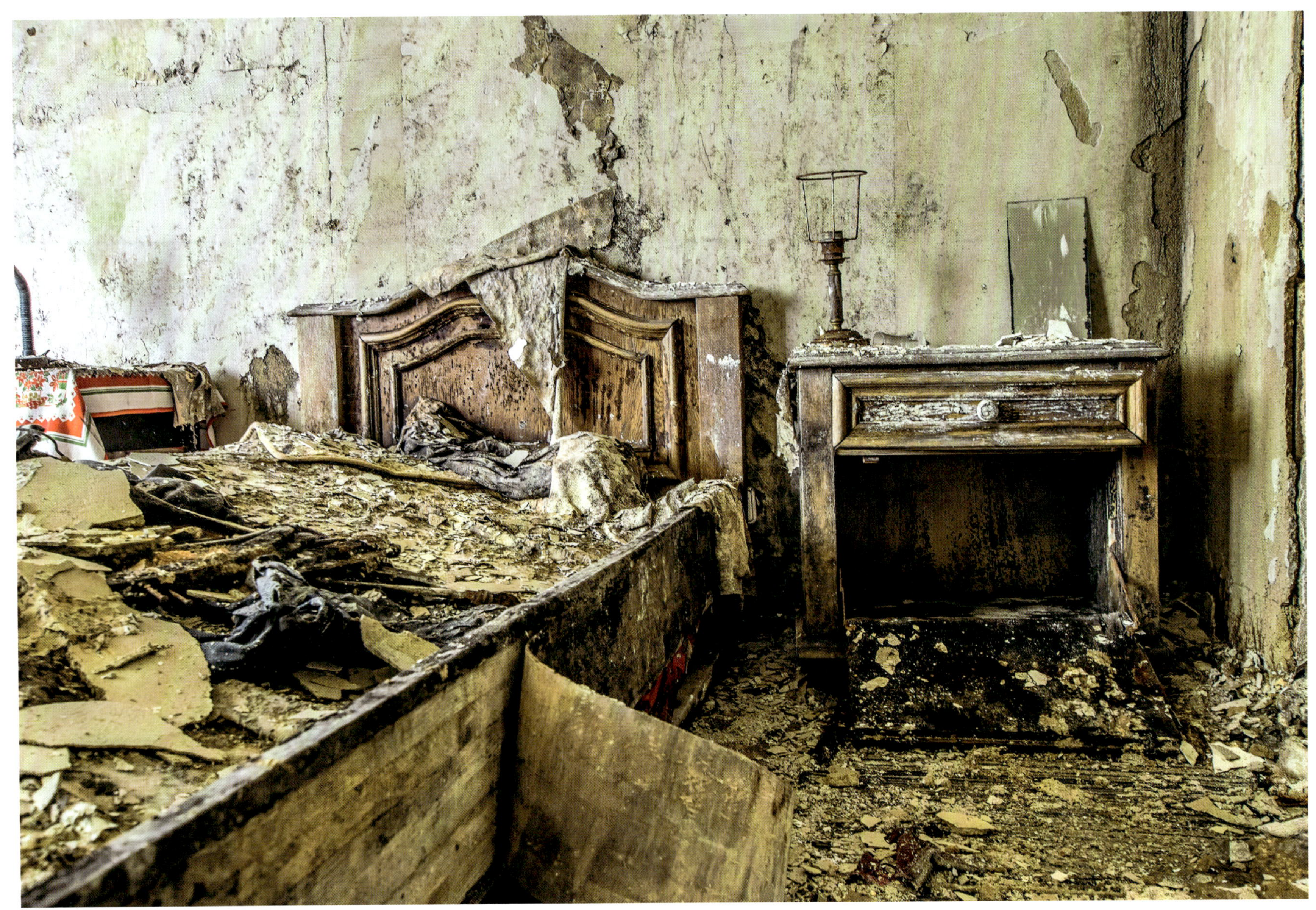

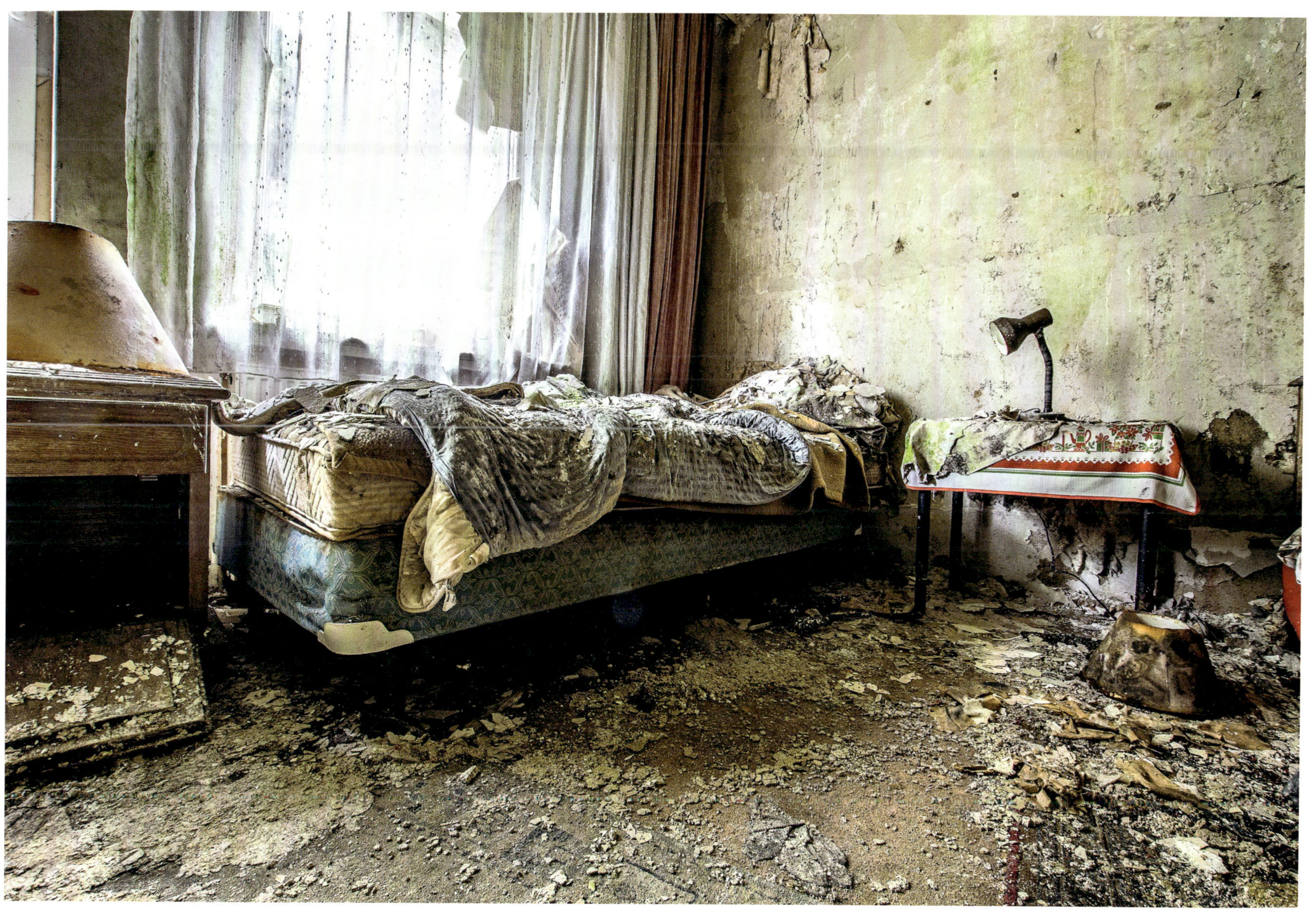

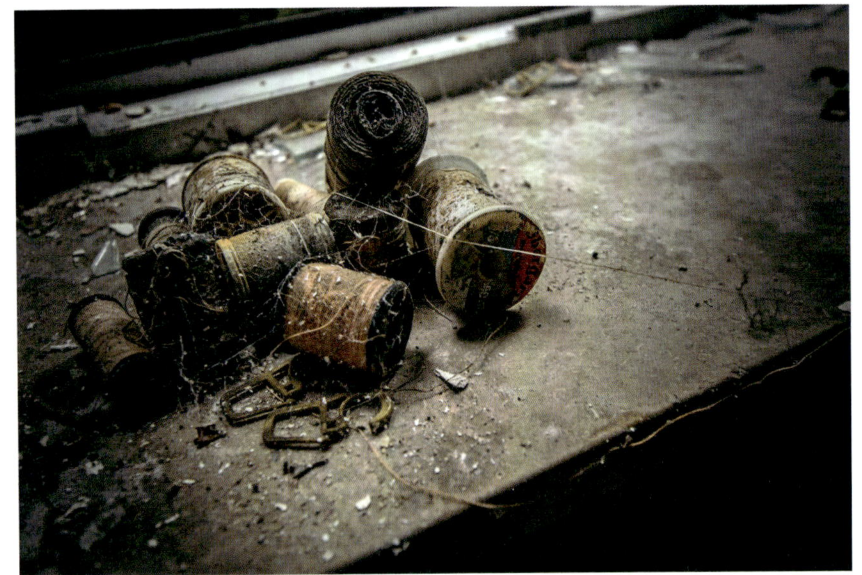

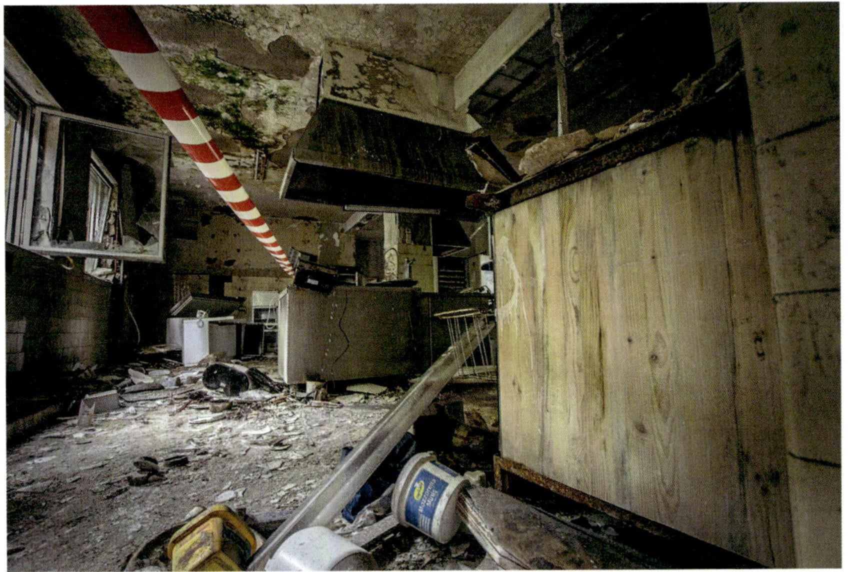

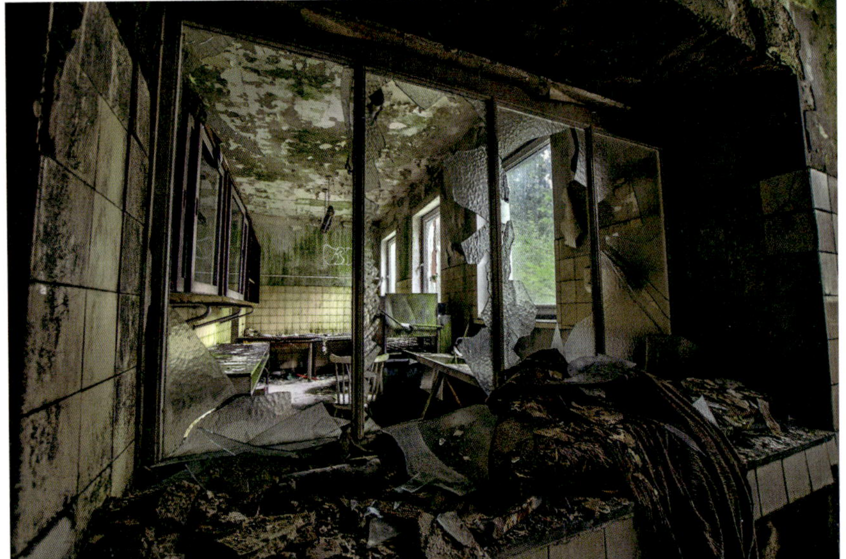

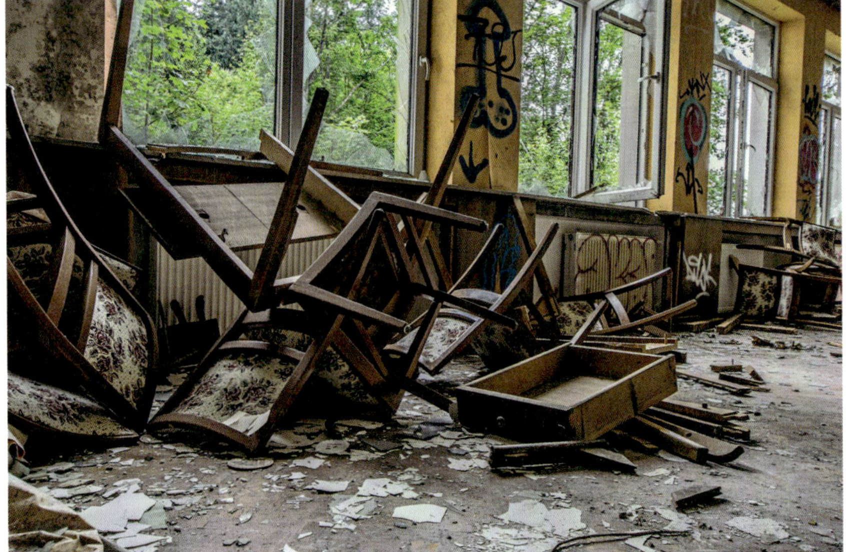

Garnspulen auf einer Fensterbank

Blick durch die Durchreiche in die Küche

Hotelküche

Aufenthaltsraum

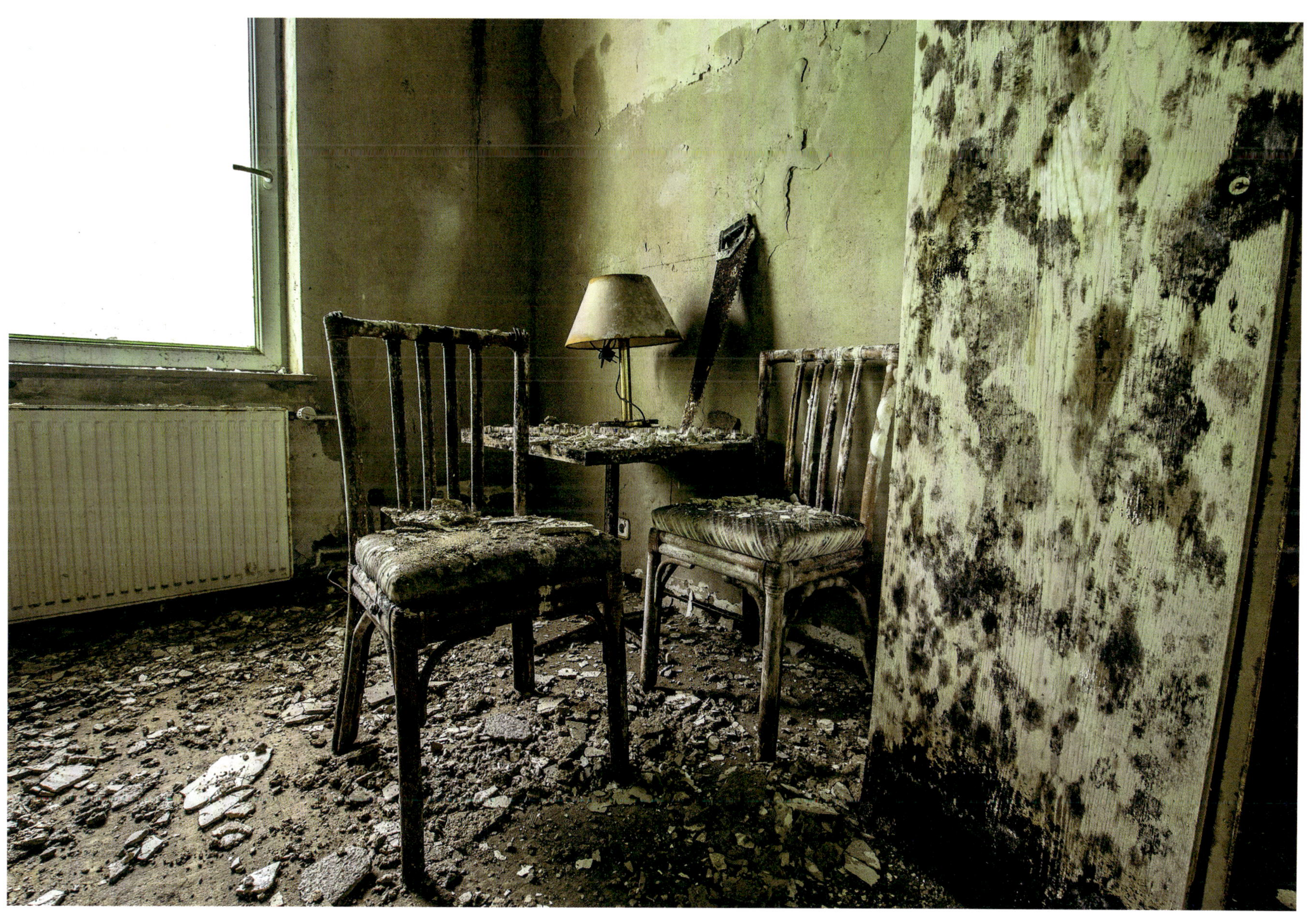

DAS LUNGENSANATORIUM

Dieses Sanatorium hatte für die kleine Schwarzwaldgemeinde eine große Bedeutung, doch der erfolgreiche Kampf gegen die Volkskrankheit Tuberkulose bedeutete das Ende des Sanatoriums. Über 60 Jahre suchten Erkrankte Heilung und Linderung in dieser ehemals imposanten Kurklinik.

Von 1905 bis 1907 wurde die Volksheilstätte, direkt an einem Waldrand gelegen, errichtet. Ihre Einweihung fand im Mai 1907 in Anwesenheit des württembergischen Königspaares statt und erfreute sich dessen besonderer Aufmerksamkeit. Allerdings gab es kritische Stimmen über die »Laus am Pelz«, wie der damalige Forstrat die Anstalt nannte. Der »Verein für Volksheilstätten« fühlte sich dem Mittelstand verpflichtet, dessen Angehörige meist nicht sozialversichert waren, weshalb der Verpflegungssatz im Sanatorium so niedrig gehalten wurde, dass er von den Mittelständlern selbst bezahlt werden konnte. Nachdem der Andrang im Klinikum stetig zunahm, errichtete der »Verein für Volksheilstätten« einen Anbau für die kleinen Patienten, der 1927 eröffnete wurde. Nun konnten im Kurheim rund 150 Erwachsene und 60 Kinder aufgenommen und behandelt werden. Den Zweiten Weltkrieg überstand die Heilstätte unbeschadet, allerdings mussten nach Kriegsende Instandsetzungs- und Verbesserungsarbeiten durchgeführt werden. Die Zahl der Patienten stieg weiter an und erreichte 1955 ihren Höhepunkt. Das Ende des Sanatoriums folgte mit den großen Fortschritten in der Pharmakologie zu Beginn der 1970er Jahre. Die Tuberkulose wurde heilbar und das Sanatorium schloss 1973 endgültig seine Pforten. Ein Berufsförderungswerk zog in das Gebäude ein. 2001 folgte der Verkauf des Objektes an eine Firma, die eine Ayurveda-Klinik einrichten wollte, die Übernahme scheiterte allerdings und die Immobilie wurde sechs Jahre später, 2007, zwangsversteigert. Mit Ausnahme der zum Sanatorium gehörenden Wohngebäude, die bereits 1994 verkauft worden waren, fallen die Klinikgebäude zunehmend dem Vandalismus zum Opfer. Eingeworfene Schreiben, verschmierte Wände und verwüstete Innenräume findet man heute im einst so bedeutenden Sanatorium vor. Der aktuelle Eigentümer ist seit Jahren nicht greifbar und so sind der Gemeinde die Hände gebunden. Es sind aber nicht nur der Vandalismus und die Zerstörungswut, die den Gebäuden zusetzen. Noch vor ein paar Jahren hielt sich hartnäckig das Gerücht, dass in den Räumen des Sanatoriums Menschenversuche durchgeführt wurden. Das wiederum führte dazu, dass Scharen von »Geisterjägern« nachts durch die Vorgärten der benachbarten Wohnhäuser gepilgert sind, um die vergessenen Seelen der angeblichen Opfer aufzuspüren.

Bereits im Vorfeld meines Sanatoriumbesuchs hatte ich gehört und gelesen, dass die Klinikgebäude sehr in Mitleidenschaft gezogen seien. Dass es so schlimm ist, hätte ich mir aber nicht vorstellen können: Die Glastüren in den Gängen sind zersplittert ebenso wie die Spiegel in den zahlreichen Badezimmern. Akten wurden aus den Regalen herausgerissen und auf den Böden verteilt und der sinnlosen Zerstörungswut wurde einfach freien Lauf gelassen. Trotzdem kann man an manchen Ecken noch erkennen, wie schön es hier einst gewesen sein muss, in diesem Sanatorium mitten im Schwarzwald.

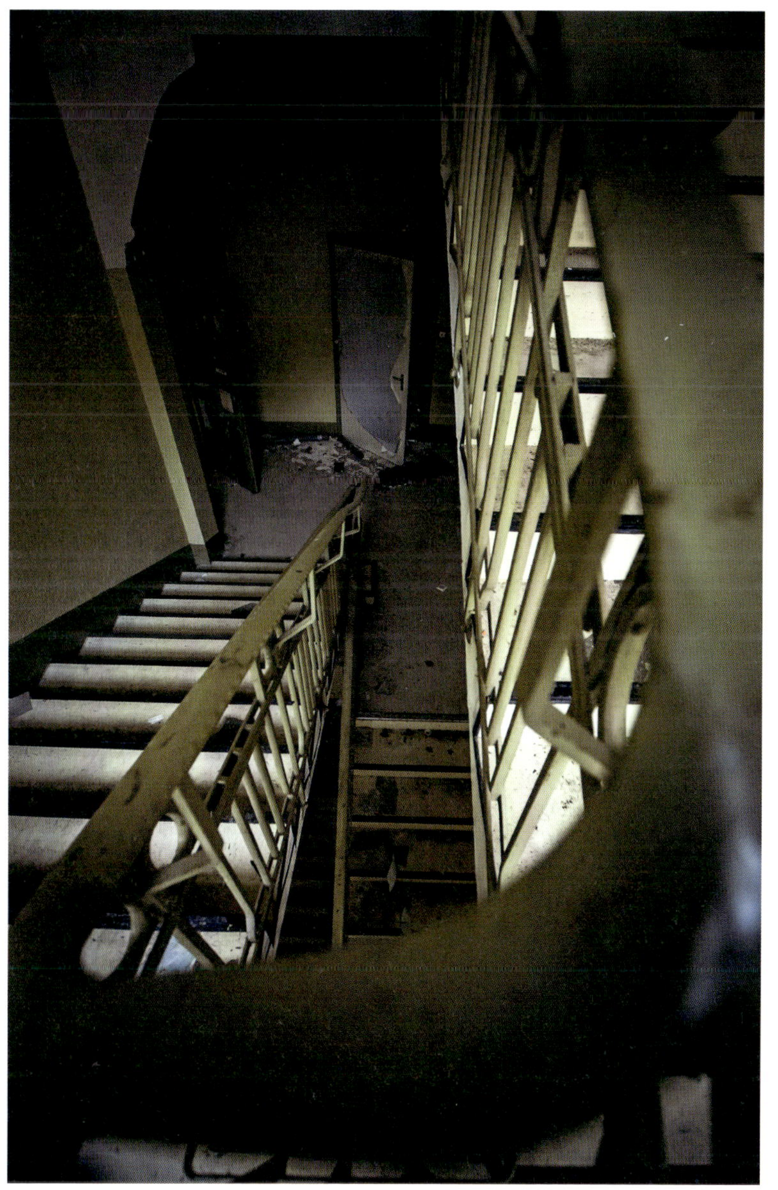

Eines von mehreren Treppenhäusern

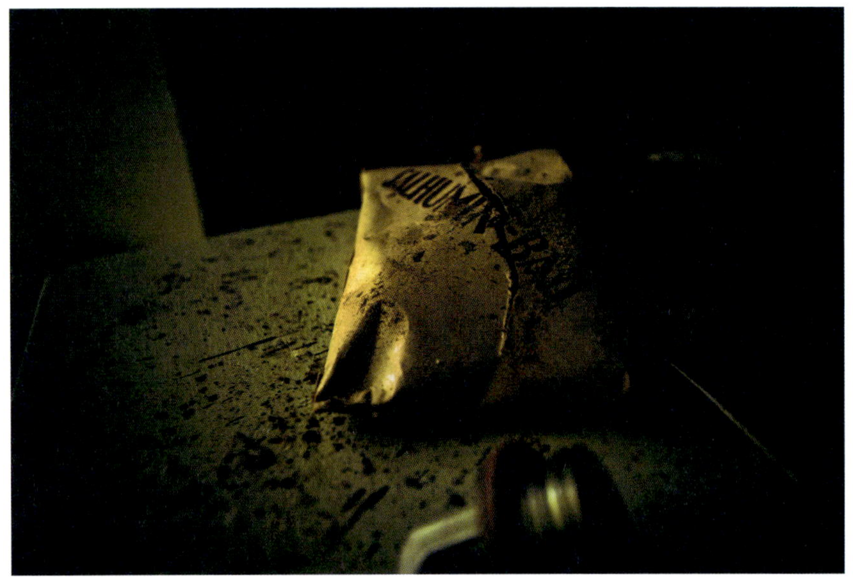

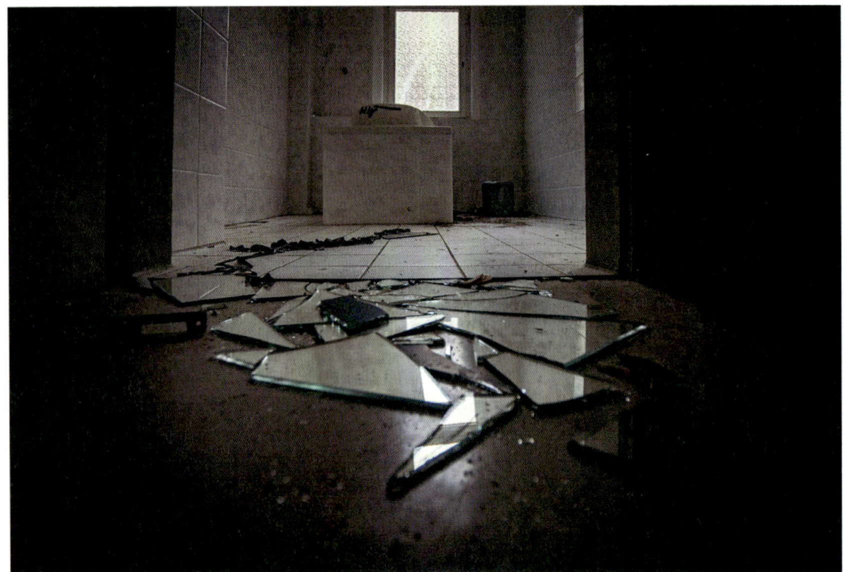

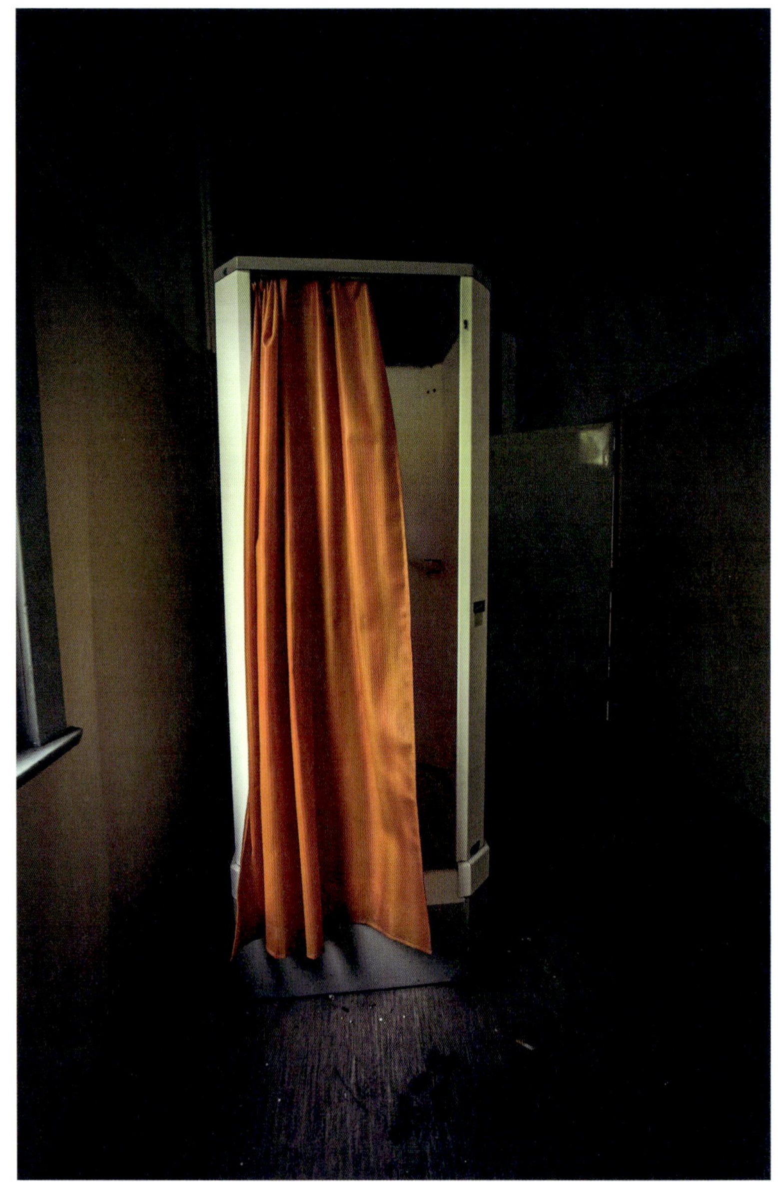

Badezusatz auf einem Tisch

Zerbrochener Spiegel vor einem der Badezimmer

Duschkabine

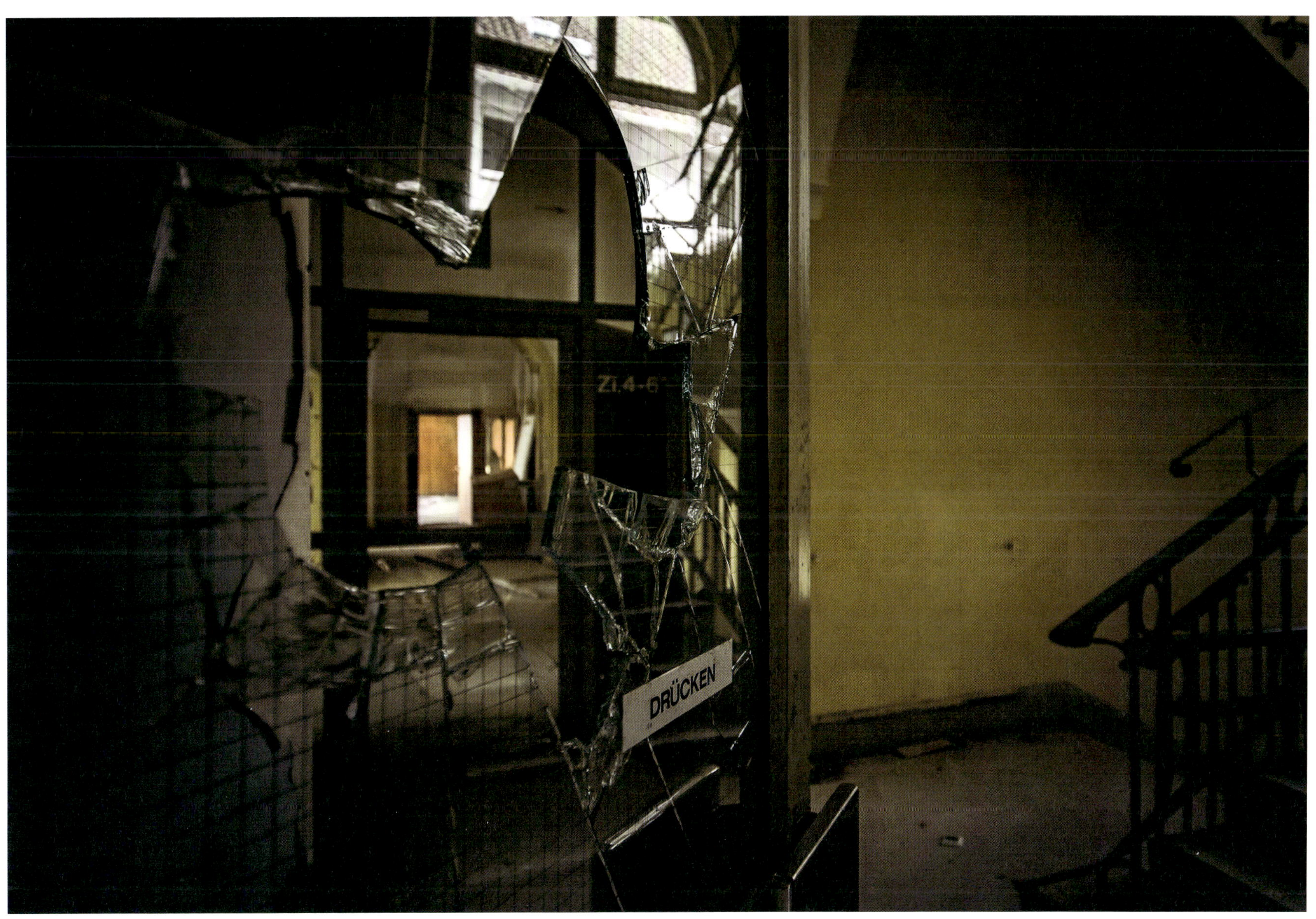
Zi.4-6
DRÜCKEN

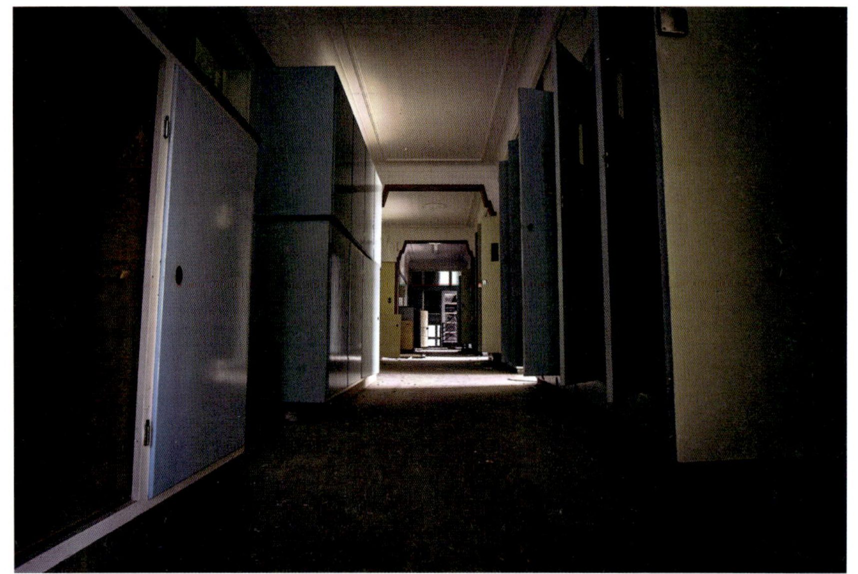

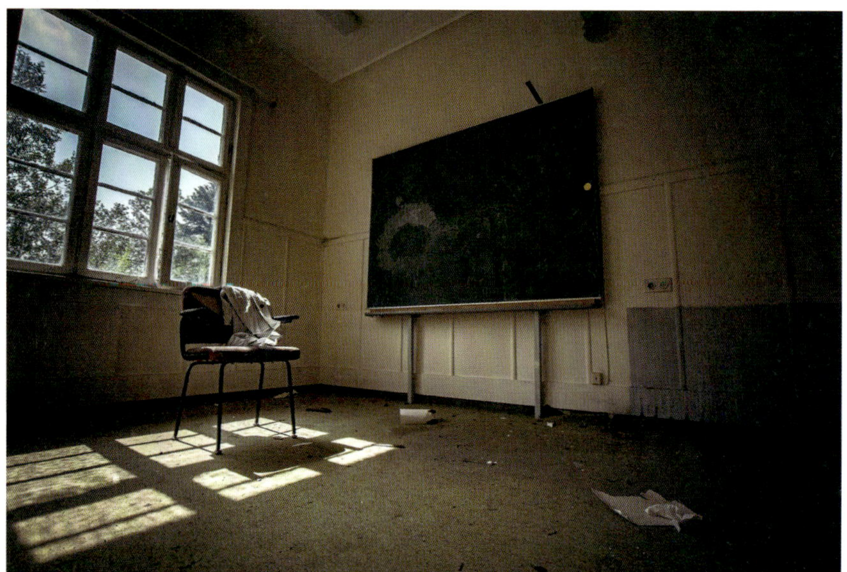

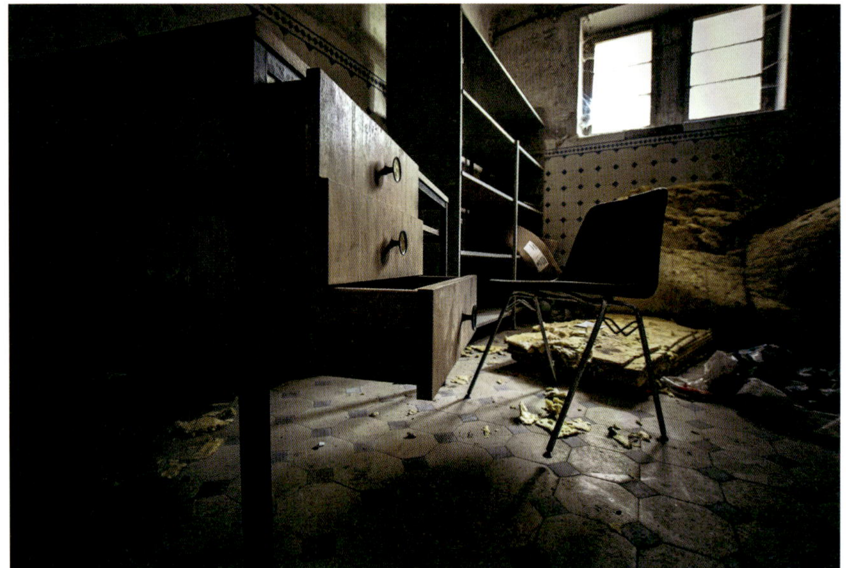

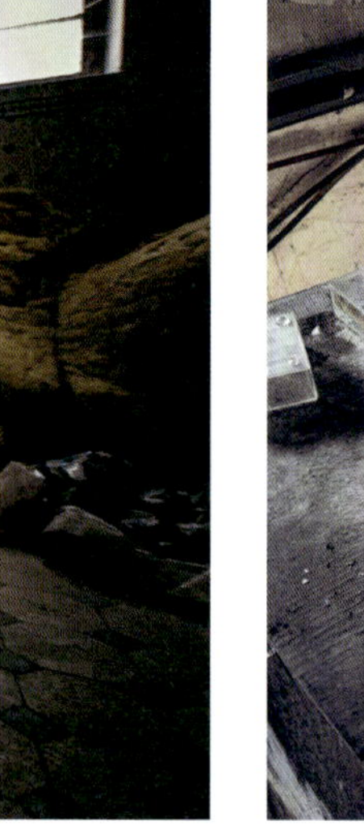

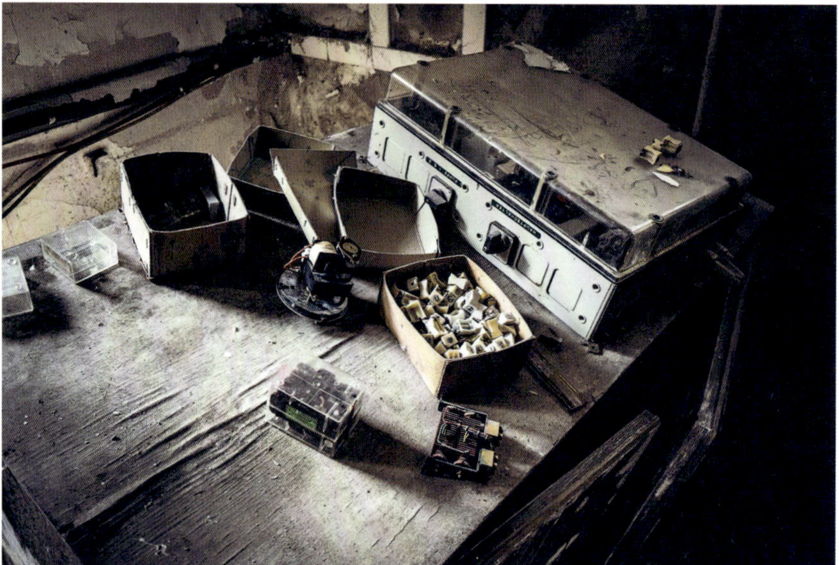

Spinde auf dem Flur der Schule

Arbeitsplatz des Hausmeisters

Tafel in einem der Klassenzimmer

Schreibtisch im Werkraum

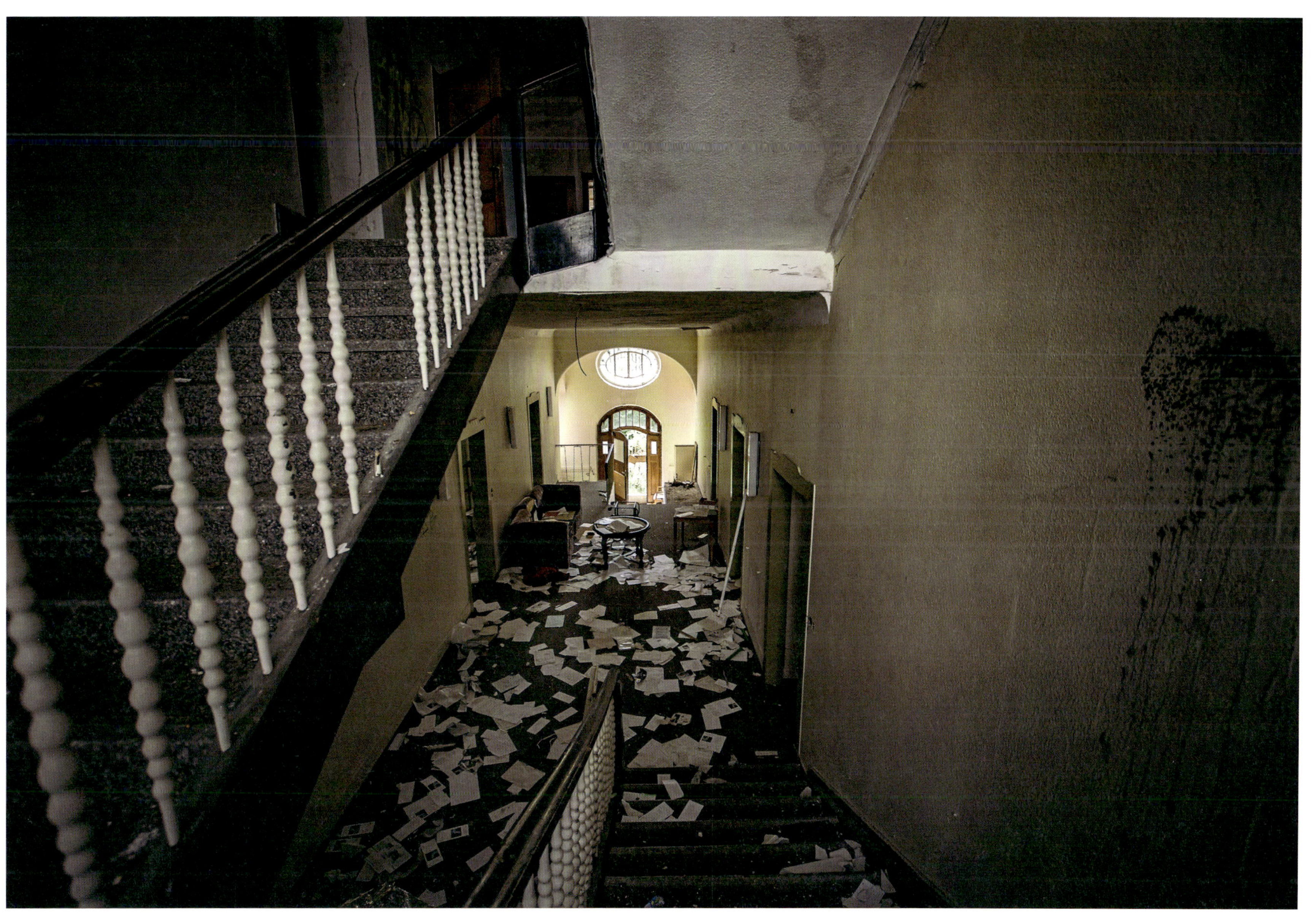

Treppenaufgang ins zweite Obergeschoss zu weiteren Patientenzimmern

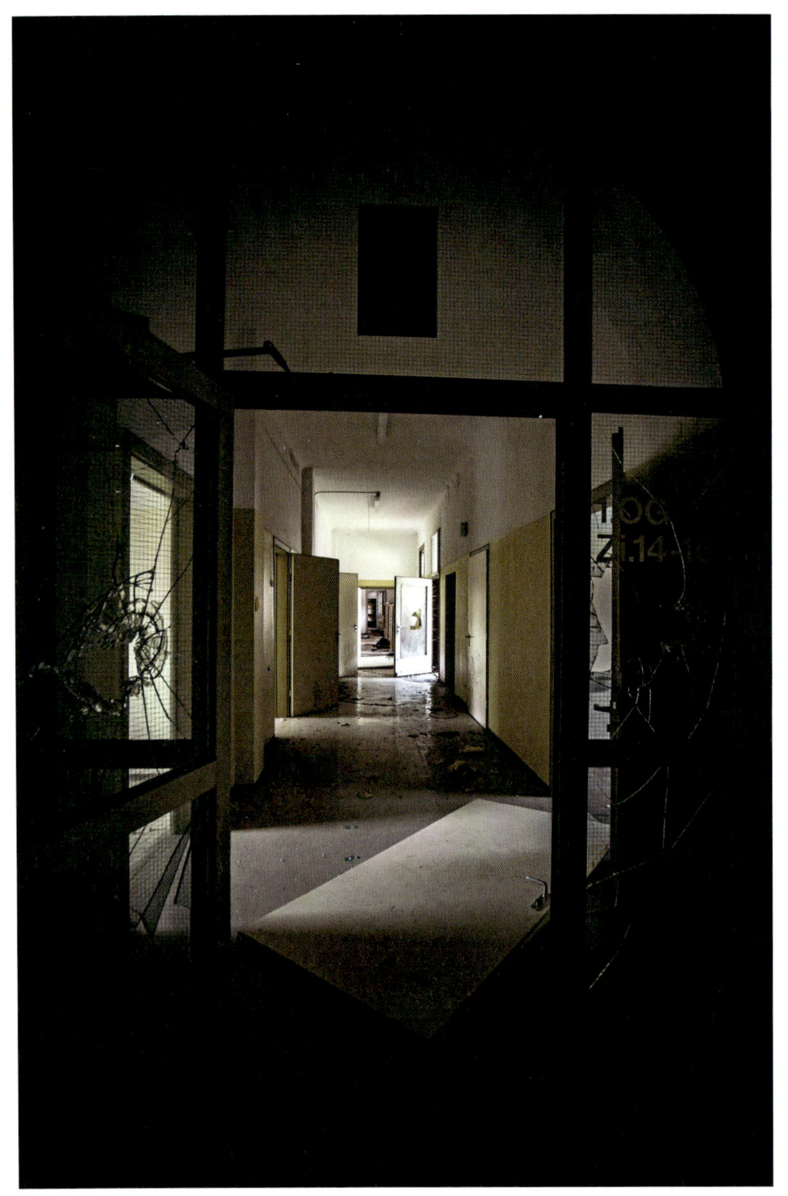

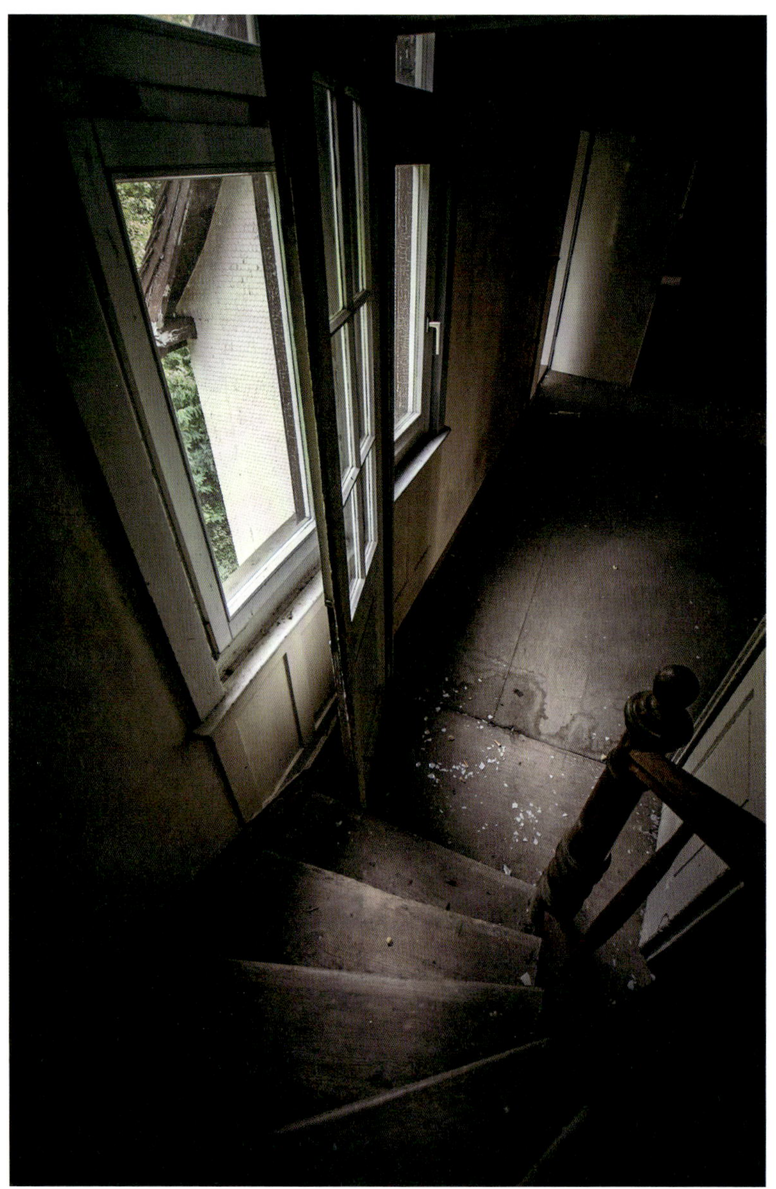

Treppe zum Speicher

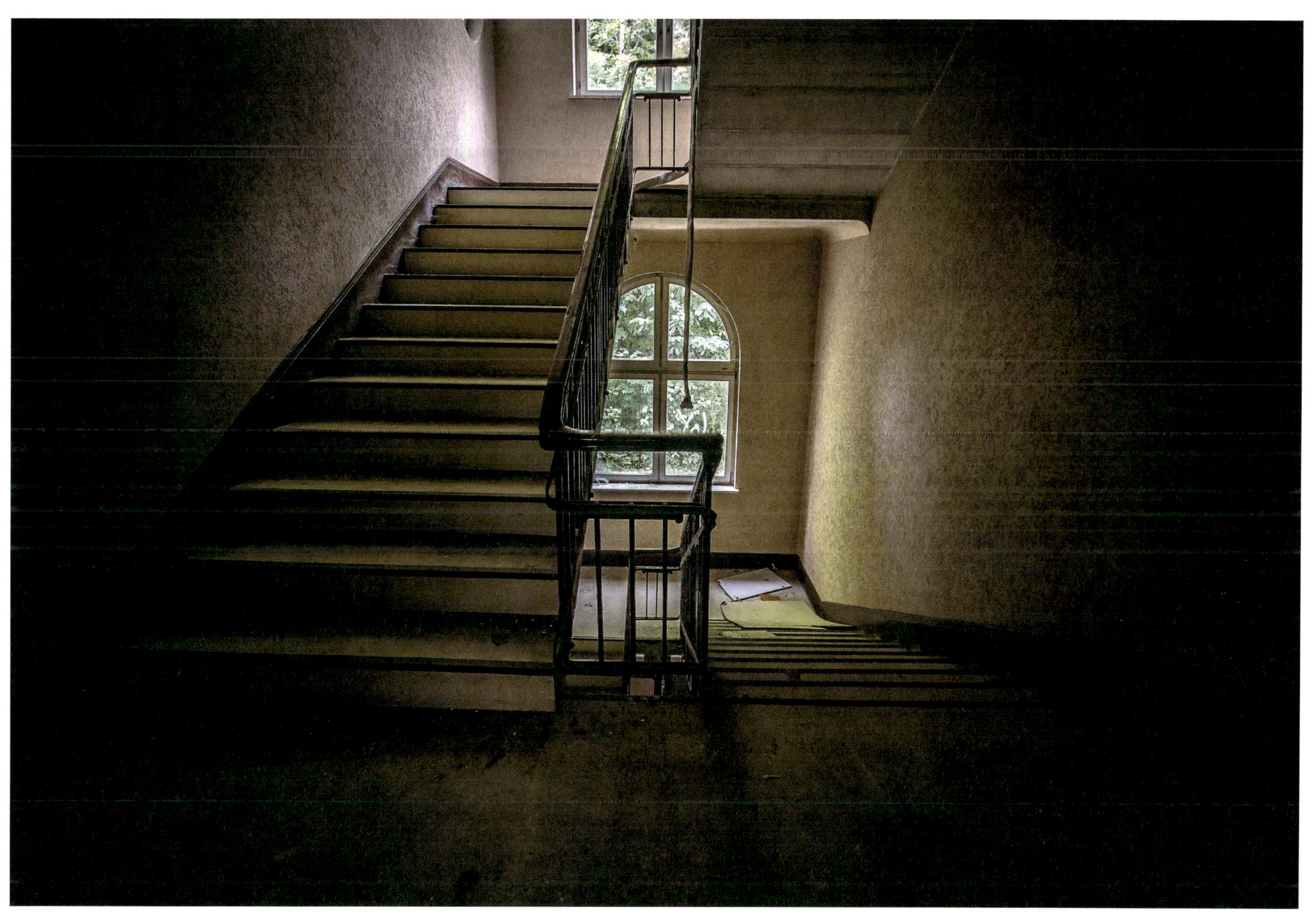

Treppenaufgang ins zweite Obergeschoss zu weiteren Patientenzimmern

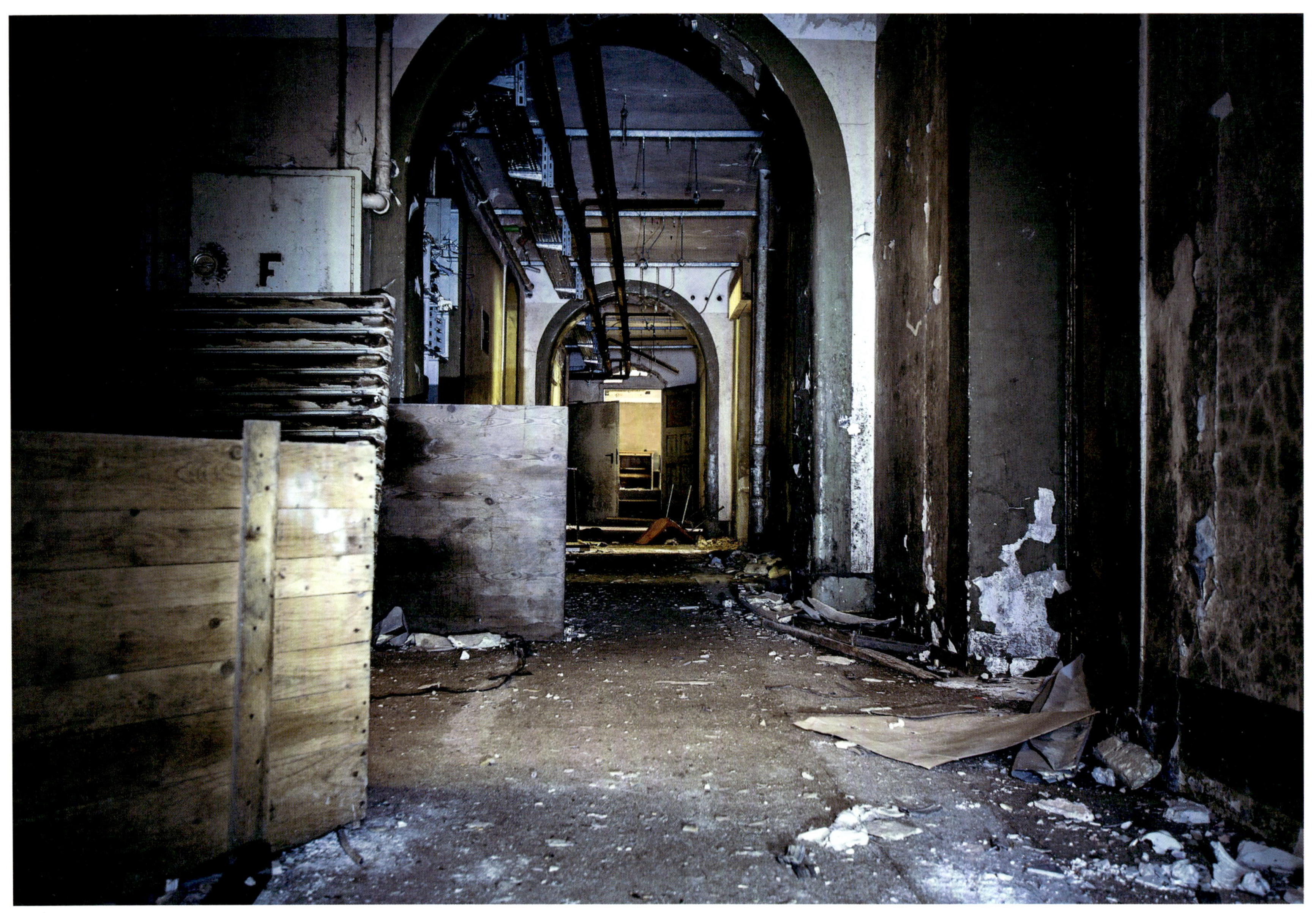

Kellerflur

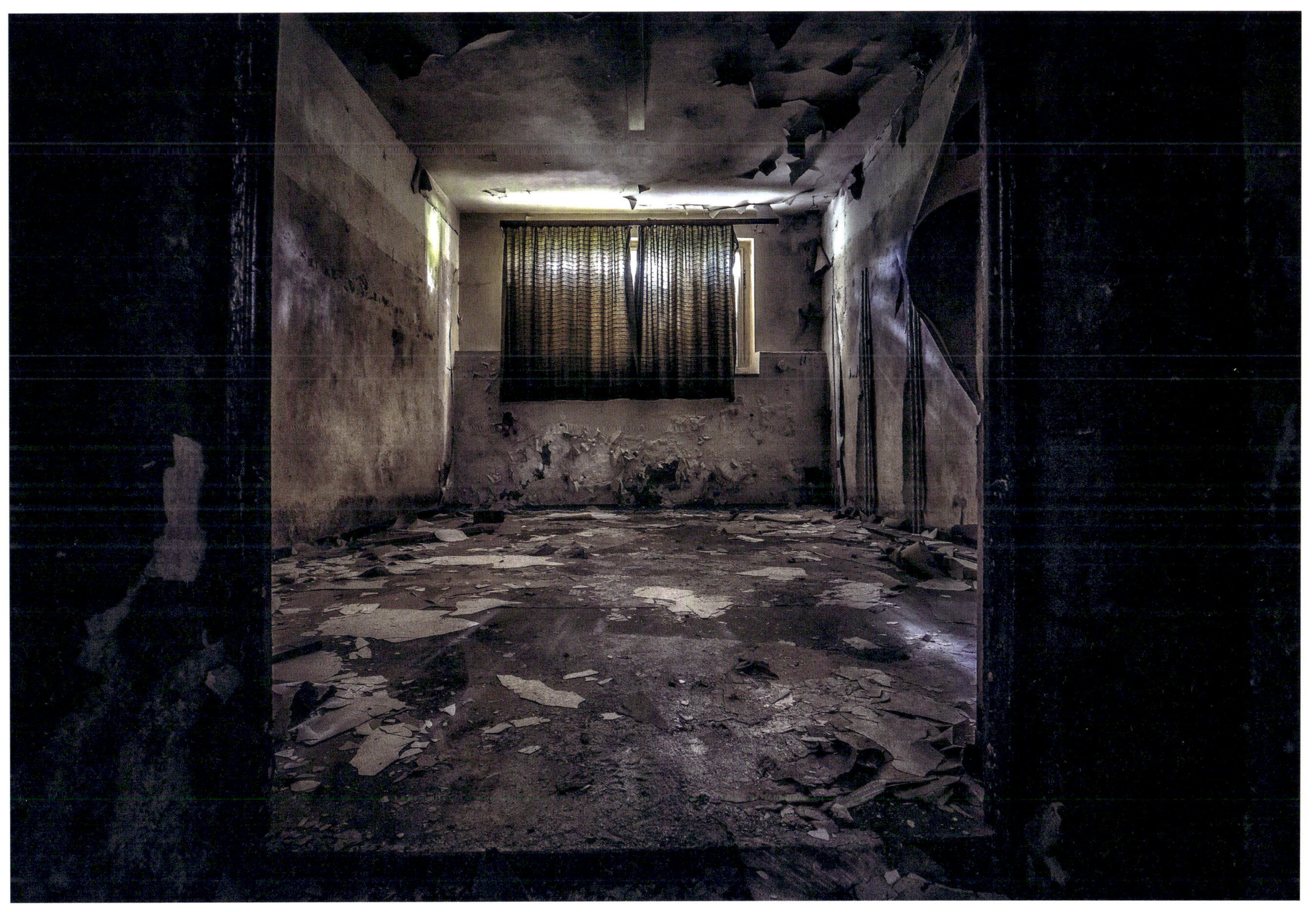

Kellerraum

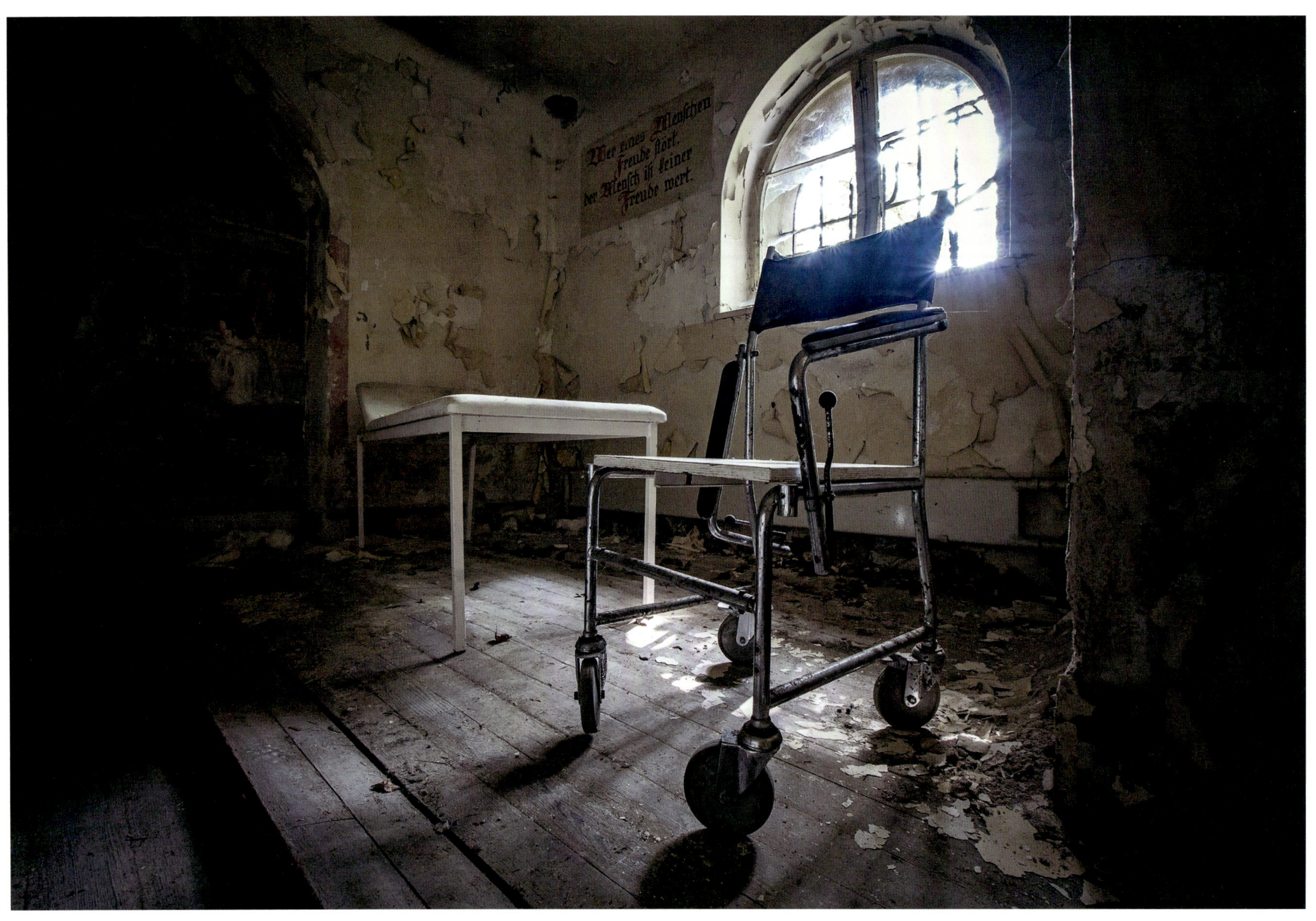

Toilettenstuhl und Liege in einem der Kellerräume

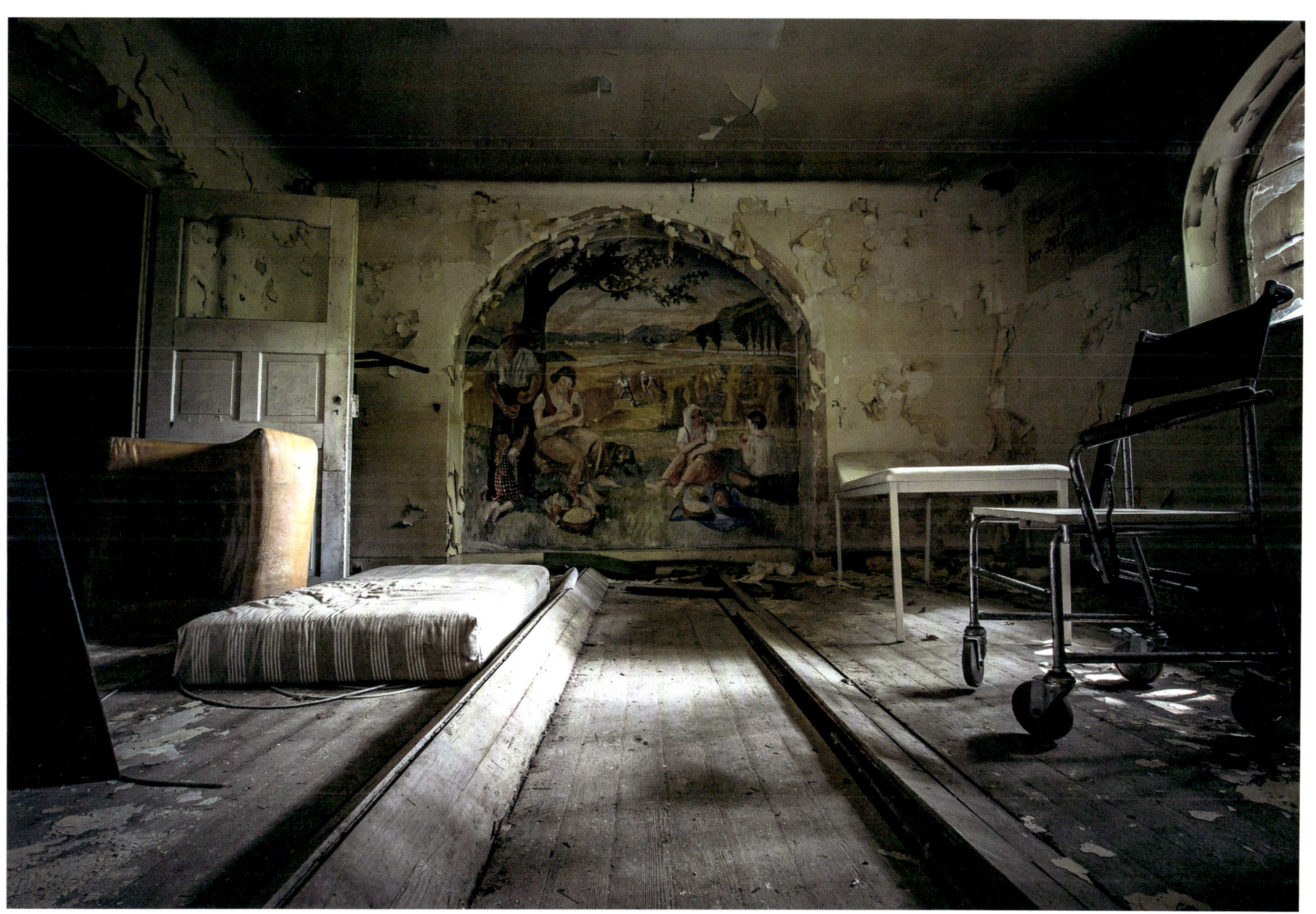

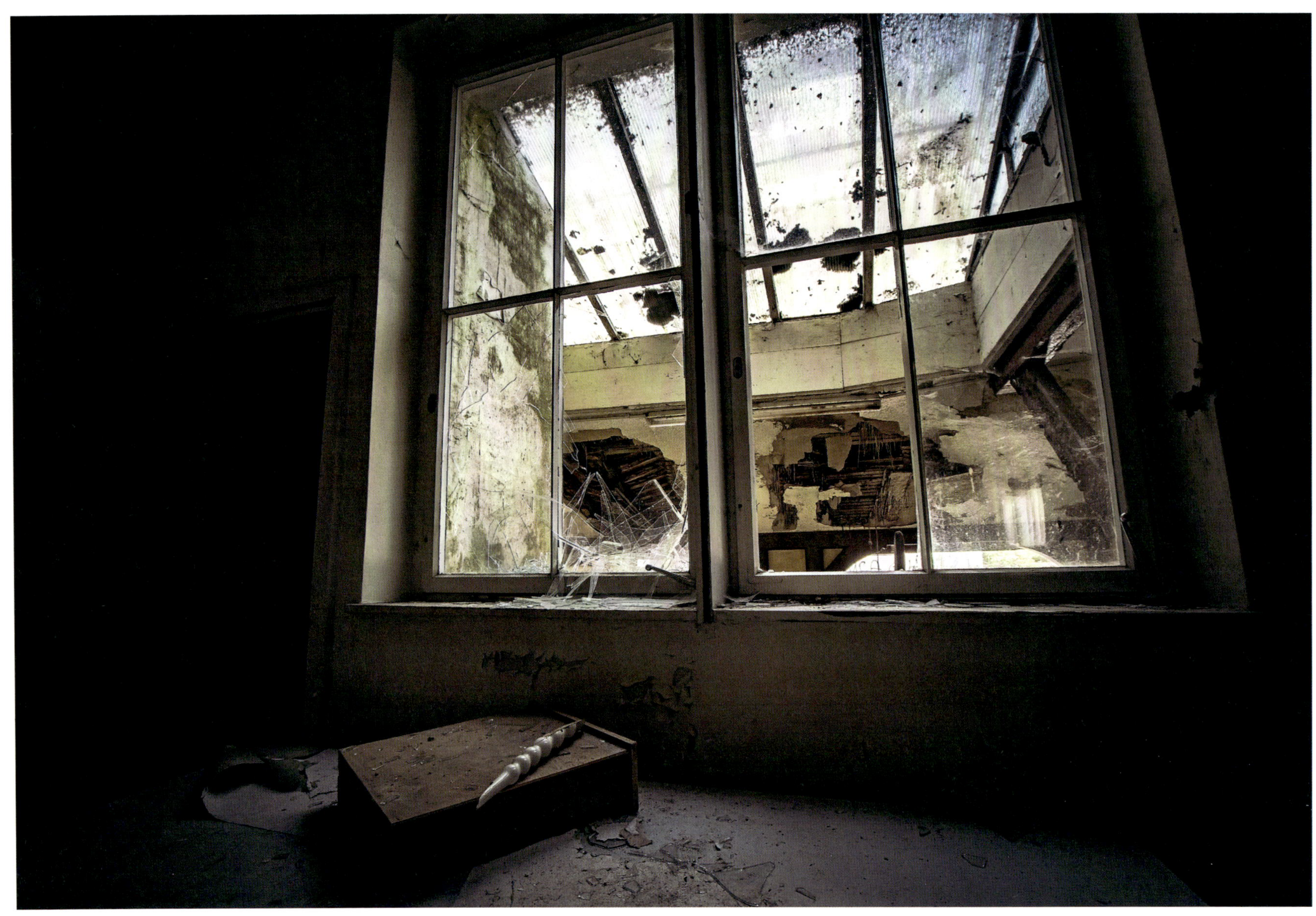

Fenster zum Hof

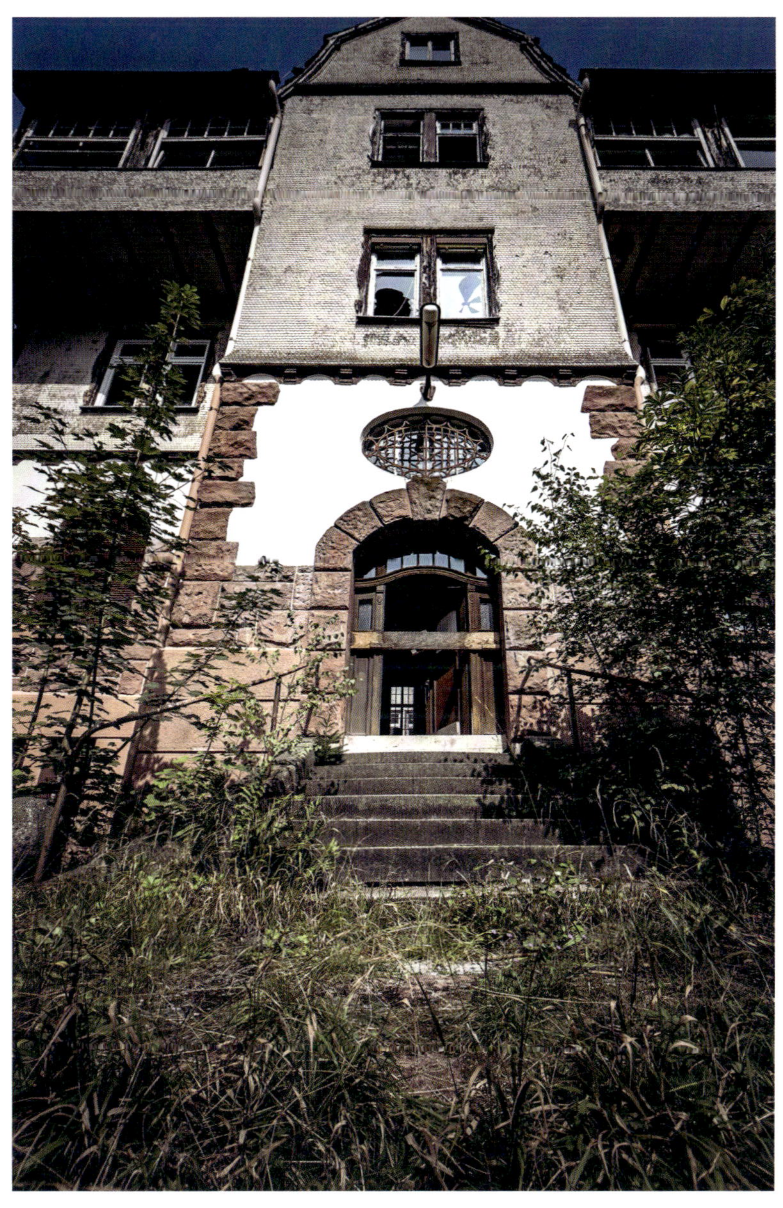

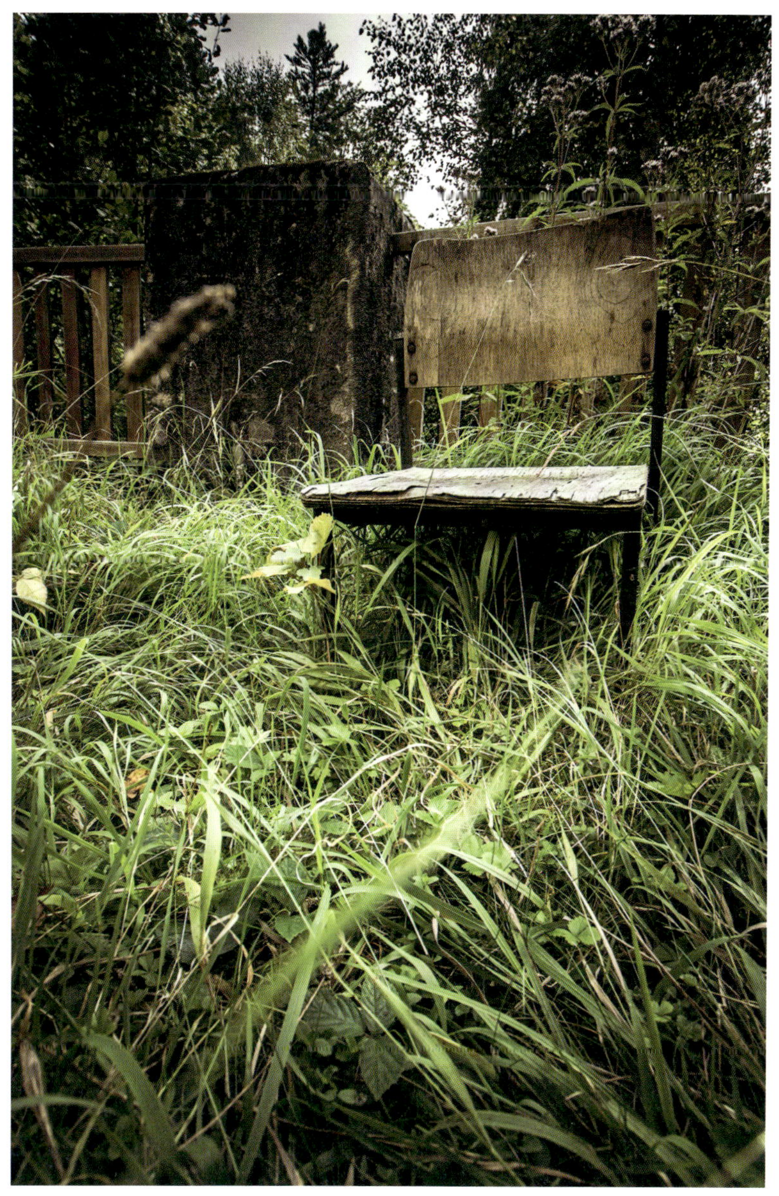

Stuhl im Garten

DAS KRANKENHAUS

Unscheinbar ist das kleine Krankenhaus, das mitten im Ort auf einer Anhöhe liegt. Das teils steile Gelände wird von tierischen Rasenmähern, den Ziegen, gepflegt. Durch Recherchen konnte ich sehr schnell die Besitzverhältnisse klären, nahm Kontakt mit dem Verwalter auf, bat um Erlaubnis, das Gebäude betreten zu dürfen, und der Verwalter sagte sofort zu. Wir verabredeten uns vor dem Krankenhaus, an einem herrlichen Sommertag. Der Verwalter ist ein sehr netter, sympathischer Mann, der mich erstmal durchs ganze Haus führte und einiges zur Geschichte des Gebäudes erzählte. Solche Momente sind jedes Mal wie ein kleiner Jackpot, weil man so doch sehr viel aus erster Hand über die Geschichte erfährt und auch Fragen stellen kann. Mir fielen sofort die blutverschmierten Waschbecken in manchen Zimmern auf, die doch etwas gruselig sind. Ich bekam aber sofort die Erklärung: Vor ein paar Jahren wurde im Krankenhaus ein Low-Budget-Film gedreht und dafür auch etwas Kunstblut in den Räumen verteilt. Nach einigen Minuten ließ mich der Verwalter alleine und ich konnte mich auf Spurensuche begeben.

Die Geschichte des Krankenhauses beginnt mit seiner Einweihung 1912. Benannt wurde es nach der damaligen badischen Großherzogin Luise von Baden, welche der Namensgebung gerne zugestimmt hatte. Mit dem Ende des Pflegedienstes der ortsansässigen Schwestern 1984 entstand aus dem Krankenhaus ein Pflegeheim. 2001 zog das Pflegeheim in ein neues, von einer privaten Trägerschaft errichtetes Gebäude um. Seither steht das Haus leer.

In den oberen Etagen des ehemaligen Krankenhauses finden sich Pflegezimmer mit einem wunderschönen Ausblick auf den Schwarzwald. Die alten Aufzüge, mit denen das Essen aus der Küche im Keller auf die Stationen befördert wurde, wirken wie aus der Zeit gefallen. In den Patientenzimmern gibt es Waschbecken und kleine Schränke für die Kleidung. Die Badezimmer auf der Station teilten sich die Patienten. In manchen Schränken finden sich noch Utensilien für die letzte Krankensalbung – Bibeln, Kreuze und kleine Ölfläschchen. Auch Kleidung der Nonnen kann man noch entdecken. Das Licht im Treppenhaus fällt durch ein wunderschönes Fenster im Jugendstil und sorgt für eine warme, behagliche Stimmung. Nachdem ich die oberen Räume erkundet hatte, führte mein Weg in den Keller und hier wurde es unheimlich. Es ist dunkel, durch die Fenster fällt kaum Licht in die Räume, sodass eine furchteinflößende und beklemmende Atmosphäre herrscht. Die Küche ist noch komplett eingerichtet, mit Herd und Spülmaschine, sogar Töpfe stehen noch bereit, doch kochen will hier niemand mehr.

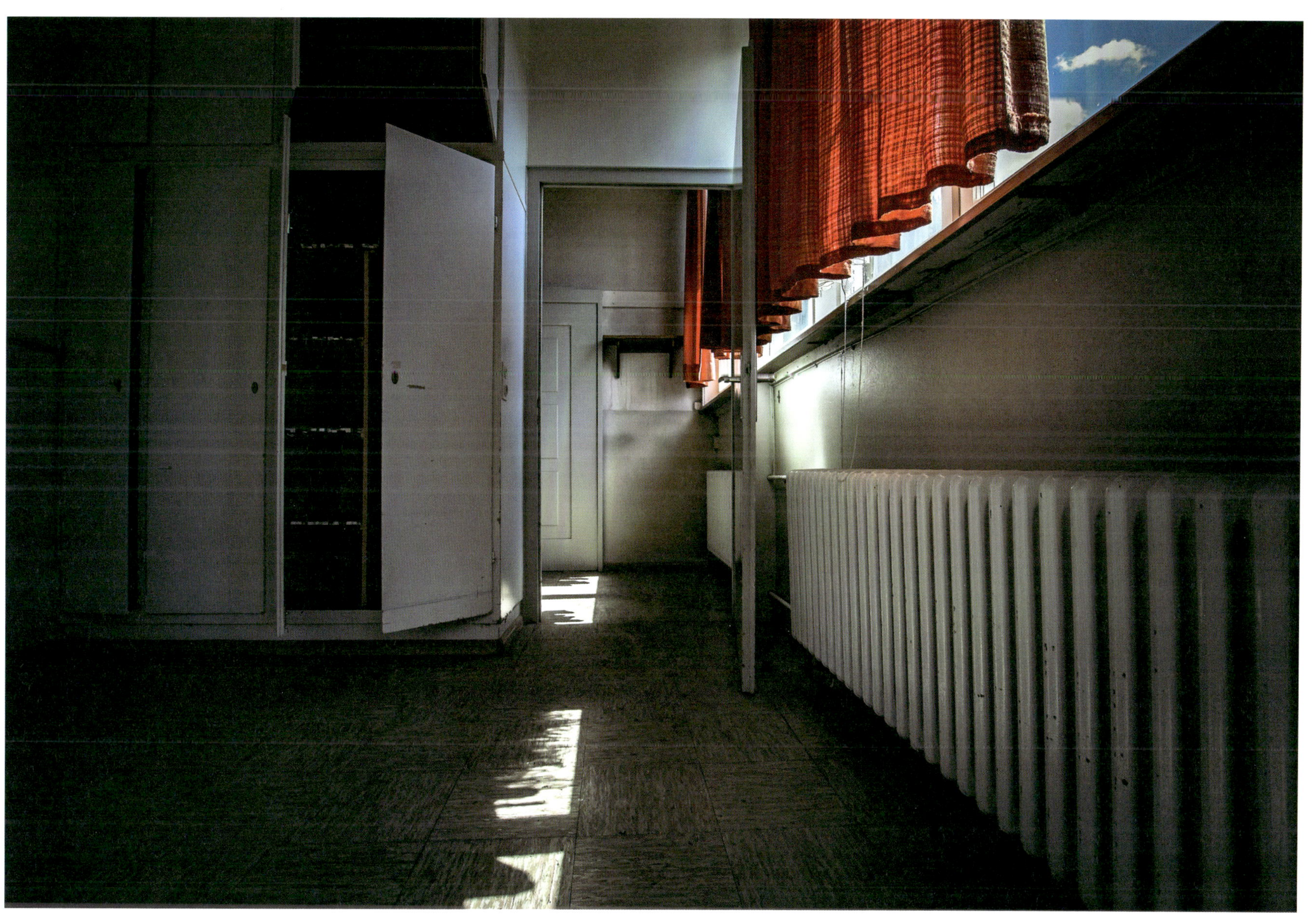

In fast allen Patientenzimmern gibt es Einbauschränke

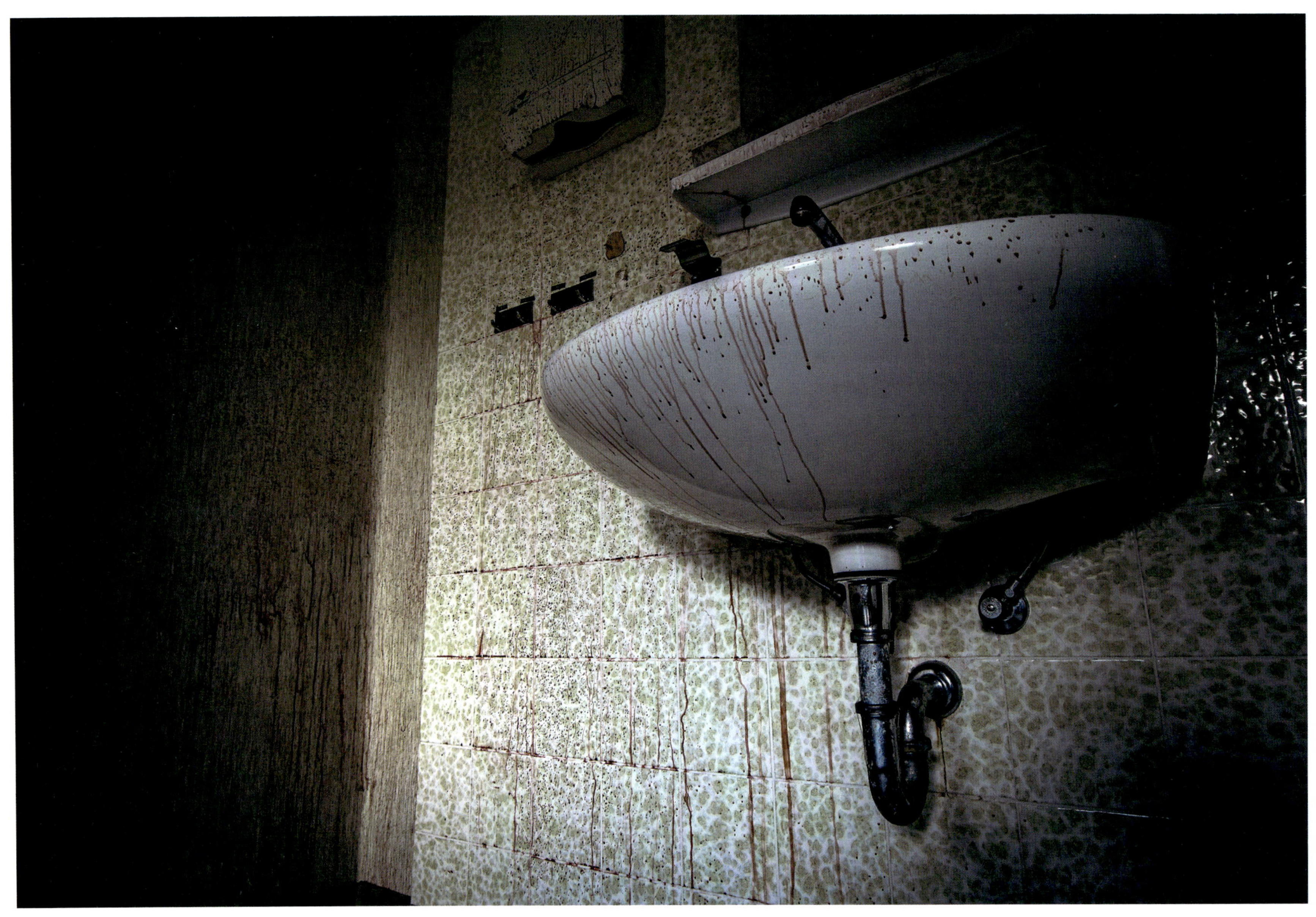

Waschbecken mit Spuren von Kunstblut

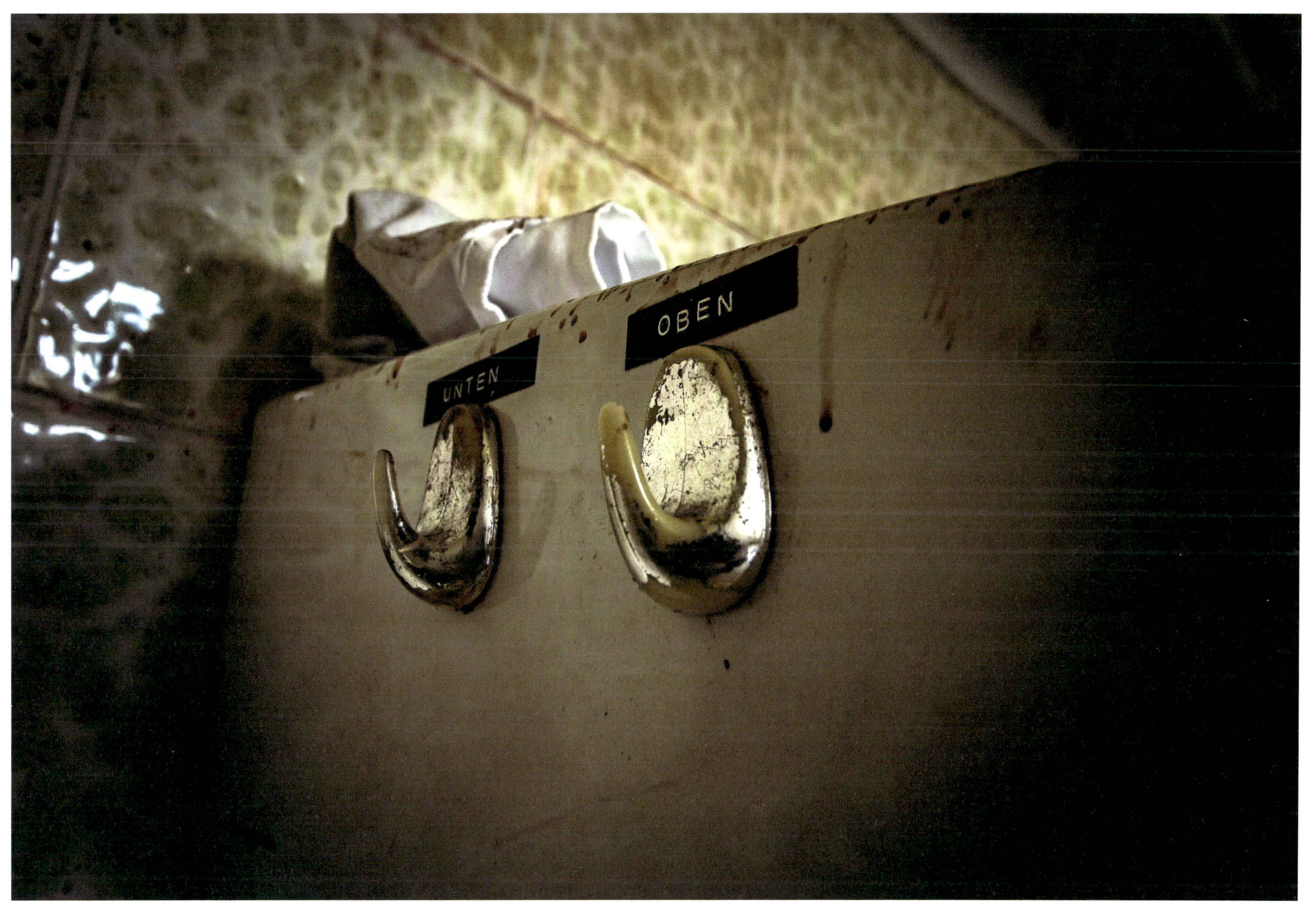

Waschbeckenhaken für Handtücher und Waschlappen

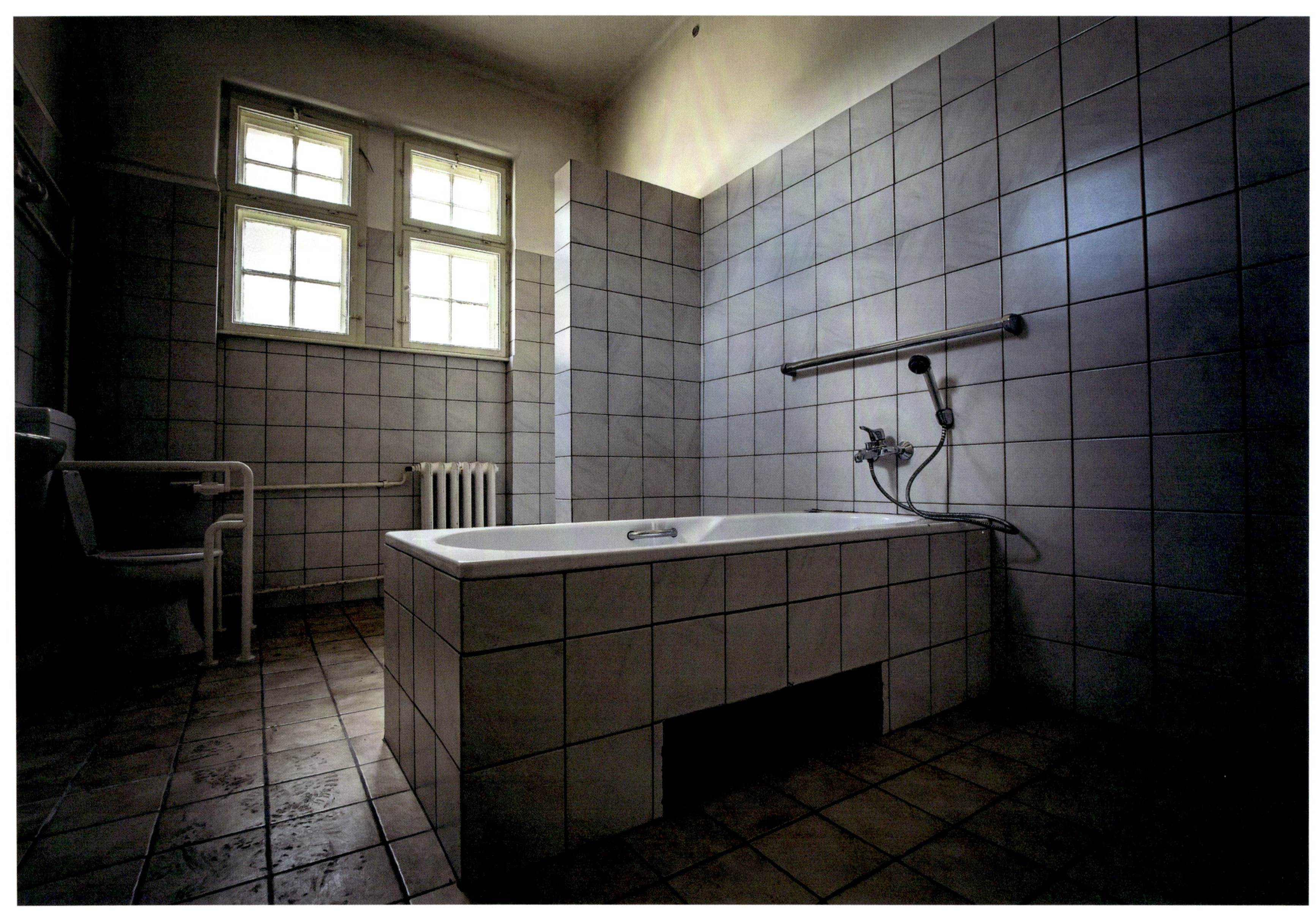

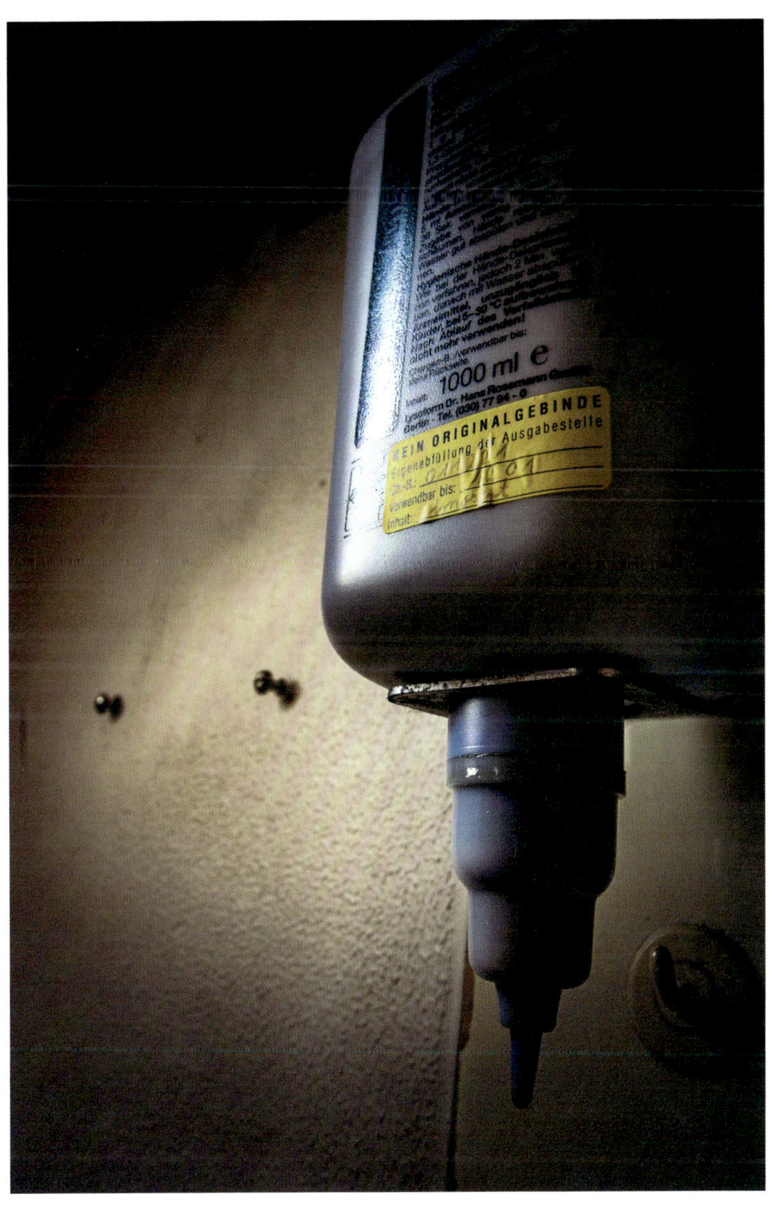

Eine Desinfektionsmittelflasche hängt in fast jedem Raum

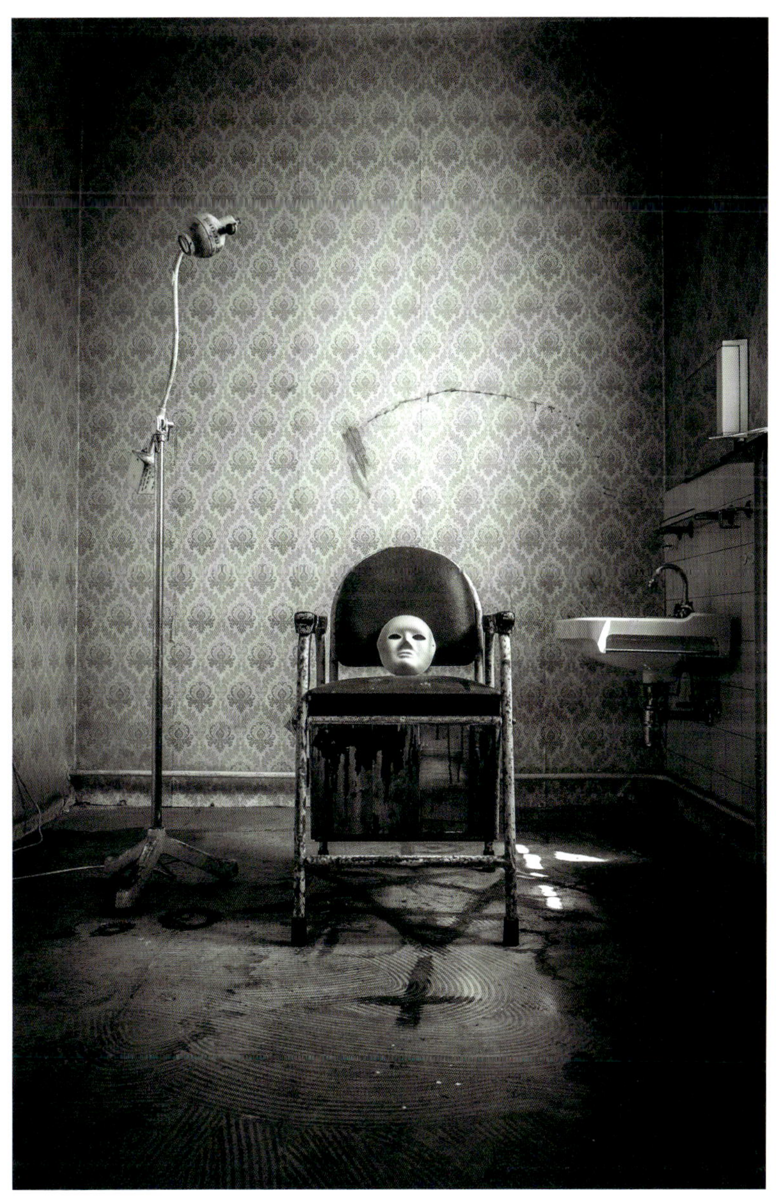

Behandlungsstuhl

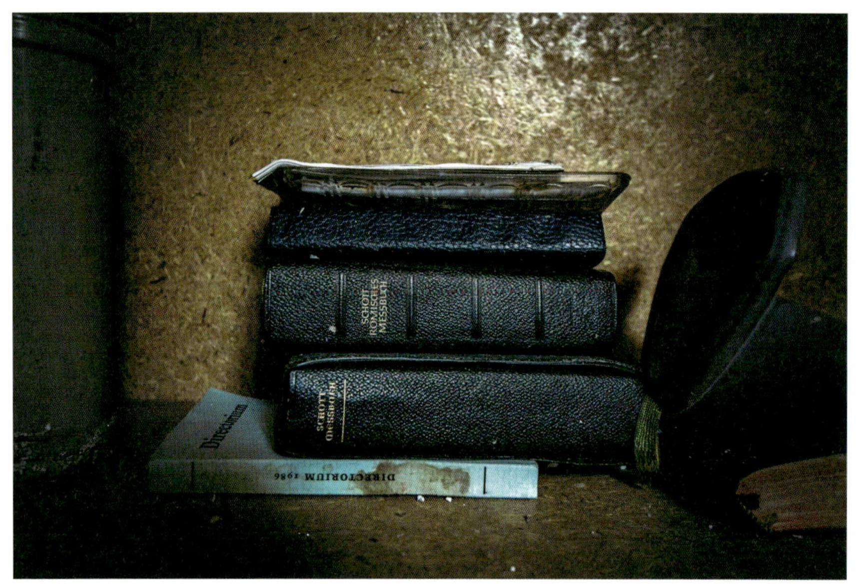

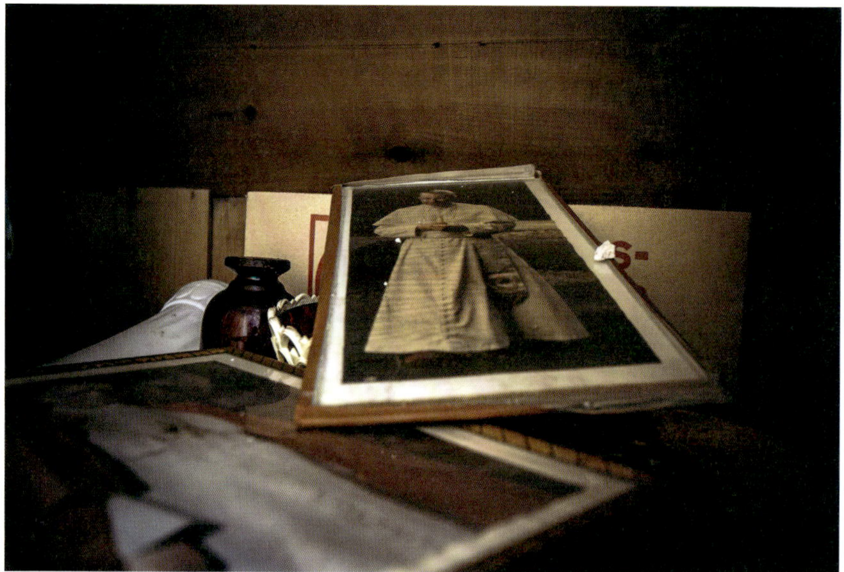

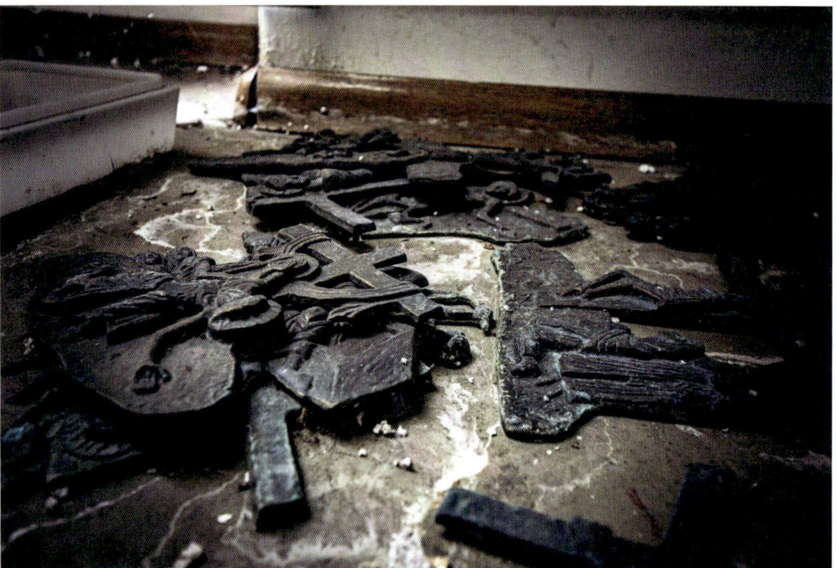

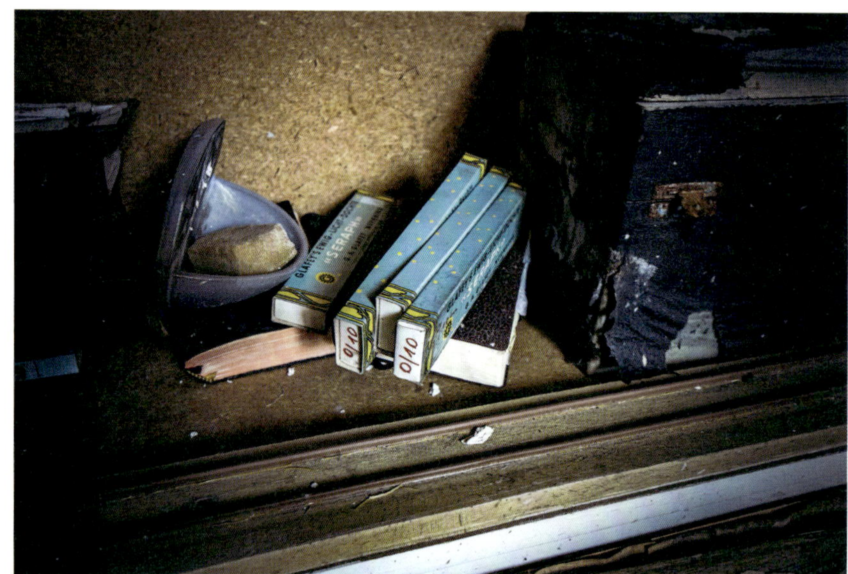

Spuren katholischer Trägerschaft

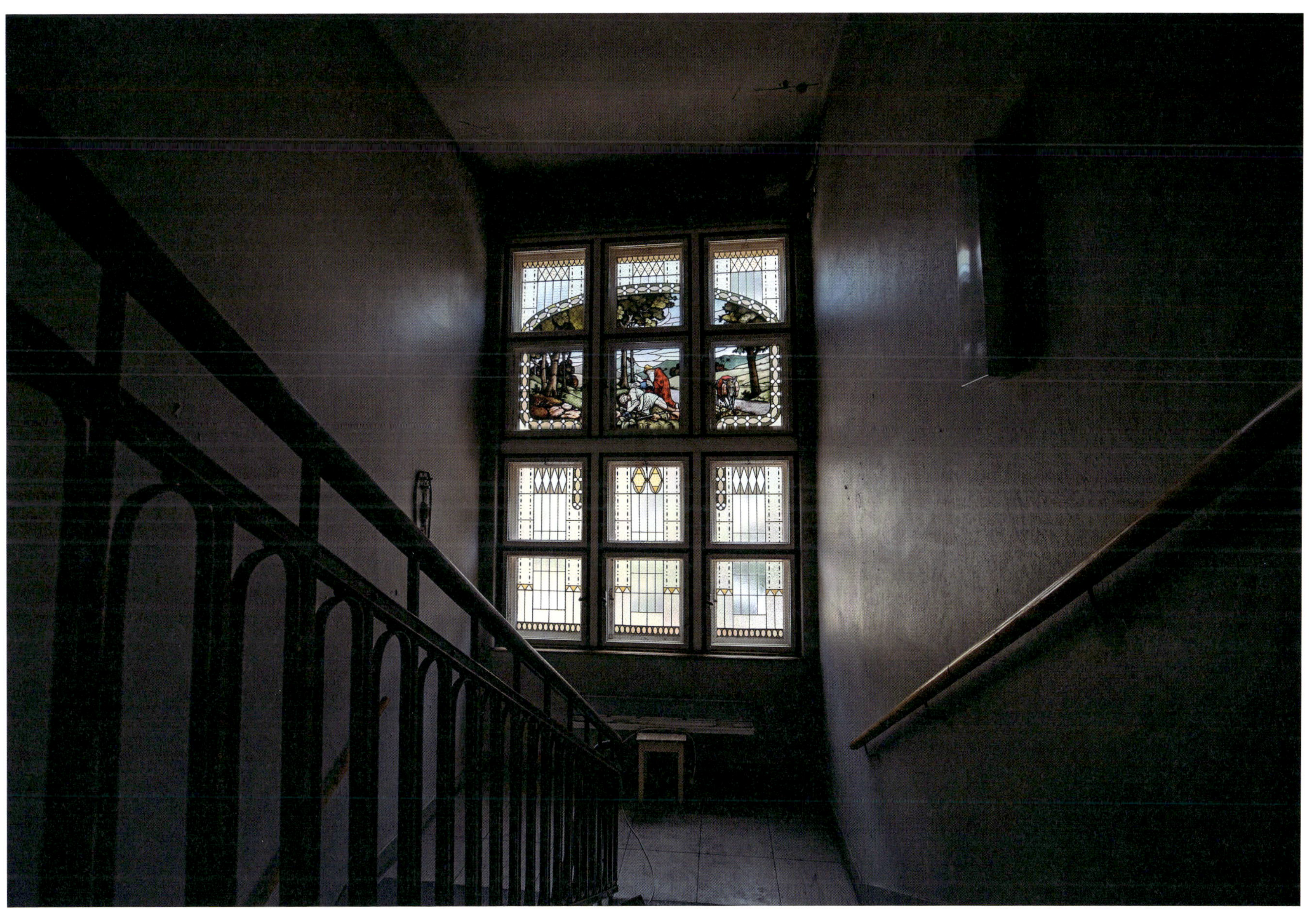

Sakrale Fensterkunst im Treppenhaus

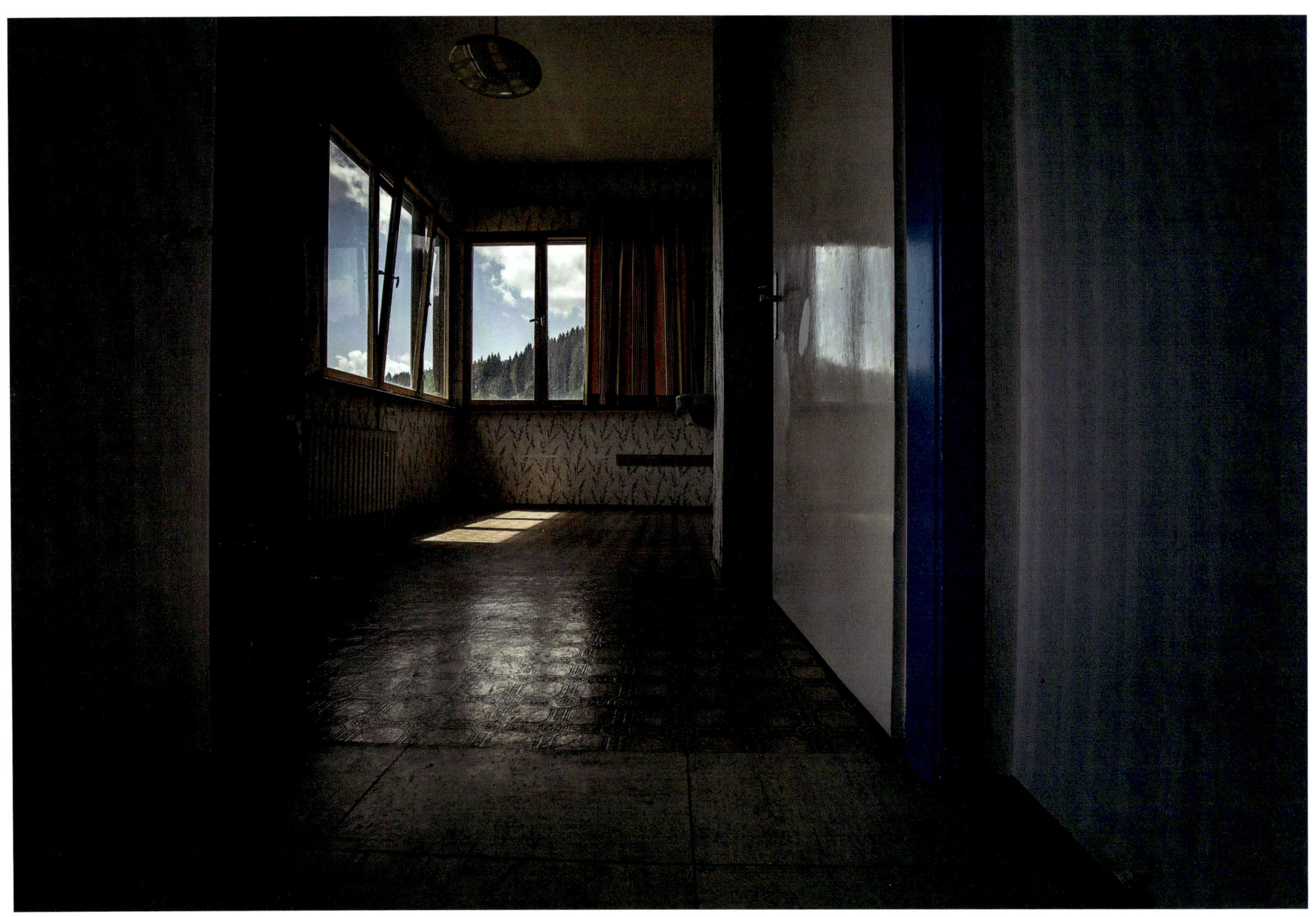

Patientenzimmer

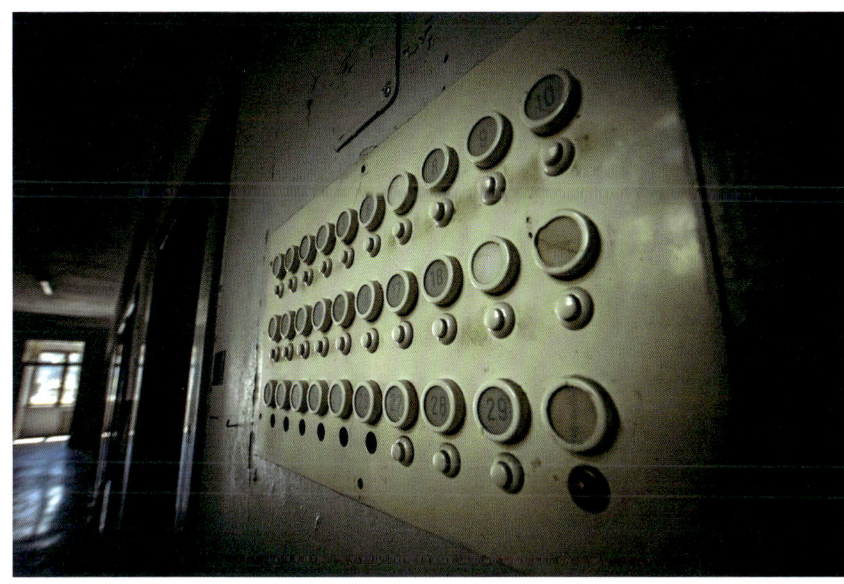

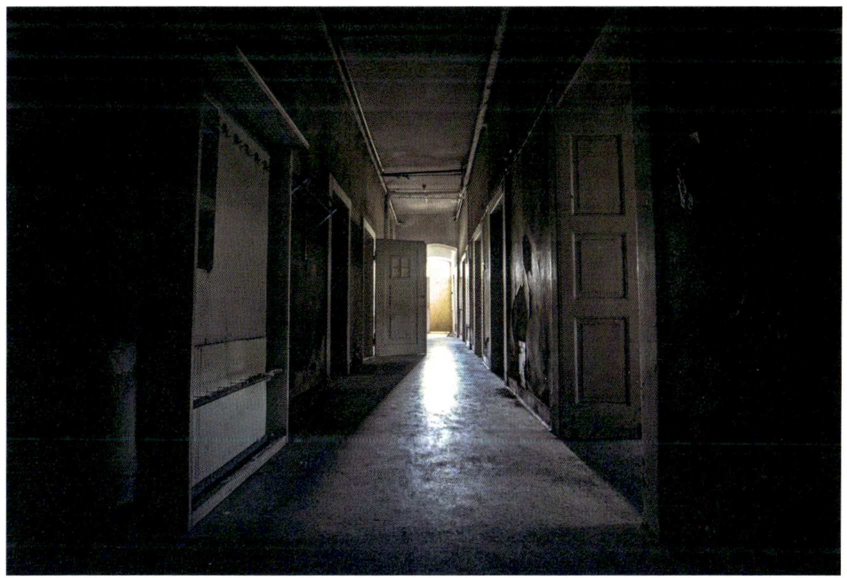

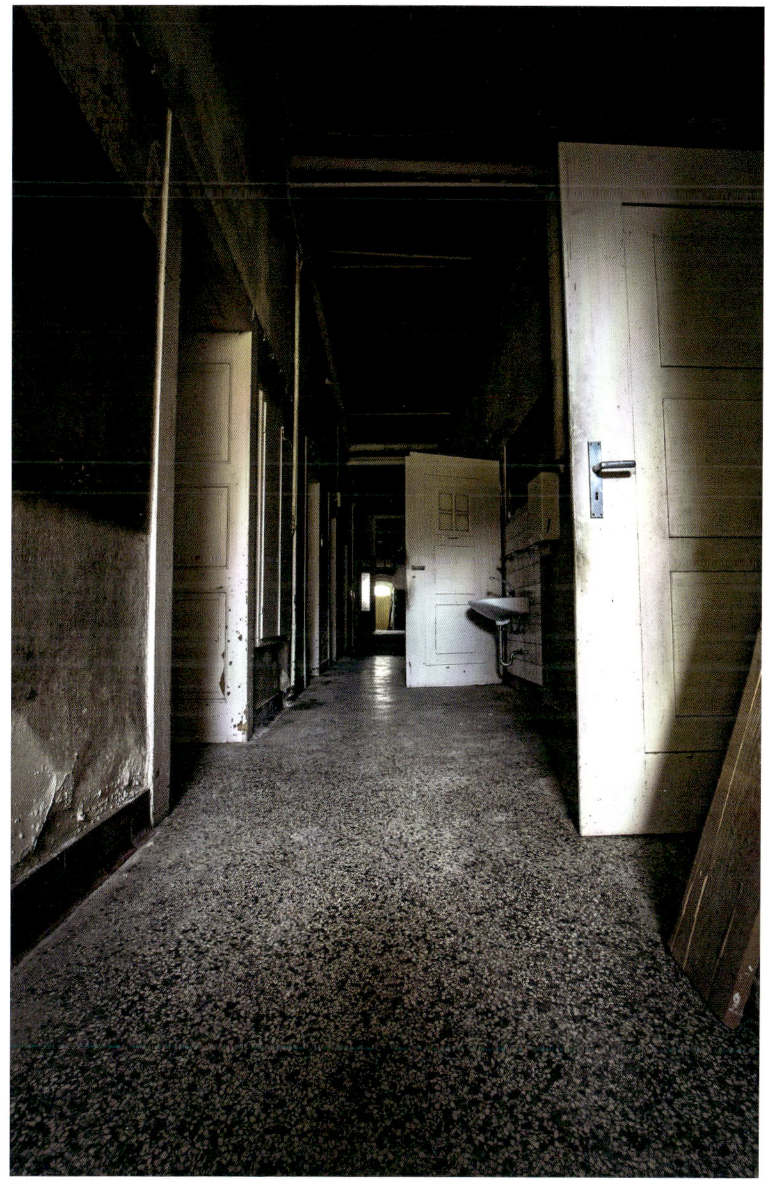

Alarmleuchten für die Patientenzimmer auf dem Flur

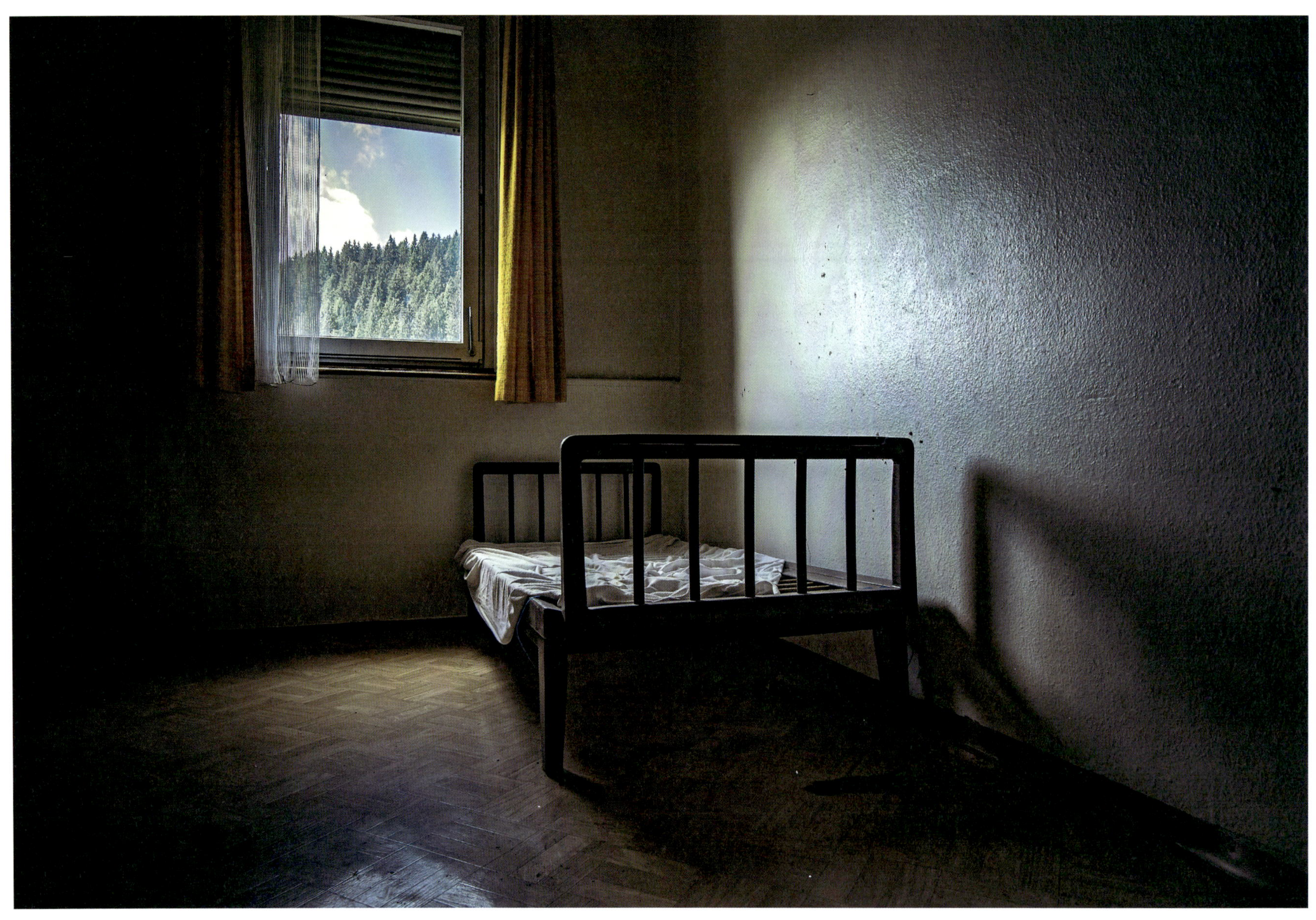

Eines der wenigen Betten im Gebäude

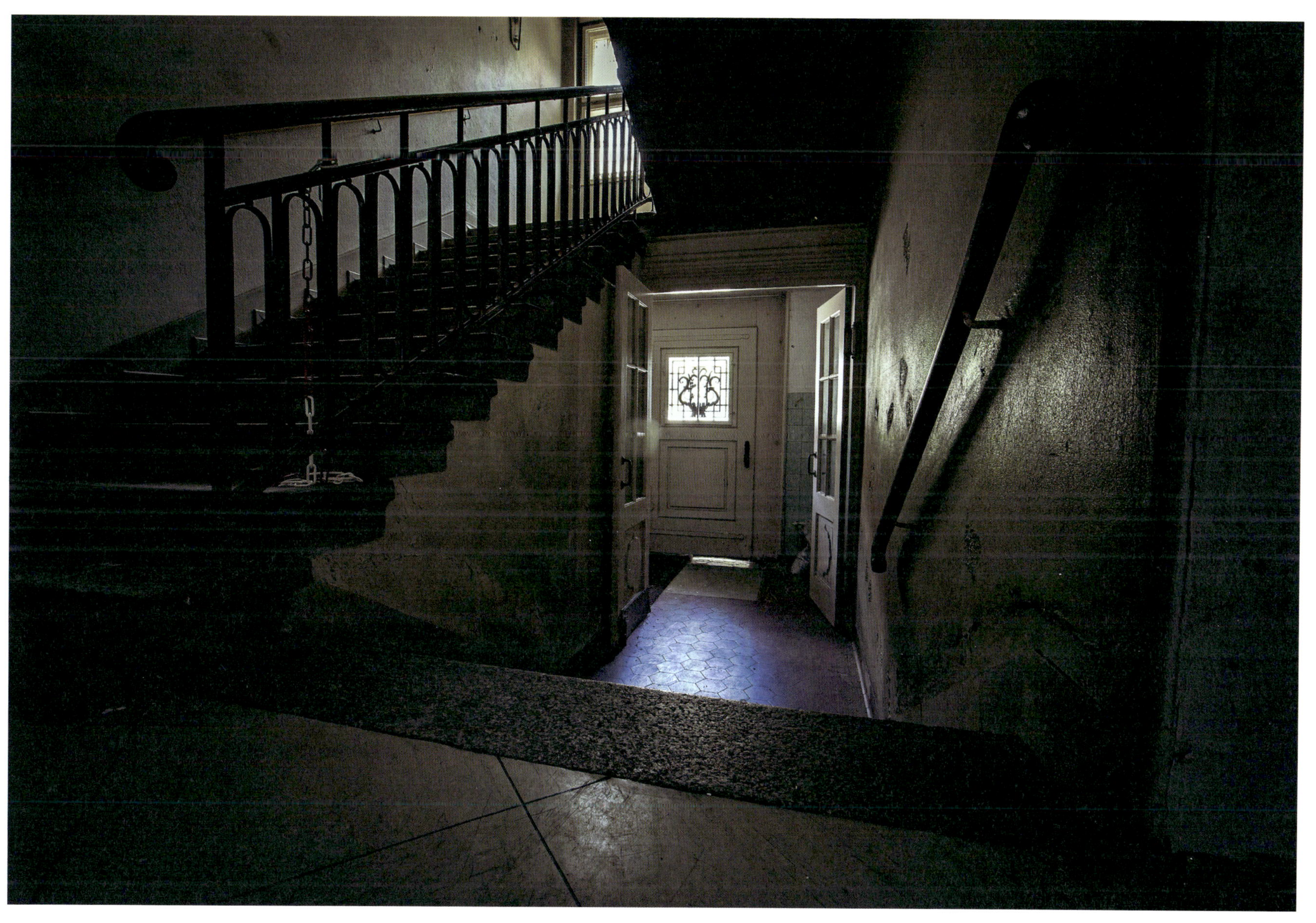

Haupteingangstür

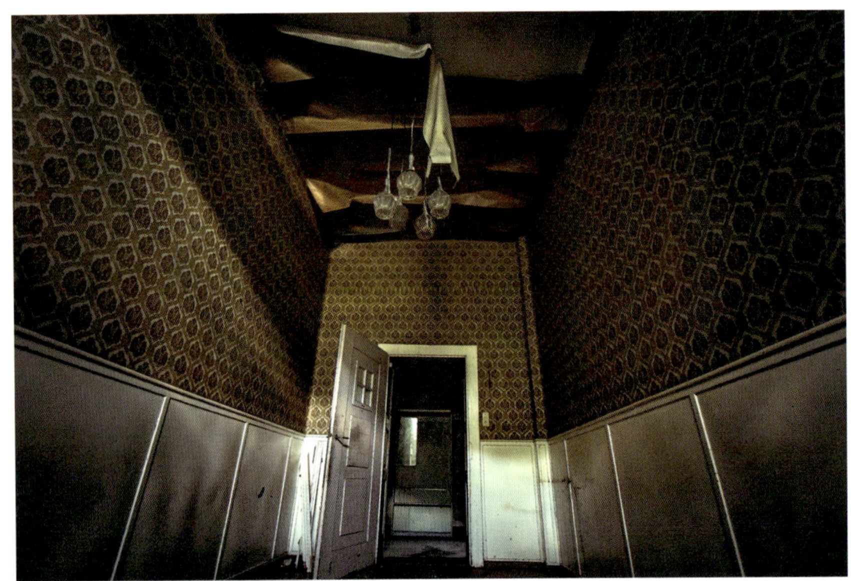

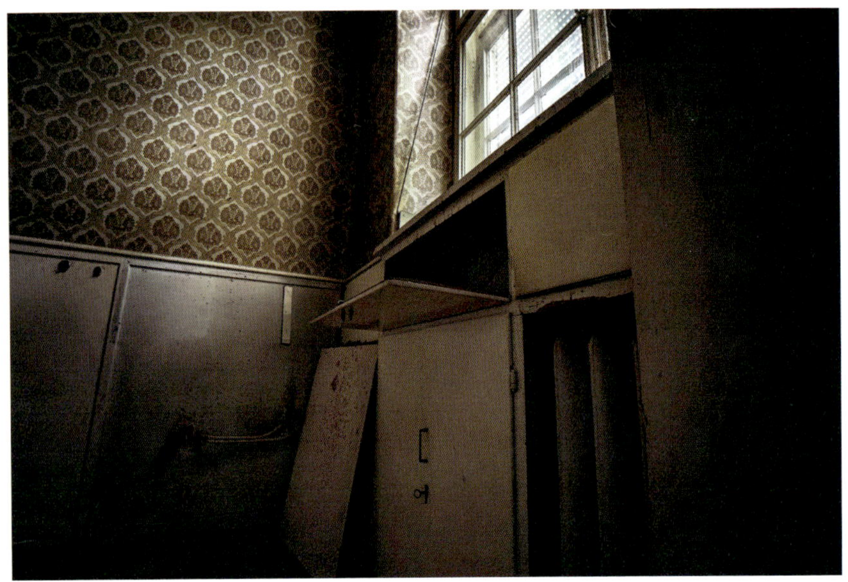

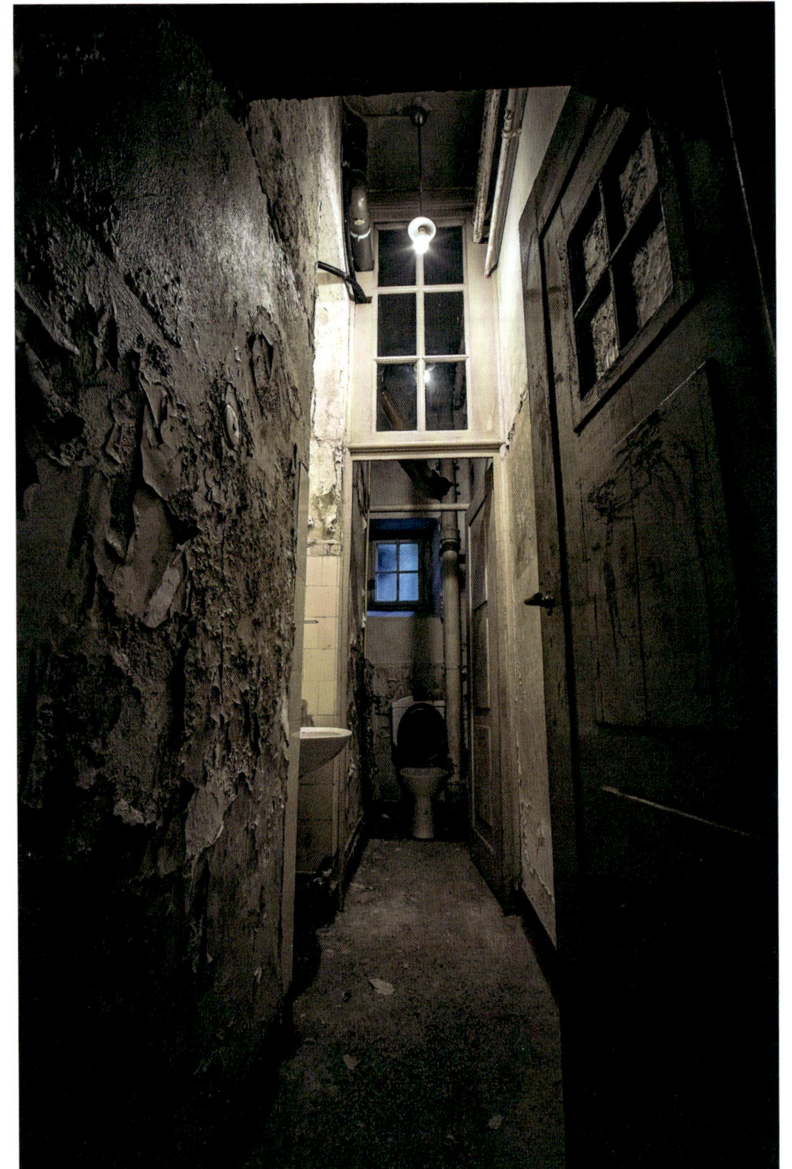

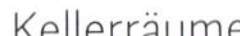

Kellerräume

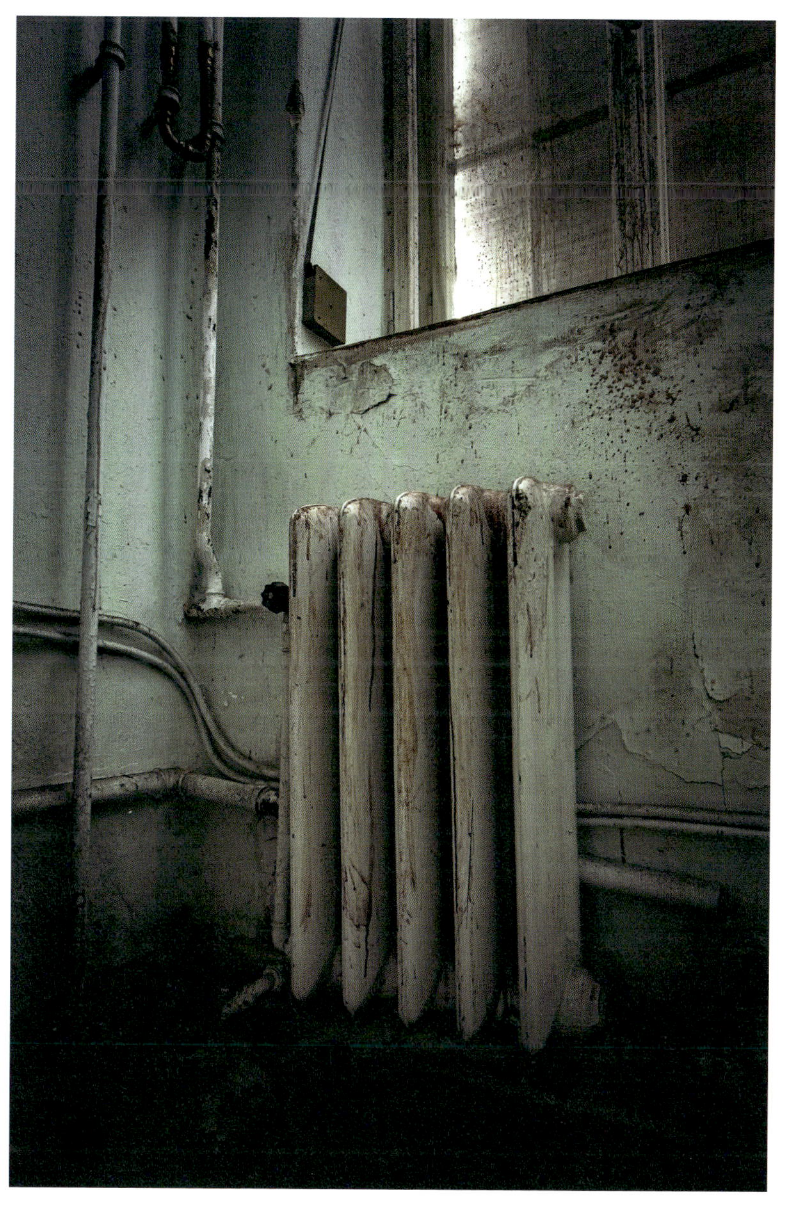

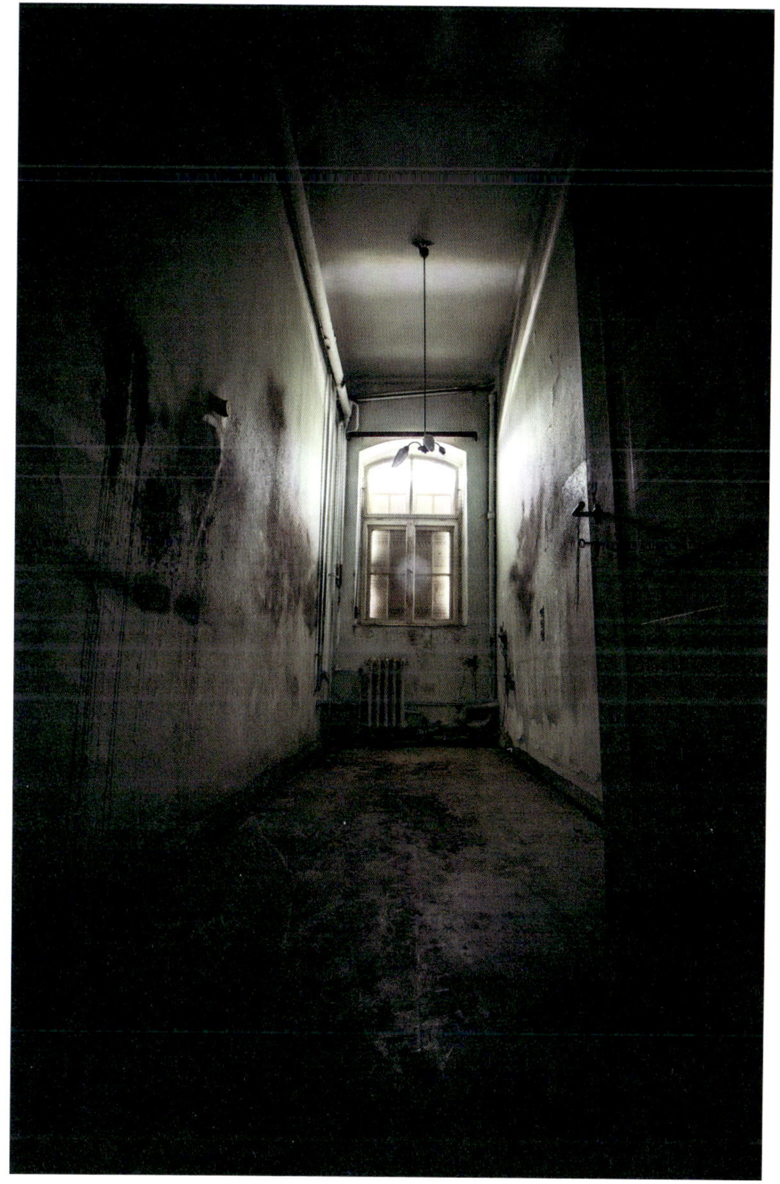

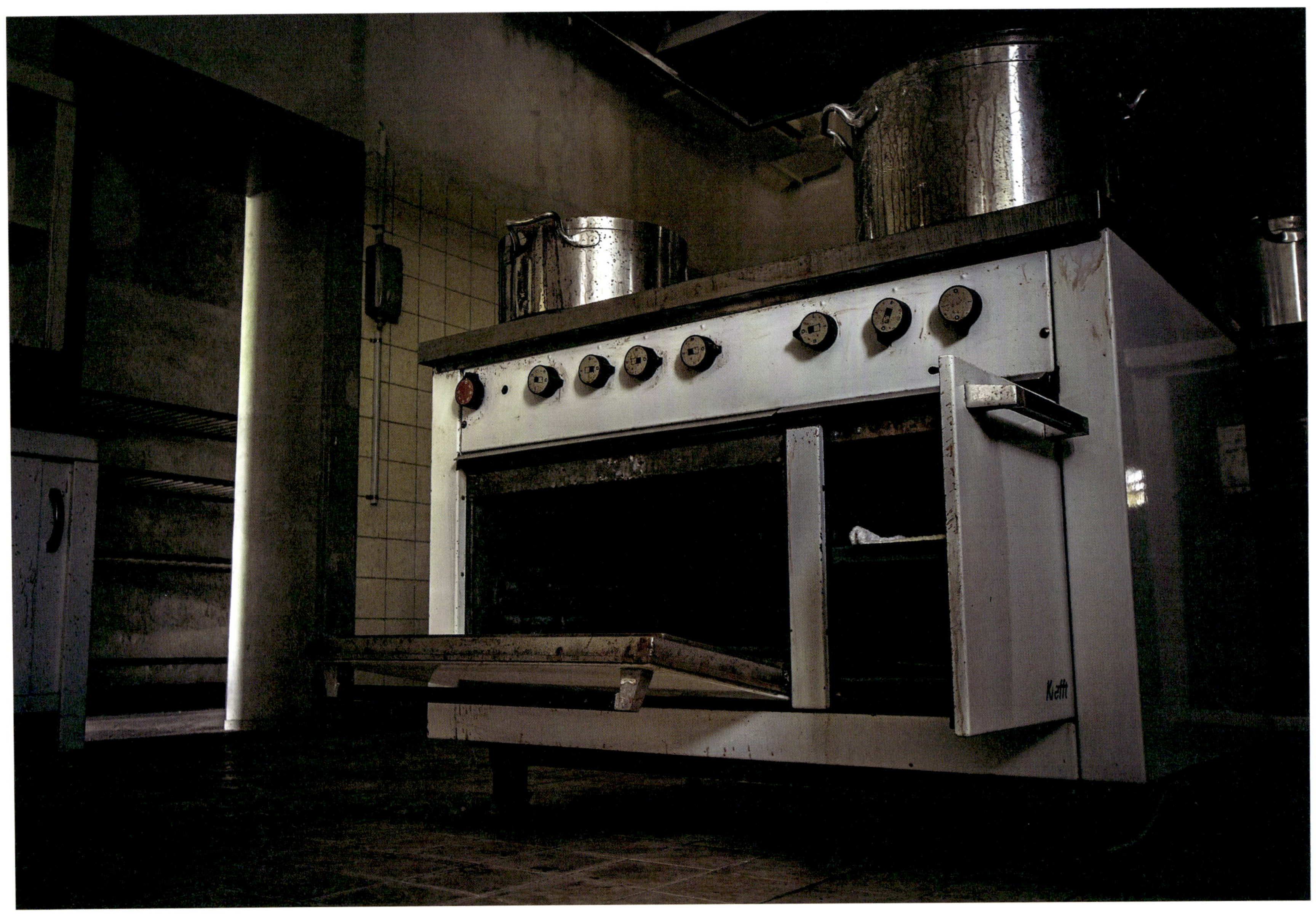

Küche

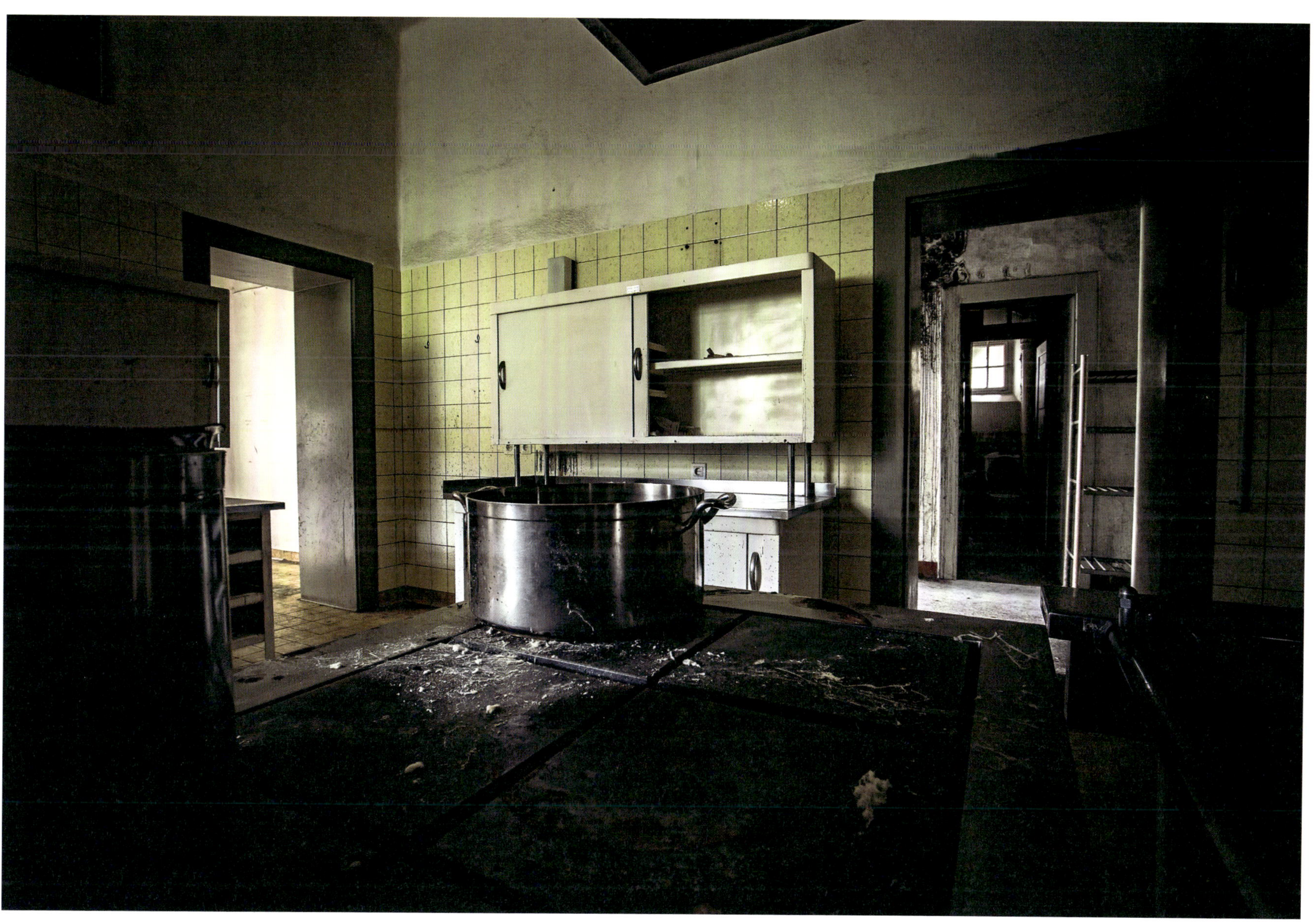

DAS BERGHOTEL

Irgendwo im Schwarzwald über einem wunderschönen Tal fand ich dieses verlassene Berghotel mit einem Ausblick von der Rheinebene bis zu den Vogesen, der seinesgleichen sucht. Als ich das Gebäude betrat, zogen Kindheitserinnerungen an meinem inneren Auge vorüber: Schlittenfahren, Schneemänner bauen und danach eine heiße Schoki trinken.

Bereits 1854 erwähnt ein Bericht der zuständigen Bezirksforstei, dass hoch oben über dem Tal eine Kuranstalt erbaut werden solle und sich eine Gesellschaft gegründet habe, um auf dem Berg eine Kuranstalt zu bauen. Plan und Kostenüberschlag waren gefertigt und es fehlte allein die Erlaubnis der »Großherzoglichen Direktion der Forste, Berg- und Hüttenwerke«, um das Gebäude in der Nähe eines bereits bestehenden Hofes erbauen zu dürfen. Die Großherzogliche Direktion gab die Erlaubnis unter der Bedingung, dass der Erbbeständer des vorhandenen Hofes seine Einwilligung geben müsse. Obgleich offiziell vom Bau einer »Kuranstalt« die Rede war, gab es inoffiziell die Absicht, den Berg für die Allgemeinheit, für Touristen, als Erholungsstätte zugänglich zu machen. Der Plan scheiterte aufgrund finanzieller Schwierigkeiten. Sehr zum Bedauern des damaligen Oberamtmanns. Die Jahre vergingen und die Pläne für die Erholungsstätte gerieten in Vergessenheit.

Im Jahr 1874 wurde ein neuer Oberamtmann an den Fuß des Berges versetzt. Mit bekannten Persönlichkeiten aus seinem Ort gründete dieser einen Verein. Im Jahr 1883 stellte er das Gesuch, ein Rasthaus auf dem Berg errichten zu dürfen. Der Oberamtmann führte in seinem Gesuch auf, dass der Berg zu den Schwarzwaldhöhen gehöre, welche wegen ihrer schönen Lage und ausgebreiteten Fernsicht von Reisenden aus nah und fern gerne und häufig besucht werden. Allerdings fehle es an anständigen Unterkünften für die Touristen, um sich ausruhen und erfrischen zu können. Die Wirtschaft des nahe gelegenen Hofes genüge in keiner Weise den Ansprüchen des Publikums, sie sei »unreinlich« und die Besitzer »uneinsichtig«, etwas dagegen zu unternehmen. Im Juni 1884 war es so weit, mit 42 Wagen und 112 Pferden und Ochsen wurde das Bauholz auf den Berg gefahren und bereits im Juli desselben Jahres konnte das neu gebaute Rasthaus eröffnet werden. 1905/06 wurde die »Wirtschaft« um ein Hotel erweitert und von Wanderern und Urlaubern sehr gut angenommen. Über die Jahre fiel das Hotel wiederholt Feuern zum Opfer. Nun wurde es abgerissen und wich damit einem modernen Neubau.

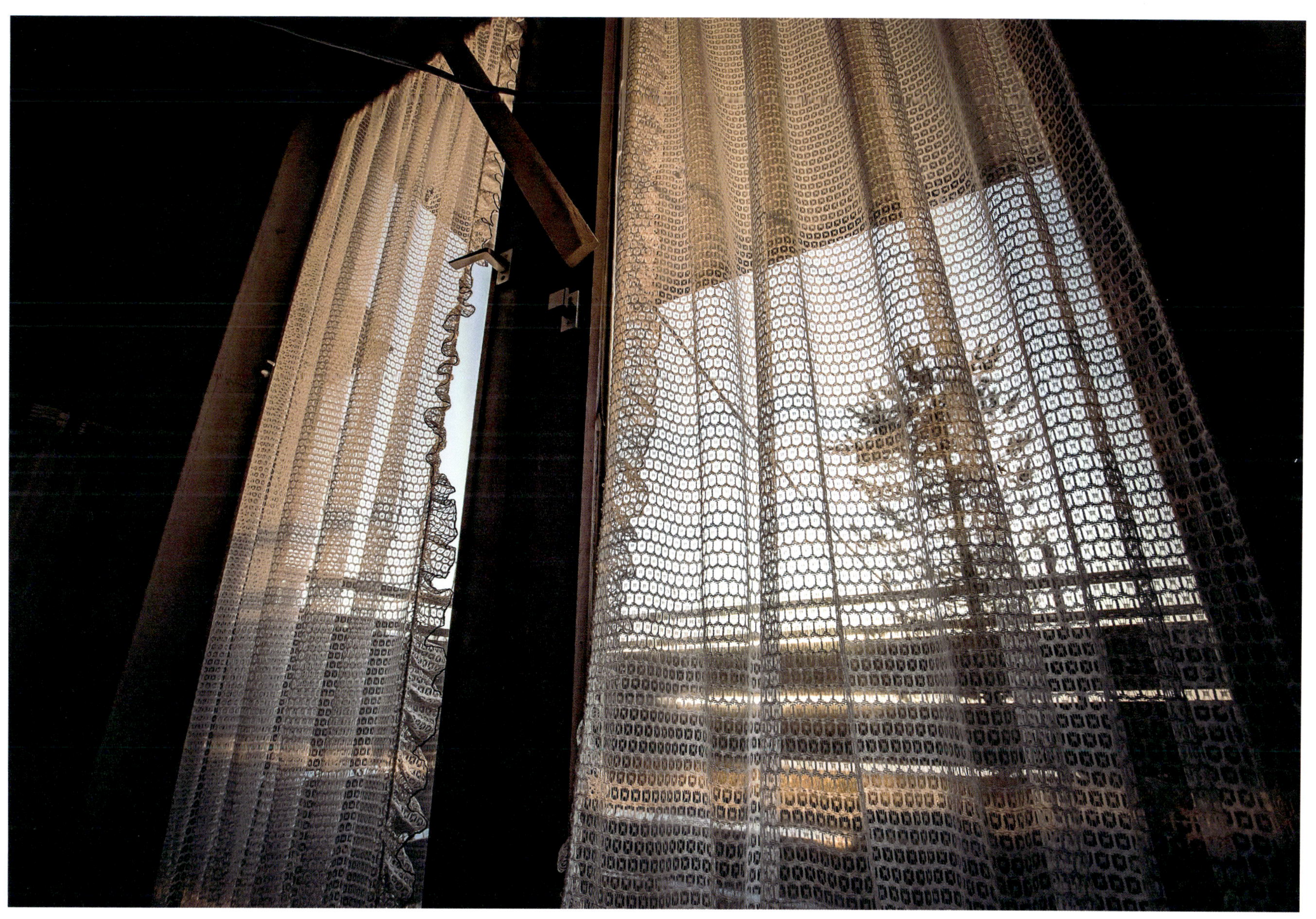

Blick aus einem der Gästezimmer

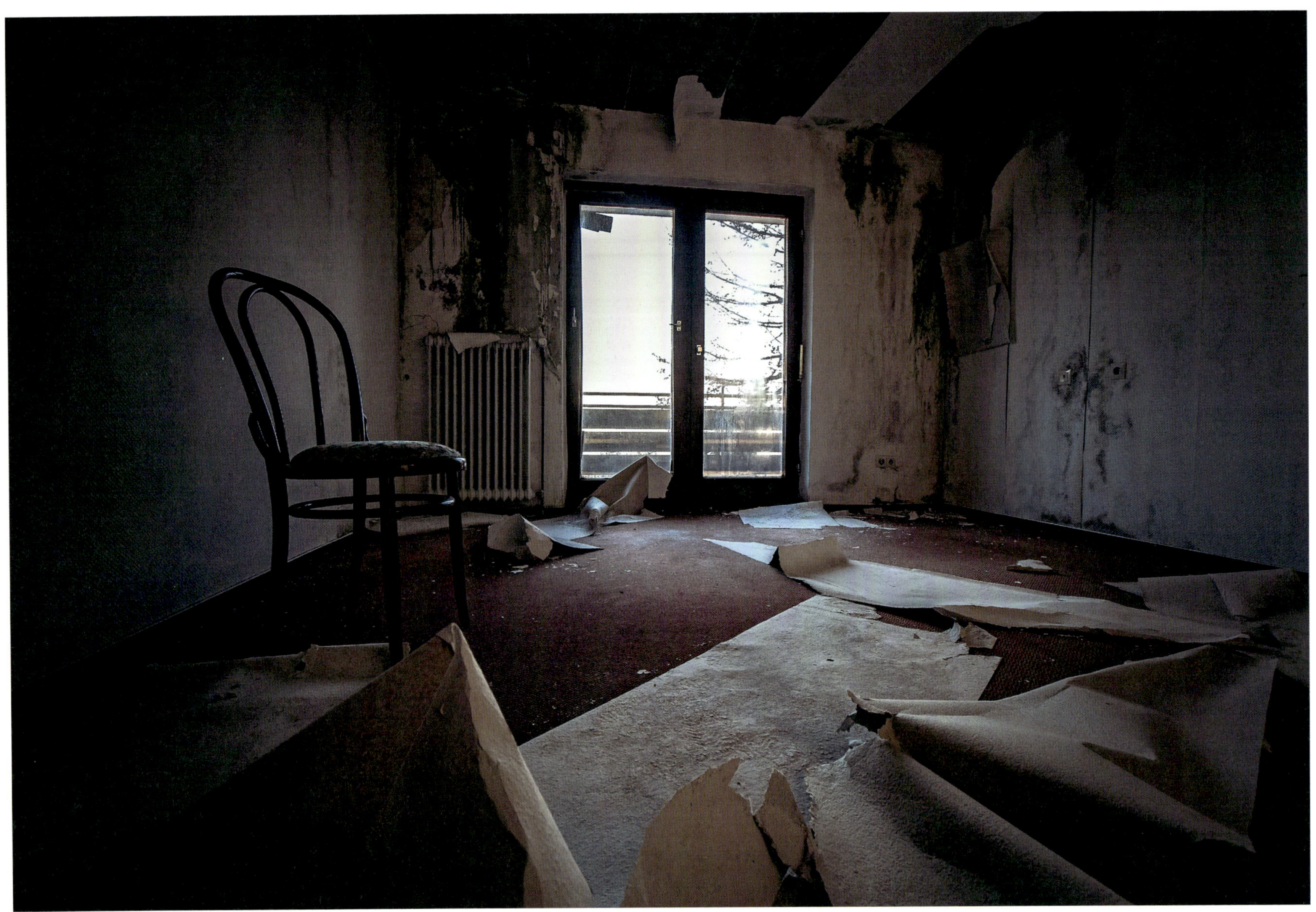

Gästezimmer

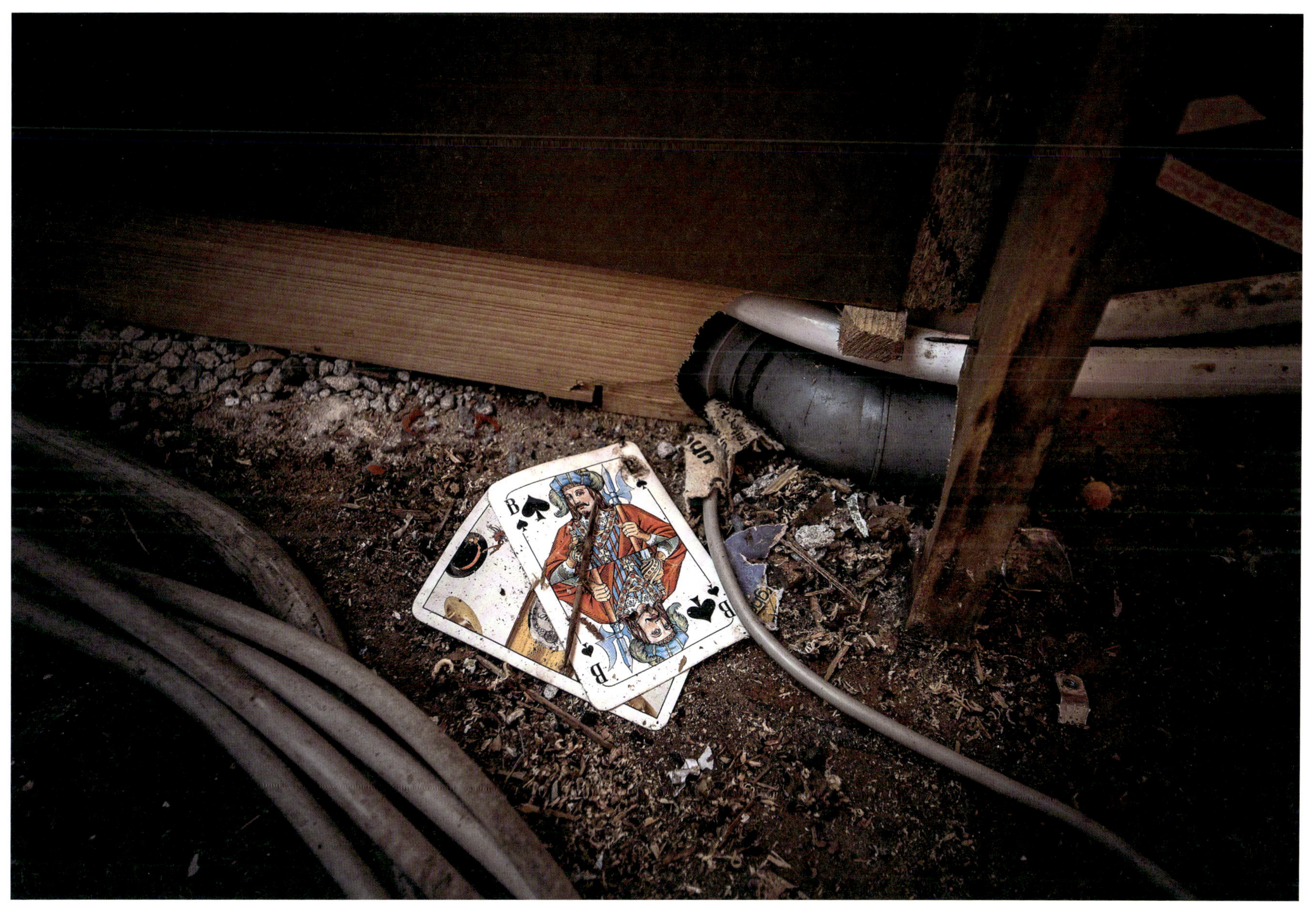

Vergessene Spielkarten

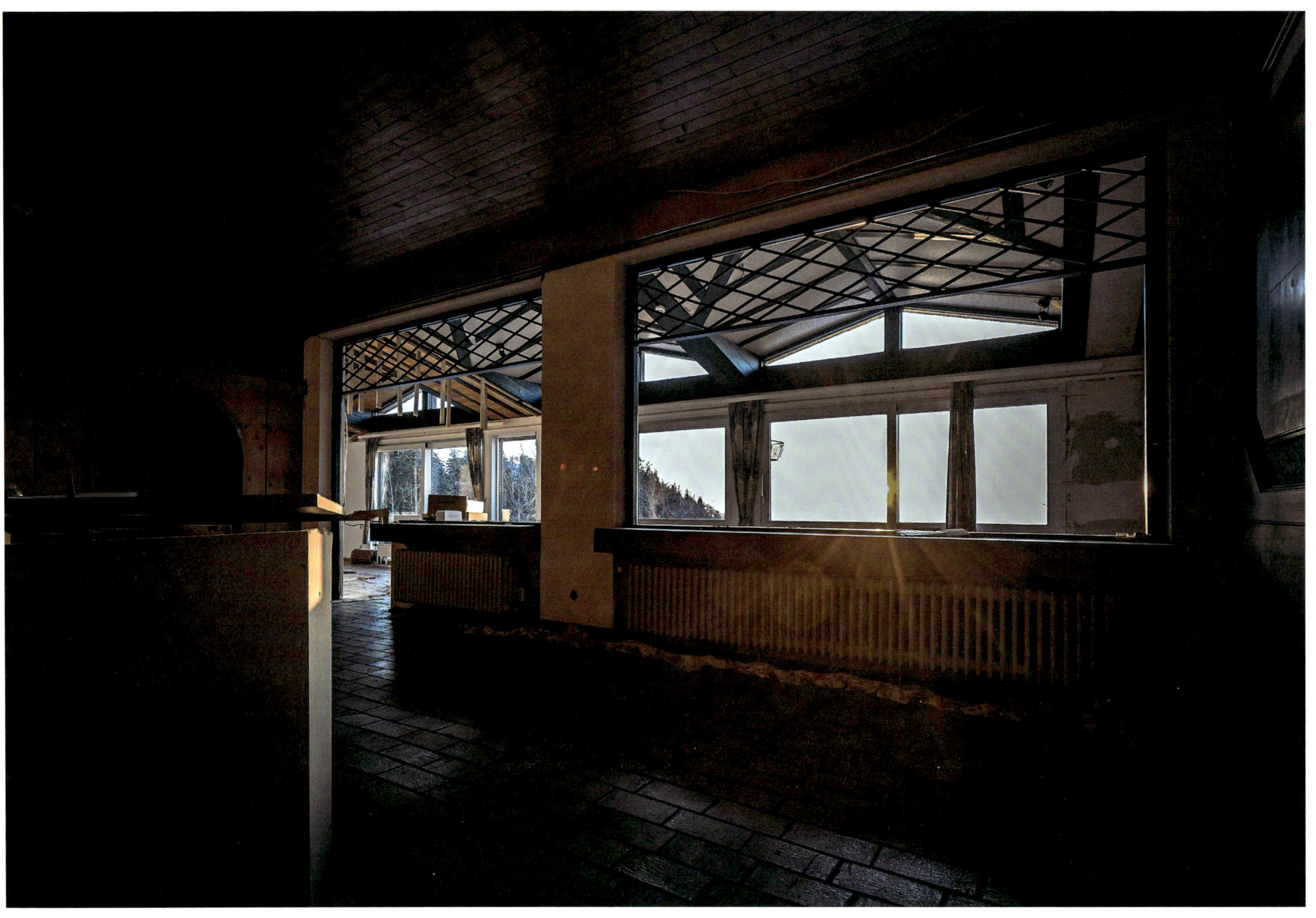

Gastraum

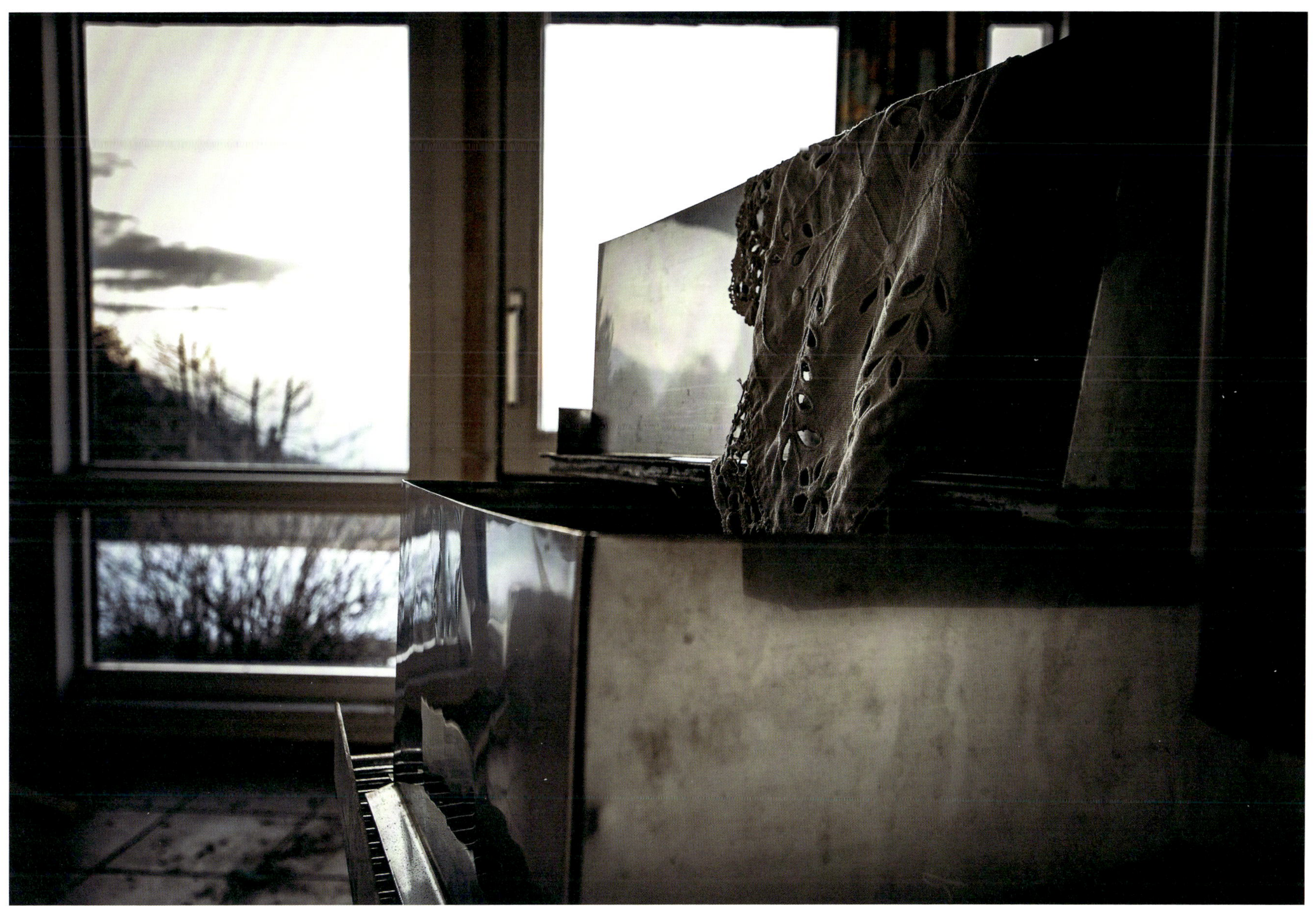

Tischdecke auf Teilen eines Geschirrspülers

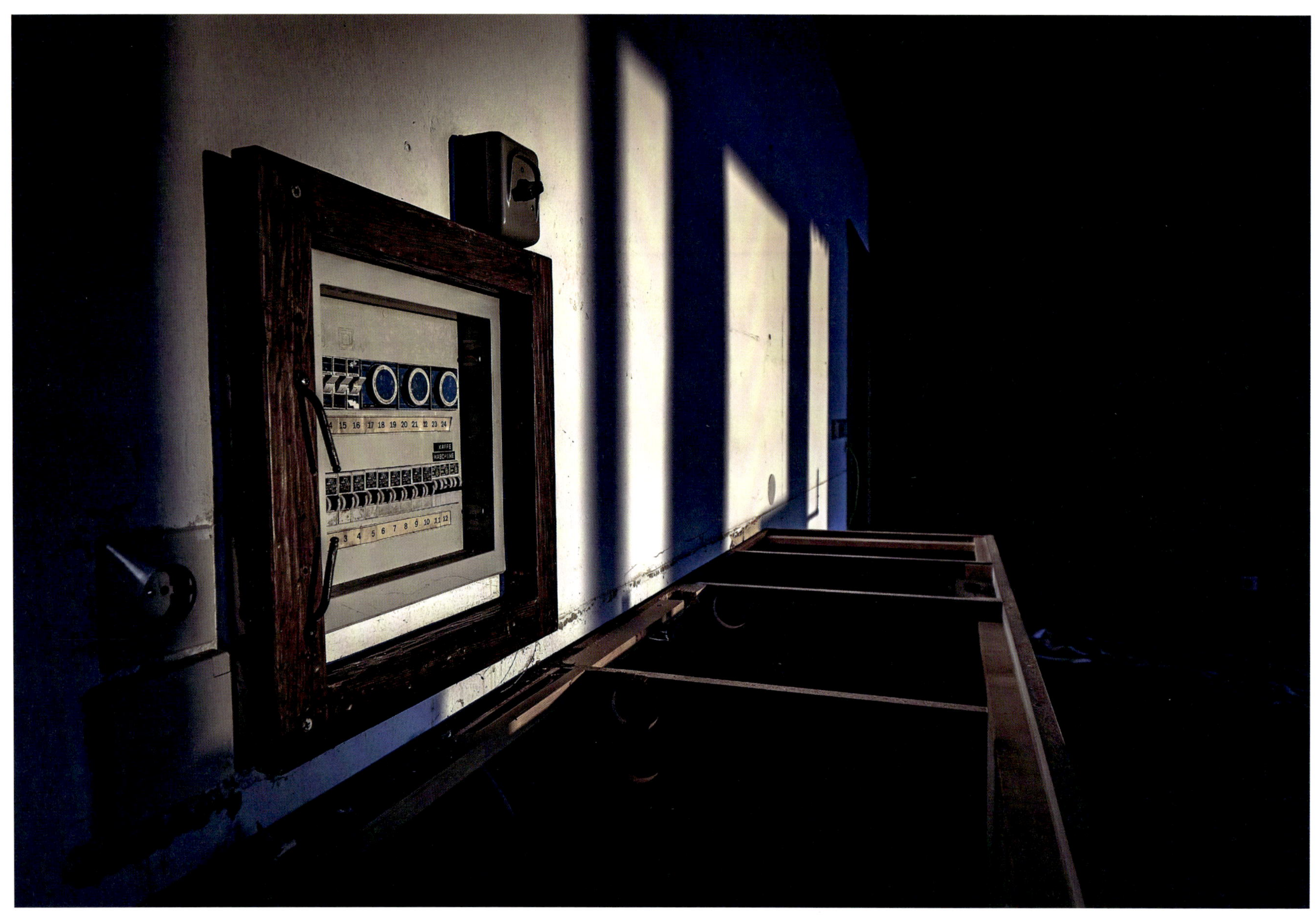

Sicherungskasten

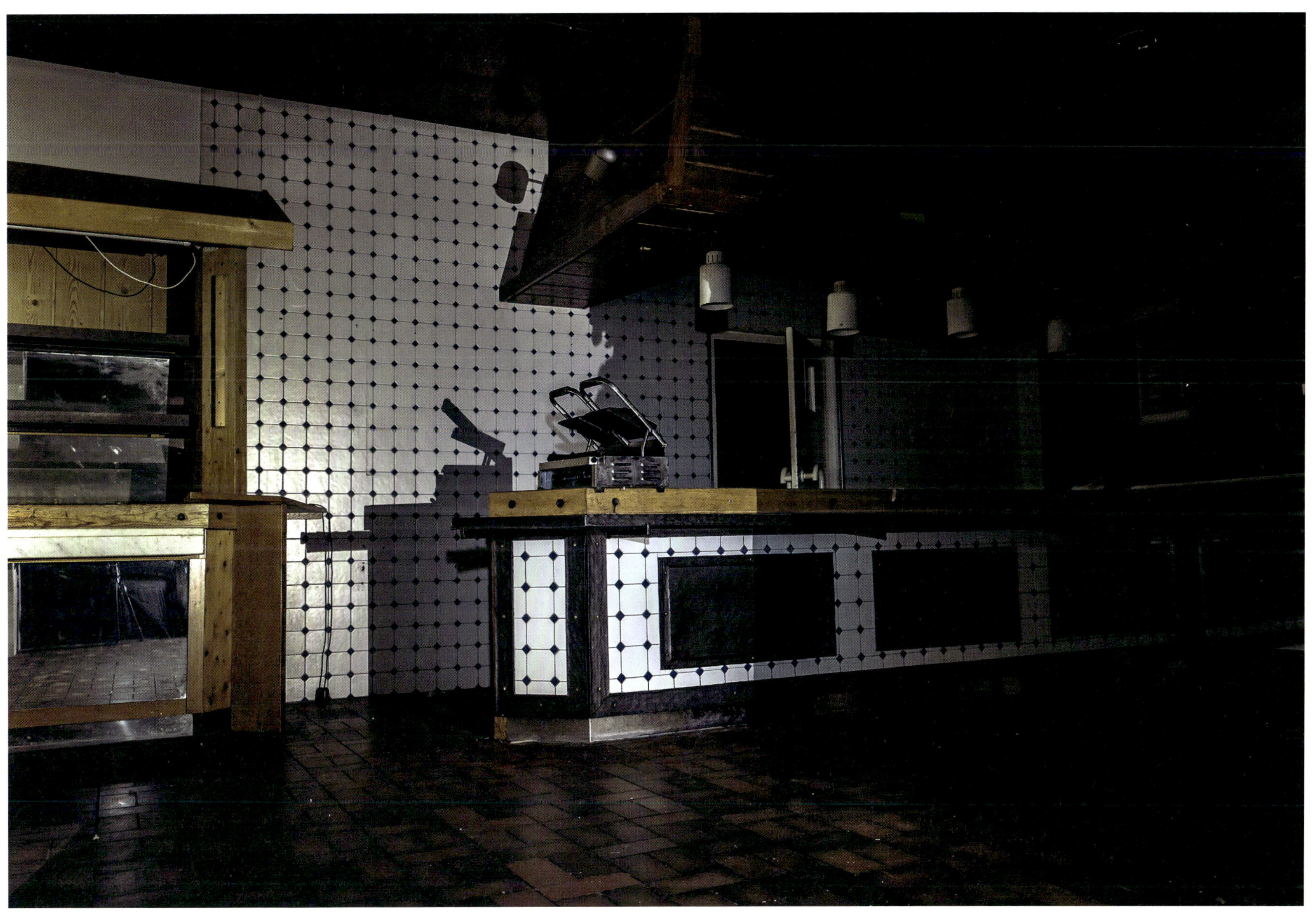

Büffettische

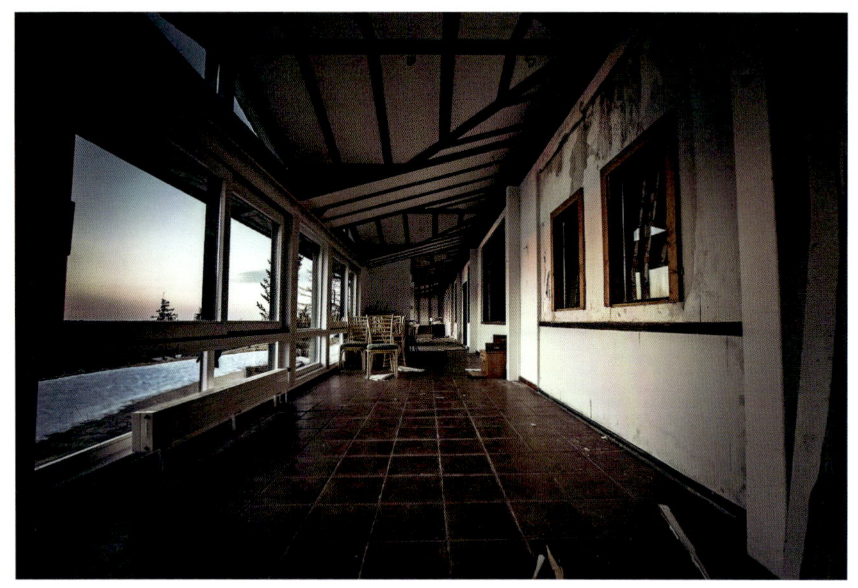

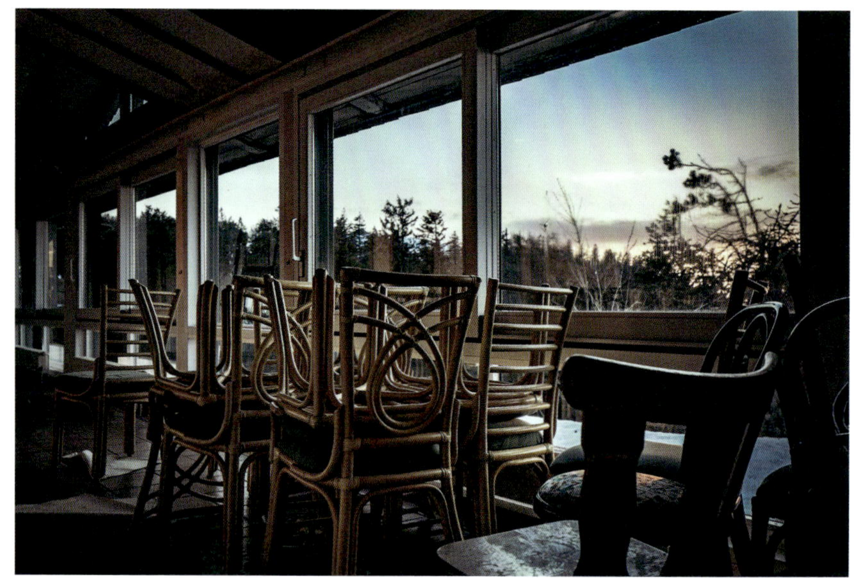

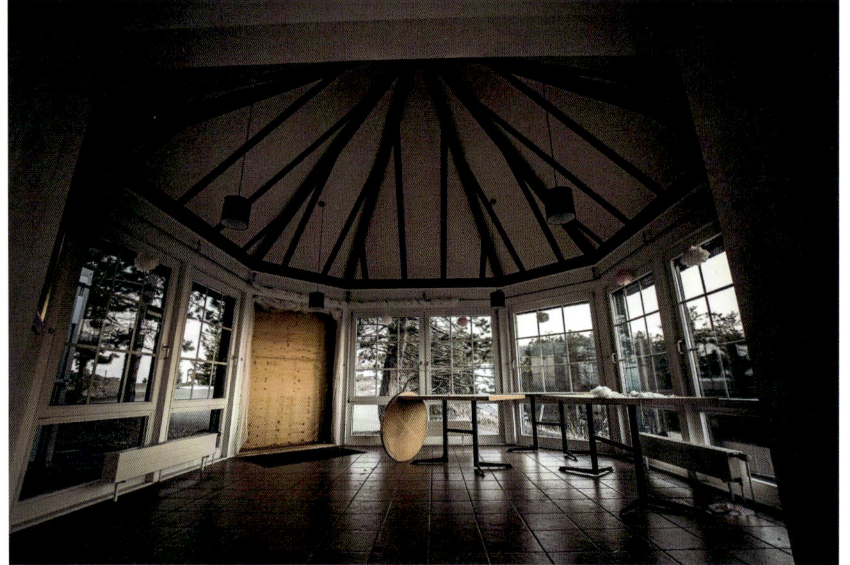

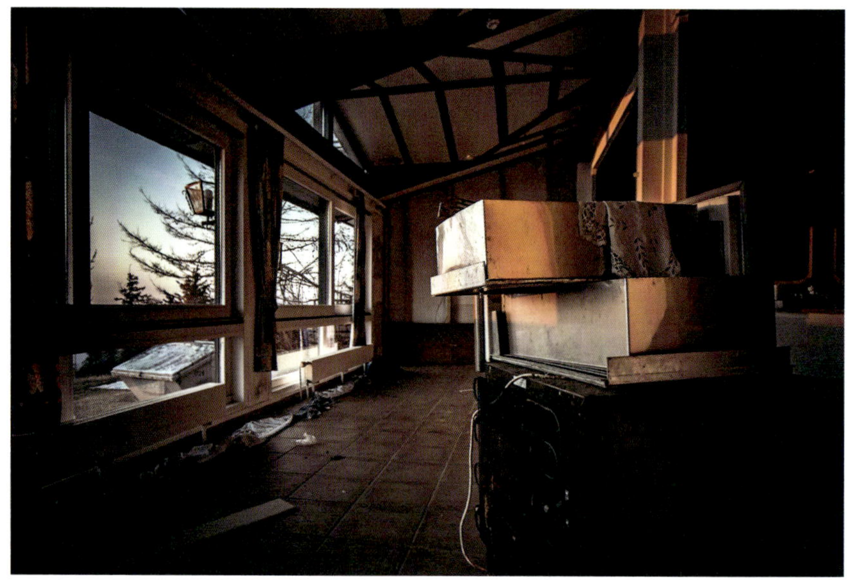

Wintergarten

Rondell

Gastraum

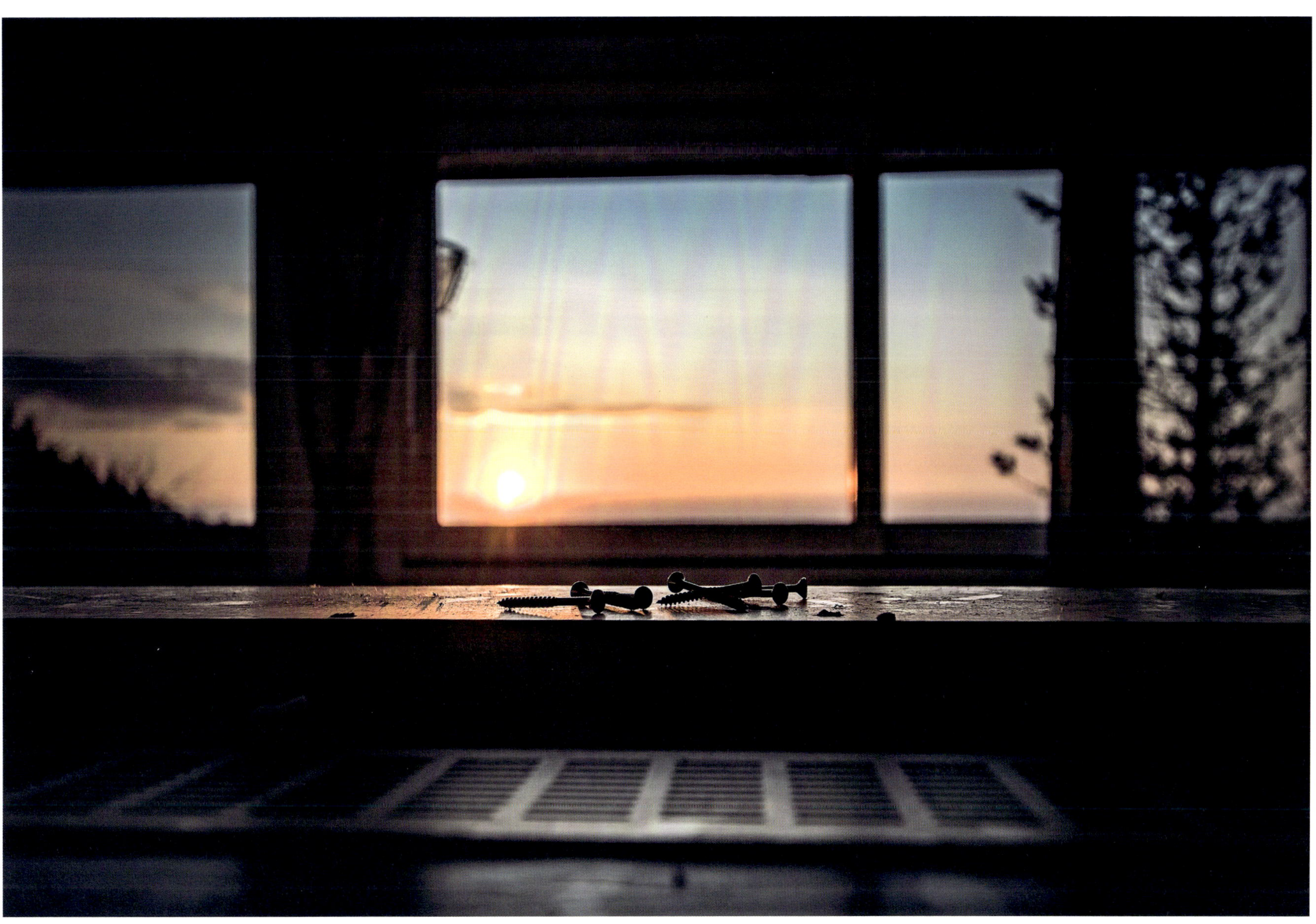

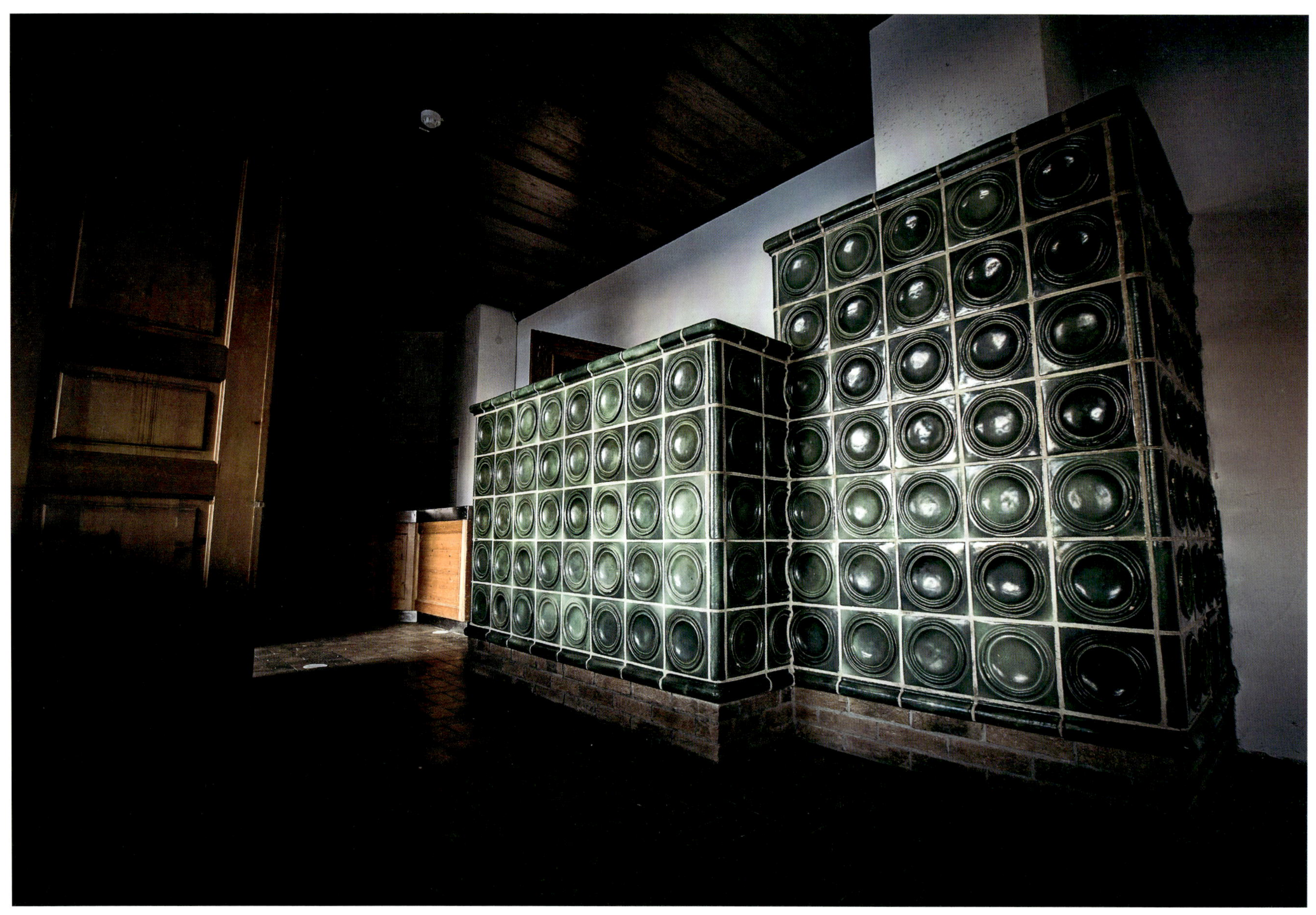

Kachelofen im Gastraum

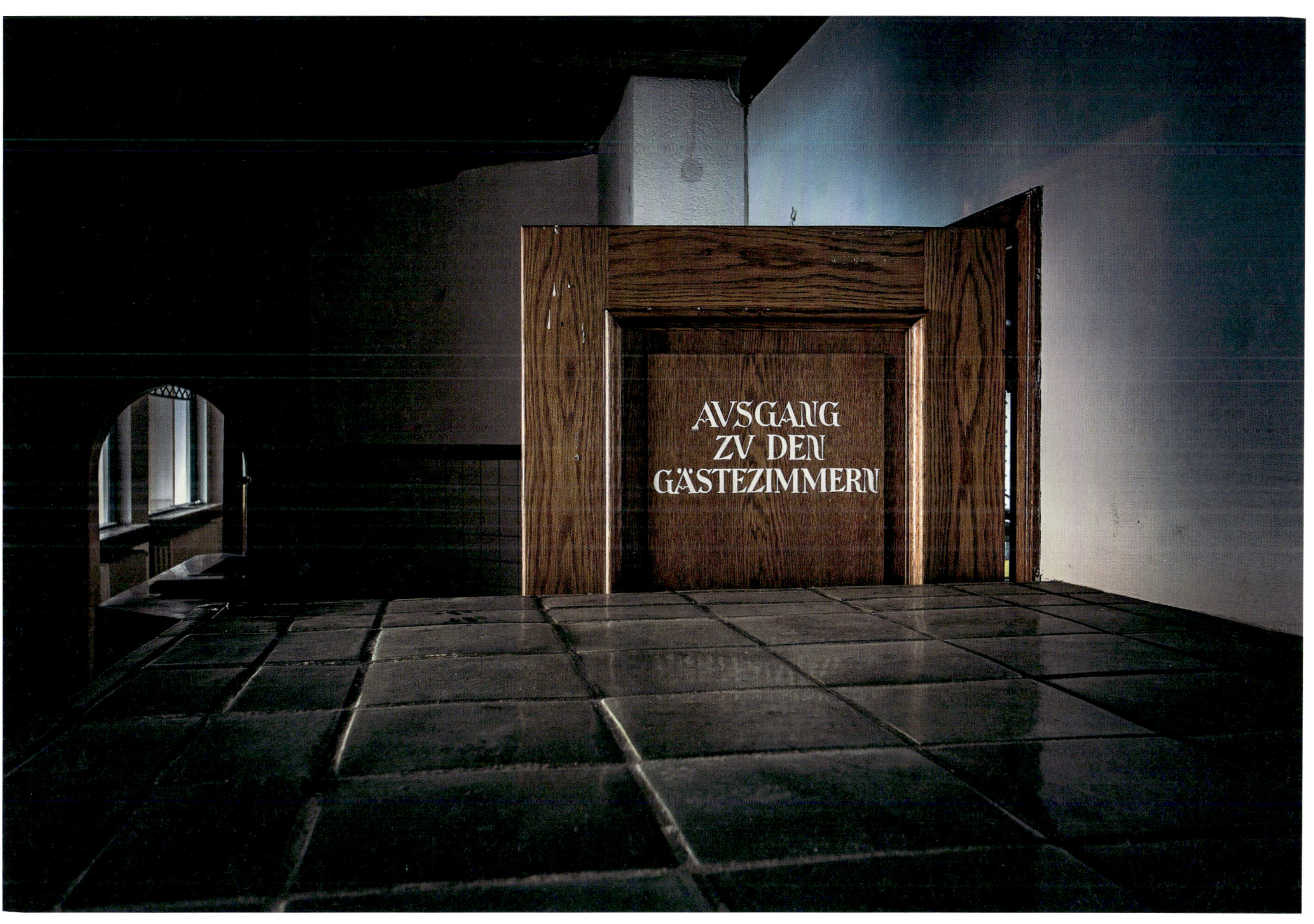
AVSGANG
ZV DEN
GÄSTEZIMMERN

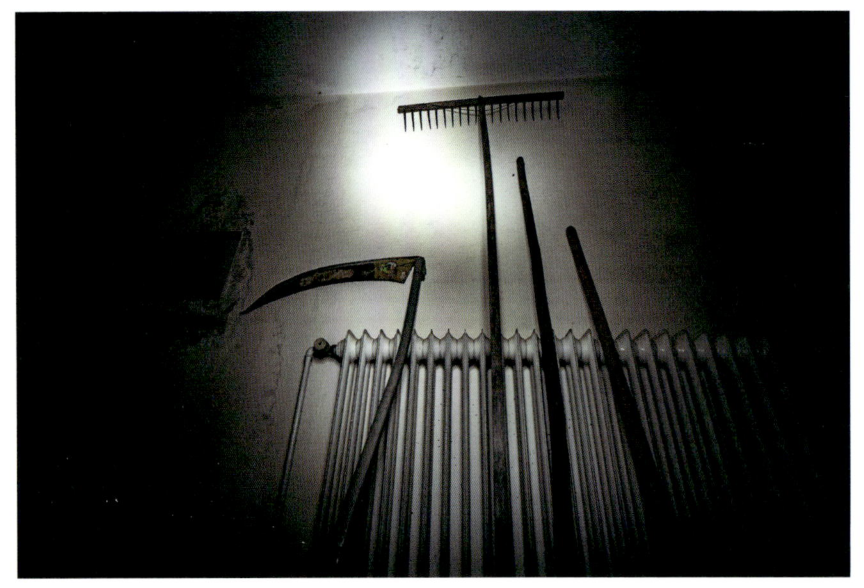

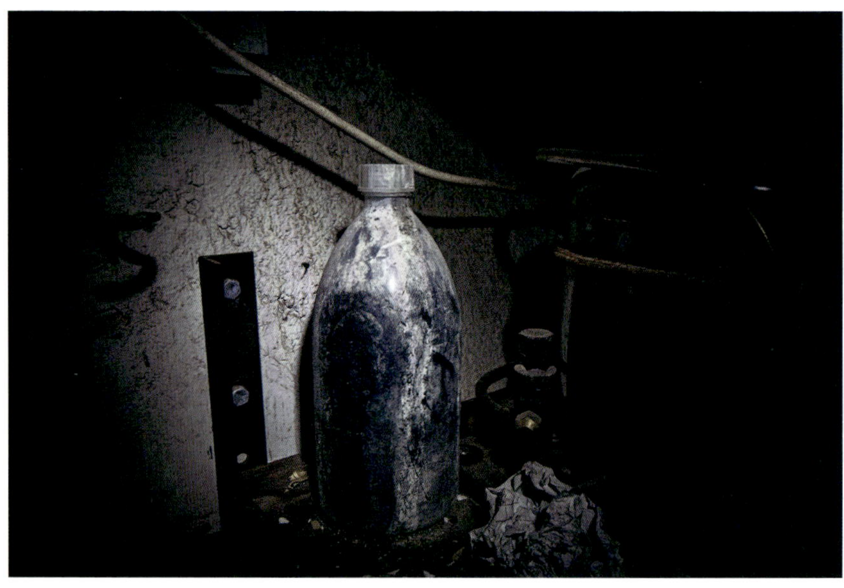

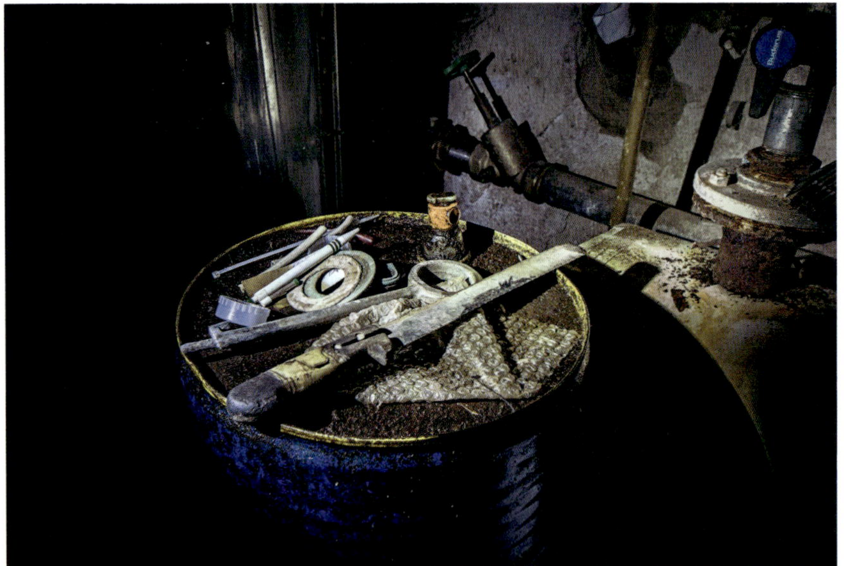

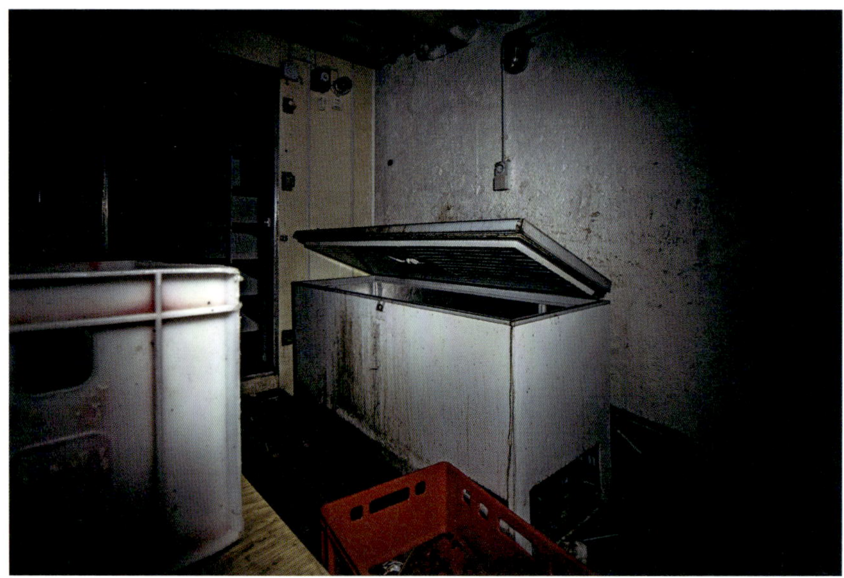

Im Keller

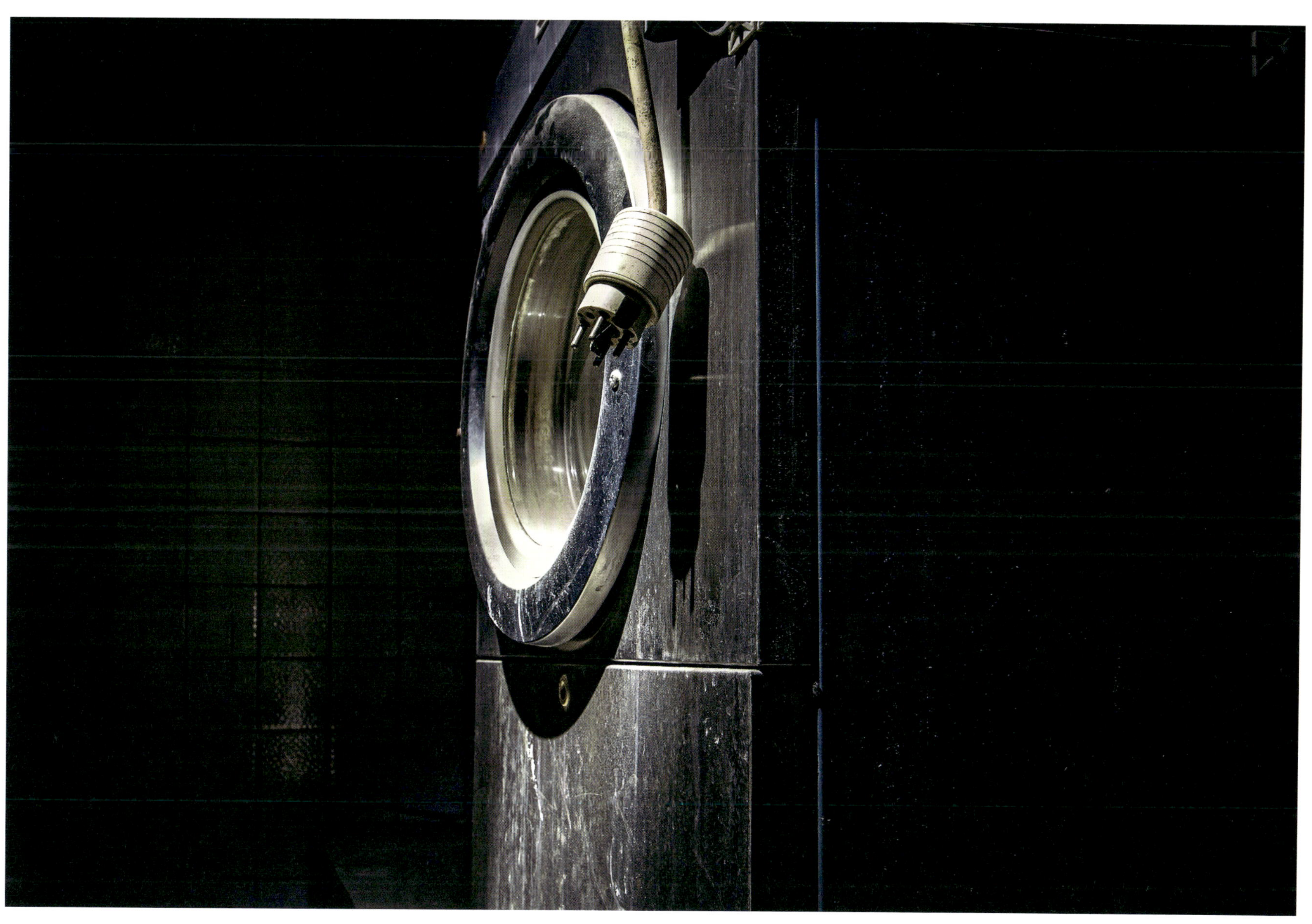

Riesige Waschmaschinen reinigten die Hotelwäsche

DAS SCHLOSS

Es war ein warmer Sommertag, als ich nervös vor den Schlosstoren auf den Mann wartete, der mir die Tür zu diesem wunderschönen Lost Place öffnen würde. Jahrelang, wenn nicht sogar jahrzehntelang, hatte das Schloss keine Besucher mehr empfangen und fristete ein trauriges Dasein. Es blieb zwar von Vandalismus verschont, aber bei mehreren Einbrüchen wurden zahlreiche Holzfiguren, Waffen und Ahnenbilder gestohlen. Durch einen Besitzerwechsel und eine anstehende Renovierung ergab sich für mich die Chance, diesen wunderschönen Ort zu besuchen.

Als sich die schwere Holztür des Hauptportals öffnete, erwartete mich eine beeindruckende Empfangshalle, die mich in die prunkvolle Zeit des Gebäudes entführte. Errichtet wurde das Schloss 1760 in einem damals kleinen Meiertum, als die Grundherren den alten Sitz der Familie für nicht mehr standesgemäß befanden. Traditionell wurden die Erstkommunikanten in das im Rokokostil erbaute Schloss eingeladen und in der 1767 angebauten Schlosskapelle fanden die Schulentlassgottesdienste statt.

Auch wenn die meisten Räume im Schloss leer stehen, ist es eine besondere Stimmung, die vor Ort herrscht. Die Räume strahlen trotz ihrer Größe und Leere eine Wärme aus und mir war, als ob ich sehen könnte, wie sich die Adeligen darin bewegt hatten. Fast schon ehrfürchtig entdeckte ich nach und nach die Räume. Mein Weg führte mich in den ersten Stock. Eine Tür wies in ein Zimmer, in dem lediglich ein leerer Tresor steht. Eine andere Tür, die einen Spalt offenstand, erregte meine Aufmerksamkeit und eigentlich erwartete ich einen weiteren leeren Raum. Aber was ich dort zu sehen bekam, verschlug mir einfach nur die Sprache. Es ist das Herzstück dieses Lost Place: Hinter der Tür verbirgt sich eine komplett eingerichtete Bibliothek mit dunklen Holzmöbeln und zahlreichen sehr alten Büchern. Historische Urkunden liegen auf dem Tisch verstreut und ein Globus verleiht dem Raum einen Hauch von Abenteuer. Ich weiß nicht, wie lange ich im Türrahmen verweilte, ohne ein Foto zu schießen. Momente wie diese sind für mich überaus kostbar, denn plötzlich steht die Welt still und lässt mich in eine vergangene Zeit eintauchen. In diesem Raum wird ein Stück Geschichte nicht nur in den Büchern bewahrt, er ist vielmehr selbst ein Teil der Geschichte. Welche Gespräche mögen geführt worden sein von der Adelsfamilie, die hier gelebt hat, über die zwei Weltkriege, die das Schloss überstand, und über das Dorf, in dem es sich befindet? Könnten damit nicht sogar weitere Bücher gefüllt werden? Durch ein Fenster reicht der Blick direkt in die wunderschöne kleine Kapelle, die sich als Anbau an das Schloss schmiegt. Dieser Lost Place ist für mich wie ein Juwel, wunderschön, unberührt, und als ich wieder ans Tageslicht trat, war ich glücklich zu wissen, dass das Schloss eine neue Besitzerin gefunden hat und bald im neuen Glanz erstrahlen wird.

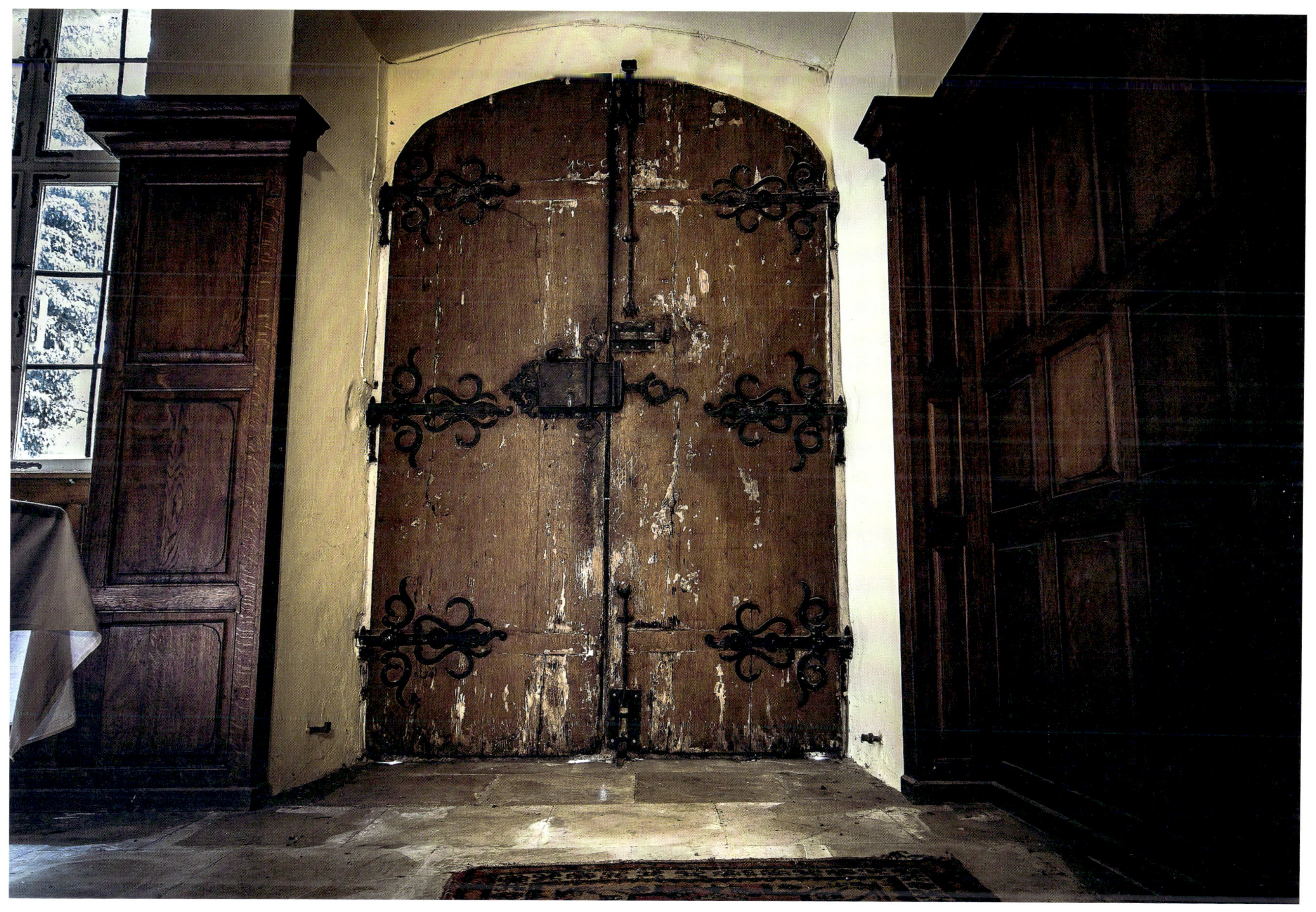

Eingangstür

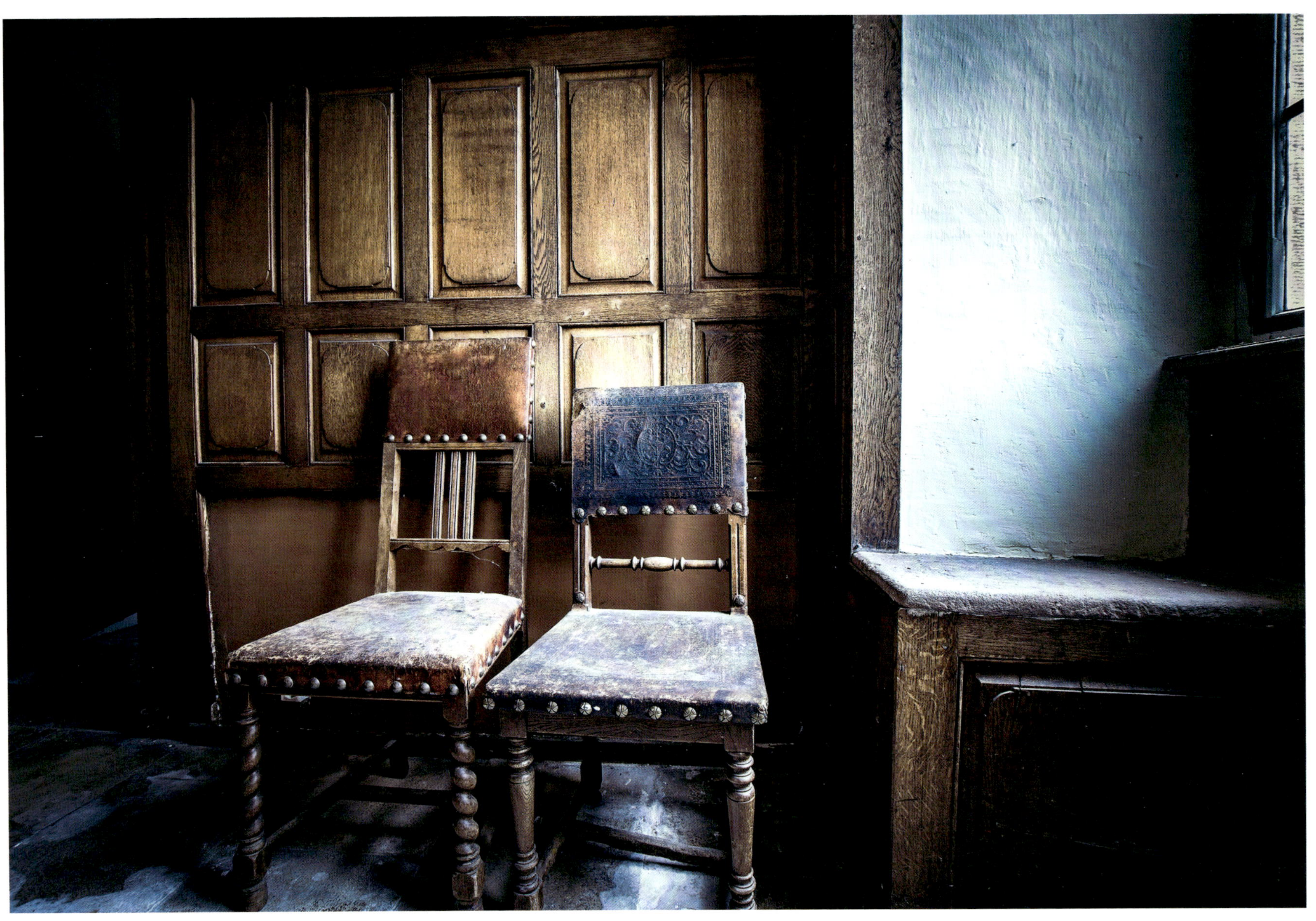

Lederstühle im Foyer

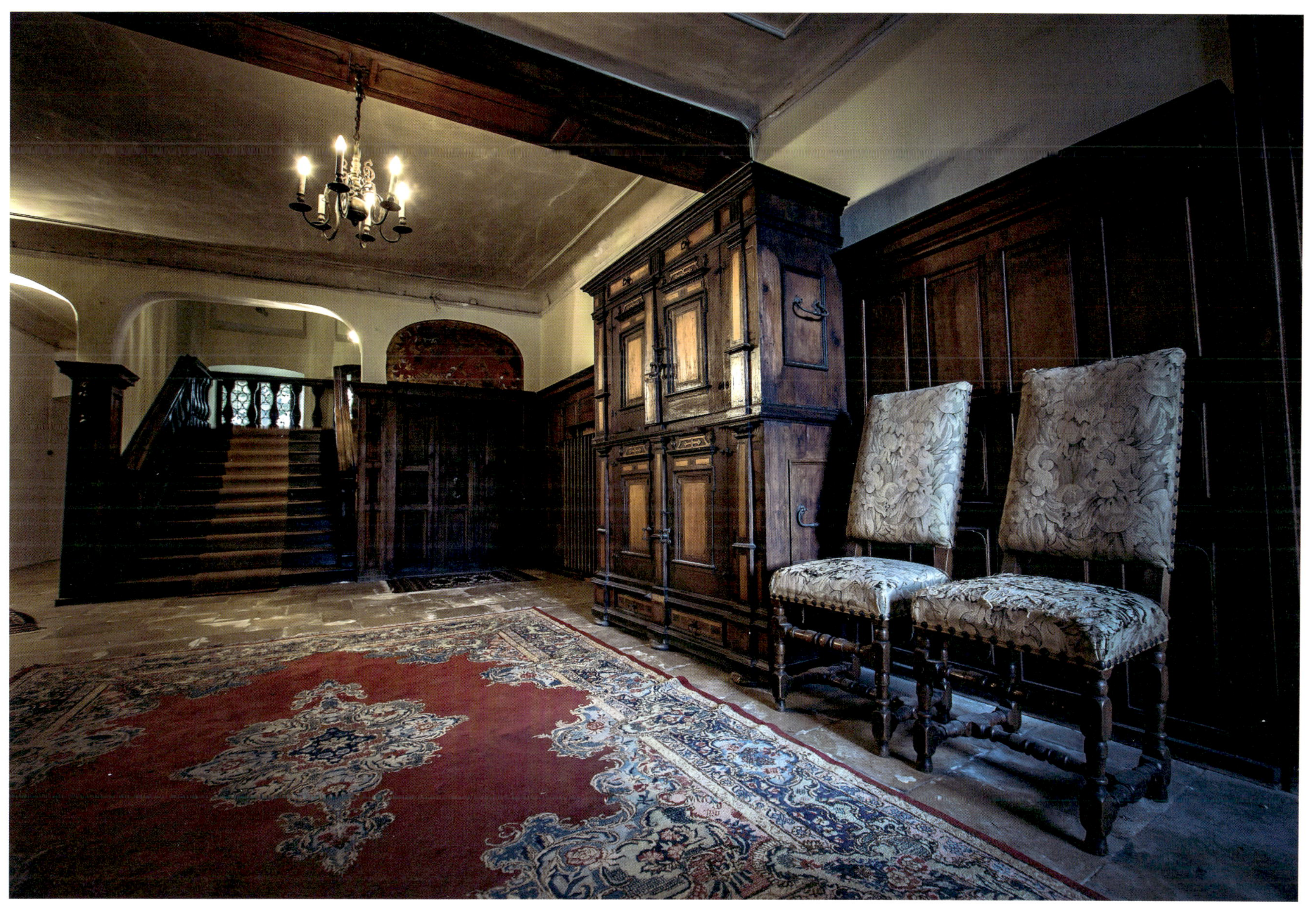

Empfahngshalle

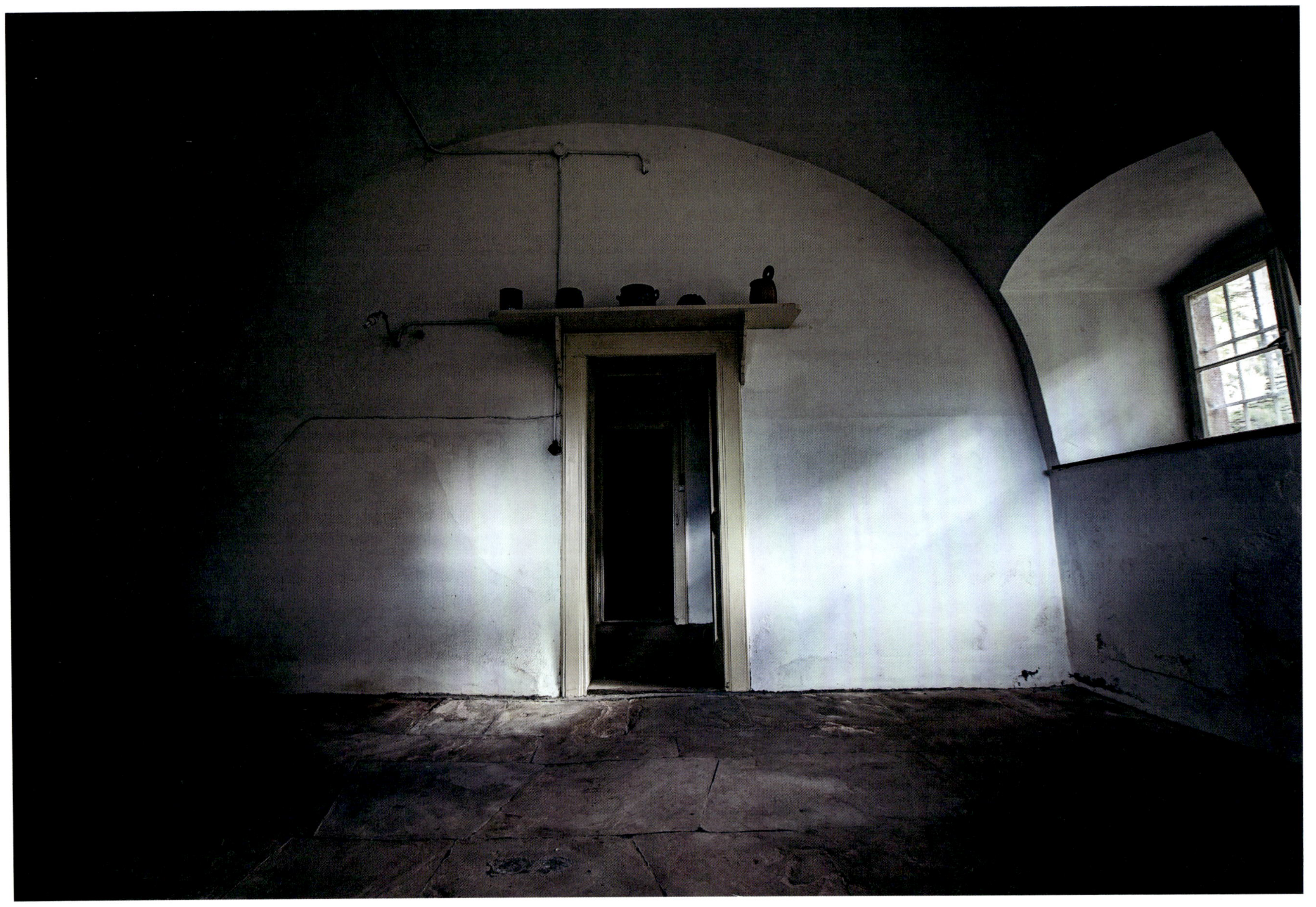

Küche

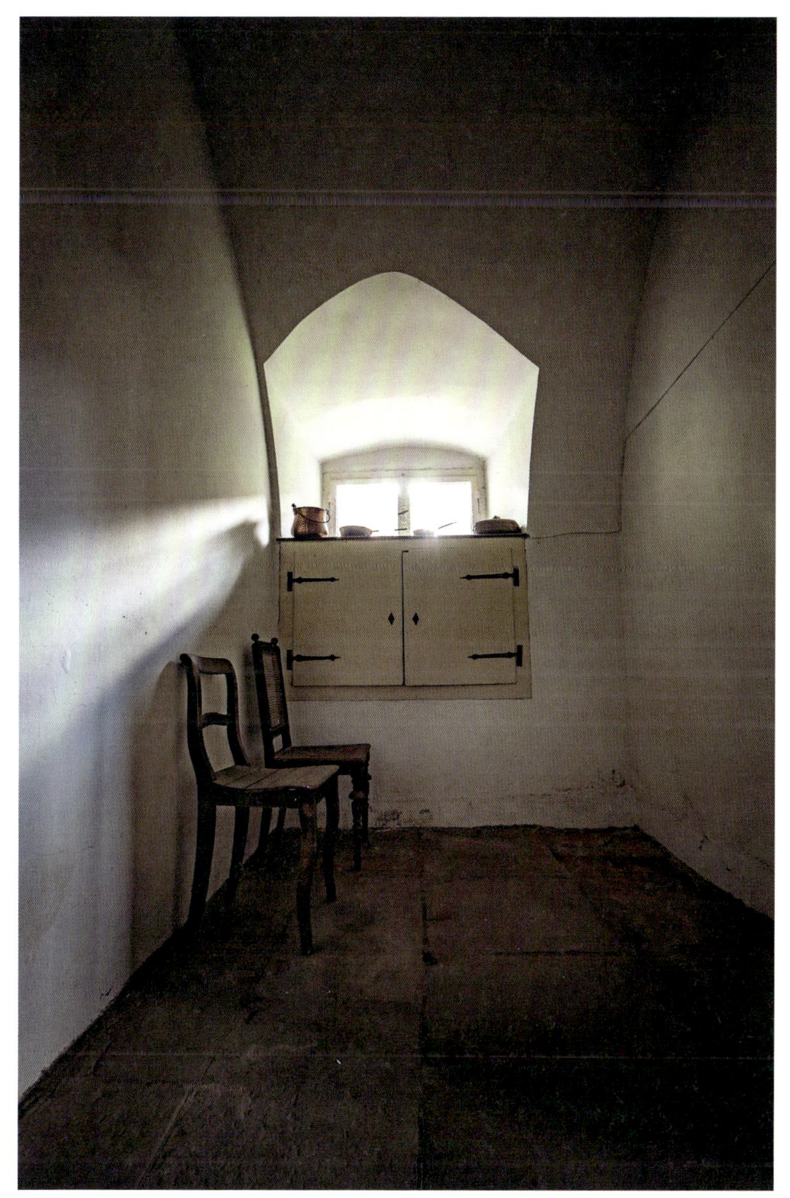

Nebenraum der Küche

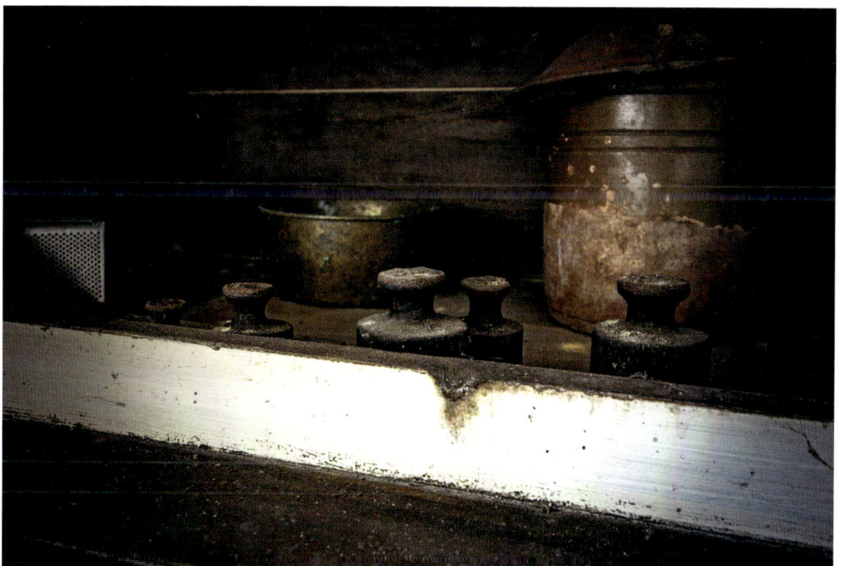

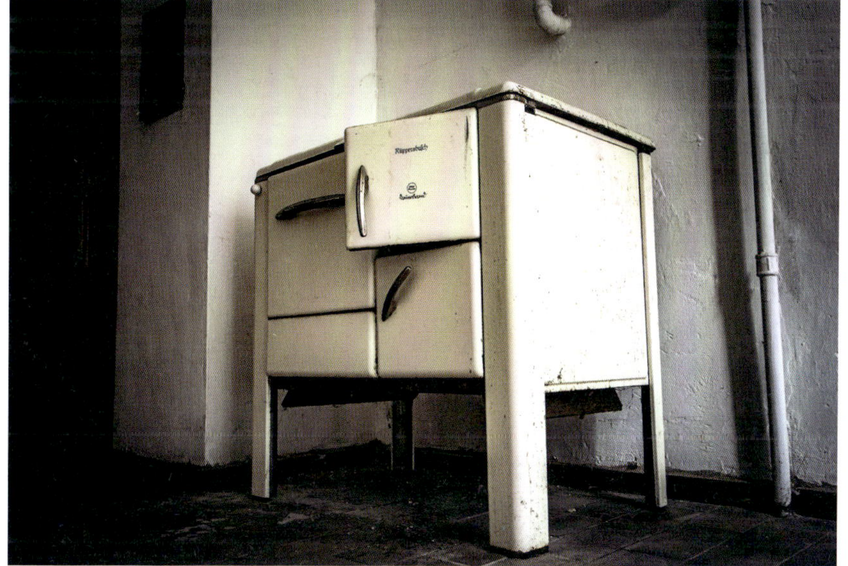

Gewichte für die Küchenwaage

Ofen

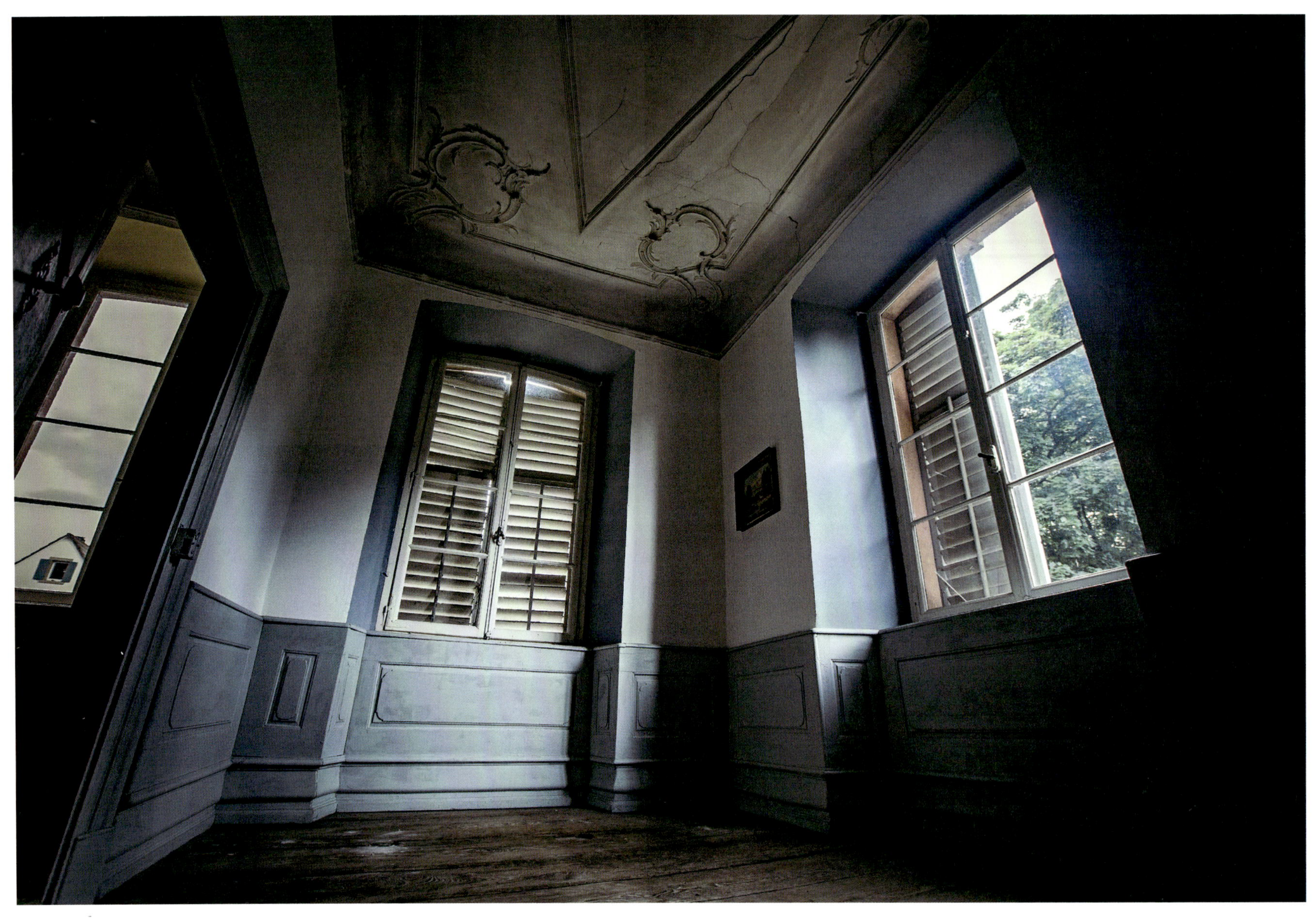

Zahlreiche Fensterläden im Haus sind geschlossen

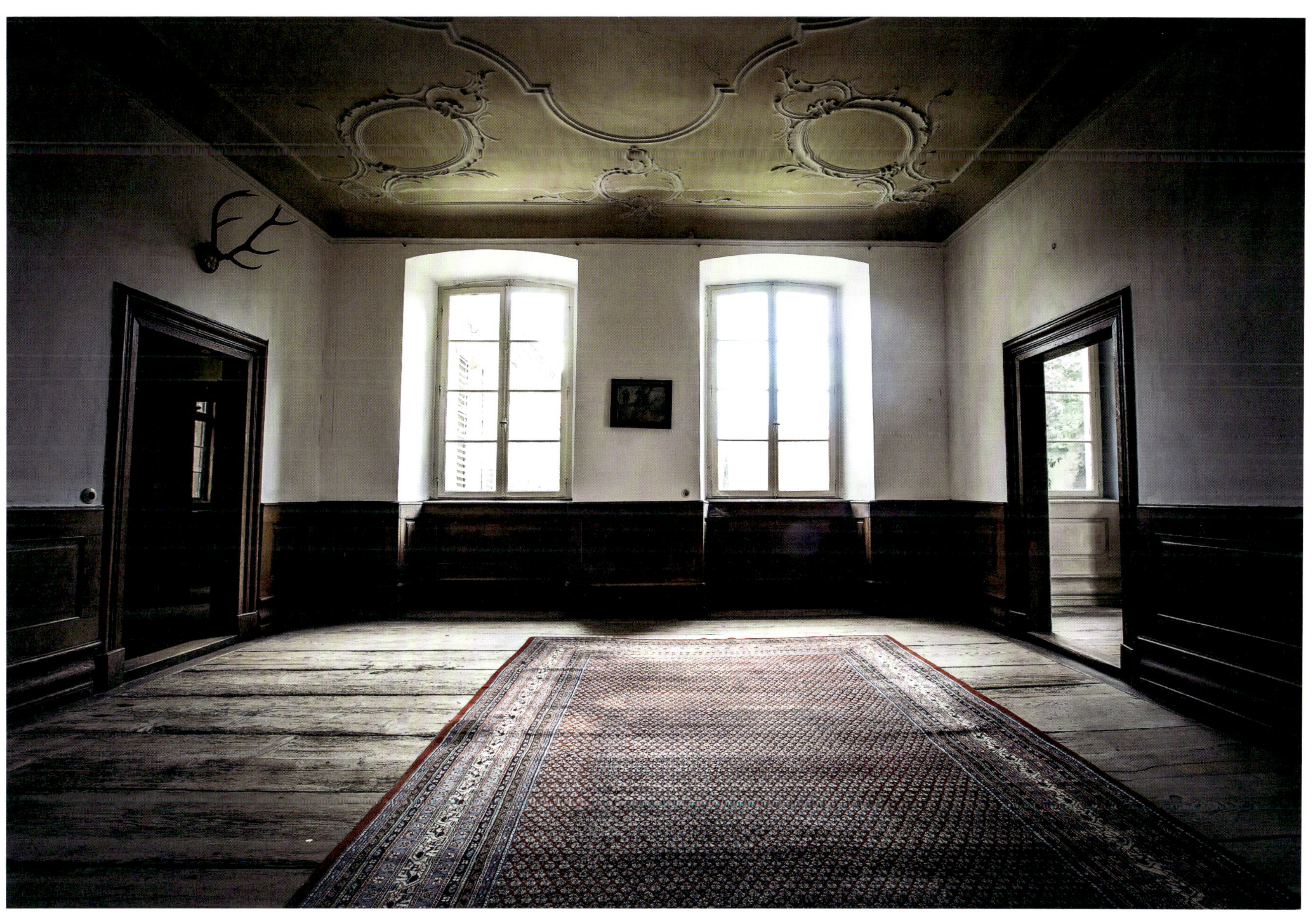

Eines der Durchgangszimmer

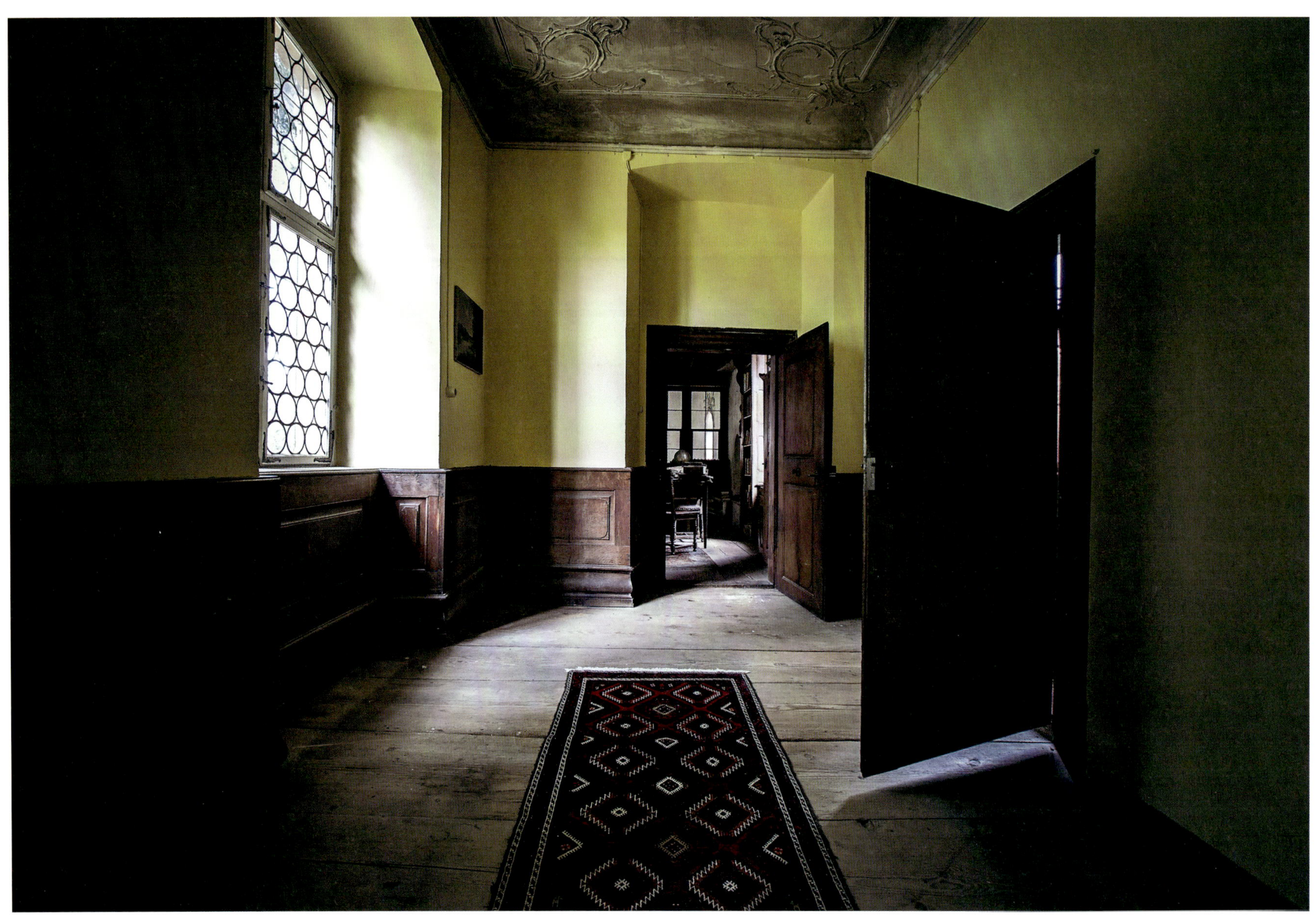

Blick in Richtung Bibliothek

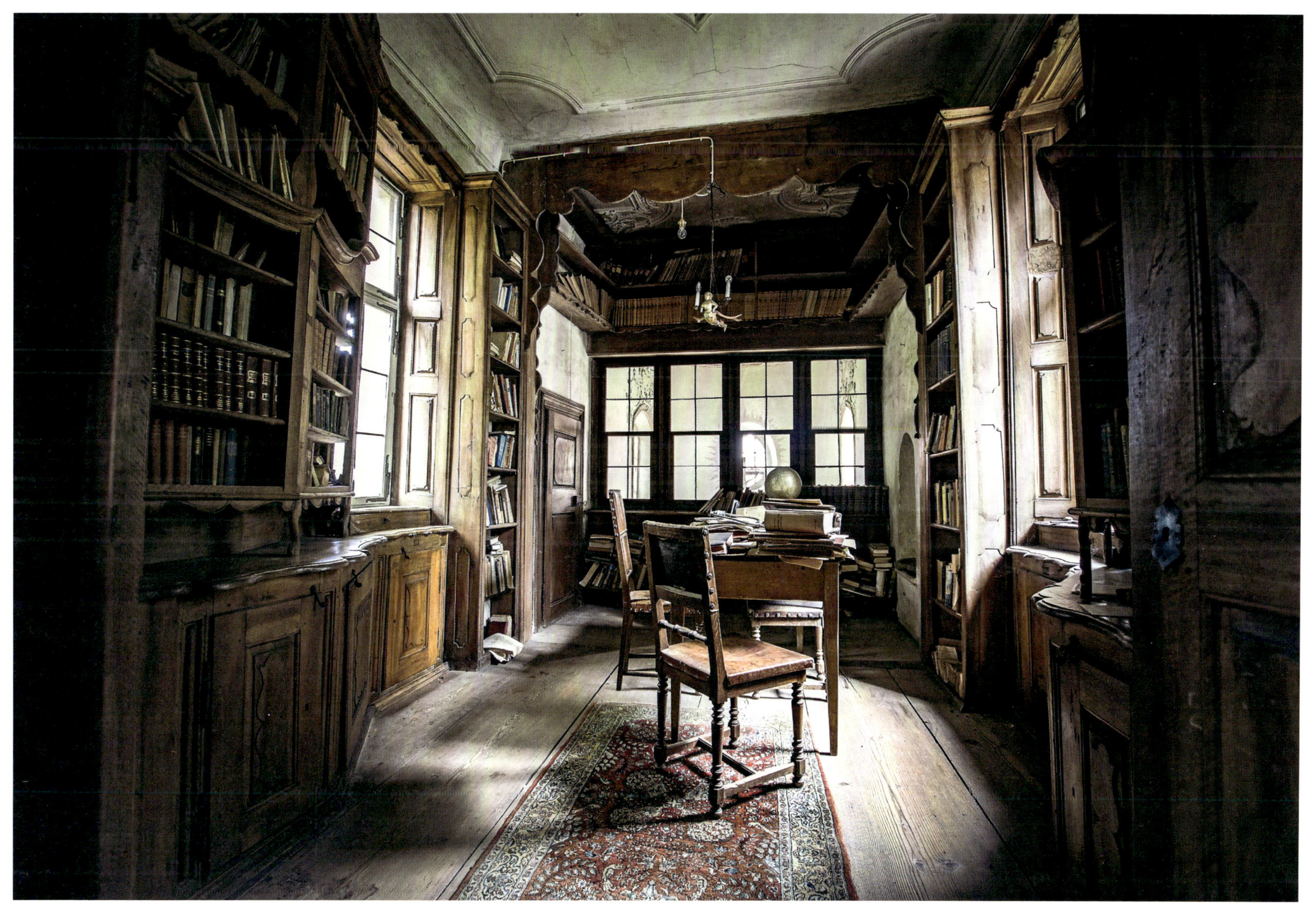

Bibliothek

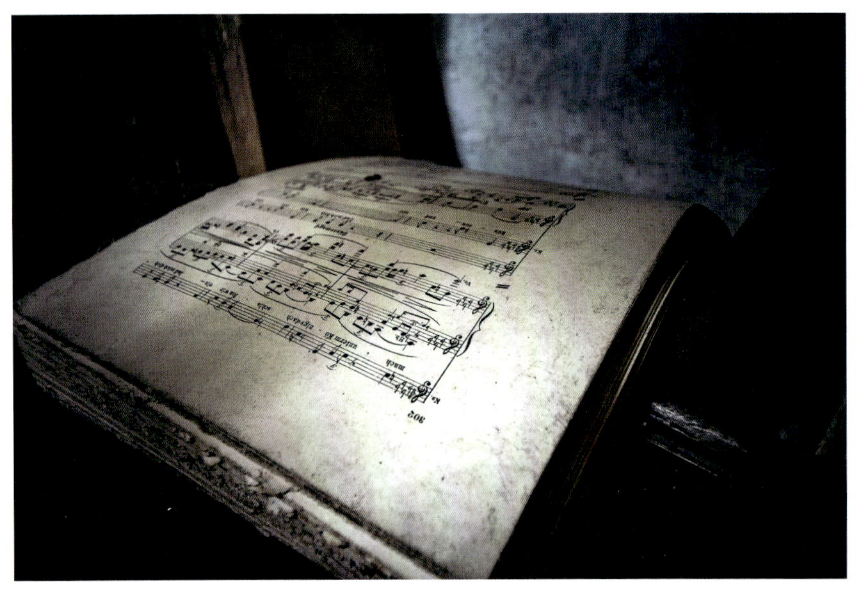

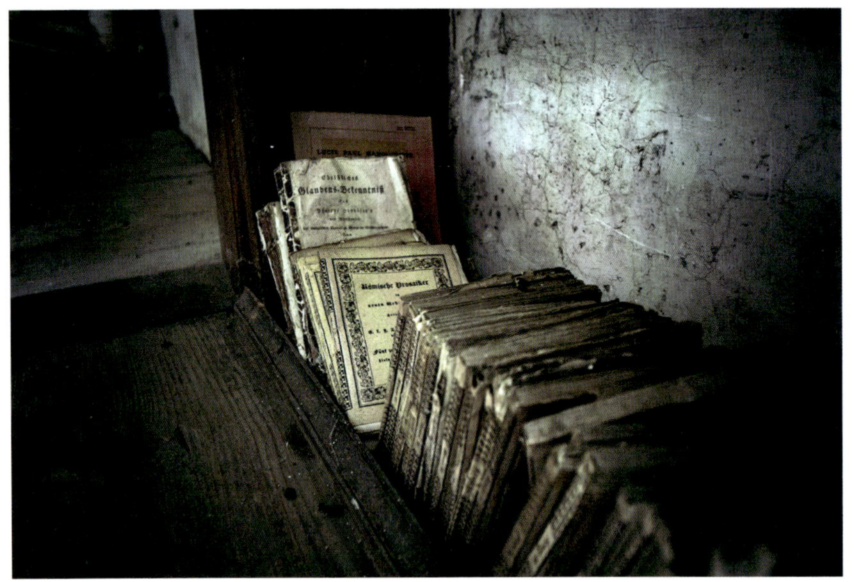

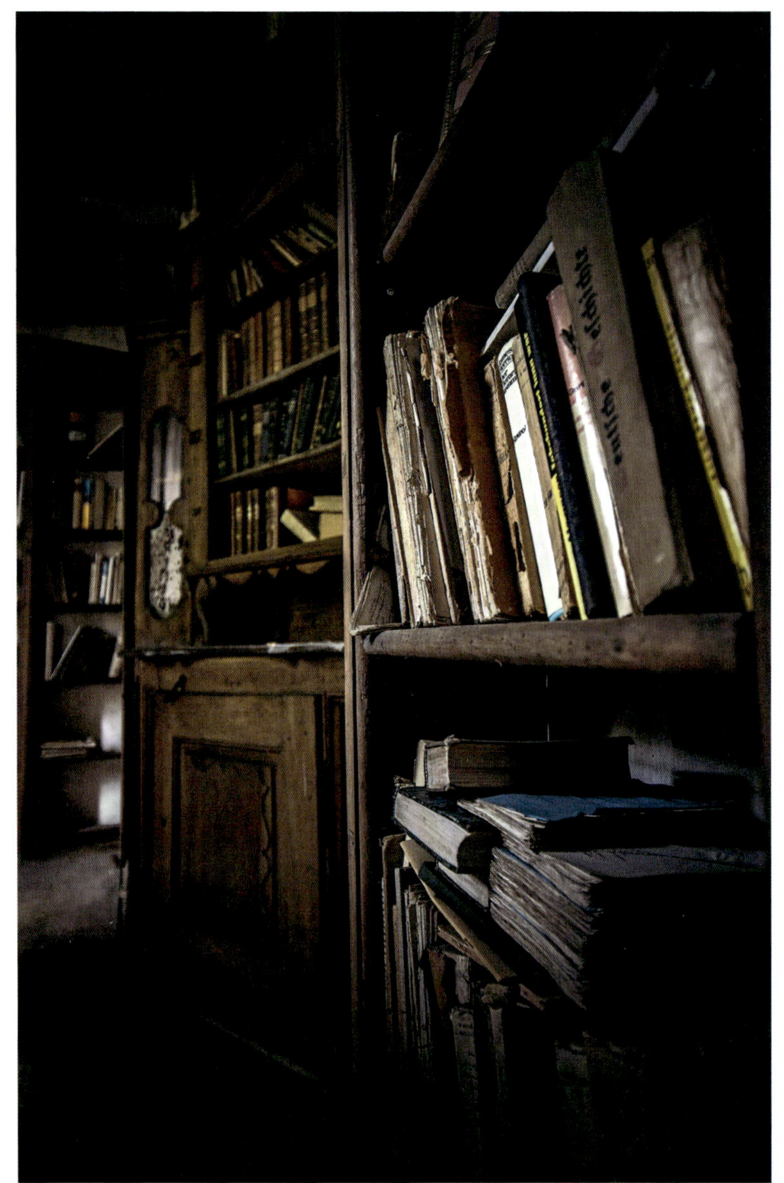

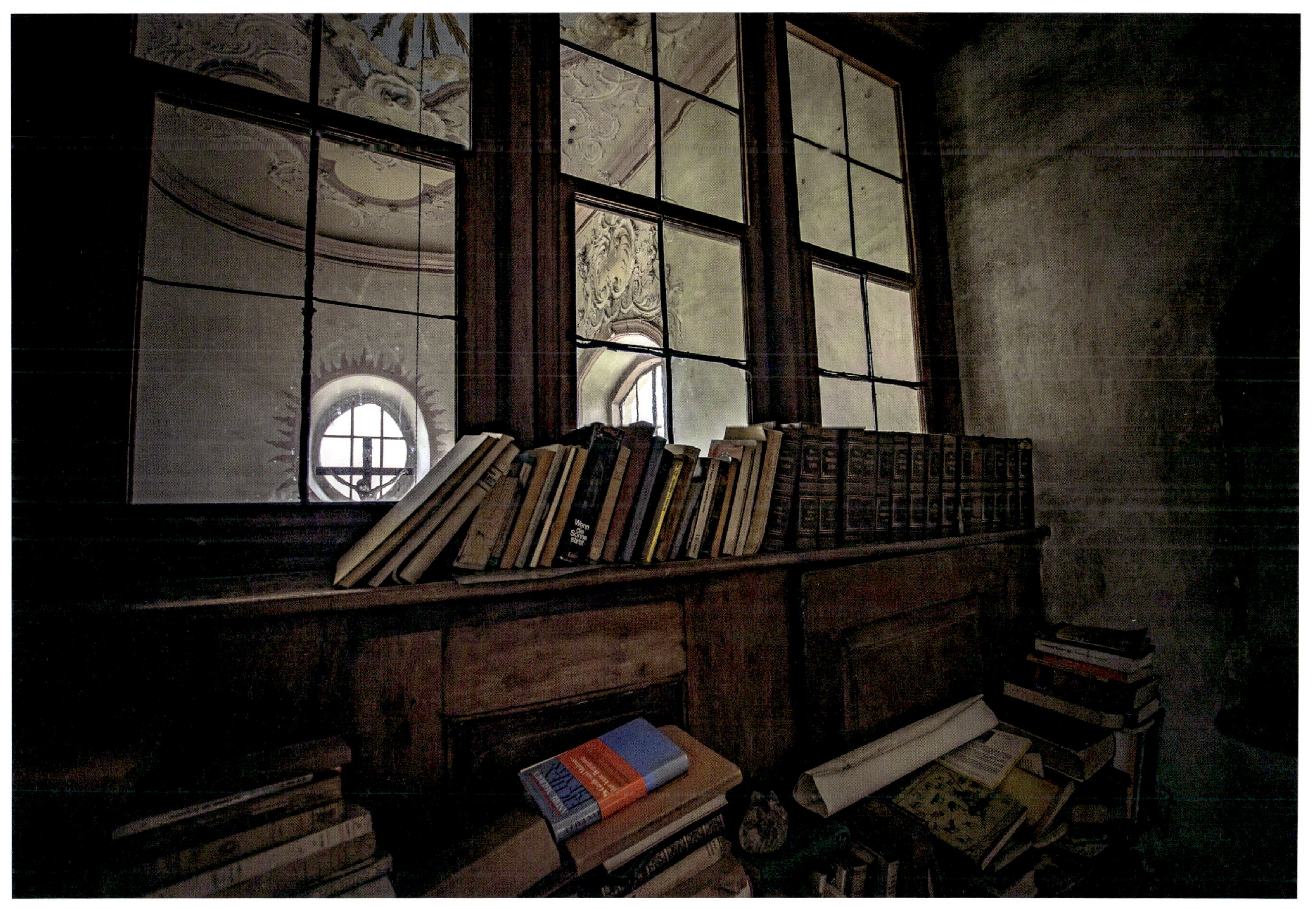

Bücher am Fenster zur Kapelle

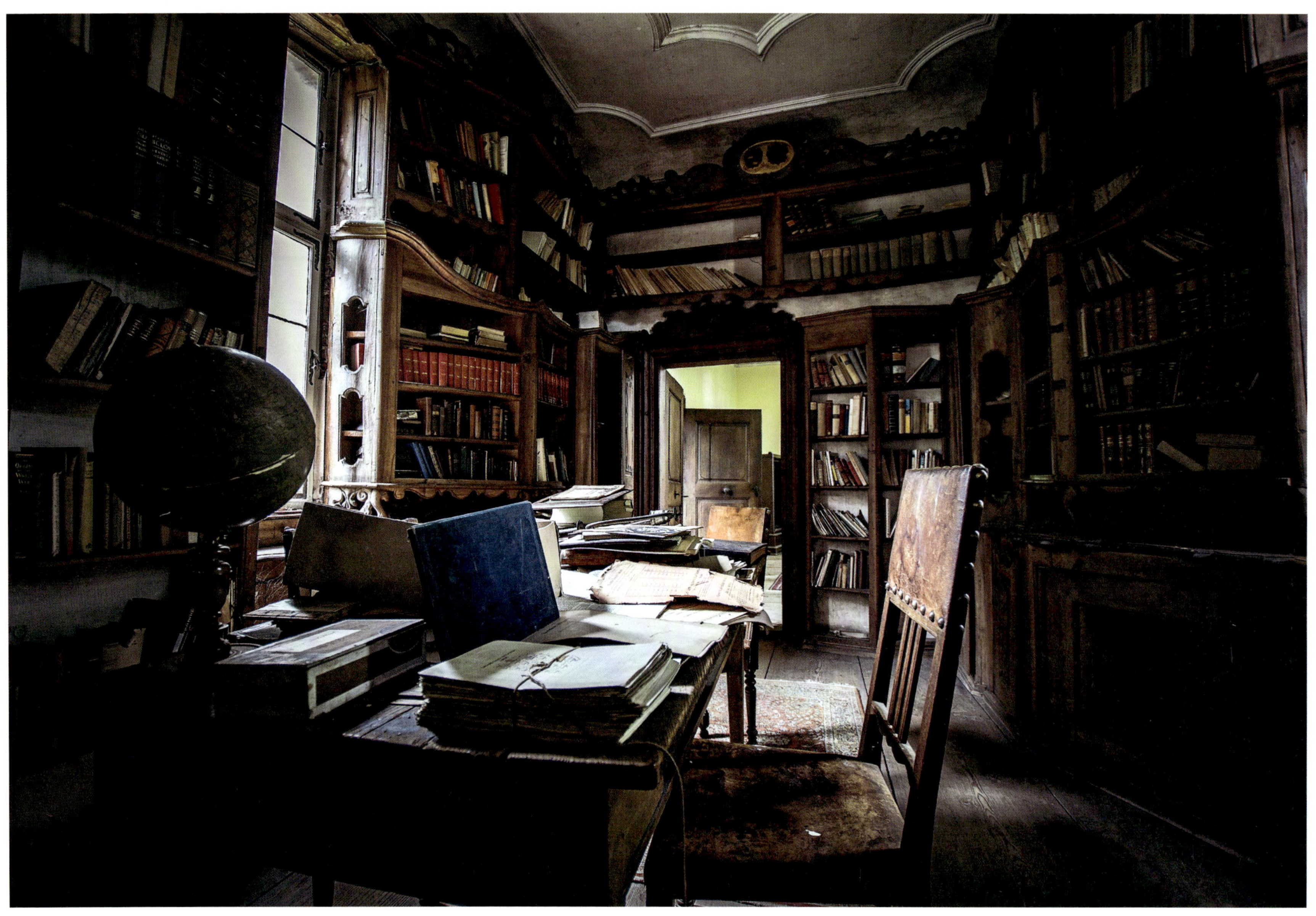

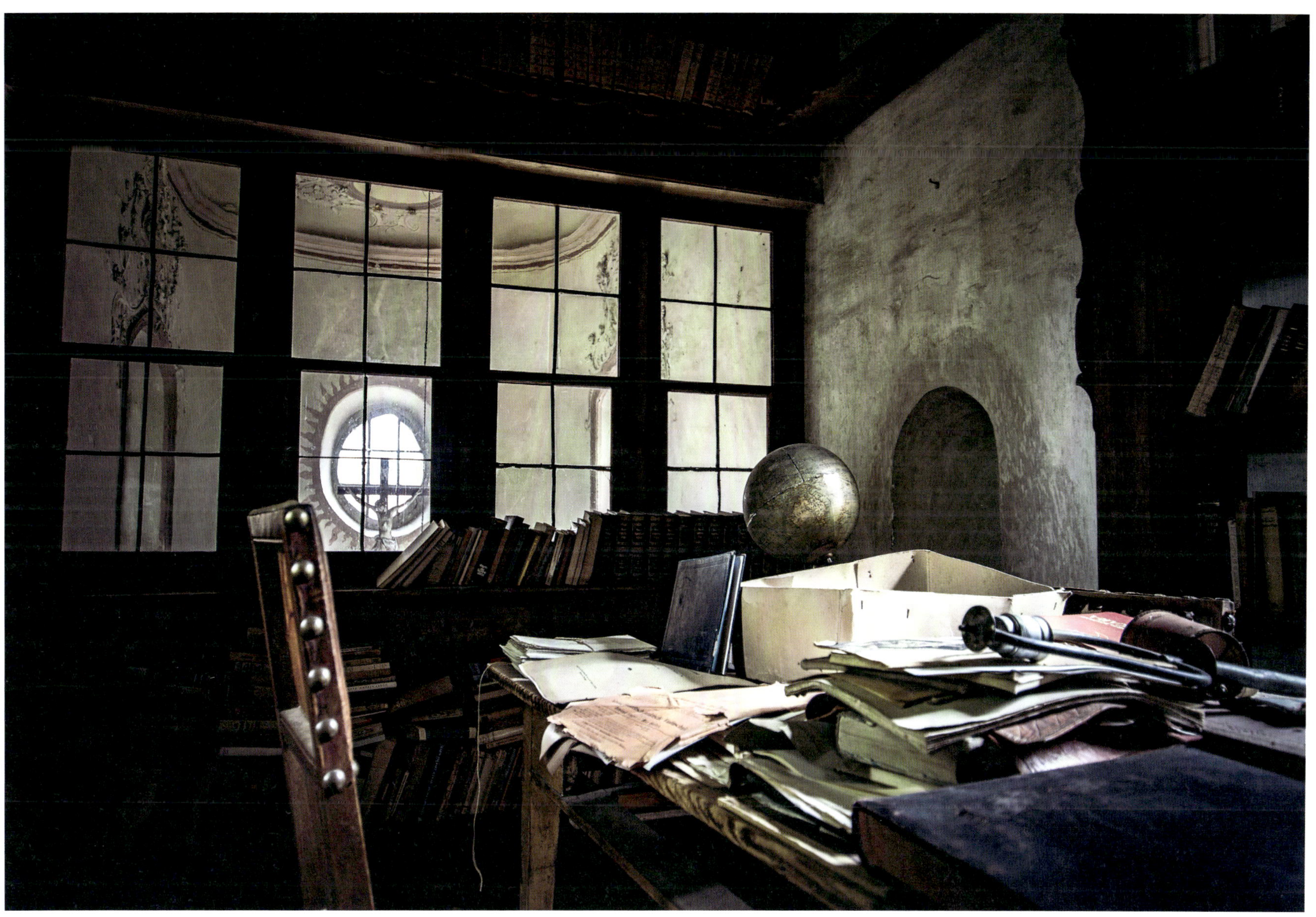

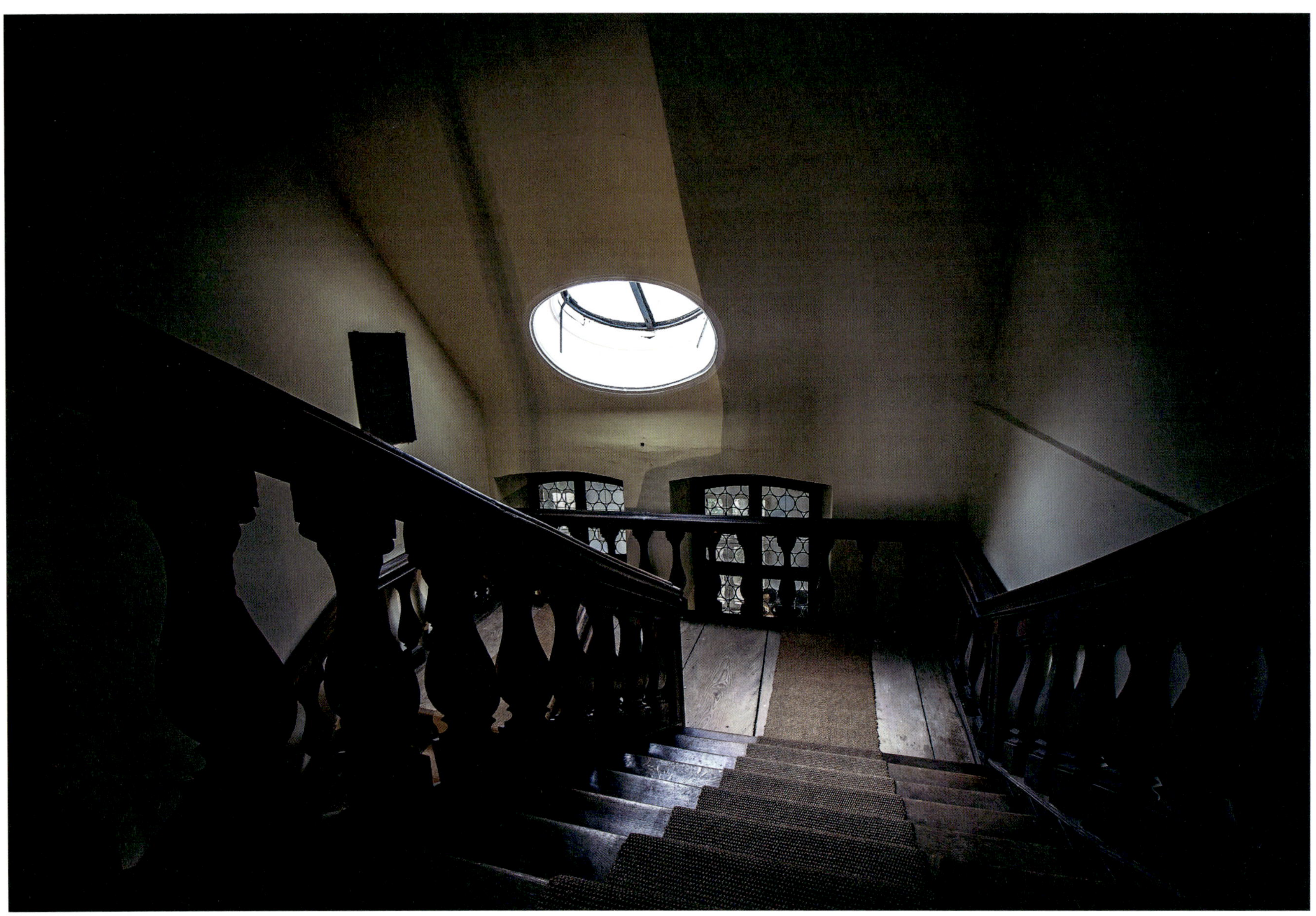

Treppe zum Dachboden

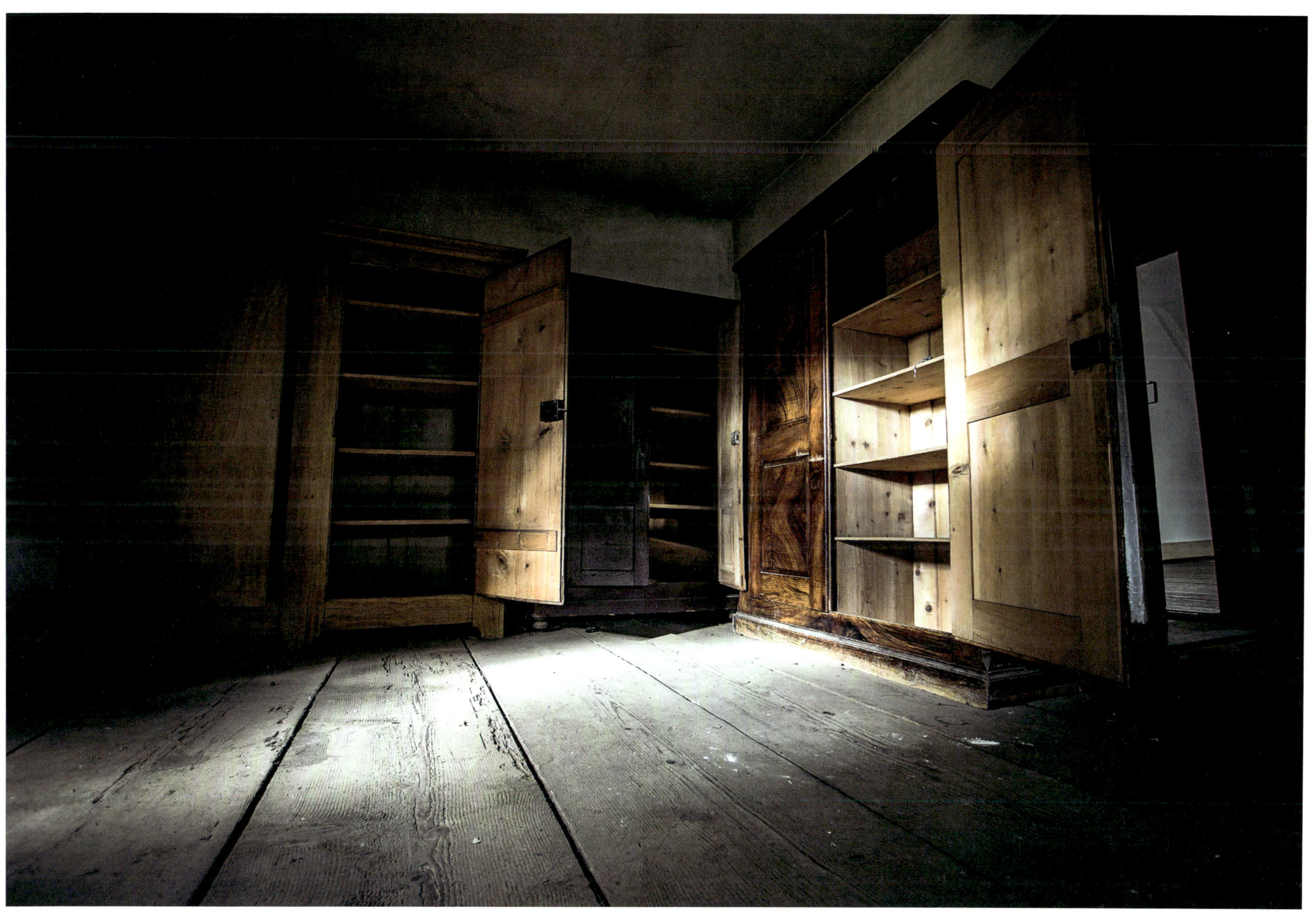

Schränke auf dem Speicher

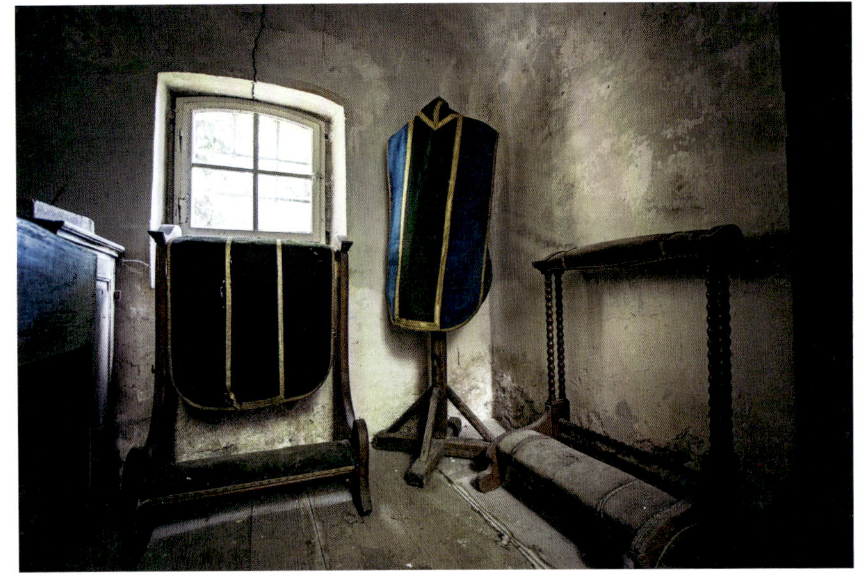

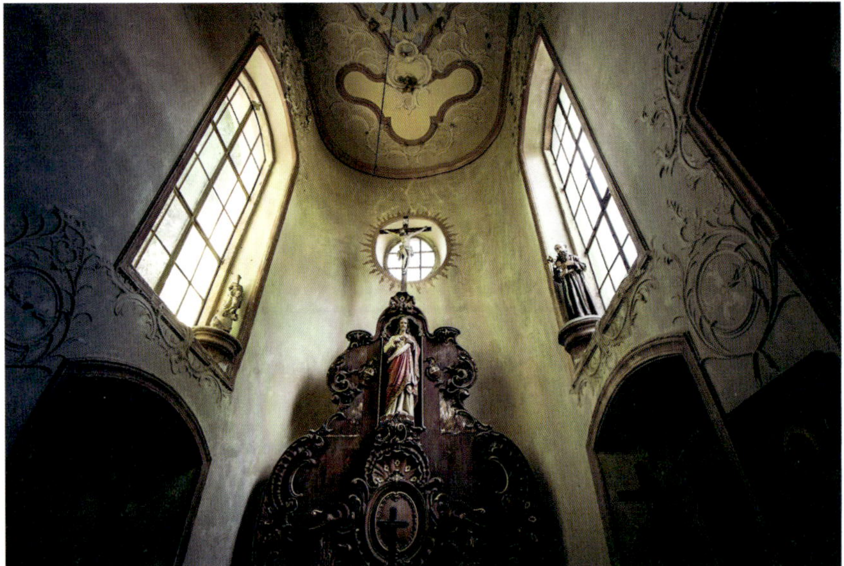

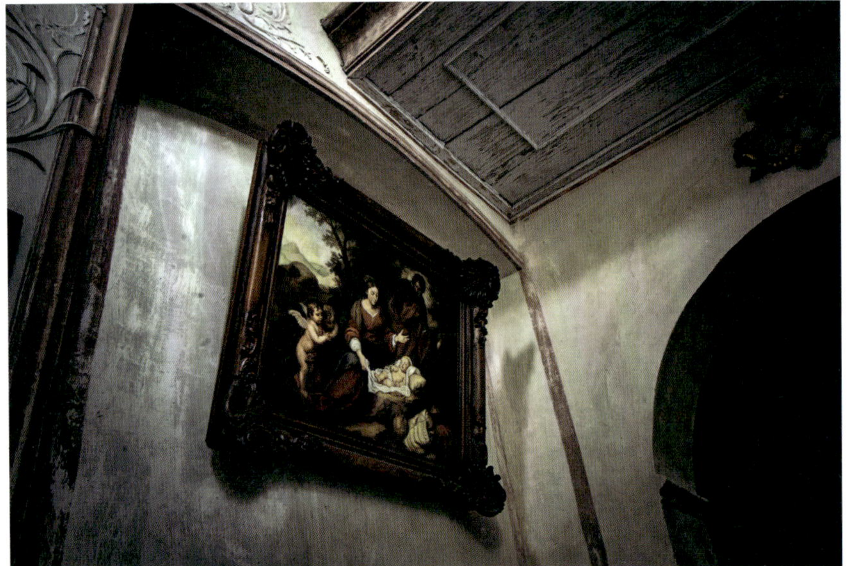

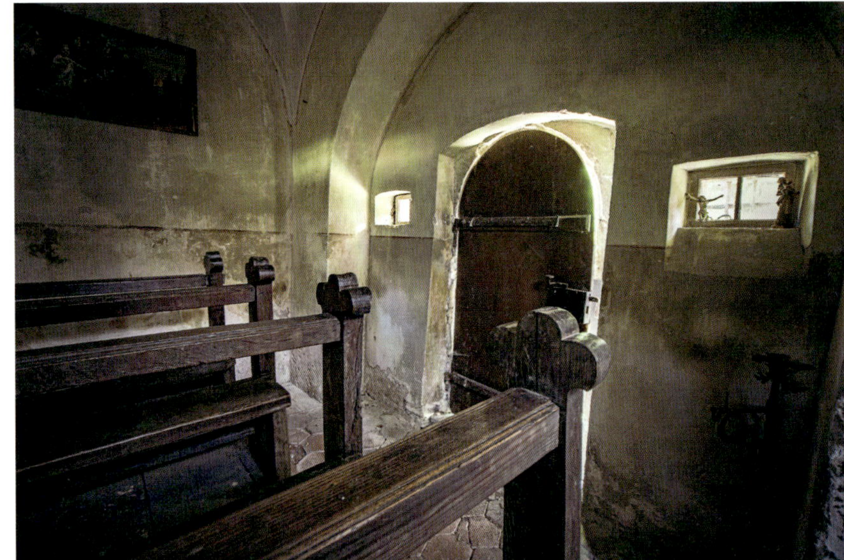

Betstühle und Habit

Altar

Wandgemälde

Eingangstür der Schlosskapelle

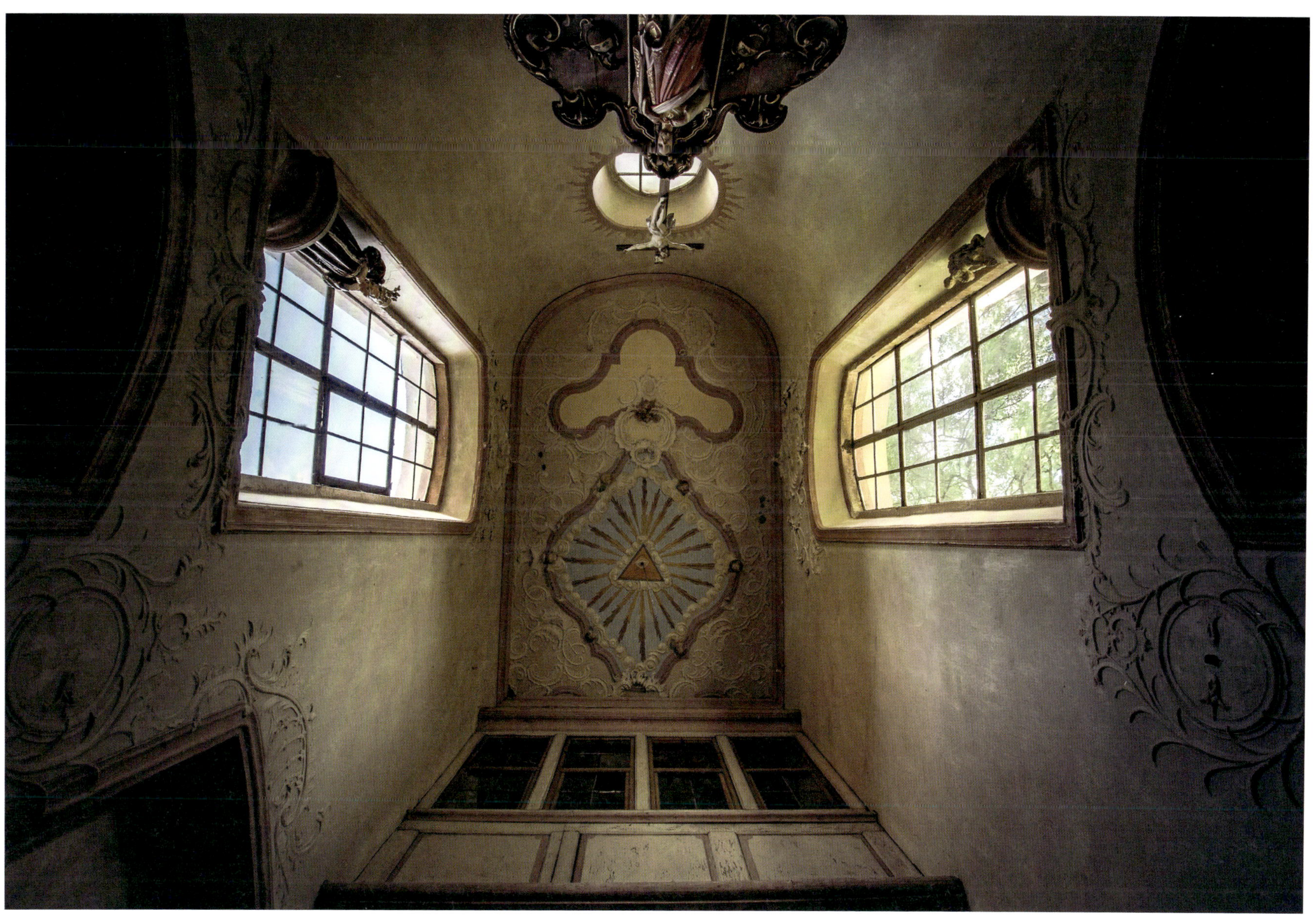

Blick zur Deckenbemalung der Kapelle und zu den Fenstern der Bibliothek

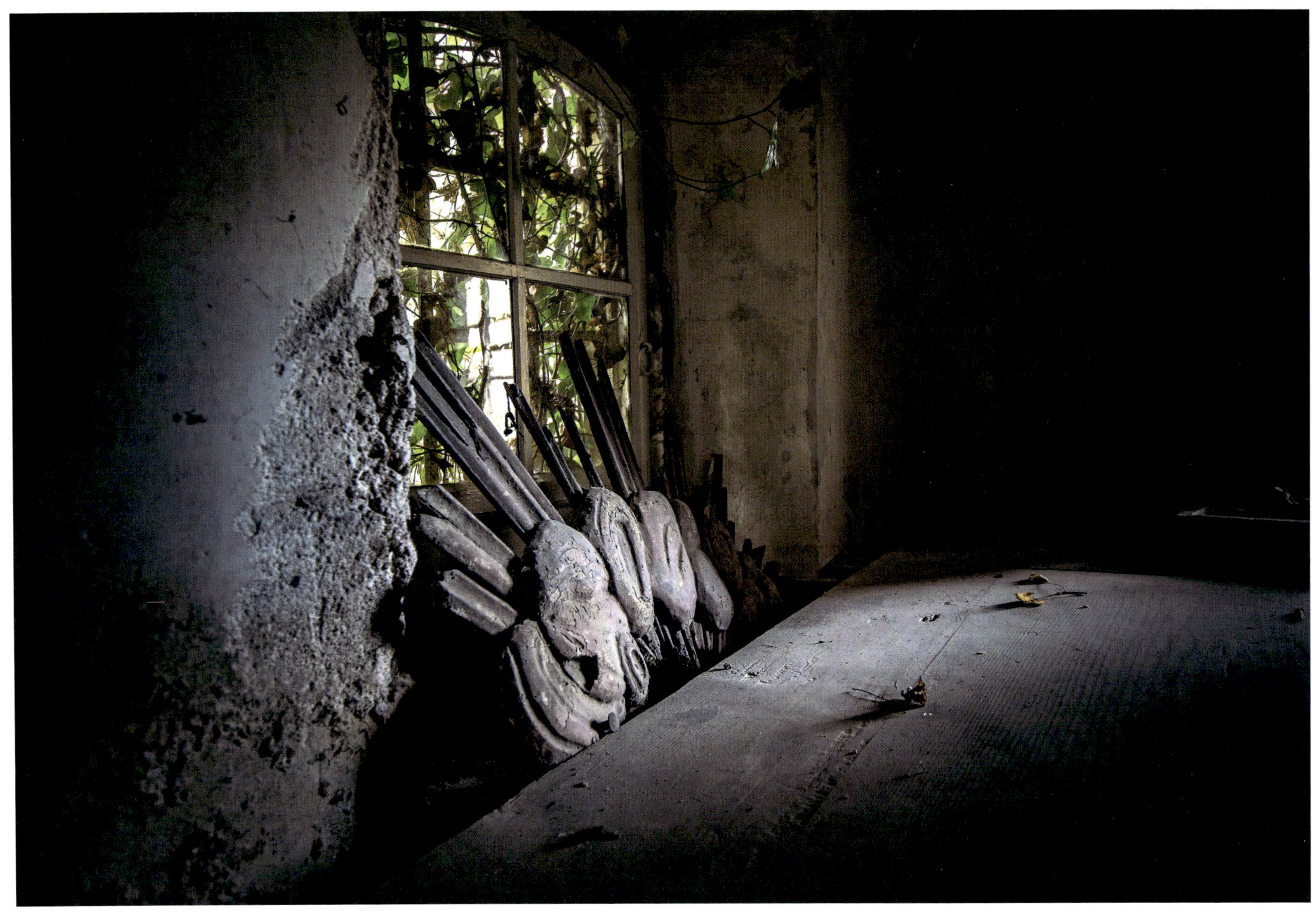

Im Nebenraum der Kapelle

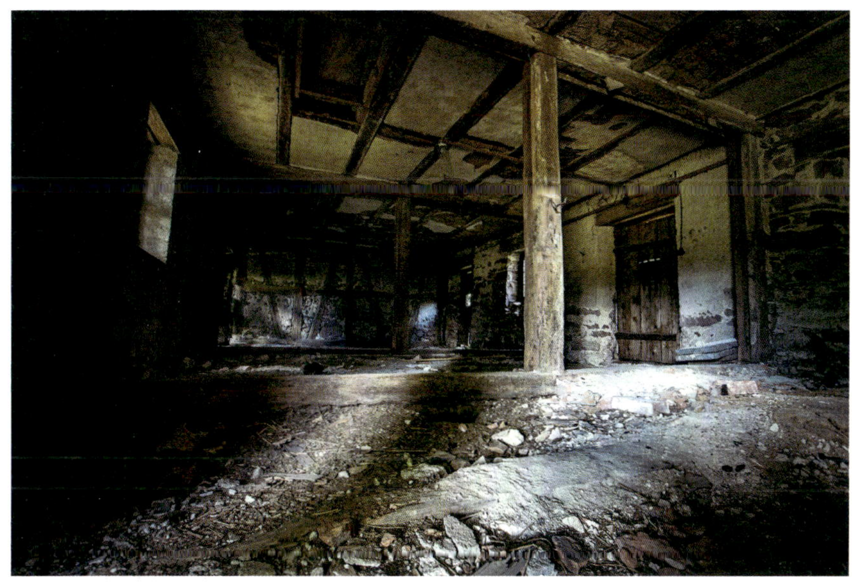

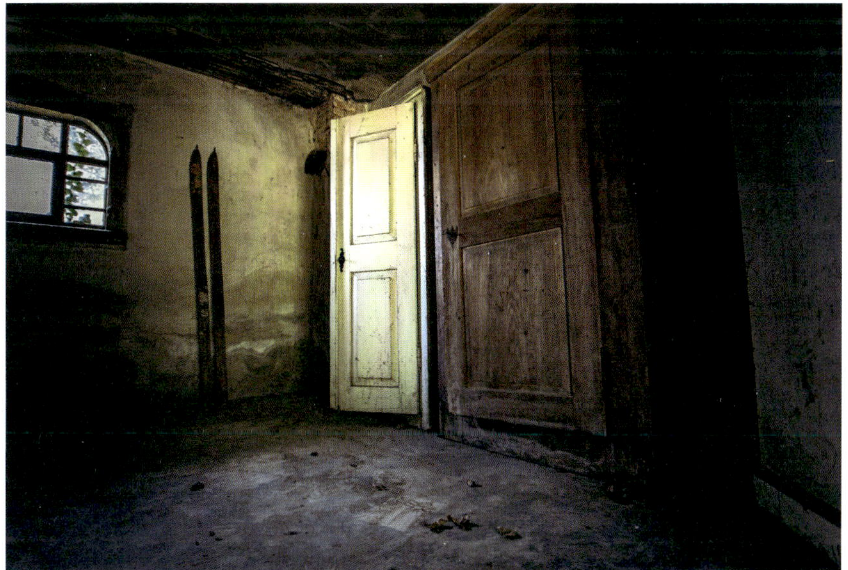

Stallung im Nebengebäude

Ski an der Wand im Nebengebäude

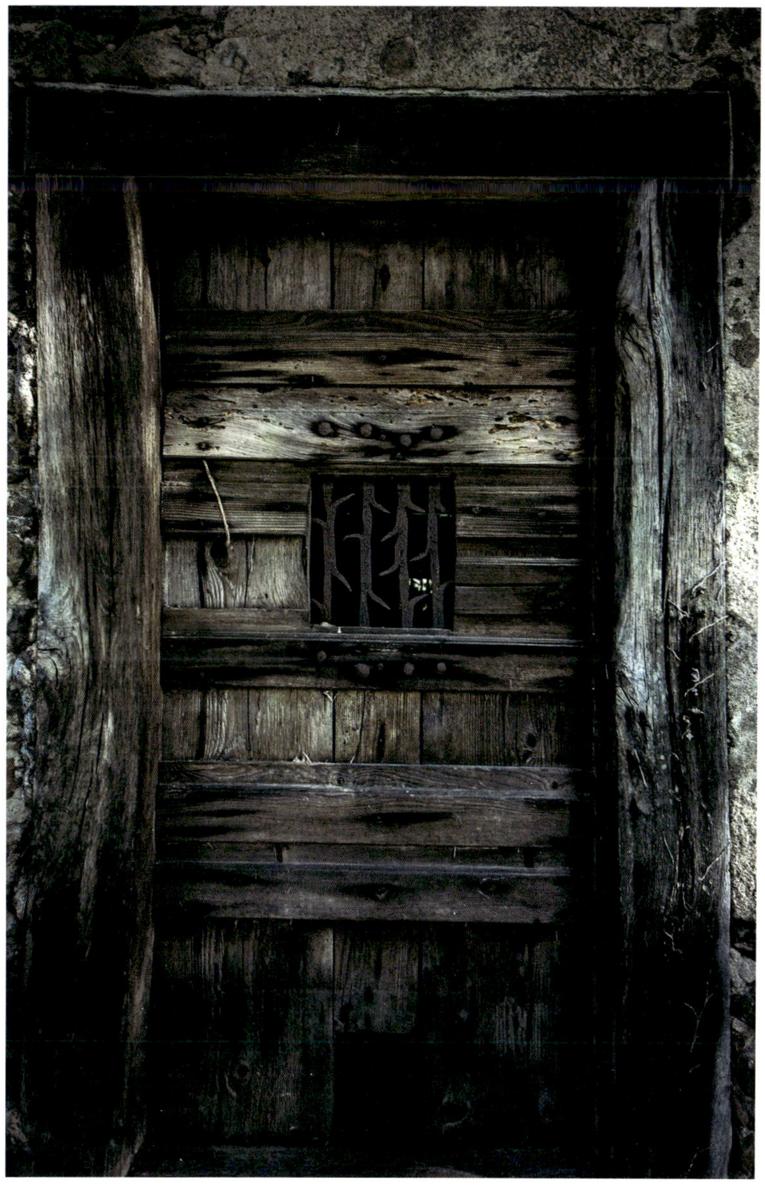

Tür zum Nebengebäude

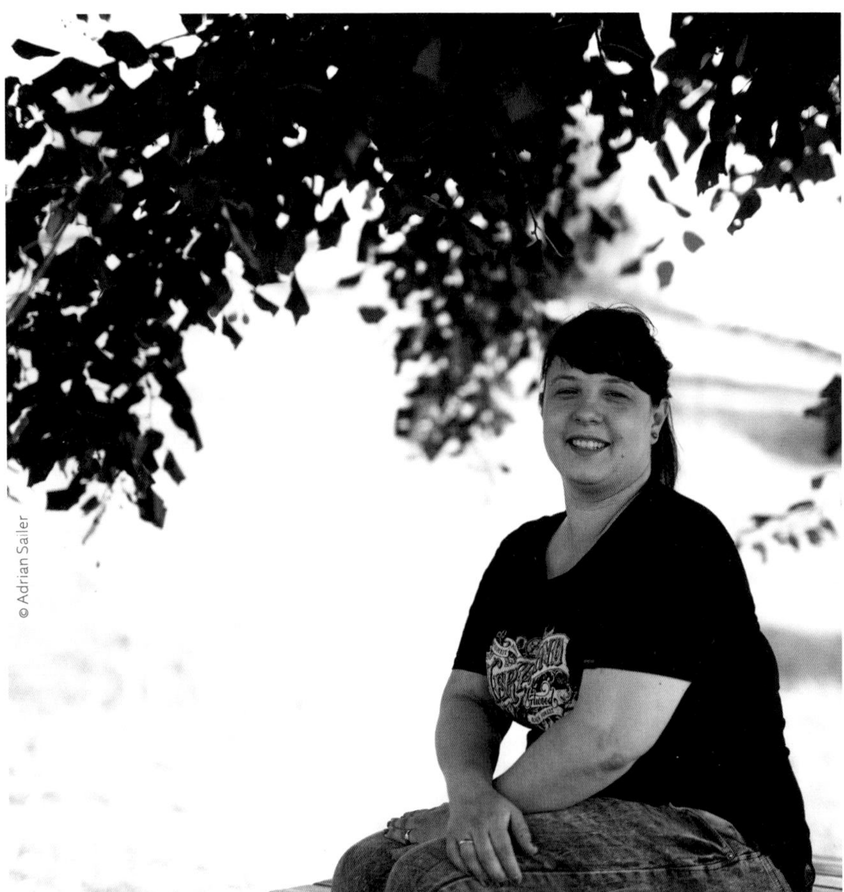

© Adrian Sailer

Jasmin Seidel, 1981 in Waldkirch geboren, verbrachte ihre Kindheit im Elztal. Die gelernte Arzthelferin erkannte ihre Leidenschaft für die Fotografie durch einen Zufall: Die neue Kamera für den Urlaub entfachte diese große Liebe, die mit der Landschaftsfotografie ihren Anfang nahm und Seidel recht schnell zur Lost-Places-Fotografie führte. Mit ihrem offiziellen Besuch des Hotels »Waldlust« in Freudenstadt begann Seidel, verlassene Orte im Schwarzwald und dem nahen Elsass zu erkunden und zu entdecken. Im Rahmen des »Schwarzwald-Heimat-Marktes« in Elzach 2019 präsentiere Seidel ihre Werke zum Thema »Lost Places« in einer eigenen Ausstellung.